BIBLIOTHÈQUE

SCIENTIFIQUE INTERNATIONALE

PUBLIÉE SOUS LA DIRECTION

DE M. ÉM. ALGLAVE

LXXXIV

AUTRES OUVRAGES DE M. J.-L. DE LANESSAN

L'Expansion coloniale de la France. Étude économique, politique et géographique sur les établissements français d'outre-mer. 1 fort vol. in-8°, avec cartes . . . . 12 fr. »

L'Indo-Chine française. Étude économique, politique et administrative sur la Cochinchine, le Cambodge, l'Annam et le Tonkin. (Ouvrage couronné par la Société de géographie commerciale de Paris, médaille Dupleix.) 1 vol. in-8, avec 5 cartes en couleurs hors texte . . . . . . 15 fr. »

La colonisation française en Indo-Chine. Exposé de la politique suivie et des progrès réalisés pendant trois années de gouvernement général. 1 vol. in-12, avec une carte de l'Indo-Chine. 1895 . . . . . 3 fr. 50

La morale des philosophes chinois. Extraits des livres classiques de la Chine et de l'Annam. 1 vol. in-12 de la Bibliothèque de philosophie contemporaine . . . . 2 fr. 50

Introduction a l'Étude de la botanique (le Sapin). 1 vol. in-8 de la Bibliothèque scientifique internationale, 2e édit., avec 143 figures dans le texte. Cart. à l'anglaise . . . . 6 fr. »

(Voir à la page 284 la liste des ouvrages scientifiques du même auteur.)

BIBLIOTHÈQUE
SCIENTIFIQUE INTERNATIONALE
PUBLIÉE SOUS LA DIRECTION
DE M. ÉM. ALGLAVE

Volumes in-8, reliés en toile anglaise. . . . . . . Prix : 6 fr.

En demi-reliure d'amateur, 10 fr.

84 VOLUMES PUBLIES

DERNIERS PARUS :

ÉVREUX, IMPRIMERIE DE CHARLES HÉRISSEY

PRINCIPES

DE

COLONISATION

PAR

J.-L. DE LANESSAN

Professeur agrégé d'Histoire naturelle à la Faculté
de médecine de Paris
Ancien Gouverneur général de l'Indo-Chine.

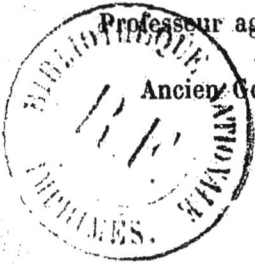

PARIS

ANCIENNE LIBRAIRIE GERMER BAILLIÈRE ET Cie

FÉLIX ALCAN, ÉDITEUR

108, BOULEVARD SAINT-GERMAIN, 108

1897

PRÉFACE

A dix-neuf ans, je partais, en qualité de médecin de la marine, pour la côte occidentale de l'Afrique et j'habitais, tour à tour, pendant près de quatre ans, le Sénégal, le Gabon et la Côte-d'Or, observant au passage les colonies anglaises et portugaises de la côte. Puis je faisais une campagne de trois ans en Cochinchine. Plus tard, adonné aux sciences naturelles et comme professeur agrégé à la Faculté de médecine de Paris, j'étais conduit, par mes études scientifiques, à entretenir des relations intellectuelles suivies avec les divers pays du monde et en particulier avec les colonies françaises et étrangères, dont les flores et faunes sont si riches et si intéressantes.

Introduit, en 1881, à la Chambre des députés, par les électeurs parisiens, j'y prenais place au moment où la France signait le traité du Bardo et où, se mêlant au mouvement général d'expansion coloniale qui se produisait dans toute l'Europe, elle plantait son drapeau successivement en Tunisie, au Tonkin et dans l'Annam central, dans le bassin du Congo, dans celui du Haut-Niger, au Soudan, à Madagascar et sur des étendues immenses du continent africain. Ma vie et mes études antérieures me portèrent naturellement à rechercher les commissions de la Chambre où les questions coloniales et de politique étrangère étaient élaborées ; je fus, pendant quelques années, le rapporteur

de la plupart des affaires coloniales les plus importantes
et du budget des colonies, acquérant ainsi une connaissance étendue des conditions dans lesquelles notre expansion dans le monde se produit et des procédés que nous
appliquons dans le gouvernement et l'administration de
nos colonies.

En 1886, le gouvernement me chargeait, avec le titre
de Délégué général dans les colonies et pays de protectorat, d'une mission d'études à la quelle je consacrai près
de dix-huit mois et qui me permit de visiter la Tunisie et
une partie de l'Algérie, Tripoli, Malte, l'Égypte, Aden,
l'Inde anglaise que je parcourus dans tous les sens, depuis
Calcuta jusqu'à Kurachi et Bombay, et depuis Serinagar,
dans l'Himalaya Cachemirien, jusqu'à Tuticorin à l'extrême
sud de la péninsule, visitant toutes les grandes agglomérations indiennes, les cantonnements anglais, les établissements français de Chandernagor et de Pondichéry, les
usines et les cultures, les prisons comme les écoles, et
m'instruisant avec les indigènes, les colons, les administrateurs, des multiples questions résolues de manières si
originales par les autorités anglaises. Puis, je visitai Singapoore dans la Péninsule malaise, Java, Bangkoc et le
golfe de Siam, toute notre Indo-Chine et les grands ports
de la Chine et du Japon, recueillant partout des observations et rapportant une ample moisson de documents
vécus ou recueillis sur place.

En 1891, le gouvernement de la République m'offrit, je
devrais dire m'imposa, le gouvernement général de l'Indo-
Chine, dans un moment où l'intérimaire écrivait de la
situation du Tonkin : « Ce n'est plus de la piraterie, c'est
de la rébellion, » et de celle du budget : « C'est un Langson
financier. »

Le ministère que présidait l'honorable M. de Freycinet
pensa que mes études antérieures, mes voyages dans
les colonies françaises et étrangères, les relations très
cordiales que j'avais liées avec le roi du Cambodge et la
cour d'Annam, les idées et les programmes que j'avais
consignés dans mes rapports parlementaires et dans mes

livres, m'avaient préparé à résoudre les difficultés en présence desquelles on se trouvait en Indo-Chine et qu'aggravait une impopularité du Tonkin telle qu'il était impossible de demander aux Chambres aucun sacrifice nouveau en hommes ou en argent. Ne pouvant me donner ni l'un ni l'autre de ces moyens d'action, le gouvernement m'attribuait des pouvoirs exceptionnels, où je devais, dans sa pensée, trouver les hommes et l'argent dont j'aurais besoin.

Je ne pouvais refuser ni l'honneur qui m'était fait ni les responsabilités qui m'étaient imposées ; je partis donc et pendant trois années et demie je me débattis au milieu des difficultés de toutes sortes, n'ayant pour les résoudre que ma foi dans le succès final, le désir de rendre à mon pays les services qu'il m'avait demandés et l'espoir que, malgré la sottise et la méchanceté qui, dès le premier jour, s'attachèrent à mes talons, je pourrais, à la fin d'une mission qui occupait exclusivement ma pensée, remettre au gouvernement un pays tranquille, organisé, lancé sur la voie de la prospérité.

Le destin a voulu qu'il ne me fût pas donné d'achever ma besogne ; mais, en quittant l'Indo-Chine, j'avais le droit de croire que mon œuvre n'était point mauvaise, car je laissais le pays à peu près pacifié, avec un budget où, pendant trois années de suite, et pour la première fois depuis notre occupation, les recettes étaient en excédent des dépenses. J'avais fait exécuter ou engager pour plus de 40 millions de travaux d'utilité publique, sans demander aucun concours financier à la métropole et j'emportais des marques de sympathie et des regrets d'autant plus touchants que nul n'avait plus rien à attendre de moi. Le gouvernement, de son côté, prescrivait publiquement à mon successeur de rester fidèle à ma politique; le ministre des colonies retenait à Paris celui qui allait prendre ma place, me priait de lui exposer, en sa présence, mes vues et mes procédés de gouvernement, puis, devant moi-même, l'engageait à les suivre.

Pendant cette longue carrière coloniale, j'ai observé et

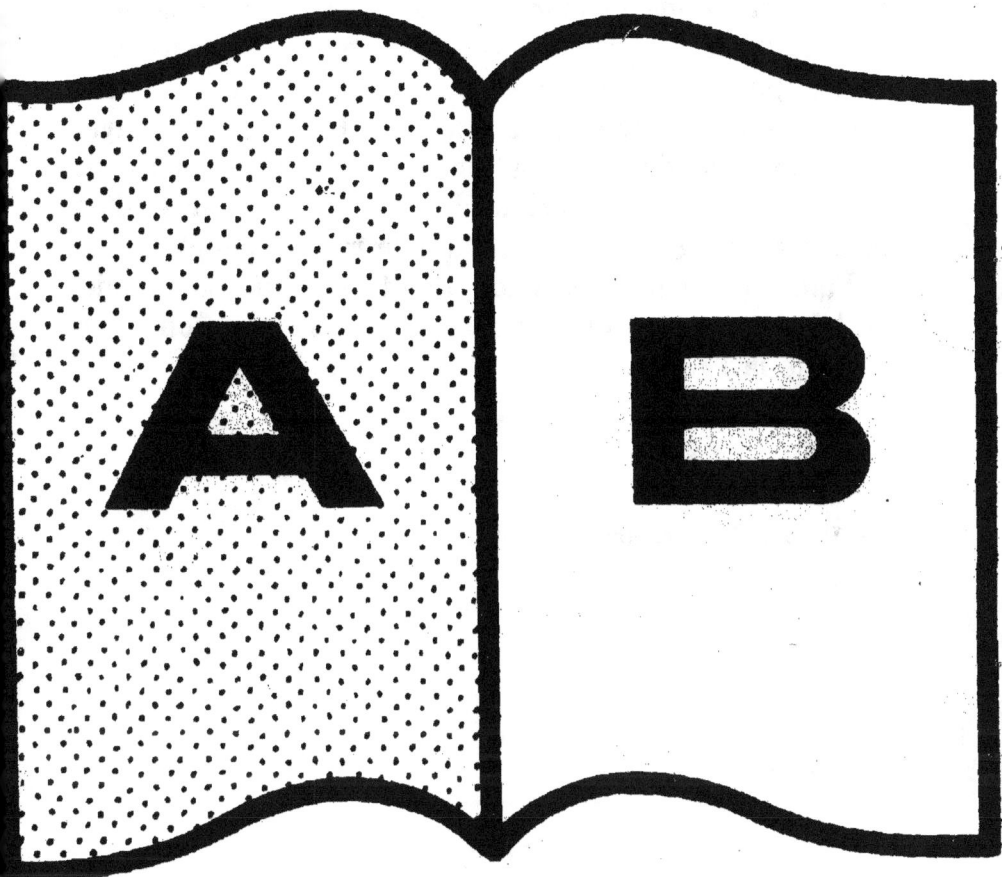

Contraste insuffisant

NF Z 43-120-14

fait le plus que j'ai pu. Aujourd'hui, cédant aux conseils de quelques amis, j'entreprends de résumer dans ce livre mes observations et mon expérience. Je le ferai en toute indépendance d'esprit et avec une entière sincérité, évitant le plus possible la note personnelle, mais n'hésitant pas à me servir des faits dont je fus le témoin, pour étayer les principes de colonisation que je me permets de formuler comme conclusions de trente-quatre années d'un labeur assidu et de fréquentation de maints peuples.

J'aurai toute la satisfaction que je souhaite, si je puis, de la sorte, rendre quelques services à l'expansion coloniale de la France.

J.-L. DE LANESSAN.

Ecouen, le 16 septembre 1896.

PRINCIPES DE COLONISATION

CHAPITRE PREMIER

CONSIDÉRATIONS GÉNÉRALES SUR L'HISTOIRE DES MIGRATIONS HUMAINES ET DE LA COLONISATION

SOMMAIRE. — L'histoire de la colonisation se confond avec celle des migrations de l'humanité. — Premières migrations des hommes. — Absence de migration des races inférieures. — Emigrations primitives des races méditerranéennes : — Sémites. — Européens. — Gréco-Romains. — Germains. — Slaves. — Premières expansions des races Européennes à travers les océans.

L'histoire de la « colonisation » se confond avec l'histoire ethnologique, politique et économique de l'humanité.

La migration des peuples et la colonisation n'eurent d'abord pour objectif que l'occupation des terres les plus favorables au développement humain, c'est-à-dire les plus riches en aliments végétaux et animaux, les moins rudes par le climat, celles où l'homme croyait pouvoir satisfaire le plus aisément ses besoins et atteindre, avec le moins de peine et de travail, le bonheur matériel et moral vers lequel l'humanité marche d'un mouvement continu, variable seulement par sa lenteur ou sa rapidité.

Au simple désir d'améliorer leur sort par un climat plus doux et un sol plus fécond, s'ajoutent bientôt, chez les hommes qui se livrent à la migration et à la colonisation, la recherche de satisfactions physiques ou morales dont les besoins sont nés des découvertes faites dans les pays nouveaux. C'est un produit inconnu du sol ou de l'industrie humaine, un animal utile, un esclave etc., que le colonisateur va chercher loin de sa patrie et qu'il échangera contre les produits de celle-ci. C'est aussi la curiosité naturelle qui pousse l'homme à franchir les limites de la terre qui le vit naître, pour explorer le reste du monde ; c'est le désir qu'a chaque peuple d'accroître sa sphère d'influence ; c'est, enfin, la poursuite des jouissances physiques et intellectuelles que procurent les victoires et les conquêtes et tout cet abus de la force où l'homme satisfait son besoin de domination et de gloire.

Le désir de se procurer de telles jouissances s'émousse ou plutôt se transforme, à mesure que l'intelligence humaine se développe et que la morale devient moins égoïste ; s'il est vrai qu'il n'atteigne son maximum d'intensité que dans les races supérieures, c'est aussi de chez elles qu'il doit disparaître le plus rapidement, devant le désir de satisfactions moins brutales.

Seuls d'abord, quelques individus, mieux doués intellectuellement que la masse, plus sensibles aux plaisirs de la recherche scientifique et aux conquêtes de l'esprit humain qu'à ceux de la vie matérielle et de la gloire militaire, répudient les guerres et l'expansion violente de leur race. Mais, de ces foyers intellectuels et moraux rayonnent des sentiments humanitaires et altruistes qui, peu à peu, grâce au concours des siècles et à l'évolution générale des esprits, pénètrent jusque dans les profondeurs des masses humaines.

Nous sommes encore bien éloignés du jour où les conceptions sociales et politiques des peuples civilisés seront suffisamment modifiées pour que la guerre et la conquête soient condamnées, ainsi qu'elles le méritent, au même titre que l'assassinat dont elle ne se distinguent que par le nombre des coupables, mais déjà le flambeau de fraternité et de solidarité humaine que les philosophes se transmettent de siècle en siècle, est devenu visible à tous les yeux, comme ces rayons stellaires qui, partis du fond du ciel depuis des milliers d'années, parviennent aujourd'hui seulement au contact de nos instruments astronomiques.

Il m'a paru que cette lumière est assez intense déjà pour éclairer de ses chauds rayons un exposé des principes qui devraient présider désormais à l'expansion de notre race dans le monde et à la colonisation, par les peuples civilisés, des contrées si vastes, si riches, si fécondes que la terre tient encore en réserve pour le développement de l'espèce humaine.

§ 1. — PREMIÈRES MIGRATIONS DES HOMMES

Si l'on admet, avec la plupart des naturalistes modernes, que les hommes ne forment qu'une seule espèce et que les transformations d'où cette espèce naquit se sont produites dans un point limité du globe, probablement le sud de l'Asie ou un continent qui reliait l'Inde à Madagascar et aux îles du Pacifique, il faut supposer, pour expliquer la dispersion des hommes sur toute la surface de la terre que les reliefs des continents étaient, au moment de cette dispersion, beaucoup moins prononcés qu'aujourd'hui et que, par suite, les climats n'étaient pas encore différenciés. Si, en effet, la terre eût présenté, à cette lointaine époque, les caractères physiques et climatériques qu'elle offre aujourd'hui, il serait difficile de comprendre la migration de l'espèce humaine sous les climats extrêmes de l'équateur et des pôles.

D'un autre côté, il est probable qu'à l'époque de l'apparition des ancêtres de l'homme actuel, les deux mondes étaient moins séparés l'un de l'autre qu'ils ne le sont aujourd'hui, et que l'Asie avait avec l'Afrique des relations plus étendues que celles de notre temps.

Comme conséquence naturelle de ces deux conditions, différenciation moindre des climats et contacts plus étendus des continents, les végétaux, les animaux et les premiers hommes trouvaient à peu près partout des facilités d'existence identiques, et chaque espèce pouvait se répandre dans toutes les directions, autour de son lieu d'origine, dans un espace n'ayant d'autres limites que ses moyens de dispersion. Aussi trouvait-on, à ces lointaines époques, jusque dans les régions circumpolaires, des végétaux et des animaux qui vivent aujourd'hui exclusivement dans les pays les plus chauds.

Il n'existe alors aucune civilisation humaine digne ce nom ; l'homme ne mène qu'une existence purement végétative et ses besoins se réduisent à ceux qui assurent la conservation de l'individu et de l'espèce ; ses migrations n'ont pas d'autre objet que la recherche des animaux et des plantes dont il se nourrit et celle des lieux où ces aliments existent en plus grande abondance.

A mesure que la structure de la surface du globe se modifie, que les principales chaînes de montagnes s'élèvent, que certaines parties du sol s'affaissent et que, par suite de ces transformations, les climats se dessinent, la distribution des êtres vivants sur la terre devient beaucoup plus inégale. Dans les points où la température s'abaisse, comme au voisinage des pôles et au sommet des hautes montagnes, la vie cesse d'être possible : les végétaux et les animaux dépourvus de moyens de locomotion y sont détruits par l'abaissement permanent de la température ; ceux qui peuvent se déplacer s'éloignent, à mesure que le refroidissement s'opère, et se dirigent vers des climats plus ᴅoux.

Cependant, comme les transformations de la surface du globe et la différenciation des climats, ne s'opèrent qu'avec une extrême lenteur et dans le cours de siècles nombreux, certains animaux et plus particulièrement les hommes, qui sont les plus malléables de tous les êtres vivants, se transforment sur place, s'adaptent aux conditions du sol et du climat, et donnent naissance à des races multiples, justifiant ainsi cette belle formule de Buffon : « L'homme est le fils de la terre qui le nourrit. »

Il s'est formé de la sorte, à la surface du globe, de nombreux types humains, d'abord très inférieurs, mais évoluant sur place et se perfectionnant, à mesure qu'ils modifiaient eux-mêmes la nature autour d'eux, se croisant les uns avec les autres et finissant par produire le nombre relativement peu considérable de types humains que nous distinguons aujourd'hui. Dans le Nouveau Monde, se forment le type Américain, à face plus ou moins rouge, de l'Amérique du Nord et du Sud et le type Patagon dans l'extrême sud. Dans les glaces du pôle nord, se forment les types très caractérisés des Esquimaux, des Hyperboréens et des Lapons. Dans les îles du Pacifique, les Papous, les Australiens, les Néo-Calédoniens et les Tasmaniens sont distincts les uns des autres et ne peuvent pas être confondus avec les Malais de Java, de la presqu'île de Malacca, de l'Indo-Chine. Dans l'Asie méridionale, les Dravidiens existent encore dans les montagnes du Deccan et l'île de Ceylan. Ils occupaient autrefois l'Inde entière. Les Iraniens et Aryens formés sur les plateaux de l'Asie occidentale, peuplèrent la Perse, la Mésopotamie et se répandirent dans l'Inde et une partie de l'Europe. Dans l'Asie centrale, orientale et septentrionale, les Mongols, si bien caractérisés par la peau jaune et les yeux obliques, sont faciles à reconnaître, malgré les variétés qui en sont nées ; l'une des mieux différenciées, représentée par les Touraniens ou Turcs a revêtu un type particulier assez aisément reconnaissable et s'est répandue dans toute l'Asie occidentale et le sud de l'Europe, tandis qu'une autre, celle des Finnois, se formait dans le nord de la Scandinavie et la Finlande. L'Afrique présente aussi des types distincts : au centre, un type rouge, les Fouhlas ; au sud, les Hottentots, à l'est et à l'ouest les Nigritiens et leurs variétés ; au nord, les Arabes et les Berbers qui sont des variétés de cette grande race sémite formée sur les côtes méridionales de la Méditerranée, tandis qu'au nord de cette mer se développaient les types européens : Ibères dans le sud de la Gaule et l'Espagne ; Celtes dans tout le centre de la Gaule, la Bretagne et la Grande-Bretagne ; Germains dans le centre de l'Europe ; Slaves dans toute l'Europe orientale.

Formées sur place, par l'action du climat, de la nourriture, de la vie sédentaire ou errante, et des autres conditions du milieu cosmique ou des mœurs, les masses humaines appartenant à ces divers types ne sont pas restées en totalité sédentaires. Des parties plus ou moins considérables de ces masses se sont, au contraire, de tout temps, déplacées à la recherche de conditions climatériques meilleures, de pays nouveaux où la vie serait plus facile.

D'une façon générale, les races ou les portions de races qui ont persisté dans le centre des continents, y menèrent de tout temps et y mènent encore une existence plus ou moins errante, ne se livrant que peu ou pas du tout à la culture du sol, vivant d'abord de la chair des animaux sauvages, puis domestiquant un certain nombre d'entre eux, pour se nourrir de leur chair ou de leurs produits et s'en servir dans leurs déplacements. Les plateaux de l'Asie centrale et ceux de l'Afrique offrent encore des populations entières, dont la vie est presque constamment errante et qui dédaignent l'agriculture.

Les races humaines qui se sont développées sur les bords des grands fleuves et des mers sont, au contraire, de bonne heure, devenues sédentaires, ont demandé leur nourriture aux plantes sauvages, puis aux arbres, arbustes et herbes cultivées, et ont donné lieu à des agglomérations considérables partout où les conditions cosmiques étaient particulièrement favorables.

Ces conditions se rencontrent surtout à l'embouchure des fleuves, dans les plaines que les vents du large balayent, où les pluies sont fréquentes sans être de trop longue durée, où l'évaporation de l'eau est assez rapide pour que la végétation des grands arbres n'étouffe pas les autres productions du sol. C'est dans ces plaines, que poussent de préférence les herbacées riches en amidon, en matières sucrées, en corps gras, c'est-à-dire les plus propres à l'alimentation des grands animaux et des hommes. Là, les uns et les autres trouvent aussi les poissons et autres animaux marins qu'attirent les animalcules et les plantes aquatiques, toujours si nombreux dans les eaux calmes et saumâtres des embouchures des fleuves et dans les alluvions que les eaux fluviales déposent sur les côtes.

L'histoire de l'humanité témoigne que les premières grandes agglomérations humaines se sont développées dans les points où ces conditions sont le mieux réalisées : en Europe, autour de la Méditerranée et aux embouchures des fleuves qui s'y déversent. En Asie, dans les deltas du Gange, de l'Indus, de l'Irrawaddy, du Mé-kong, du Sé-kiang. etc. ; en Amérique, à l'embouchure du Rio-Grande, du Mississipi, etc.

Le caractère principal de ces premières agglomérations humaines, quel que soit le point du globe où on les étudie, est l'absence à peu près absolue de toute préoccupation intellectuelle et la tendance à ne faire que le moins possible de travail physique. La chaleur constante de l'atmosphère permet de ne se point vêtir, de se contenter des simples ornements que les deux sexes recherchent pour se rendre plus séduisants, ou de ne se couvrir que de vêtements sommaires. Les logements n'ont d'autre objet que la préservation de la pluie ou du grand soleil ; la nourriture est assez abondante pour que sa recherche ne donne que peu de mal, et les animaux herbivores sont assez nombreux pour que les grands carnassiers n'aient pas besoin de s'attaquer à l'homme. Celui-ci mène donc une vie de paresse et de contemplation, qui condamne son cerveau à ne se développer qu'avec une extrême lenteur.

L'évolution de l'intelligence humaine eût été plus lente encore, si les agglomérations formées dans les climats les plus favorables à la vie matérielle, n'avaient pas été obligées de se défendre contre les peuples encore sauvages qui s'étaient développés dans des régions plus élevées ou plus septentrionales, moins favorisées de la nature et où ils avaient pris, dans la lutte contre le climat, une force physique et des instincts de combativité très supérieurs à ceux des populations déjà plus ou moins civilisées.

Les migrations humaines de la période historique offrent, en effet, ce caractère constant qu'elles se font toujours du froid vers le chaud, des montagnes et hauts plateaux vers les plaines, et du septentrion vers le midi.

§ 2. — Absence de migration des races inférieures

Un deuxième caractère fondamental des migrations humaines réside dans ce fait que plus une race est perfectionnée, plus elle tend à se répandre ; plus une race est inférieure et plus elle reste sédentaire. Migrer à travers le monde, coloniser la terre, est un signe irrécusable de supériorité anthropologique.

Les trois races les plus inférieures, celle des Hottentots, celle des Patagons et celle des Papous ne sont pas sorties, celle-ci des îles du Pacifique, débris d'un continent aujourd'hui disparu, celles-là de l'Afrique méridionale et du sud de l'Amérique méridionale. Au lieu de s'étendre, elles se condensent, refoulées par de nouveaux arrivants, dans les régions les moins accessibles de leur ancienne patrie et s'y éteignent dans la misère, l'indolence et l'imbécillité.

Les Patagons marchent vers une disparition complète dans les forêts de l'extrême sud de l'Amérique. Les Hottentots occupèrent autrefois toute l'Afrique orientale, d'où ils furent chassés par les Cafres, race supérieure à la leur, et qui eux-mêmes, aujourd'hui, sont repoussés des lieux les plus fertiles par la race blanche. Les Papous, de leur côté, paraissent s'être répandus jadis dans tout le sud-est de l'Asie, mais ils en ont été chassés par les Malais et sont détruits au point qu'on n'en trouve plus que des débris dans la presqu'île de Malacca et dans les montagnes des Philippines. Ils existent encore en assez grand nombre dans la Nouvelle-Guinée, dans les îles de la Mélanésie, situées à l'est de cette grande terre, dans les Nouvelles-Hébrides et la Nouvelle-Calédonie ; mais partout ils sont refoulés dans les montagnes, soit par les Malais, qui sont d'une race supérieure, soit par les Européens.

Les Australiens, formés peut-être par la dégénérescence d'un rameau de la race malaise, sont aussi en voie de disparition devant les Européens qui se sont emparés des meilleures terres de leur grande île et les ont refoulés dans les déserts arides, en les chassant comme des fauves et les massacrant.

En Afrique, les Cafres, qui se sont substitués dans le sud aux Hottentots, les Nègres de l'Afrique moyenne, du Niger, du Soudan, de la Sénégambie, de la Nigritie, du Tibou, etc., les Nubiens du Haut-Nil, les Foulhas ou type rouge, autrefois répandus dans toute l'Afrique septentrionale, aujourd'hui confinés dans le Sahara occidental, toutes ces races, inférieures à celles de la Méditerranée, ont été refoulées successivement par les Sémites et les Européens et finiront par disparaître devant la race blanche, dont les efforts colonisateurs se portent avec tant d'activité vers le continent noir, à moins que nos mœurs colonisatrices ne deviennent plus douces, en même temps que plus conformes à nos véritables intérêts.

Dans toute l'Asie, des faits analogues se produisent : les races primitives et inférieures, bien loin de se répandre, ont été refoulées dans les montagnes où elles disparaissent petit à petit. Les plus anciens habitants autochtones du continent indien, n'existent plus aujourd'hui qu'à l'état rudimentaire dans les montagnes du centre, sous les noms de Mahairs, Bhils, Moravers, Kurumbas, etc. Les Dravidiens qui les y ont refoulés et qui jadis occupaient probablement l'Inde entière, sont aujourd'hui confinés dans les montagnes du Deccan et dans celles de l'île de Ceylan, chassés des plaines de l'Inde par les Aryens, les Sémites et les Mongols. Les Malais sont encore répandus dans toute la presqu'île de Malacca, dans les Philippines, les îles de la Sonde et celles de la Polynésie, et même dans la grande île de Madagascar, qui, sans doute, était reliée autrefois à toutes les précédentes ; mais ils ont été déjà chassés de l'Indo-Chine continentale par les Chinois et les Annamites, et de l'Inde par les Aryens. Partout, les territoires où ils subsistent encore sont envahis par les deux races jaune et blanche.

Dans le nord de l'Asie et de l'Amérique, les Esquimaux, et dans le nord de l'Europe, les Hyperboréens, confinés dans les terres glaciales, y végètent misérablement, sans jamais tenter de descendre vers des régions plus chaudes où ils se heurteraient à des races supérieures ; mais ils [sont protégés contre l'envahissement de ces dernières par l'excessive dureté de leur climat.

Tandis que les races plus ou moins inférieures de l'Asie sont reléguées dans les lieux où elles se développèrent primitivement, les Mongols, plus parfaits, se sont répandus sur tout le continent asiatique et jusque dans le nord de l'Europe. Mais eux-mêmes, malgré les précautions minutieuses qu'ils prennent pour se mettre à l'abri de l'étranger, doivent se sentir menacés par les races méditerranéennes. Déjà les Russes ont envahi toute la région septentrionale de leurs anciens domaines, jusqu'à la Corée, tandis que les Français se sont emparés de la partie méridionale, occupée par le rameau annamite. D'autre part, la civilisation européenne transforme le Japon et les plus grandes villes de la Chine, en sortes de succursales des cités de l'Europe, où les Européens augmentent chaque jour de nombre.

§ 3. — MIGRATIONS DES RACES MÉDITERRANÉENNES

En Europe, il se forma, sur les bords, si favorisés par le climat et les autres conditions de milieu, de la mer Méditerranée, dès la période préhistorique, deux grandes races : l'une au nord et l'autre au sud. Les conditions y étaient si favorables à leur évolution physique et intellectuelle qu'elles devinrent supérieures à toutes celles du monde entier.

Prédominantes sur toutes les autres par les caractères anthropologiques et intellectuels, les races méditerranéennes se distinguent encore par la puissance d'expansion qu'elles ont manifestée à toutes les époques et par le degré de civilisation qu'elles atteignent dans toutes les régions qu'elles ont colonisées.

Race Sémite. — Grâce aux conditions éminemment favorables dans lesquelles les premières étapes de son évolution s'effectuèrent, la race sémite, née sur les bords méridionaux de la Méditerranée, était déjà très civilisée alors que l'autre race méditerranéenne n'était encore représentée que par des tribus à demi sauvages.

Dès une antiquité fort reculée, les Sémites se répandent de toutes parts en dehors de leur berceau. Au sud, ils remontent la vallée du Nil et peuplent l'Ethiopie et les bords de la mer Rouge, en produisant, par des transformations locales, les types Gallas, Danakil, Somali, etc. A l'occident, ils se répandent sur tout le nord de l'Afrique où ils sont encore représentés par les

Berbères, et où ils produisirent les agglomérations de Tripoli, de Carthage, de la Mauritanie, etc., se répandant jusque dans le sud de l'Espagne, dans la Sicile et la Sardaigne. A l'est, ils remontent le long des côtes, colonisant la Palestine, la Phénicie et la Syrie où ils produisent les types Hébreu, Syrien, Chaldéen, dont une branche va former les populations de l'Abyssinie. Ils descendent, d'autre part, vers le sud-est, se répandant dans toute l'Arabie, entre la mer Rouge et le golfe Persique ; puis s'enfoncent vers l'Orient jusque dans l'Inde où ils forment une souche tellement puissante et vivace qu'elle est représentée aujourd'hui, dans le nord de la péninsule hindoustanique, par une population de 45 à 50 millions d'individus. De cette souche, sont parties des branches qui se prolongent, par les Hymalayas, jusque dans les provinces méridionales de l'empire chinois, d'où elles chassent petit à petit les Mongols, en les repoussant vers le nord et l'est.

Race Indo-Européenne. — L'expansion de cette race et les civilisations auxquelles elle a donné naissance, dans la succession des temps et sur les divers points du globe, sont plus remarquables encore que celles de la race sémitique et témoignent d'une véritable supériorité anthropologique.

Elle s'est formée sur les bords de la mer Noire, de la mer Caspienne, de la Méditerranée, sur les plateaux et les montagnes de l'Asie occidentale, se transformant, sous l'influence des climats et des autres conditions de milieu, d'alimentation, etc., pour produire des types tellement différents les uns des autres, surtout quand on envisage les extrèmes, qu'il est souvent très difficile d'établir leurs relations de parenté et leur filiation à travers les âges.

On peut la considérer comme ayant donné naissance à cinq rameaux primaires ou sous-races : 1° les Ibères qui occupèrent d'abord le sud de la Gaule et l'Espagne et qui ne sont plus représentés aujourd'hui que par les Basques dans les montagnes des Pyrénées ; 2° les Celtes qui occupaient, au début de la période historique, la majeure partie de la Gaule, la Grande-Bretagne, le Nord de l'Italie, l'Illyrie, les plaines du Haut-Danube, etc., en un mot, tout l'Occident de l'Europe ; 3° les Aryens ou Iraniens développés sur les plateaux de l'Asie occidentale et répandus jusque dans l'Inde à une époque très reculée ; les Caucasiens réduits aujourd'hui à des débris confinés dans les montagnes du Caucase ; 5° les Gréco-Romains ; 6° les Germains ; 7° les Slaves.

Les races européennes se sont répandues sur toute l'Europe et l'Asie occidentale, puis l'Inde par des migrations successives qui ont fini par la peupler presque entièrement si bien que les Aryens mélangés du sang des Gréco-Romains y forment aujourd'hui une

population d'au moins deux cents millions d'habitants. A une
époque éloignée de nous, ils franchirent à l'est les limites de
l'Inde pour se répandre, d'une part, dans les plaines humides de
la basse Birmanie, du Siam, du Cambodge et de la Cochinchine,
remontant même dans l'Annam et peut-être jusqu'au Tonkin.
C'est à eux qu'il faut attribuer les monuments « Kmers » du
Cambodge et les constructions « Tiams » de l'Annam.

Dans tous ces pays, les Aryens se sont trouvés d'abord en contact avec les Malais qu'ils refoulèrent, puis avec la race jaune
descendue des régions tempérées de l'Asie centrale et qui, à
son tour, s'est emparée des plaines et des vallées les plus fertiles,
en refoulant devant elle les Aryens abâtardis par un climat
débilitant.

Un phénomène analogue se passe dans le nord de l'Inde : les
Sémites, plus récemment émigrés de l'Asie occidentale et encore
robustes, s'y substituent petit à petit aux Aryens, en les refoulant
vers le sud, c'est-à-dire vers une partie de l'Inde où le climat
très chaud les fera dégénérer encore.

Gréco-Romains. — Les Gréco-Romains se répandaient dans
toute l'Europe occidentale en donnant naissance, par les transformations dues au climat et aux autres conditions de milieu,
à un certain nombre de types qui ont persisté plus ou moins
altérés jusqu'à nos jours : Hellènes, Italiotes, etc. Parmi ces
types, les deux plus voisins de la Méditerranée et qui habitent
les climats chauds de l'Europe, évoluent dans le lieu même
de leur orgine et donnent successivement naissance aux deux
civilisations qui ont le plus contribué au progrès général de
l'humanité : celle des Grecs et celle des Romains.

Le rameau grec se développe d'abord dans la péninsule hellénique et dans la Macédoine, en atteignant un niveau artistique
et intellectuel tellement élevé qu'à certains égards il n'a guère
été dépassé. De son étroit berceau, il se répand le long des
côtes septentrionales de la Méditerranée, d'abord vers l'Orient,
où il se heurte à la race sémite dans l'Asie Mineure. Il y fonde
de puissantes colonies, puis il se lance avec Alexandre sur la
route déjà suivie par les Aryens ; il traverse comme eux la
Perse pour aller jusque dans l'Inde où il se greffe sur la souche
déjà puissamment développée des Aryens, subissant d'ailleurs
comme celle-ci la dégénérescence qu'occasionne le climat trop
chaud de l'Hindoustan sur les individus venus du septentrion.

Du côté de l'occident, les Hellènes se répandent tout le long
des côtes de la Méditerranée et dans les îles de cette mer où ils
fondent une série de colonies. La plus importante, celle de
l'Italie, devient tellement considérable, dans le Brutium, la
Lucanie, l'Apulie, etc., qu'elle prend le nom de Grande-Grèce.

Plus loin encore vers l'ouest, des colonies grecques sont fondées sur les côtes de la Gaule et de l'Espagne, et dans les iles des golfes hispaniques.

Vers le sud, les Grecs descendent le long des côtes de l'Asie Mineure et traversent la Méditerranée, pour se porter vers les riches vallées du Nil où ils triomphent, pendant un temps, des résistances des Sémites. Ils tiennent l'Egypte sous leur domination durant près de trois siècles, sans que la civilisation hellénique parvienne à se substituer à la civilisation égyptienne. On pourrait presque dire que cette dernière exerça sur celle de la Grèce une influence prépondérante.

Des bords du Nil, les Grecs se portent vers la mer Rouge, la parcourent d'un bout à l'autre et y fondent quelques colonies dont on trouve encore des traces, notamment au voisinage de la baie d'Adulis, et dans le premier contrefort de la chaine abyssine. Ils poussent même des pointes jusque dans le golfe Persique et sur les côtes de l'Asie méridionale d'une part, de l'Afrique orientale de l'autre.

Parvenu à la civilisation plus tard que les Grecs, le rameau romain se développe d'abord dans l'Italie moyenne et occidentale, puis se répand sur toute la péninsule, et de là dans la Gaule, l'Espagne, la Germanie et la Grande-Bretagne, en même temps que sur les côtes de la Méditerranée, où il substitue partout son influence à celle de la civilisation grecque.

Dans la Méditerranée et au sud de cette mer, il refoule devant lui les Sémites qui avaient établi leur domination sur la Sardaigne, la Sicile, le sud de l'Italie et il détruit ou conquiert les principaux centres de civilisation créés par cette race, jusqu'au jour où il se substitue à la Grèce sur les bords du Nil, dans le berceau même du sémitisme.

Vers le nord, il refoule les Celtes devant lui, transforme la Gaule en une colonie romaine, se répand jusque dans la Grande-Bretagne, et entame la Germanie, en se fusionnant avec les Celtes, les Ibères et les Germains.

Après avoir conquis la Grèce et toutes ses colonies méditerranéennes, on dirait que la civilisation romaine veut faire oublier celle de la Grèce, en établissant son siège principal dans les lieux mêmes où celle-ci régna. On voit, en effet, l'empire romain d'abord se subdiviser en un empire d'Occident qui conserve Rome pour capitale et en un empire d'Orient dont le siège s'établit à Bysance, puis se transporter tout entier dans cette dernière ville qui devient l'unique capitale de l'empire.

De ce transfert, date le commencement de la ruine de la branche ethnologique romaine et l'émancipation des colonies qu'elle avait fondées sur les divers points de l'Europe.

Au contact de la civilisation romaine, les populations autochtones des colonies de Rome, avaient fait de si rapides progrès, qu'elles se trouvaient maintenant en état de chasser leurs maîtres pour se gouverner elles-mêmes. La manifestation de leurs tendances vers l'autonomie devient plus facile à partir du moment où le siège de l'empire est transféré à l'une des extrémités de son territoire, car alors les relations de l'autorité impériale avec les proconsuls se relâchent et l'influence du pays colonisateur se fait moins sentir, tandis que le développement intellectuel et économique des populations et les progrès qu'elles ont fait dans les sciences politique, administrative et militaire leur donnent le sentiment de leurs forces et leur inspirent le désir de s'émanciper.

Celui-ci est encore avivé par les excitations du pouvoir catholique, qui s'est substitué, dans Rome, à celui des empereurs et s'est répandu dans tout l'empire, en y adoptant une organisation analogue à celle de l'administration impériale. De même que les proconsuls des provinces colonisées par les Romains ne dépendaient que de l'empereur et jouissaient d'une grande liberté d'action, de même les évêques placés au cœur de chaque province ne dépendent que du Souverain Pontife et ont sous leur autorité immédiate tous les prêtres et les fidèles. A l'empire autoritaire et démocratique, s'est substitué un pontificat religieux, non moins autoritaire et plus démocratique encore, qui pousse les populations, au nom du Christ dont le « royaume n'est pas de ce monde », à s'émanciper des autorités romaines.

La religion est, dès lors, la complice de toutes les tentatives faites par les colonies romaines pour secouer le jour de la puissance colonisatrice, et le jour où Clovis reçut, à Reims, le baptême avec la couronne des Francs, de la main du Souverain Pontife, l'émancipation de toutes les colonies romaines de la Gaule reçut sa consécration définitive.

Il importe, en effet, de bien remarquer que pendant plusieurs siècles la Gaule, l'Espagne, la Grande-Bretagne, etc., ne sont pas autre chose que de véritables colonies romaines, dont les populations se mélangent très inégalement avec les colonisateurs. Dans le midi de la Gaule, dont les relations sont fréquentes, surtout par mer, avec les côtes italiennes, le type romain finit par prédominer sur tous les autres ; il n'en est pas de même dans le nord ; encore moins dans la Germanie et la Grande-Bretagne dont les communications avec le cœur de l'empire romain sont extrêmement difficiles. Aussi, dans ces contrées, le type romain ne s'introduit-il que fort peu, les types celte et germain se conservant presque entièrement purs, ainsi qu'il est facile de le constater encore aujourd'hui.

Il est remarquable que malgré la civilisation à laquelle se sont élevés les types grec et romain et malgré les efforts considérables d'expansion auxquels ils se sont livrés, ils n'ont formé qu'un petit nombre de colonies vivaces. En dehors de la Grèce, de l'Italie, de l'Albanie, du midi de la Gaule et de l'Espagne, le type gréco-romain s'est heurté, dans son expansion, à des races assez puissantes pour arrêter sa marche. En Afrique et en Asie, il a été vaincu par la race sémite; dans l'Europe occidentale, il s'est brisé contre les type celte et germain, répandus le premier dans le nord-ouest de la Gaule et une portion de la Grande-Bretagne, le second dans toute la Germanie et la Scandinavie.

Germains et Slaves. — Au nord et à l'orient de l'Europe, le type gréco-romain est arrêté, dès les premiers pas de son expansion, par les Germains d'un côté, par les Slaves de l'autre. Les Germains, nés dans le bassin du Danube et sur les bords de la mer du Nord, au delà du Rhin, se portent sans cesse vers l'ouest et le sud, colonisant la Gaule, puis la Grande-Bretagne, chassés eux-mêmes par les Slaves qui, de l'orient de l'Europe, se portent aussi vers l'ouest et le sud, descendant, d'un côté vers la Méditerranée et dans le massif des Balkans, tandis que de l'autre, ils entourent la Baltique et finissent par former en Europe une agglomération très supérieure, par l'étendue de ses territoires, à celle de tous les autres types réunis.

Sur les confins de l'Europe et de l'Asie, en Turquie et dans l'Asie Mineure, la race gréco-romaine est d'abord contenue par les Sémites, puis refoulée vers l'occident par les Turcs qui, descendus du centre de l'Asie septentrionale où leur berceau se confond avec celui des autres types mongoliques, se répandent à Constantinople, en Grèce, en Macédoine, et dans tout le massif des Balkans, jusqu'aux confins de la Germanie, en formant de puissantes colonies.

Tandis que la race gréco-romaine allait en s'affaiblissant, ses colonies se transformaient en nations indépendantes et donnaient naissance aux civilisations modernes de la France avec les Ibères et les Celtes mêlés de Germains ; de la Grande-Bretagne et de la Germanie.

Tout le moyen âge est rempli des tentatives que font les Gaulois et les Germains pour se rendre maîtres de l'Italie que, seule, la puissance pontificale préserve contre leurs attentats sans cesse renouvelés.

En même temps, ils tentent de substituer, à l'Orient et dans le sud de la Méditerranée, leur influence à celle déjà presque nulle des Gréco-Romains, mais ils échouent, comme ces derniers et plus piteusement encore, devant la résistance des Sémites et des Turcs. Les croisades ne sont que des tentatives de colonisation de la Syrie, rendues infructueuses par un climat auquel les races occidentales ne sont pas adaptées, par la difficulté des communications qui, à cette époque, rendait presque impossible la continuité des entreprises lointaines, par l'insalubrité de territoires encore à peu près incultes et par vingt autres raisons cosmiques ou humaines qu'il me paraît inutile de rappeler ici.

Première expansion des races européennes à travers les océans. — Après l'invention de la boussole, les tentatives d'expansion des races européennes prennent des directions nouvelles et une importance considérable. D'abord les navigateurs descendent le long des côtes occidentales de l'Afrique, en y faisant des établissements rudimentaires ; puis ils contournent le cap de Bonne-Espérance et gagnent, d'une part, la côte orientale de l'Afrique, d'autre part, à travers l'océan Indien, les terres méridionales de l'Asie où ils tentent la création d'établissements coloniaux. A partir du XVe siècle, les Portugais d'abord, puis les Hollandais, les Français et les Anglais essaient de s'établir dans l'Inde qui, au XVIIIe siècle, devient presque tout entière colonie anglaise. Au XVIe siècle, les Hollandais commencent à coloniser Java et les îles de la Sonde et forment un établissement au Tonkin. A la fin de ce même siècle, les Français entrent en relations avec l'Annam qui, dans le cours du XIXe siècle, devient colonie française.

En même temps que ces courants de colonisation se portent vers l'Asie, des efforts non moins considérables sont faits du côté de l'Amérique où, à la suite de Christophe Colomb, les Espagnols d'abord, puis les Portugais, les Anglais et les Français, fondent des établissements qui se développent avec une grande rapidité.

Plus tard, au XVIIIe siècle seulement, les efforts de la colonisation européenne se dirigent vers les îles du Pacifique et des établissements coloniaux sont fondés, successivement, par les Anglais en Australie et dans la Nouvelle-Zélande, par les Français en Nouvelle-Calédonie, etc.

Phénomène singulier à noter, tandis que, dès le XIVe siècle, les nations maritimes de l'Europe se portent à l'envi vers les côtes lointaines de l'Afrique, de l'Asie, de l'Amérique et même du Pacifique, à la recherche de terres nouvelles et de colonies à créer, aucun effort sérieux n'est tenté par aucune d'entre elles pour reconstituer, sur les bords méridionaux de la Méditerranée, les colonies jadis fondées par les Grecs ou les Romains et qui, dans le cours du XIIIe siècle, avaient été reconquises par la race sémite. Il semble que le souvenir de l'insuccès des croisades arrête tout effort nouveau dans cette direction. C'est seulement à la fin du XVIIIe siècle, que l'attention de l'Europe est attirée de nouveau vers le nord de l'Afrique et que la France d'abord, puis l'Angleterre songent à y fonder des colonies, la première en Algérie et en Tunisie, la seconde en Egypte et dans les îles de Malte et de Chypre.

Toutes les nations de l'Europe n'ont pas mis, dans les cinq derniers siècles, le même empressement à fonder des colonies. C'est d'abord l'Espagne et le Portugal qui tiennent la tête du mouvement, l'une avec ses conquêtes en Amérique, l'autre avec ses établissements de l'Afrique occidentale et de l'Asie méridionale. La Hollande et la France les suivent d'assez près dans toutes les mers et sur tous les continents. L'Angleterre ne se met en marche que plus tard, mais elle prend bientôt le premier rang.

L'Allemagne et la Russie ne sont entrées dans la même voie qu'à une époque toute récente, mais la lutte est déjà engagée entre ces deux nations et l'Angleterre, en vue de la suprématie coloniale.

Déjà la Russie a colonisé tout le nord de l'Asie et poussé sa domination jusqu'à l'Océan Pacifique, débordant la Chine, mettant la main sur la Corée et menaçant le Japon, dominée par la résolution inébranlable et la nécessité de conquérir, sur la mer de Chine, des ports fréquentables pendant toute l'année. D'un autre côté, elle s'avance à pas de géant vers l'Inde orientale où déjà elle se trouve presque en contact avec l'Angleterre. Sur les bords mêmes de la Méditerranée, elle ne paraît pas avoir renoncé à la conquête de Constantinople qu'elle tient déjà sous sa protection, ses regards sont fixés sur les provinces turques de l'Asie Mineure et elle établit son hégémonie dans une partie des Balkans où la race slave est fortement représentée.

Quant à l'Allemagne, elle répand ses nationaux sur toutes les mers et dans toutes les colonies des autres nations; leur nombre y augmente avec une effrayante rapidité, en même temps qu'ils mettent la main sur une partie notable des affaires et des emplois publics. Selon le mot très juste de M. de Bismarck : « L'Allemagne n'a pas de colonies, mais elle a des colons, » ce qui est peut-être préférable. Comme les colons allemands deviennent chaque jour plus nombreux, aussi bien dans les colonies anglaises que dans les colonies françaises, il pourrait arriver, dans le cours du siècle prochain, que l'Allemagne ait à la fois des colons et des colonies, sans avoir eu la peine de fonder ces dernières.

Même sans tenir compte des prévisions qu'il est logiquement permis de formuler pour l'avenir, et en ne s'appuyant que sur les faits dont l'histoire de la colonisation a dressé le tableau, on peut affirmer que plus une race est élevée dans l'échelle anthropologique, plus son expansion dans le monde, son pouvoir colonisateur, dirais-je volontiers, est considérable.

Nous avons vu d'abord les races inférieures de l'Afrique, de l'Asie, de l'Amérique et des régions polaires, s'étioler sur place, refoulées par des races plus parfaites dans les lieux les moins favorables à la vie humaine. Tel est le sort des Hottentots, des Papous, des Nigritiens, etc. La race malaise, qui leur est très supérieure, nous est ensuite apparue se répandant sur une partie de l'Asie méridionale et dans toutes les îles du Pacifique où elle occupe d'abord une situation prépondérante, mais où, plus tard, elle est aux prises soit avec la race mongole qui la supplante, soit avec les races méditerranéennes qui sont en train de prendre sa place dans tous les points où les conditions de la vie sont le plus favorables. Nous avons vu ensuite les Mongols, maîtres encore aujourd'hui de toute la partie septentrionale et orientale du continent asiatique, déjà menacés par la race blanche dans les points les plus propres au développement du commerce et de la civilisation européenne. Enfin, des deux grandes races nées sur les bords de la Méditerranée, la moins élevée anthropologiquement, c'est-à-dire la race sémite, s'est montrée à nous confinée sur un territoire relativement étroit, car on ne la trouve que dans le nord de l'Afrique, sur les bords de la mer Rouge, dans l'Arabie, l'Asie centrale et le nord de l'Inde. Elle n'a pu, nulle part, remonter en grandes masses vers le nord, ni descendre tout à fait dans le sud. Elle se tient dans la zone chaude qui entoure le tropique de l'hémisphère boréal.

La race européenne, au contraire, anthropologiquement et sans contestation possible, la plus perfectionnée de toutes les races humaines, s'est déjà répandue sur tous les points du globe sans exception, envahissant l'Afrique par le nord, le sud, l'est et l'ouest et poussant déjà ses voies ferrées jusque vers les régions centrales de cet immense continent, occupant l'Amérique entière, l'Australie, la Nouvelle-Zélande, la Nouvelle-Calédonie et la plupart des grandes îles du Pacifique, créant des colonies sur les côtes de l'Asie, depuis le Kamtchatka jusqu'à la mer Rouge, occupant la majeure partie de l'Inde orientale et régnant sans rivale sur toute l'Europe.

CHAPITRE II

LA COLONISATION ET LES LUTTES DE RACES

SOMMAIRE. — La guerre et l'esclavage sont les deux faits qui caractérisent l'expansion des hommes sur la terre. — Évolution de la guerre. — Évolution de l'esclavage. — Colonisation et destruction des indigènes. — Substitution de races par le métissage. — Émigration, colonisation et croisements des races au point de vue social.

L'histoire de la colonisation n'est pas seulement celle des migrations des hommes à travers le monde. C'est aussi celle de la guerre et de l'exploitation des races et des nations les unes par les autres, les plus intelligentes et les plus fortes abusant sans pitié de celles qui sont moins avancées en civilisation ou moins fortes.

§ 1. — ÉVOLUTION DE LA GUERRE

Diverses phases marquent l'évolution des idées et des pratiques humaines dans cet ordre de faits. Les premières guerres, celles qui éclatent entre les populations encore barbares des époques les plus reculées de l'histoire, sont par-dessus tout des luttes passionnelles, comme celles dont les animaux nous donnent le spectacle. Les mâles se battent pour la conquête des femelles; le plus fort supprime le plus faible, afin de s'assurer la tranquille jouissance de l'objet de ses convoitises. A ce premier mobile, s'ajoute souvent le désir instinctif, hérité des animaux, de s'emparer des aliments ou objets de diverses sortes qu'un autre possède. De même qu'un chien se bat pour ravir l'os trouvé par un congénère, l'homme attaque l'homme pour lui enlever les produits de sa chasse, de sa pêche, de la culture du sol, et le plus fort tue le plus faible s'il ne consent pas à se laisser dépouiller du fruit de son travail.

Par une évolution morale d'une nature particulière et que je considérerais volontiers comme régressive dans une partie de sa marche, il se crée bientôt, dans les sociétés humaines primitives, deux catégories d'individus différemment doués au point de vue intellectuel, moral et physique : les uns, d'humeur paci-

fique, laborieux, s'adonnant à tous les travaux qu'exige la
recherche ou la production des aliments, vêtements et logements plus ou moins rudimentaires que la faim, le froid, la
pluie, etc., nécessitent; les autres, violents et paresseux, plus
occupés des exercices corporels et des sports dont ils trouvent
l'exemple chez les animaux, tels que la course, la natation, la
lutte corps à corps, la chasse aux bêtes féroces, etc., que du
travail assidu et pénible par lequel l'homme assure la satisfaction de ses besoins journaliers; ceux-ci acquièrent une vigueur
corporelle supérieure à celle des paisibles agriculteurs ou
pêcheurs.

De ces deux catégories d'individus, l'une travaille et produit ;
l'autre commande, boit, mange, se livre à tous les plaisirs, mais
se bat pour défendre le travailleur qui la nourrit. Afin d'assurer
son triomphe sur ses ennemis et sa domination sur ses congénères, elle est obligée d'inventer des ruses de combat, des moyens
d'attaque et de défense ; ses facultés intellectuelles se développent
dans une direction spéciale que j'appellerai militaire, tandis que
celle des travailleurs évolue dans la voie des connaissances pratiques, de l'agriculture d'abord, puis du négoce, de la navigation,
de l'industrie, et, enfin, de la science, celle-ci n'étant composée,
au début, que des notions indispensables à l'exercice des diverses
professions. La première classe d'individus n'est dominée que
par des préoccupations purement matérielles : s'enrichir par les
dépouilles de l'ennemi et par l'exploitation des travailleurs,
puis recruter des travailleurs nouveaux qui augmenteront
encore son bien-être, enfin jouir de tous les avantages que procure le triomphe. La guerre a désormais un double but : le
vol et l'esclavage. Elle conserve ce caractère jusque dans les
époques historiques, et même jusqu'au temps où nous vivons,
en ce qui concerne certains peuples.

Au début, la guerre se borne aux luttes d'homme à homme ;
puis elle a lieu de famille à famille, de village à village, de
tribu à tribu, jusqu'à ce qu'enfin, les nations s'étant formées,
elle ne se produise plus qu'entre peuples distincts.

La guerre alors nous apparaît avec un triple but : la gloire,
la dispersion des races sur des territoires dont la richesse attire
leurs convoitises, c'est-à-dire la colonisation, et la recherche des
esclaves qui sont les seules machines industrielles et agricoles
connues et employées jusqu'aux temps les plus modernes.

§ 2. — ÉVOLUTION DE L'ESCLAVAGE

L'esclavage passe naturellement par les mêmes phases que
la guerre. C'est d'abord un homme quelconque qui, étant plus

fort qu'un autre, le condamne à travailler pour nourrir sa propre indolence. Puis, les hommes d'un même village, d'une même tribu, recrutent leurs esclaves par le rapt et la guerre, dans un autre village ou une autre tribu ; enfin les individus d'une même nation ne réduisent à l'esclavage que des gens d'une nation différente. Cette évolution marche, d'ailleurs, très inégalement sur les divers points du globe et l'on peut constater, à la même époque historique, toutes les formes d'esclavage chez des peuples différents. Dans son livre de la *République*, quatre cents ans avant l'ère chrétienne, Platon met déjà dans la bouche de Socrate cette question à Glaucon : « Comment nos guerriers se conduisent-ils envers l'ennemi? Premièrement, en ce qui concerne l'esclavage ; te semble-t-il juste que des gens asservissent des cités grecques au lieu de le défendre aux autres autant que possible et de faire passer dans les mœurs le devoir de ménager la nation grecque, dans la crainte de tomber dans l'esclavage des barbares? » Et Glaucon de répondre : « En tout et pour tout, il est du plus grand intérêt pour les Grecs de ménager les Grecs. » Socrate : « Et par conséquent de n'avoir eux-mêmes aucun esclave grec et de conseiller aux autres de suivre cet exemple. » Dans le même dialogue, Platon donne une idée assez exacte de la façon dont la guerre était généralement comprise à son époque, lorsqu'il dit qu'elle ne mérite ce nom que quand elle éclate entre les Grecs et les étrangers, les « barbares » ; que si elle a lieu entre Grecs, c'est seulement une discorde dans laquelle les partis adverses doivent se ménager. « On ne doit ni dévaster, ni incendier, mais seulement enlever la récolte de l'année. » D'où il résulte naturellement que dans la guerre véritable, c'est-à-dire dans les différends armés qui surviennent entre les Grecs et les barbares, toutes les dévastations sont autorisées, ainsi que la capture des individus et leur réduction à l'état d'esclavage.

Dans la Grèce et à Rome, en effet, c'est-à-dire dans les deux civilisations européennes les plus anciennes, les esclaves sont en grande majorité recrutés parmi les barbares et représentés par des prisonniers faits à la guerre ou par leur progéniture. Leur nombre s'accroît, en Grèce et surtout à Rome, à mesure que le peuple devient plus puissant et plus riche. L'apogée du régime de l'esclavage commence à Rome au moment où la république porte ses armes au dehors de l'Italie, c'est-à-dire lorsque la civilisation romaine et la puissance de Rome atteignent leur plus grande hauteur. La guerre faite à tous les peuples qui entourent la Méditerranée fournit aux riches romains des milliers et des milliers d'esclaves, et les généraux réalisent de grosses fortunes par la vente des prisonniers de guerre. Paul Émile

vend à ses concitoyens 150.000 esclaves enlevés de l'Epire ;
Sempronius Gracchus vend plus de 100.000 sardes ; Marius
capture plus de 150.000 Gaulois et Germains qui sont vendus
sur les marchés de Rome ; Pompée et César passent pour avoir
fait plusieurs millions d'esclaves dont ils tirèrent des sommes
énormes. Ce n'est pas seulement pour la gloire que ces héros de
l'antiquité se battent avec tant d'ardeur, c'est aussi pour le profit
matériel qu'ils tirent de leurs victoires.

Malgré ces razzia formidables, la guerre ne suffisant pas à
fournir tous les esclaves exigés par la culture des champs, l'industrie, les services domestiques, etc., des éleveurs et des marchands d'esclaves exerçaient sur tous les confins de l'empire
une véritable piraterie, dont le but principal était de voler des
hommes, des femmes et des enfants que l'on vendait sur les
marchés. La Crète ne fut pendant longtemps qu'un nid de pirates
qui allaient vendre à Délos les hommes, femmes et enfants
enlevés sur les côtes de l'Asie Mineure.

La justice se joint à la guerre et à la piraterie pour fournir
des esclaves à l'agriculture, au commerce, à l'industrie, aux
services domestiques et à la débauche. Chez presque tous les
peuples de l'antiquité et, aujourd'hui encore, dans un grand
nombre de pays, l'individu qui, ayant contracté une dette, est
reconnu incapable de la payer, est transformé en esclave, au
profit de son créancier. Ne pouvant le payer en monnaie, il le
payera en travail et en services obligatoires. Parmi les colonies
françaises, le Cambodge jouit encore d'une législation de cette
sorte si régulièrement appliquée, depuis des siècles, qu'une portion importante de la population est réduite à l'état d'esclavage ;
il est vrai que celui-ci est beaucoup moins rude que le salariat
de notre Europe.

Dans l'antiquité et chez tous les peuples primitifs, les
machines n'existant pas, tous les travaux doivent être faits à
bras d'homme. C'est par 5, 10, 15, 20.000 têtes et au delà que
l'on comptait les esclaves des riches Romains, pendant la belle
période de l'empire. Grâce à ces machines humaines, un petit
nombre de citoyens accaparaient l'agriculture, l'industrie et
le commerce, comme le font aujourd'hui les grandes sociétés
industrielles. Dans les campagnes, presque tous les travailleurs
des champs étaient des esclaves. Dans les villes, des esclaves
exerçaient les divers métiers pour le compte d'un petit nombre
d'individus. Un même propriétaire réunissait souvent entre
ses mains tous les ouvriers d'une industrie déterminée et pouvait, en conséquence, régler les prix à sa guise. Esclavage et
accaparement de l'industrie marchaient de pair. Celui qui pos-
sédait le plus grand nombre d'esclaves était le plus riche capi-

taliste et le plus grand industriel de la Cité, car le capital et le travail étaient réunis dans les bras des esclaves.

A partir de l'ouverture de notre ère, à mesure que la puissance de l'empire romain s'affaiblit, les conditions de l'esclavage s'adoucissent et se transforment. La fortune des particuliers est diminuée par les révolutions et les guerres ; les propriétaires sont obligés de vendre à vil prix une partie de leurs esclaves, comme un industriel vend son usine lorsque ses affaires vont mal. Mais le propriétaire d'esclaves jouit d'une machine susceptible de se racheter elle-même ; il transforme ses machines humaines en monnaie, en leur vendant la liberté. Les esclaves profitent encore du désordre de l'empire pour tenter de s'affranchir par la force et l'histoire enregistre alors les plus formidables révolutions d'hommes qui aient jamais existé. C'est par 100.000 que Spartacus peut compter les esclaves soulevés, à son appel, contre Rome.

Quelques siècles après l'ouverture de notre ère, il n'existe plus dans les villes que les esclaves attachés aux personnes, les domestiques, c'est-à-dire ceux dont le sort était le moins pénible et qui, d'autre part, ne connaissant aucun métier, ne pouvaient pas trouver dans leur travail les moyens de se racheter.

Dans les campagnes, où le travail agricole est également très peu rémunérateur et où la révolte est moins facile, l'esclavage subsiste encore longtemps après sa disparition des villes. Ce sont les esclaves qui ont mis la Gaule en valeur. Toutefois, les esclaves des champs voient aussi, petit à petit, leur condition s'améliorer. Attachés à la terre, subissant son sort dans les héritages et les ventes, ils deviennent aussi indispensables au propriétaire qu'à la terre elle-même. Leur indépendance naît de l'impossibilité où l'on est de les remplacer; elle s'accroît par tous les malheurs qui surviennent aux propriétaires, à l'époque où la constitution des fiefs gaulois et germains, en dehors des villes où les riches gallo-romains restent confinés, amène des querelles et des troubles incessants, puis toutes ces guerres féodales qui emplissent l'histoire du moyen âge. Tandis que les esclaves s'émancipent et mettent plus ou moins la main sur le sol, les anciens cultivateurs libres, les lites germains et les colons romains appauvris par les guerres, tiraillés entre les seigneurs qui se battent sur leurs dos et dans leurs champs, tombent dans un état tout à fait analogue à celui des anciens esclaves et tous se transforment en serfs.

Cette rencontre dans le servage des anciens esclaves ruraux avec les petits propriétaires gaulois, germains et gallo-romains marque le point culminant de la colonisation de notre pays, sous l'influence successive des Romains venus du sud et des

Germains venus du nord, se rencontrant, se pénétrant et finalement se fusionnant sur le sol du pays tempéré le plus riche
peut-être qui existe dans le monde et qui, à ce titre, devait
devenir et restera, si nous savons favoriser la fusion des races
que son climat et sa richesse n'ont point cessé d'attirer, la
source la plus féconde de la civilisation et du progrès moral de
l'humanité.

L'Église intervient puissamment dans la mise en culture du sol
et dans la suppression de l'esclavage. Sur les terres qui leur
sont concédées par les rois franks, les prêtres et les moines
attirent les populations rurales non seulement par l'attrait de la
religion, mais aussi par divers avantages matériels : d'une part,
l'exemption de certaines charges fiscales et de certaines obligations à l'égard du pouvoir séculier ; d'autre part, pour les esclaves,
la promesse de l'affranchissement. Les évêques achetaient les
esclaves et leur rendaient la liberté à la condition qu'ils s'atta-
cheraient à l'Église et travailleraient pour elle. C'est d'ailleurs
parmi les petites gens et les esclaves que le catholicisme, religion essentiellement démocratique et même socialiste d'un bout
à l'autre de son histoire, avait recruté ses premiers adeptes. On
trouve encore des esclaves en France jusque vers le xiie siècle ;
plus tard il n'en est plus question ; si les *Establissements* de
saint Louis ne songent pas à régler leur condition, c'est qu'à
cette époque ils n'existent plus ou n'existent qu'en si petit nombre
que le législateur ne juge pas à propos de s'en occuper.

Chassé de l'Europe par la civilisation moderne, l'esclavage
subsiste dans toute l'Asie et l'Afrique jusqu'à notre époque. Les
nations européennes le trouvent en pleine activité dans ces pays
au xve siècle, lorsque se produit leur actif mouvement d'expansion coloniale. Bien loin de tenter de le détruire, elles en tirent
profit. C'est avec des esclaves achetés en Afrique par les Européens que toutes les colonies intertropicales américaines ont
été mises en valeur. Dans tous les pays où la main d'œuvre indigène faisait défaut ou dont le climat rendait le travail trop dur
pour les Européens, on employa des noirs que l'on allait voler
ou acheter sur les côtes de l'Afrique. Lorsque les progrès de
la civilisation européenne ont déterminé l'abolition légale de
l'esclave, on a vu les colonies où il régnait s'effondrer dans la
misère, et employer maints subterfuges pour se procurer des
travailleurs soi-disant « libres » dans les mêmes lieux où jadis
elles achetaient des esclaves.

L'esclavage, d'ailleurs, existe encore sur un très grand nombre
de points du globe et même dans ceux occupés par les Européens. Dans toute l'Afrique, ce sont des esclaves qui transportent
les marchandises vers les ports où le commerce européen les

achète ; beaucoup d'esclaves sont encore exportés chaque jour
de ce continent vers l'Europe orientale, l'Asie et l'Amérique.
Dans le sultanat de Zanzibar, qui est soumis au protectorat de
l'Angleterre, l'esclavage est en pleine vigueur et c'est en partie
pour n'avoir pas à le réprimer que les Anglais ne veulent pas
transformer leur protectorat en prise de possession. Un voyageur
anglais, M. Donald Mackensie, délégué à Zanzibar par la Société
antiesclavagiste de Londres pour étudier sur place la question,
racontait récemment dans une conférence publique que le chiffre
des esclaves exportés de cette partie de l'Afrique est d'environ
17.000 par an, atteignant une valeur de 5 millions de francs et
représentant plus de 60.000 individus enlevés par les marchands
d'esclaves de l'intérieur de l'Afrique ; la majeure partie de ces
malheureux meurt en route de fatigue ou de maladies, avant
d'atteindre la côte (*Journal des Débats*, 22 décembre 1895).

Un ancien fonctionnaire du Congo Belge a raconté récemment
(*Temps*, 10 septembre 1896) comment les officiers de cet État
encouragent la traite des esclaves en se faisant allouer une
prime pour chaque tête de noirs envoyés aux amateurs de main-
d'œuvre à bon marché et que l'on nomme sur les lieux, par
une singulière ironie, des « libérés ».

Sur presque tous les points importants des côtes orientales et
occidentales de l'Afrique des faits analogues se produisent plus
ou moins ouvertement ; l'esclavage est une institution tellement
enracinée dans les mœurs des populations africaines qu'il ne
disparaîtra probablement qu'avec ces populations ; mais il faut
reconnaître qu'il est loin d'être contrarié, en fait, par les Européens. Il n'y a pas de colonie européenne d'Afrique où il ne soit
au moins toléré. En Asie, l'esclavage n'existe sur une grande
échelle que parmi les populations musulmanes, surtout en Turquie, en Perse, et chez les peuples d'origine malaise tels que les
Siamois, les Laotiens, les Cambodgiens, etc., mais chez ces
derniers le sort des esclaves est très doux. A Madagascar, dont les
populations sont en partie issues de souche malaise, les esclaves
représentent la meilleure partie de la fortune des habitants
riches. Les propriétaires d'esclaves ne les emploient pas seulement à leurs propres services, il les louent comme ouvriers, porteurs, etc. Beaucoup même tirent profit de la prostitution de
leurs esclaves féminins. En Europe, on ne trouve plus d'esclaves
que chez les Turcs.

Sauf chez les Malais et les Malgaches, où les esclaves sont souvent de la même race que les maîtres, car il suffit de ne pouvoir
pas payer une dette pour être condamné à l'esclavage jusqu'à
ce qu'elle soit soldée, presque partout, l'esclavage est lié à
l'exploitation d'une race humaine par une autre plus développée.

En Afrique, les grands ravisseurs et marchands d'esclaves appartiennent soit au type rouge africain, soit à la race Sémite qui sont anthropologiquement très supérieures aux Cafres, aux Nigritiens, etc. Dans les pays habités par les Turcs, les Sémites, les Iraniens, les esclaves appartiennent ordinairement à la race noire et viennent de l'Afrique. Les Malais ont aussi, en divers points, des esclaves appartenant aux races inférieures de l'Océanie. Les esclaves des colonies européennes étaient presque exclusivement des noirs africains.

§ 3. — DESTRUCTION DES INDIGÈNES DANS LES COLONIES

Un des traits caractéristiques de la colonisation romaine était la destruction des villes et des ports conquis par les armées de Rome, afin de supprimer la concurrence commerciale et industrielle faite par ces villes et ces ports aux commerçants et industriels romains. Souvent même on interdisait aux habitants des pays conquis certaines cultures pour protéger celles de l'Italie. Quant aux habitants, on en faisait des esclaves pour les colons romains.

Les progrès réalisés par la civilisation depuis l'époque lointaine où Rome détruisait entièrement Carthage et Corinthe pour se débarrasser de rivales maritimes et commerciales, et fondait Narbonne dans le but, non atteint d'ailleurs, de ruiner la colonisation phénicienne et grecque de Marseille, n'ont guère adouci les mœurs des peuples colonisateurs.

Dans toutes les colonies à climat tempéré, où les Européens peuvent vivre et travailler, il semble qu'ils se soient attachés à détruire les indigènes pour supprimer des concurrents.

L'histoire des États-Unis, du Canada, de l'Australie, de la Nouvelle-Calédonie est pleine de récits dont la sauvagerie dépasse tout ce que l'imagination peut concevoir. C'est par tribus entières que les Anglais ont détruit, dans l'Amérique du Nord, les populations autochtones dont ils avaient d'abord pris les champs et les terrains de chasse, en les condamnant à la misère.

Ceux qui ont écrit l'histoire de ces colonies n'ont jamais manqué de motifs pour expliquer et excuser les actes de barbarie commis par les Européens. Ce sont les indigènes qui toujours ont tous les torts : ils volent les Européens, ils détruisent leurs plantations, ils les tuent dans des embuscades, etc., et s'attirent ainsi de justes représailles. Certes, il est impossible de nier l'exactitude des crimes reprochés aux indigènes ; mais le plus superficiel examen de la conduite des envahisseurs suffit pour établir que l'indigène ne fait que venger des injures, des spoliations et des brutalités supportées pendant longtemps avec la patience qu'inspirent la faiblesse, l'ignorance et la crainte du plus fort que soi. De combien d'enlèvements de femmes, de viols de filles et de garçons, de coups et de vols éhontés, d'expropriations des terres habitées par les ancêtres, les attentats des indigènes ont-ils été précédés ?

D'une manière générale, toute œuvre de colonisation est accompagnée de la dégénérescence ou de la destruction de l'une des deux races en contact, soit que cette dernière s'opère par la disparition violente des individus, soit qu'elle résulte de leur remplacement par une race nouvelle, issue du mélange des colonisateurs avec les colonisés.

Il y a, généralement, destruction de l'une des races, quand il existe entre elles une très grande inégalité de développement intellectuel et de civilisation. Certaines races ont été tellement réduites, quant au nombre des individus, qu'il est facile de prévoir l'heure où elles n'existeront plus. Je me bornerai à citer les Boschimen et les Hottentots dans le sud de l'Afrique, les Antis au Pérou, toutes les tribus sauvages de l'Amérique du Nord, les Australiens, les néo-Calédoniens et les Papous dans les îles du Pacifique, etc.

La destruction de ces races a été commencée par la brutalité des conquérants européens; elle est achevée par les maladies importées d'Europe et par les liqueurs alcooliques pour lesquelles les primitifs ont une passion irrésistible.

Lorsque l'inégalité des races mises en contact par la colonisation est moins considérable, il y a simplement substitution de la race la plus forte à la plus faible, dans tous les points primitivement occupés par cette dernière qui offrent les conditions les plus favorables à la vie. Le conquérant s'établira, par exemple, de préférence, sur les bords de la mer où ses relations avec la mère-patrie sont plus faciles, près des fleuves et des rivières, dans les plaines les plus fertiles, etc., refoulant devant lui les populations indigènes qui se réfugient dans les lieux les moins accessibles, les montagnes ou les déserts. En Afrique, les sémites ont ainsi chassé les noirs des bords de la Méditerranée, de ceux de la mer Rouge, des vallées du Nil, des plateaux les plus salubres, etc., et les ont condamnés aux déserts arides. En Asie, les populations de la race jaune, qui sont très laborieuses et prolifiques, ont refoulé peu à peu dans les montagnes de l'Annam, les Malais et même les Tiams ou Aryens dégénérés qui y avaient émigré depuis l'Inde, à travers la Birmanie et le Siam, et ils sont en train de se substituer, sur les bords du Mékong, aux Cambodgiens qui sont plus paresseux et moins prolifiques. Dans l'Inde, les Sémites gagnent petit à petit, du nord vers le sud, en s'emparant des meilleures parties du pays et en accaparant le commerce et l'industrie, au détriment des anciennes populations aryennes qui ont dégénéré sous l'influence d'une action séculaire du climat. On peut prévoir que dans tous les climats chauds les colons les plus récents et non affaiblis par la chaleur, prendront la place des anciens, pour être ultérieurement remplacés, à leur tour, par d'autres nouveaux venus plus vigoureux.

Il n'est pas rare non plus de voir des populations appartenant à une même race se substituer l'une à l'autre, dans une colonie déterminée. C'est ainsi que le Canada, d'abord occupé par les Français, a été petit à petit envahi par les Anglais, au milieu desquels les anciens colons ne forment plus qu'un noyau relativement faible. Il a suffi pour déterminer cette substitution que la colonie passât de la France à la Grande-Bretagne. Dans les États-Unis, les Irlandais et les Allemands augmentent sans cesse de nombre et il est permis de prévoir le jour où ils seront en majorité, sur les Anglais proprement dits. Dans la colonie du cap de Bonne-Espérance, les Anglais ont refoulé devant eux les Hollandais qui sont allés former la colonie du Transvaal sous le nom de Boers. Il est permis de prévoir le jour où ceux-ci seront chassés de nouveau du Transvaal par les Anglais et les Allemands.

§ 4. — SUBSTITUTION DE RACES PAR LE MÉTISSAGE

La substitution d'une race à une autre, à la suite de l'émigration, quelle que soit l'inégalité des races, s'effectue fréquemment par métissage, mais il faut pour cela que le premier noyau de la race colonisatrice soit indéfiniment grossi par l'arrivée incessante de nouveaux individus de la même race. Ce phénomène est en train de se produire dans un certain nombre de colonies à esclaves où l'on ne transporte plus de noirs, tandis que les blancs continuent à s'y introduire en plus ou moins grande quantité. La Martinique, la Réunion, la Guadeloupe, parmi les colonies françaises, voient sans cesse augmenter les métis de noirs et de blancs, tandis que le nombre des noirs de race pure diminue assez vite pour qu'on puisse prévoir l'époque où il n'y en aura plus du tout. Il s'est constitué dans ces îles, par le métissage de la race noire et de la race blanche, une race nouvelle, beaucoup mieux adaptée au climat que les blancs et pourvue d'un mélange de qualités et de défauts empruntés aux deux souches si distinctes d'où elle est sortie. A l'orgueil et à l'ambition des blancs, elle joint assez de l'indolence des noirs pour que partout où elle domine l'activité sociale soit beaucoup plus grande que dans les pays habités exclusivement par les noirs, mais moindre que dans ceux habités par les blancs. Si ces derniers continuaient à se porter vers les colonies indiquées ci-dessus en aussi grand nombre qu'ils l'ont fait au siècle dernier, le sang blanc finirait par prendre le dessus et se substituerait à la race métisse d'aujourd'hui, comme celle-ci est en train de se substituer à la race noire; mais le blanc est vaincu par le métis, mieux adapté au climat; il finit par renoncer à la lutte et laisse la place à la race métisse. Ce fait est en train de se produire dans toutes nos Antilles.

Des faits analogues sont observables dans tous les pays inter-tropicaux colonisés par les Anglais, les Espagnols et les Portugais. Dans toute l'Amérique du Sud, il s'est formé et il se forme encore une race de métis issue de trois souches distinctes : les indigènes autochtones, les noirs d'Afrique importés comme esclaves, les Portugais, Espagnols et autres types européens qui colonisent ces pays. Il est fort probable que ces métis eux-mêmes finiront par être absorbés par la race blanche dont l'émigration vers le Sud-Amérique s'est beaucoup accentuée depuis un demi-siècle; mais cette dernière, en se modifiant par le mélange du sang, le climat et les autres conditions de la vie, formera véritablement une race nouvelle. Les insurgés de Cuba et des Philippines sont presque tous des métis qui cherchent à rendre leur patrie indépendante.

Dans le sud des États-Unis, les Européens furent, à cause du climat, obligés de se servir d'esclaves noirs qui formèrent bientôt une population considérable et qui continuèrent à augmenter de nombre, même après l'abolition de l'esclavage, par la reproduction entre individus de la même race. Dans tous les États du sud, il s'est formé ainsi une race nouvelle dont les individus se multiplient soit en se reproduisant entre eux, soit par les unions de noirs et de blancs ou de blancs et de métis. Mais, comme l'émigration des noirs a cessé depuis une quarantaine d'années, tandis que celle des blancs continue à se produire avec activité, il est permis d'affirmer qu'au bout d'un temps plus ou moins long, le type blanc prédominera non seulement sur le type noir, mais encore sur la race métisse qui est sortie du croisement des blancs et des noirs ou de l'alliance des métis. La rapidité de cette substitution sera d'autant plus grande que l'émigration de l'Europe vers l'Amérique est plus intense en cette fin de siècle qu'elle ne l'a jamais été.

Favorisée par la facilité des communications entre les deux mondes et le bas prix du transport, cette émigration est néces-sitée par le surpeuplement relatif des divers pays d'Europe où les progrès de l'hygiène, la rareté des grandes guerres et le bien-être plus répandu, diminuent considérablement la mortalité.

§ 5. — ÉMIGRATION, COLONISATION ET CROISEMENTS ENVISAGÉS DU POINT DE VUE SOCIAL

A mesure que les populations européennes s'accroissent, il semble que chacun se sente plus ou moins menacé et cherche à entraver cet accroissement. La réduction volontaire du nombre des enfants, si habituelle dans notre pays où la fortune est plus divisée que dans tout autre, la limitation légale des heures du travail, la réglementation du travail des femmes et des enfants, etc., sont des idées inspirées par le désir fort légitime de diminuer les conséquences de la lutte pour l'existence, en réduisant le nombre des individus que l'irrésistible destin condamne à cette lutte.

L'émigration des habitants de l'Europe dans les diverses parties du monde contribuerait, plus puissamment que tous les autres moyens, à diminuer l'âpreté de la lutte pour l'existence dans les pays où la population est trop dense, mais les œuvres de colonisation sont trop pénibles pour que les individus, abandonnés à leurs propres forces, soient tentés de s'y livrer.

Le devoir d'une société convenablement organisée serait de favoriser, par sa législation, notamment par les lois sur l'héritage et par tous autres moyens appropriés, l'émigration du trop-plein qui existe aujourd'hui en Europe et qui trouverait son emploi, soit dans certaines colonies actuellement en voie de formation et d'évolution, soit dans les pays qui, après avoir été des colonies de l'Europe, sont devenus des empires indépendants.

Il faut aussi que les nations civilisées, pour éviter leur disparition brutale par la force, maintiennent la vitalité de leurs peuples. Pour cela, deux sortes de moyens sont à leur disposition : des lois qui favorisent l'union des sexes et la procréation des enfants et une législation qui attire les étrangers et facilite leur naturalisation et leur croisement avec la race locale.

De tous les pays de l'Europe, la France est celui qui exige le plus impérieusement l'emploi de ces moyens, car c'est celui dont la population subit le moins d'accroissement. Notre pays tient, en effet, le dernier rang au point de vue de la natalité, parmi toutes les nations de l'Europe. Pour la période 1865-83, la natalité de la France n'a été que de 25,2 pour 1.000, tandis qu'elle s'élevait à 36,07 en Italie, à 38,08 en Prusse et à 49,5 en Russie. En 1890, la natalité de la France est descendue à 21,8 pour 1000. Le nombre des mariages va également en décroissant et c'est dans notre pays que l'on se marie le plus tard, c'est-à-dire dans les conditions les moins favorables à la reproduction de l'espèce.

Tout le monde sait que ces faits sont dus principalement à la restriction volontaire que les Français apportent dans la production des enfants. La richesse moyenne étant plus répandue dans notre pays que dans tous les autres, et la législation, d'accord avec les idées de la masse, établissant le partage égal des héritages entre tous les enfants, les parents limitent volontairement le nombre de ceux-ci d'après l'héritage qu'ils espèrent pouvoir leur transmettre.

Dans le but de supprimer cette cause de dépopulation, on a proposé d'accorder des primes aux familles ayant un certain nombre d'enfants, de réduire leurs impôts, de taxer les célibataires, d'introduire dans nos lois le droit de tester, etc. Tous ces moyens sont fort recommandables ; mais, en admettant qu'ils soient efficaces, ils ne résoudraient que l'un des termes du problème : ils provoqueraient une augmentation de la population française proprement dite, mais ne détermineraient aucune modification dans ses caractères ethnologiques. Or, au point de vue du maintien et de l'accroissement de la vitalité de la race, ce qui importe par-dessus tout, c'est que son sang soit mélangé, aussi abondamment que possible, avec celui des races rivales qui peuplent l'Europe.

Il est, en effet, bien démontré par tous les faits qu'enregistrent les sciences naturelles, que les races dont les individus sont condamnés à se reproduire indéfiniment entre eux, dégénèrent très rapidement. C'est ainsi que s'explique l'évolution rétrograde très manifeste subie par les peuples d'Espagne et de Portugal. Confinés à l'extrémité sud de l'Europe, dans des conditions de climat et de production agricole peu faites pour attirer les étrangers, ils ne se croisent pas avec d'autres types humains. L'Italie a été préservée dans une certaine mesure de cette dégénérescence par ses communications plus fréquentes avec les peuples du nord, mais elle ne l'offre pas moins d'une manière manifeste.

La France est, à ce point de vue, beaucoup plus favorisée : toute son histoire n'est que le récit des tentatives d'envahissement dont elle a été l'objet de la part des races anglo-saxonne et germanique, et c'est, sans aucun doute, au mélange incessant du sang de ces races avec celui des Ibères, des Celtes et des Romains que ses populations doivent d'avoir pu conserver la prodigieuse activité physique et morale dont elles ne cessèrent jamais de faire preuve.

Certaines presonnes s'affligent de ce que les étrangers affluent sur notre sol, où ils sont attirés par la douceur du climat et la richesse partout répandue ; nous devons, au contraire, nous en réjouir et notre intérêt est de les transformer en Français. Déjà, des résultats ont été produits dans cette direction par la loi du 8 août 1893, dont le but était tout différent. Edifiée pour protéger la main-d'œuvre nationale contre les ouvriers étrangers, elle paraît avoir eu surtout pour effet de déterminer un certain nombre d'entre eux à se faire naturaliser Français. En 1893, il n'y avait eu que 9,047 individus majeurs des deux sexes naturalisés ; en 1894, il y en a eu 12, 409. C'est trop peu ; il serait utile de légiférer dans le but de faciliter la naturalisation et, au besoin, de l'imposer dans certaines circonstances. La plupart des États de la grande confédération américaine n'accordent le droit de propriété aux étrangers que s'ils se font naturaliser ; cette mesure contribue puissamment à l'augmentation de la population et à un mélange des races éminemment profitable à l'évolution ascendante.

Sans aller aussi loin, puisque notre sol et notre richesse ont la bonne fortune d'attirer nos voisins du nord et de l'est, nous devons tout faire pour les retenir ; c'est seulement ainsi que la France s'assurera les moyens de se répandre dans le monde et se préservera de la destruction à laquelle ne sauraient échapper les peuples confinés dans leurs frontières et limités, dans leur reproduction, aux individus de la race qui les compose. L'histoire entière de l'humanité témoigne que l'expansion et le croisement sont les conditions indispensables de la vitalité et de la durée des nations.

CHAPITRE III

PHÉNOMÈNES GÉNÉRAUX DE LA COLONISATION MODERNE

SOMMAIRE. — Causes qui déterminent les peuples dans la direction donnée
à leur expansion coloniale. — Les colonisateurs recherchent de préférence des climats analogues à ceux de leurs pays d'origine ou plus
chauds. — Conditions qui favorisent ou retardent le progrès des colonies :
situation géographique; produits riches : or, cuivre, pierres précieuses;
épices; coton; laine, etc. — Colonisation pour la propagande religieuse,
pour éviter les persécutions religieuses, politiques. — Colonisation pro-
voquée par la misère. — Influence du climat sur le développement des
colonies. — Séparation des colonies d'avec leur métropole.

Après avoir constaté la marche générale de l'humanité à la
surface de la terre, les migrations des races et les luttes qui ont
accompagné les déplacements des peuples et les fusions des
races ou leur remplacement les unes par les autres, nous devons
étudier les phénomènes, d'ordre social et économique, communs
à toutes les entreprises coloniales effectuées par la race blanche,
dans les temps modernes. C'est dans cette étude que nous puise-
rons les principes sur lesquels la colonisation devra, dans l'avenir, régler sa conduite.

§ 1. — LES COLONISATEURS RECHERCHENT DES CLIMATS ANALOGUES AU LEUR OU PLUS CHAUDS

Nous sommes d'abord frappés par ce fait, bien digne d'attention, que les divers peuples de l'Europe semblent avoir été
dirigés dans leurs mouvements de colonisation par la recherche,
sans aucun doute inconsciente, de terres plus chaudes que celles
de leur lieu d'origine ou offrant à peu près la même température. Sans parler des peuples qui, nés à l'orient de la Méditerranée, se portent tout de suite vers l'Asie méridionale, c'est-à-
dire vers des climats plus chauds que celui de leur berceau, les
rameaux grecs et romains ne remontent que très peu vers le
nord; leurs tentatives de colonisation sont plutôt dirigées vers
l'orient et le sud. Les Espagnols et les Portugais se portent presque
exclusivement vers les régions intertropicales de l'Afrique, de
l'Asie, de l'Amérique. Il n'existe aucune colonie portugaise ou

espagnole ni dans le nord de l'Amérique ni dans le nord de l'Asie ; toutes celles que ces nations ont fondées ou qu'elles possèdent encore sont situées entre les tropiques ou dans leur voisinage.

La France s'est montrée moins exclusive. Sa colonie de Terre Neuve et son ancien établissement du Canada témoignent que ses marins se portaient aussi volontiers vers les régions septentrionales que vers l'équateur. Cela est facilement expliqué par la situation géographique de la majeure partie de ses grands ports de commerce. Le même fait est présenté par l'Angleterre. Pendant qu'elle colonise l'Inde orientale, l'Australie, la côte occidentale de l'Afrique, etc., elle fonde, dans des régions plus froides, les colonies du Cap d'une part, de l'Amérique du Nord de l'autre.

Dès le x⁰ siècle, les navigateurs islandais découvrent le Groenland, puis les côtes du Salvador et de Terre-Neuve, la Nouvelle-Ecosse (Maryland) et le nord des Etats-Unis ; et depuis cette époque il ne cessa jamais d'y avoir des rapports suivis entre l'Islande et la partie la plus septentrionale de l'Amérique. Lorsque les peuples du midi de l'Europe se portent, à travers l'Atlantique, vers l'ouest, dans le but de rejoindre par là l'Asie, c'est au contraire vers l'équateur qu'ils se dirigent de préférence ; les terres américaines que découvre Christophe Colomb, avec ses bâtiments espagnols, sont les terres chaudes des Antilles, du Mexique, etc. Lorsque l'Anglais Cabot tente, à la suite de Christophe Colomb, la découverte du nouveau monde, c'est, au contraire, instinctivement, vers le nord qu'il se dirige, et c'est Terre-Neuve qu'il découvre.

En recherchant avec quelque attention la cause de ces faits, on constate qu'ils sont déterminés par les conditions de la vie maritime et sociale de chaque peuple colonisateur. La Russie qui, pendant des siècles, n'eut pour ainsi dire pas de marine s'étend autour d'elle sur le continent asiatique d'une part, sur celui de l'Europe de l'autre. Les Grecs et les Romains, puis les Portugais et les Espagnols, dont les navires sont construits principalement en vue de la Méditerranée et des mers relativement calmes des tropiques, ne semblent même pas avoir la pensée d'aller chercher dans les régions septentrionales des lieux propres aux établissements coloniaux. Habitués à une température constamment chaude, ils souffrent, d'ailleurs, toutes les fois qu'ils vont vers le nord.

De même que les gens du nord descendent volontiers vers le midi, qui les attire par la douceur de son climat et les facilités d'existence qui en découlent, de même les gens du midi ont une tendance instinctive à rechercher des climats encore plus chauds que le leur et où les facilités de l'existence sont plus grandes, tandis que le froid du nord les repousse. Cela explique pourquoi, d'une façon générale, les habitants du nord voyagent beaucoup plus volontiers que ceux du midi.

L'adaptation de leur marine aux mers relativement calmes des tropiques et leur aversion pour le froid, en même temps que leur goût naturel pour la chaleur, expliquent suffisamment que même après la découverte de la boussole, les Espagnols et les Portugais, habitants des parties les plus chaudes de l'Europe, aient dirigé leur expansion coloniale vers l'équateur plutôt que vers les terres boréales.

La France, la Hollande, l'Angleterre, le Danemark, la Suède, doivent nécessairement, en raison de leur situation géographique, être outillées maritimement, à la fois pour les mers tropicales et pour les mers beaucoup plus dures du nord, sur lesquelles leurs ports sont situés. D'un autre côté, l'habitude qu'ont les populations de ces pays d'une température plus ou moins froide, les portait à se diriger indifféremment vers le nord ou vers le sud et à fonder des établissements coloniaux aussi bien dans les parties septentrionales des continents que dans les régions intertropicales.

Chaque peuple colonisateur se portant, de préférence, vers les régions les plus conformes à son organisation anthropologique et à la nature de son outillage maritime, il en doit résulter des chances très diverses de succès pour les entreprises coloniales auxquelles ils se livrent.

La réussite de ces entreprises dépend, en effet, non seulement de l'habileté plus ou moins grande qui préside à leur conduite, mais encore des conditions dans lesquelles se trouve le pays à coloniser.

§ 2. — Conditions qui favorisent ou entravent la colonisation

Climat. — En premier lieu, l'établissement d'une colonie sera beaucoup plus facile dans un pays tempéré que dans un pays à climat très chaud ou très froid. Dans le premier, la race colonisatrice se trouve au milieu de conditions cosmiques analogues à celles de l'Europe d'où elle vient ; son acclimatement sera facile et elle pourra faire produire par le sol les aliments qui entrent dans sa nourriture habituelle. Dans le second cas, elle devra non seulement lutter contre un climat dont elle n'est pas coutumière, mais encore modifier son régime alimentaire, sous peine de s'astreindre à des dépenses énormes pour faire venir d'Europe ses aliments habituels.

Au point de vue des conditions cosmiques, les colonies actuelles des races européennes forment une série ininterrompue, depuis celles où l'élévation continue de la température, l'insalubrité, les difficultés de l'alimentation, etc., existent au plus haut degré et celles qui, par la douceur du climat, la fertilité, la variété des produits naturels, la salubrité, etc., sont les plus favorables à la vie.

L'œuvre de la colonisation est évidemment d'autant plus difficile ou, au contraire, facile à réaliser, que la colonie se rapproche davantage soit du premier, soit du second de ces types.

Dans les colonies à climat tempéré ou du moins n'atteignant pas l'extrême chaleur, les Européens s'établissent volontiers d'une manière définitive, s'y créant une nouvelle patrie et finissant par perdre, sinon le souvenir de celle où ils naquirent, du moins les liens qui les y attachent et le désir de la réintégrer. Aussi a-t-on vu les colonies de l'Amérique du Nord, de l'Afrique du Sud, de l'Australie, de la Nouvelle-Zélande, etc., se développer avec une telle rapidité que moins de cent ans après leur création, elles étaient devenues de véritables nations européennes, tandis que les colonies de l'Amérique du Sud, dont le climat est moins favorable à notre race, ne progressent qu'avec lenteur, et que celles de l'Inde orientale et de l'Indo-Chine, des côtes orientales et occidentales de l'Afrique, etc., dont le climat nous est beaucoup moins favorable, ne possèdent encore, quelques-unes après un siècle d'occupation, qu'un nombre très réduit de colons et sont presque entièrement dépourvues d'établissements industriels, commerciaux ou agricoles européens.

Dans l'Inde anglaise, après deux cents ans de colonisation, c'est à peine si, en dehors des troupes et des fonctionnaires, il existe cinq ou six mille individus de pure race européenne. Dans les Indes néerlandaises et dans les établissements anglais de la péninsule malaise, leur nombre est également très réduit. Il en est de même dans toutes les colonies intertropicales françaises et étrangères. La majeure partie des Européens n'y créent pas de souche familiale. La plupart n'ont qu'un désir : rentrer en Europe après fortune faite. En attendant que leur but soit atteint, ils viennent passer dans la mère-patrie quelques mois, de temps à autre, soit pour refaire leur santé, soit par distraction, soit encore pour leurs affaires.

Les conditions plus ou moins favorables du climat ne constituent pas la seule cause déterminante du plus ou moins de facilité et de rapidité avec lesquelles une colonie est susceptible de se développer; il y faut ajouter la situation géographique de la colonie, la richesse plus ou moins grande du sol, la densité ou la rareté de la population, la présence ou l'absence de certains produits qui excitent plus particulièrement les convoitises des Européens ou qui sont l'objet d'un emploi quotidien dans les industries européennes, etc.

Situation géographique. — Certaines colonies anglaises ne doivent leur importance et leur rapide développement qu'à la situation qu'elles occupent sur les grandes routes océaniques. Malte, Aden, Singapoore, Hong-kong, sur la route de l'Extrême-Orient par le canal de Suez, sont dans ce cas. L'île de Malte n'a que des cultures fort peu importantes; la presqu'île d'Aden et l'île de Hong-kong ne sont que des rochers stériles. Singapoore est à l'extrémité d'une presqu'île fertile, mais à peu près inculte et très malsaine; cette colonie ne se serait jamais développée, si elle n'était pas, comme les précédentes, située sur la route des navires à vapeur allant dans les mers de Chine. Toutes ces colonies n'ont été d'abord que des dépôts de charbon alimentés par les houillères de l'Angleterre, mais si bien choisis par la marine anglaise que tout navire à vapeur allant d'Europe en Extrême-Orient est obligé de passer devant elles. Les bateaux qui y transportent la houille peuvent joindre à leur frêt principal les produits manufacturés anglais dans des conditions exceptionnelles de bon marché. D'un autre côté, comme ces navires sont très nombreux, ils se disputent les frêts de retour et les prennent à des prix très faibles, préférant un gain minime que de revenir à vide. Il s'est de la sorte établi, très rapidement, entre les ports d'Angleterre et les dépôts de charbon d'Aden, de Colombo, de Singapoore, de Hong-kong, des relations commerciales telles que ces points sont devenus les centres où se réunissent, d'une part, tous les produits des manufactures européennes destinés à la consommation de l'Extrême-Orient et, d'autre part, tout ce que ce dernier est susceptible de fournir à l'Europe et aux diverses régions des mers de l'Inde et de la Chine.

La France essaie, depuis quelque temps, de s'affranchir de ces ports, mais elle n'y parvient que dans une faible mesure et peut-être en compromettant d'autres intérêts. Le gouvernement, par exemple, impose aux navires des messageries maritimes de relâcher à Djibouti au lieu d'Aden, pour y faire du charbon; ce changement d'itinéraire entraîne une augmentation de longueur de la route et, par suite, un accroissement de dépenses, en même temps qu'il enlève à la compagnie les voyageurs de l'Inde et de la côte occidentale d'Afrique qu'elle était susceptible de prendre à Aden ou qu'elle pouvait embarquer en Europe pour Aden. Tandis que Djibouti sera fréquenté exclusivement par nos paquebots, Aden continuera d'être le port de relache de tous les navires voyageant sur les routes du golfe Persique, de l'Extrême-Orient, de l'Afrique orientale et de l'Australie. Notre colonie de Djibouti profitera de la relâche de nos bâtiments, mais notre navigation en pourra souffrir. Il s'agit de savoir de quel côté penchera la balance des profits et des pertes.

Nous avons imposé à nos paquebots de l'Extrême-Orient une relâche à Saïgon, entre Singapoore et Hong-kong. Notre colonie de la Cochinchine en profite ; mais la compagnie des messageries maritimes se trouve, par ce fait, mise dans une situation manifeste d'infériorité vis-à-vis des sociétés concurrentes, au point de vue de la durée du trajet entre l'Europe et la Chine. Une perte de temps d'au moins quarante-huit heures résulte de la nécessité de relâcher à Saïgon. C'est beaucoup, à une époque où les paquebots des diverses nations luttent de vitesse pour s'enlever les voyageurs dont le désir très légitime est d'abréger autant que possible la durée des traversées. La perte de temps serait beaucoup moins considérable, on pourrait gagner environ trente-six heures sur quarante-huit, en faisant relâcher les paquebots français dans l'île de Poulo-Condore au lieu de Saïgon, car cette île est placée très exactement sur le trajet des navires allant de Singapoore à Hong-kong ; mais jamais cette idée ne paraît être venue à l'esprit du gouvernement. Il craindrait de mécontenter la Cochinchine dont le service ne serait plus fait que par un annexe de la grande ligne. Notre colonie ne subirait cependant qu'un préjudice purement moral, tandis que la relâche de Saïgon impose à la plus importante de nos compagnies de navigation, une obligation déjà très onéreuse et qui le deviendra davantage encore dans l'avenir, en raison de la concurrence très âpre qui lui est faite.

Elle a été d'abord seule avec la Péninsulaire anglaise, à faire le service rapide de l'Extrême-Orient ; il y a une dizaine d'années, l'Allemagne créa sur la même ligne un service nouveau. Voici qu'un service italien vient encore de se constituer entre Shanghaï et Gênes ; c'est une nouvelle lutte que nos paquebots auront à soutenir. En touchant à Brindisi, la ligne anglaise fait gagner aux voyageurs quarante-huit heures de mer qui, ajoutées aux quarante-huit heures d'avance réalisées entre Hong-kong et Singapoore, leur constitue un avantage de quatre jours sur les voyageurs qui prennent à Hong-kong, la ligne française. Dans une pareille situation, les Anglais n'hésiteraient pas une seconde : depuis longtemps ils auraient constitué à Poulo-Condore un dépôt de charbon et un centre de ravitaillement et fait de cette île un point de relâche pour les grands paquebots de l'Extrême-Orient, point d'où ils feraient partir des annexes pour Saïgon d'une part, Tourane et Haïphong de l'autre. La colonie n'y perdrait rien et la Compagnie des Messageries maritimes y gagnerait d'autant plus que, n'ayant pas besoin de prendre du charbon à Singapoore, elle pourrait se contenter d'y relâcher trois ou quatre heures pour embarquer ou débarquer les marchandises, les voyageurs et la correspondance.

L'Angleterre possède également les étapes de la route de l'Australie et de tout le Pacifique par le canal de Suez, car les paquebots suivant cette ligne ne peuvent pas relâcher ailleurs qu'aux Séchelles, à Colombo et à Sidney, colonies anglaises. En cas de fermeture du canal de Suez, elle tiendrait encore une partie des étapes de la route de l'Asie et du Pacifique avec l'Ascension, Sainte-Hélène et le Cap. Sur cette route, la France cependant est mieux dotée que sur celle de Suez ; elle a sur l'Atlantique deux bons ports : Dakar et le Gabon qui ne sont pas, il est vrai, sur le chemin direct, mais qui fournissent d'excellentes relâches. Sur le Pacifique, elle a Diego-Suarez et la Réunion, mais elle ne possède aucun point d'atterrissement dans le voisinage du cap de Bonne-Espérance, ce qui rend l'Angleterre maîtresse d'une partie de la route.

Ces faits suffisent à montrer l'importance considérable qu'a la situation géographique, au point de vue de l'avenir économique des colonies. Elle n'en a pas moins relativement à la valeur politique. Par la possession d'Aden et du rocher stérile de Périm et par l'occupation de l'Egypte, l'Angleterre a fait de la mer Rouge un lac anglais où nul, en temps de guerre, ne pourrait entrer sans sa permission ou sans livrer bataille. Par l'occupation de Singapoore, elle s'est rendue maîtresse de tout le golfe de Siam, au point qu'aujourd'hui on trouve tout naturel qu'elle se réserve la presqu'île entière de Malacca. La possession des îles de Hong-kong, qui sont à l'embouchure de la rivière de Canton, lui permettrait de fermer cette rivière et fait rentrer une partie considérable du sud de la Chine dans la sphère de son influence. Pendant la guerre sino-japonaise, elle avait manifesté l'intention de s'emparer des îles Chusan qui, par leur situation à l'embouchure du Tsé-Kiang, lui auraient donné une influence prépondérante sur la région la plus riche et la plus peuplée de la Chine, celle où se dressent les villes de Shanghaï, de Nang-king, etc. Ce sont des préoccupations de même ordre qui lui firent tenter, en 1894, de mettre la main sur la petite île de la Trinidad, rocher sans aucune valeur mais qui pourrait servir de point de surveillance des côtes du Brésil.

La France s'est montrée beaucoup moins habile que l'Angleterre dans le choix géographique de ses colonies, ou bien elle a trop facilement consenti à l'abandon de celles qui, au point de vue envisagé plus haut, auraient pu lui être utiles. C'est ainsi qu'en 1885, après s'être emparée des îles Pescadores qui lui auraient assuré la prépondérance dans le canal de Formose, elle les a abandonnées, pour se rejeter du côté de Formose qu'elle a négligé de prendre, et qui lui aurait donné dans les mers de Chine une situation considérable, aujourd'hui aux mains du Japon.

Produits riches. — Le développement de certaines colonies est dû, à peu près uniquement, à ce qu'elles fournissent des produits particulièrement recherchés par les Européens. En tête prennent rang celles dont le sol est riche en métaux précieux. La présence de l'or dans les montagnes et les fleuves des Pyrénées, fut l'une des causes de la colonisation de la Gaule par les Phéniciens, les Grecs, les Romains et les Germains; l'or était, à cette époque, d'une abondance assez grande en notre pays pour que la Gaule ait pu être appelée par un historien moderne, le *pérou* des anciens. Il en fut de même de l'Espagne. Justin dit à propos de cette dernière : « la terre est si riche que la charrue y soulève souvent de l'or ; ils ont une montagne sacrée qu'ils ont défendu de violer par le fer; mais si la foudre y tombe on peut recueillir l'or qu'elle a pu découvrir comme un présent de Dieu ». Si Rome choisit Narbonne, deux cents ans avant notre ère, pour y établir la capitale de la Provincia, c'est parce que Narbonne entretetenait des relations importantes avec la Grande-Bretagne pour le commerce de l'étain, depuis une époque très reculée.

Dans les temps modernes, l'abondance de l'or dans la Californie a été la cause à peu près unique de la création et du rapide accroissement de cette colonie, dont la fortune est due aujourd'hui à des raisons très différentes. Dès 1519 l'Espagnol Cortez explore cette partie de la côte du Pacifique d'où il avait appris que venaient l'or et les pierreries des Mexicains, et qu'il nomma Californie, du nom d'une île des légendes espagnoles remplie du métal précieux ; mais il ne découvrit aucune mine et revint les mains vides de plusieurs expéditions successives. C'est seulement trois siècles plus tard, en 1848, que la Californie, jusqu'alors visitée seulement par quelques marchands qui allaient y acheter des peaux et des fourrures, fut signalée comme une terre tellement riche en or que, d'après un journal de l'époque, on avait trouvé au sommet d'une montagne « de l'or en aussi grande abondance qu'on trouve le charbon de terre dans une mine de houille ». En dix-huit mois, plus de cent mille personnes, venues des divers points de l'Amérique et de l'Europe, s'étaient précipitées vers la Californie où l'on trouvait, en effet, de très grandes quantités du métal précieux, mais où la vie atteignait bientôt des prix tellement fabuleux que l'on s'y appauvrissait à mesure qu'on y faisait fortune. En quelque années, la population blanche s'éleva de quatre à cinq mille individus à plus de quatre cent mille. La fièvre de l'or qui détermina ce rapide accroissement, s'est éteinte petit à petit, mais la population qu'elle avait attirée est restée dans le pays qu'elle exploite aujourd'hui de façons très diverses.

La découverte de La Floride, est due à la fable répandue en Espagne, peu de temps après les voyages de Colomb, qu'il existait, dans les pays découverts par le hardi navigateur, une fontaine miraculeuse dont les eaux rendaient la jeunesse à ceux qui s'y baignaient; un brave soldat de Christophe Colomb partit, en 1512, à la recherche de la merveilleuse fontaine; il découvrit la Floride.

En Australie, la découverte de l'or a également joué un rôle important dans le développement des colonies de la Nouvelle-Galles du Sud, et surtout de Victoria, où de 1851 à 1854, en trois ans, la population s'éleva de quatre-vingt-six mille à deux cent soixante-huit mille individus d'origine européenne, tandis que les recettes budgétaires montaient de 392.000 à 3 millions de livres.

Vers 1845, la découverte des mines de cuivre dans l'Australie du Sud déterminait un développement analogue. Mais les divers établissements anglais de l'Australie ne durent leur développement, définitif qu'au succès considérable obtenu par l'élevage des moutons et à la laine très belle que ces animaux fournirent aux tissages de la Grande-Bretagne.

La Guyane française jouit, pendant un temps, d'une certaine réputation, grâce également à ses mines d'or, mais celles-ci n'étaient pas assez riches pour assurer la prospérité de la colonie et la France ne sut pas tirer parti de la popularité momentanée de cette dernière pour y attirer des colons et y développer des industries plus durables que l'exploitation des mines d'or.

A une époque plus rapprochée de la nôtre, la colonie du cap de Bonne-Espérance a trouvé un élément d'évolution rapide dans ses mines de diamants, et le Transvaal nous donne, en ce moment même, le spectacle d'une colonie européenne fondée exclusivement en vue de la recherche de l'or.

En 1886, lorsque le gouvernement du Transvaal consentit, après de longues hésitations, à concéder les champs d'or du Witwatersrand, il n'y avait sur l'emplacement où s'élève aujourd'hui la ville de Johannesburg que quelques tentes et quelques maisons couvertes de roseaux. En moins de dix ans, il s'est aggloméré sur ce point une population supérieure à 60.000 individus. En 1887, il ne fut extrait des mines de la région que pour une valeur de 3 millions de francs d'or; en 1895, il en a été extrait pour plus de 207 millions de francs, représentant plus de 2 millions d'onces ou 64.000 kilogrammes. Mais au Transvaal, comme autrefois en Californie, tous les objets ont pris une valeur tellement considérable qu'il est douteux que la prospérité du pays puisse être durable, si l'on ne joint pas à la recherche de l'or la création d'autres moyens de richesses. Or, le pays ne paraît se prêter que fort peu au développement de l'agriculture qui fait aujourd'hui la fortune des colonies créées par l'appât du métal précieux. Il paraît d'ailleurs que la colonie actuelle n'est par la première qui ait été fondée dans l'Afrique du Sud en vue de la recherche de l'or ; on a découvert récemment, non loin de Prétoria, des restes d'une colonisation fort ancienne et de l'exploitation de l'or, attribuées par M. Cécil Rhodes aux Égyptiens de l'antiquité.

L'or, l'argent, les pierres précieuses, le cuivre, le mercure, etc., ont été encore les excitants qui attirèrent les Espagnols et les Portugais dans les territoires de l'Amérique du Sud qui forment aujourd'hui le Mexique, le Brésil, le Chili, le Vénézuéla, etc., et c'est encore l'appât des métaux riches qui a provoqué le conflit actuel entre l'Angleterre et le Vénézuéla.

D'autres matières, moins précieuses aujourd'hui, mais qui eurent jadis une grande valeur à cause de leur rareté, je veux parler des épices, ont servi de point de départ à la fondation de la plupart des colonies de l'Asie orientale et ont fait la richesse des premiers ports de l'Occident qui nouèrent des relations avec ces lointains pays. Le poivre, la cannelle, l'indigo, la muscade, etc., firent la fortune de Venise, de Nuremberg, d'Amiens, d'Amsterdam, qui en furent, pendant le moyen âge, les principaux entrepôts.

Ces produits atteignaient alors des prix fabuleux. Le poivre, le safran, le clou de girofle, la muscade étaient payés, du XIIIᵉ au XVIᵉ siècle, de 15 à 20 et 25 francs la livre. On attachait à ces produits une telle valeur, qu'au milieu du XVIᵉ siècle, on faisait monter sur le bûcher, à Nuremberg, un marchand, pour le punir d'avoir falsifié du safran, et que, vers la même époque, les Hollandais brûlaient, à Amsterdam, un énorme stock de muscades, enfin d'empêcher l'avilissement des prix. Cette dernière épice était alors tellement estimée que, pour conserver le monopole de son commerce, les Hollandais, propriétaires des îles d'Amboine, où la culture était localisée, punissaient de mort tout individu qui essayait d'en exporter des graines avant que le germe eût été tué par le séjour dans la chaux.

Il faut arriver à notre siècle pour voir les Européens chercher dans les colonies asiatiques autre chose que ces produits riches.

C'est seulement pendant la guerre de Sécession des États-Unis que l'Inde anglaise commence à se livrer à la culture du coton, jusqu'alors fourni à l'Europe à peu près exclusivement par les États-Unis.

Pendant près d'un siècle, le coton a fait la fortune de l'Amérique du Nord qui, maintenant, y joint la production du blé sur une grande échelle; c'est, on peut le dire, à cause du coton que les États-Unis ont été colonisés par l'Europe. C'est seulement à partir du jour où l'un des colons de ce pays trouva la machine à égrener le coton que l'emploi de ce produit sur une large échelle, dans l'industrie du tissage, étant devenue possible, la culture de la plante prit une grande extension. L'Amérique vit alors affluer en abondance les colons.

C'est seulement aussi à partir du jour où la culture du coton d'abord, puis celle du blé et du sésame, se sont répandues dans le nord de l'Inde anglaise, où les premiers Européens étaient allés chercher des pierres précieuses, de l'or, des épices, de l'ivoire, etc., que cette colonie a pris un grand développement.

L'or, l'argent, le cuivre, les épices et tous les autres produits rares, n'ont été que des causes déterminantes d'un premier mouvement d'échanges commerciaux et d'émigration; la fortune solide et durable des colonies qui sont parvenues à un haut degré de développement, a été faite par des produits infiniment moins riches, mais qui sont d'une grande consommation, soit comme aliments (blé, riz, etc.), soit comme matières premières industrielles (coton, jute, huiles oléagineuses, etc.).

§ 3. — Colonisation provoquée par le désir d'éviter des persécutions. Propagande religieuse

La recherche des points stratégiques et commerciaux les plus avantageux et celle des richesses du sol n'ont pas été les seules causes déterminantes de la fondation des colonies. Des sentiments plus élevés sont encore intervenus dans ces entreprises.

Le désir de répandre le catholicisme parmi les populations barbares et de fonder des établissements religieux sur tous les points du monde où il y avait des populations sauvages à convertir, se trouve à la base de presque toutes les entreprises coloniales, depuis la découverte des Indes orientales et de l'Amérique. Nous trouvons un établissement de jésuites sur les bords du Saint-Laurent, dès les premiers temps de la colonisation française en Amérique. Ce sont des jésuites qui visitèrent les premiers la magnifique vallée du Mississipi et toute la région des grands lacs. C'est un jésuite, le P. de la Salle, qui, en 1682, donne la Louisiane à la France, en fondant un poste commercial à la source du lac Ontario. Les jésuites se trouvent encore à la base de tous les établissements coloniaux des Espagnols et des Portugais dans la Floride et dans l'Amérique du Sud. Dans les Indes orientales, dans l'Indo-Chine, en Chine, partout où les nations européennes fondent des colonies, on trouve des missionnaires catholiques ou protestants parmi les premiers colons, ou même les précédant, guidés par la résolution de conquérir des adeptes à la religion chrétienne ; avec eux pénètrent dans ces pays les premiers éléments de la civilisation européenne.

Parmi les colonies américaines, plusieurs doivent leur création ou leur développement aux persécutions religieuses qui marquèrent l'histoire de l'Europe pendant le xvie et le xviie siècle. La colonie de la baie de Plymouth est fondée, en 1620, par des puritains dissidents que l'intolérance religieuse chasse d'Angleterre. Celle du Massachusetts est fondée, en 1628, par une autre bande de gens appartenant à la même secte religieuse. La colonie du Maryland est fondée, en 1631, par des catholiques anglais qui fuient les tracasseries de l'Eglise protestante et du pouvoir civil soumis à cette église. Elle s'accroît beaucoup, une vingtaine d'années plus tard, par des puritains de la Virginie, qui fuient les persécutions religieuses dont ils étaient l'objet dans cette colonie. La Caroline est colonisée, en 1670, par les protestants chassés de France. Charlestown compte, à un moment donné, jusqu'à 16,000 huguenots français.

§ 4. — EMIGRATION ET COLONISATION PROVOQUÉES PAR LA MISÈRE

Des motifs d'ordre purement politique et la misère ont aussi joué un rôle considérable dans la formation de certaines colonies. Les tracasseries dont les Irlandais sont l'objet de la part des autorités anglaises et des landlords, jointe à la misère qui règne en Irlande, ont déterminé un mouvement d'émigration vers les Etats-Unis qui persiste encore aujourd'hui avec une grande énergie. Depuis cinquante ans, il est parti d'Irlande pour l'Amérique du Nord plus de trois millions d'individus.

En France, le peu de fertilité du sol habité par les Basques pousse les individus de cette race à émigrer dans l'Amérique du Sud ; mais ils en reviennent presque tous après avoir gagné de quoi vivre pendant leur vieillesse.

La misère détermine aussi un mouvement très actif d'émigration des Allemands vers diverses colonies, des Italiens et des Espagnols dans le nord de l'Afrique, etc. Tout récemment on a vu des milliers d'Italiens émigrer vers l'Amérique dans le seul but de fuir les chances d'être expédiés comme soldats sur les bords de la mer Rouge et dans l'Erythrée. Les habitants de la

Sardaigne et de la Sicile émigrèrent en masse, chassés par la faim. Depuis que la France occupe la Tunisie le nombre des colons italiens a passé de 20 à 50,000. En Algérie, les colons espagnols se comptent par milliers, etc.

Pendant la seule année 1895, il est arrivé aux Etats-Unis près de trois cent mille immigrants européens, dont 70,000 Italiens chassés de leur pays par la misère ou par la crainte du service militaire en Ethyopie. Les Allemands étaient au nombre de 24,000 également chassés de chez eux par la misère. Le reste des immigrants étaient formés en majeure partie, d'Austro-Hongrois ou Russes. A Chicago, il y a, aujourd'hui, plus d'Allemands que d'Américains anglo-saxons; dans l'Illinois le gouverneur de l'Etat est allemand et les écoles allemandes sont plus nombreuses que celles où l'on enseigne l'anglais. Dans certains cantons du Nebraska et de l'Orégon les actes officiels sont rédigés en allemand ou en suédois.

Le mouvement d'émigration des Européens vers la République Argentine est si considérable que depuis vingt-cinq ans l'augmentation de la population a été de 120 p. 100, ou 4,6 p. 100 l'an. Ce sont encore les Italiens qui occupent le premier rang parmi les émigrants; on y trouve aussi un assez grand nombre de Basques de nos Pyrénées, des Allemands, etc.

Ces émigrations d'Europe soit vers les Etats-Unis, soit vers l'Amérique du Sud, soit vers l'Australie qui voit aussi affluer les colons, ne sont pas absolument spontanées; elles sont grandement provoquées par les sociétés d'émigration.

Parmi les causes qui jouent un rôle prépondérant dans l'évolution plus ou moins rapide des colonies, il faut citer : la nature de la population indigène, ses aptitudes au travail, ses qualités intellectuelles et sa densité.

§ 5. — INFLUENCE DU CLIMAT ET DU CARACTÈRE DES INDIGÈNES ET DE LA MAIN-D'ŒUVRE SUR LE DÉVELOPPEMENT DES COLONIES

Lorsque la colonie est située sous un climat tropical ne permettant pas aux Européens de travailler la terre ni de se livrer à aucun travail de force continu en plein air, son développement est extrêmement difficile, si les indigènes n'y sont pas nombreux et laborieux. C'est à cette catégorie qu'appartiennent les colonies françaises de la Guyane, des Antilles, de la Réunion, de Madagascar, des côtes orientales et occidentales d'Afrique, etc. Les habitants y sont peu nombreux et encore moins laborieux.

Dans les Antilles, la Guyane et la Réunion, ce vice était autrefois corrigé par l'esclavage. On y transportait des noirs

achetés en Afrique et que l'on contraignait au travail par la
force, s'ils ne s'y livraient pas de bonne grâce. L'abolition de l'esclavage, en 1848, porta un coup terrible à ces colonies, car les
anciens esclaves, devenus libres, se montrèrent aussitôt extrêmement rebelles à un travail qu'ils avaient appris à considérer
comme infamant. Du jour au lendemain, les plantations furent
abandonnées par ceux qui en faisaient la richesse et les propriétaires durent se procurer d'autres ouvriers. Pendant quelques années, on fit sur les côtes de l'Afrique des engagements
volontaires, mais on dût bientôt renoncer à ce système en raison
des abus auxquels il donnait lieu. On le remplaça par le recrutement de travailleurs volontaires dans l'Inde anglaise. Les
résultats furent très mauvais. Actuellement, toutes nos anciennes
colonies à esclaves manquent de bras pour la culture du sol.
A Saint-Domingue, la population noire émancipée refuse, d'après
tous les témoignages, de travailler, et l'on se demande ce que
deviendrait cette belle île si les vieilles plantations de caféiers
que l'on entretient à peine venaient à disparaître.

Tous nos établissements de l'Afrique occidentale sont dans la
même situation, à cause de la très faible densité des populations
et du peu de goût qu'elles ont pour le travail. Les hommes se
débarrassent sur les femmes de tous les soins de la culture, se
réservant la chasse, la pêche et, par-dessus tout, le droit de ne
rien faire. Quelques populations, par exemple celle de la côte
de Krou, sont plus laborieuses et fournissent des marins ou des
coolies aux diverses colonies européennes ; mais elles ne pourraient pas suffire à une colonisation quelque peu intense. Elles
préfèrent d'ailleurs le service des embarcations et des navires
au travail de la terre qu'elles considèrent comme le moins noble
de tous.

Madagascar pèche également par l'insuffisance des bras. La
population hova est peu nombreuse et peu encline au travail ;
les Betsiléos sont plus laborieux mais leur nombre est insignifiant ; quant aux tribus Sakalaves et aux autres peuplades elles
sont, en général, d'après les renseignements les plus autorisés,
plus enclines au brigandage qu'au travail.

L'Indo-Chine est, au point de vue de la main-d'œuvre, tout
particulièrement favorisée, du moins dans les parties habitées
par la race annamite. Celle-ci est laborieuse, patiente, docile,
essentiellement agricole, et assez intelligente pour fournir des
bras à tous les genres de travaux, même aux plus délicats.
Hommes, femmes, enfants sont, à tous ces égards, entièrement
semblables. Mais cette population ne quitte pas volontiers les
plaines et les rizières où elle est concentrée depuis des siècles.
Les populations des montagnes, très séduisantes au premier

abord, en raison de leur prestance, de leur taille et de leur force physique, ne valent pas les Annamites. Elles sont moins laborieuses et surtout moins aptes au travail de la terre et de l'industrie.

Ces dernières considérations s'appliquent encore mieux aux tribus laotiennes dont quelques-unes sont encore tout à fait sauvages et très rebelles au travail. Les Cambodgiens étant, comme les populations des montagnes de l'Annam et du Tonkin, beaucoup moins laborieux que les Annamites, notre rôle doit être de faciliter, par tous les moyens imaginables, la dispersion de ces derniers en dehors des plaines où ils sont aujourd'hui accumulés et où ils forment, en certains points, notamment au Tonkin, des agglomérations tellement denses qu'elles consomment la presque totalité des produits du sol et ne peuvent rien exporter.

On a souvent songé à transporter des Annamites dans celles de nos autres colonies où les bras font défaut. Des tentatives ont été faites à la Guyane et en Nouvelle-Calédonie avec des hommes condamnés aux travaux forcés; elles ont réussi dans une certaine mesure, mais elles ont donné lieu à de tels abus qu'il serait imprudent de les recommencer dans l'avenir. Quant à l'émigration volontaire, les Annamites n'y sont que fort peu enclins. Tout les en éloigne : leurs mœurs familiales, leur religion qui est bornée à peu près exclusivement au culte des ancêtres, leurs habitudes sédentaires d'agriculteurs. Il est même fort difficile de les décider à quitter les plaines où ils font leurs rizières pour les montagnes dont ils disent que « l'eau tue »; on ne peut donc espérer obtenir qu'ils se décident à émigrer en grand nombre vers des colonies lointaines. A cet égard, ils diffèrent beaucoup des Chinois dont tant d'autres caractères les rapprochent.

Le problème de la main-d'œuvre, dans la plupart de nos colonies, est donc fort difficile à résoudre. C'est un des obstacles les plus sérieux à leur progrès.

Les colonies françaises ne sont d'ailleurs pas les seules dans lesquelles la main-d'œuvre soit rare. Il en est de même à peu près dans toutes colonies anglaises intertropicales, sauf l'Inde, où les indigènes sont nombreux et assez travailleurs. Les ouvriers des champs y travaillent à peu près exclusivement pour eux-mêmes, car les Anglais n'ont qu'un petit nombre d'établissements agricoles. Quant aux ouvriers de l'industrie, ils sont assez nombreux et assez habiles pour répondre à tous les besoins des usines : mais, comme les Annamites, ils n'ont que peu de forces et sont plus aptes aux labeurs délicats qu'aux travaux de peine.

Dans leurs colonies américaines, les Anglais utilisent des

noirs de la côte occidentale d'Afrique, ou des indiens engagés librement. Pour les premiers, ils ont employé pendant longtemps un procédé dont la correction était au moins douteuse. Leurs navires de guerre se livraient, sur la côte d'Afrique, à une surveillance très étroite de la traite, qui n'a jamais cessé de se faire et qui se fait encore dans toute l'étendue du continent noir, soit au profit des pays turcs, soit pour le compte des colonies espagnoles ou portugaises de l'Amérique du Sud. Quand un bâtiment anglais surprenait un navire faisant la traite, il le conduisait dans une colonie anglaise, à Sierra-Leone ou à Sainte-Hélène et mettait les esclaves à terre. Ceux-ci ne sachant que devenir s'estimaient heureux de trouver un engagement « volontaire » pour les Antilles et la Guyane. Dans ces derniers temps, les Anglais ont transporté de nombreux Indiens et Birmans dans leurs Antilles et leur Guyane. Quant aux établissements anglais de la côte occidentale d'Afrique, ils sont à peu près dans la même situation que les nôtres et ne se développent que très lentement, à cause de l'insuffisance des populations indigènes et de leur inaptitude au travail.

Toutes les colonies espagnoles et portugaises de l'Amérique du Sud, aujourd'hui transformées en royaumes ou en républiques, sont encore arrêtées dans leur évolution par la rareté de la main-d'œuvre. Au Brésil, à La Plata, au Chili, au Pérou, au Vénézuéla, les bras sont insuffisants pour tirer du sol toutes les richesses qu'il serait susceptible de produire. L'émigration européenne quoique active est insuffisante et les travailleurs des races inférieures font défaut depuis que les nations de l'Europe empêchent la traite sur les côtes africaines, ce dont il y a lieu de les louer.

La rareté de la main-d'œuvre rend indispensable, pour la colonisation des immenses terres incultes de l'Asie, de l'Afrique, de l'Amérique, l'introduction dans ces pays de la grande culture industrielle avec les machines et nécessite par conséquent les grandes sociétés à capitaux considérables. Les hommes, à l'heure actuelle, ne sont pas assez nombreux pour cultiver de leurs bras toute la terre.

§ 6. — SÉPARATION DES COLONIES D'AVEC LEUR MÉTROPOLE

Un dernier phénomène général nous est révélé par l'histoire de la colonisation, à savoir que toute colonie se développant d'une manière normale doit, à un moment donné, se séparer de la mère-patrie qui lui donna naissance, comme le fruit mûr se détache de l'arbre pour permettre à sa graine de se développer en un arbre nouveau. C'est ainsi que le Brésil s'est séparé du Portugal, que le Mexique a secoué le joug de l'Espagne, que les Etats-Unis se sont révoltés contre l'Angleterre et se sont rendus indépendants; c'est ainsi que, de nos jours, le Canada menace la Grande-Bretagne de se faire indépendant et d'entrer dans la grande fédération américaine, que les colonies australiennes marquent les mêmes tendances séparatistes, et que Cuba, révoltée contre l'Espagne, aspire à se rendre autonome.

Aucune colonie prospère ne saurait échapper à cette loi historique, car dans toutes les mêmes raisons surgissent, à un moment déterminé, pour produire le mouvement séparatiste. D'abord, les colons perdent, petit à petit, le souvenir d'une patrie avec laquelle ils n'ont que des relations postales ou commerciales; leurs enfants, nés sur un sol nouveau, ne connaissent même pas de vue cette mère-patrie dont les séparent des intérêts locaux d'autant plus prononcés que la fondation de la colonie remonte à une époque plus éloignée. Puis, une colonie n'est jamais peuplée uniquement avec des nationaux de la métropole qui la fonda; on y trouve des gens venus de tous les pays, parlant toutes les langues, sans liens d'aucune sorte avec la métropole et qui ayant renoncé à leur propre patrie, ne se soucient nullement de se soumettre à une autre nation. Enfin, il n'y a pas de colonie où le métissage, soit avec des esclaves venus d'ailleurs, soit avec d'autres races européennes, ne parvienne à créer un type nouveau, distinct de celui de la métropole et plus attaché à sa patrie d'origine qu'à celle de ses ancêtres.

Il se constitue de la sorte un esprit propre à chaque colonie, Américain en Amérique, Australien en Australie, Indien dans l'Hindoustan, Cochinchinois et Tonkinois dans notre Cochinchine et notre Tonkin, Algérien en Algérie, etc., car il n'y a pas de colonie, même d'origine récente, qui échappe à cette loi. De même que les Français actuels issus du mélange des Celtes ou des Ibères avec les Romains et les Germains, ne ressemblent plus à aucune des races qui les ont produits, de même il se forme dans les Amériques, en Australie dans l'Inde Anglaise, en Indo-Chine, et il s'est produit dans nos Antilles, une race propre à ces pays. La colonie agissant sur le colon, comme le colon agit sur elle, le transforme et en fait un type humain nouveau, attaché plus fortement à la patrie où il s'est formé qu'à celle d'où vinrent ses ancêtres.

L'esprit local qui anime ces hommes est toujours avivé et transformé en tendance révolutionnaire et séparatiste par les maladresses et les abus de pouvoir de la métropole. Préoccupée avant tout de ses intérêts particuliers, celle-ci impose à ses colonies des obligations qui lèsent leurs intérêts, blesse les colons et finit par provoquer leur rébellion et la proclamation de leur indépendance. L'histoire des Etats-Unis, pendant toute la durée du XVIIIe siècle, est dominée par les plaintes que les colonies américaines font entendre, d'abord contre les compagnies qui les fondèrent, puis contre la couronne d'Angleterre qui s'était substituée à ces compagnies. Opprimées par ces dernières, les colonies font appel à l'autorité de l'Angleterre qui d'abord leur octroie des libertés, puis les opprime, à son tour, et les oblige à chercher dans la révolte une nouvelle amélioration de leur sort.

L'Angleterre a su profiter de la dure leçon qui lui fut donnée par la proclamation de l'indépendance des Etats-Unis; elle a montré, au cours de ce siècle, un grand libéralisme dans ses relations politiques et économiques avec ses colonies; mais la loi fatale qui domine l'évolution des sociétés humaines n'en subsiste pas moins et, l'une après l'autre, toutes les colonies fondées par les nations européennes se sépareront de leurs métropoles, lorsqu'elles auront atteint un degré de développement suffisant pour leur permettre de vivre par elles-mêmes.

Faut-il en conclure, à l'exemple de certaines personnes, que les nations européennes se livrent à un jeu de dupes en créant des colonies? L'histoire proteste contre cette manière de voir. Elle montre les nations colonisatrices tirant des avantages considérables des colonies qu'elles ont fondées, même après la séparation de ces dernières. Au point de vue matériel, les habitants de la colonie, étant en majeure partie de la même nationalité que ceux de la mère-patrie, ont aussi les mêmes habitudes et consomment les mêmes produits, ce qui assure à la métropole la vente de ces derniers jusqu'au jour où la colonie a constitué elle-même tout son outillage commercial. En outre, les indigènes prennent très rapidement les mêmes habitudes que les colons et constituent de nouveaux consommateurs pour les produits métropolitains.

Au-dessus de ces intérêts immédiats, dont l'importance s'efface à mesure que la colonie grandit dans son indépendance, plane la force morale que donne à un peuple la dispersion de ses membres dans le monde et qui inspirait Fox, le jour où devant Napoléon Ier, enveloppant de ses deux bras la sphère terrestre de la bibliothèque de l'Institut, il s'écriait avec un légitime orgueil : « Partout sur ce globe, mes bras rencontrent le pavillon britannique. » Le monde appartiendra un jour à la race qui sera le plus répandue sur sa surface et toute l'histoire de l'humanité témoigne que cette race sera nécessairement la plus perfectionnée de toutes celles que la terre aura nourries.

CHAPITRE IV

DE LA CONDUITE A TENIR ENVERS LES INDIGÈNES,
AU POINT DE VUE DU RESPECT DES PERSONNES,
DES PROPRIÉTÉS, DE LA RELIGION, DES MŒURS
ET DES COUTUMES SOCIALES

SOMMAIRE. — Les brutalités et les violences des colonisateurs. — Respect dû à la religion, aux mœurs, aux habitudes et à la propriété des indigènes. — De la propagande religieuse dans les colonies et de ses effets politiques. — Les missions protestantes et les missions catholiques; leurs procédés de propagande et d'action. — Principes à appliquer dans la conduite de l'administration à l'égard des missions et des indigènes.

S'il est vrai, comme le pensaient les Romains, que le spectacle d'un esclave ivre soit de nature à guérir les hommes de l'ivresse, il serait utile d'écrire et de mettre dans les mains de tous les élèves de nos écoles et collèges, un livre où seraient retracées toutes les atrocités commises dans leurs colonies par les nations les plus civilisées. Le récit en serait long et le spectacle plus repoussant que ne l'imaginent ceux mêmes qui en parlent le plus volontiers en manière d'argument contre la colonisation.

§ 1. — LES BRUTALITÉS ET LES VIOLENCES DES COLONISATEURS

Ces faits, indignes de la civilisation et de la culture intellectuelle de l'Europe, sont tellement communs, si peu de militaires, fonctionnaires ou colons européens, échappent à leur contagion, que force nous est d'en chercher la cause déterminante dans la nature humaine. En présence des races qu'il considère comme inférieures, l'homme le plus civilisé devient comparable aux enfants dans leurs relations avec les animaux domestiques : il les traite en « souffre-douleurs », ne respectant ni leur religion, ni leur famille, ni leur organisation sociale, ni leurs propriétés, ni leurs personnes, ni même leur vie.

Envisagée de ce point de vue, la colonisation la plus moderne n'apparaît pas beaucoup moins barbare que celle des époques les plus reculées. Les colonisateurs du XIX⁰ siècle ne diffèrent guère ni d'Alexandre ni de César par la façon dont ils pro-

cèdent. Il semble même qu'ils soient jaloux d'imiter le conquérant de la Gaule ravageant les récoltes, brûlant les villages et livrant le pays des Eburons au pillage des tribus ger-
maines parce qu'il ne peut pas s'emparer d'Ambiorix, et se
vantant, à chaque page de ses *Commentaires*, des atrocités
commises sur les Gaulois.

Aussitôt qu'une nation européenne a jeté son dévolu sur
une portion quelconque de l'Afrique, de l'Asie ou de l'Océanie,
elle ne se préoccupe que de savoir si ses ambitions et ses désirs
de conquête éveilleront les susceptibilités de ses rivaux d'Europe. Quant aux populations qui occupent le territoire objet
de ses convoitises, toute résistance de leur part sera considérée,
non point comme la manifestation d'un sentiment respectable
de patriotisme, mais comme la révolte de gens qui s'insurge-
raient contre une autorité légitime. Et de fait, on traite ces
populations mécontentes, comme les gouvernements européens traitent les révolutionnaires : on les supprine, afin de
se mettre sûrement en garde contre toute tentative nouvelle
de rébellion.

Tous ceux qui connaissent l'histoire de la colonisation moderne des peuples européens, savent avec quelle férocité les
armées de l'Europe opèrent dans les entreprises coloniales.
Toute victoire de leurs armes est accompagnée d'horribles
massacres, et c'est avec une véritable joie que les journaux de
nos capitales enregistrent le nombre des indigènes supprimés
par nos balles, nos obus ou nos baïonnettes.

Les lecteurs n'ont pas encore perdu le souvenir des révéla-
tions faites, en 1895, au parlement allemand, sur la conduite de
certains agents coloniaux de l'empire. Ils se rappellent les atrocités commises en Afrique par ce Peters qui fait pendre sa con-
cubine et son domestique, en punition d'une infidélité plus ou
moins démontrée et qui, pour se justifier de cet acte auprès de
l'évêque Tucker, déclare simplement qu'ayant épousé la femme
selon le rite africain, il avait le droit de lui appliquer la péna-
lité que les Africains infligent à l'adultère. Il raconte lui-même,
d'ailleurs, avec une naïveté que comprendront seuls, ceux qui
ont beaucoup voyagé, comment il fait massacrer les porteurs
qui refusent de le suivre, comment il brûle les villages trop peu
complaisants, comment il tue lui-même un indigène qui ne lui
obéit pas assez rapidement et comment il célèbre la naissance
du Christ en éclairant la nuit de Noël par l'incendie d'un village.

Tout récemment, le tribunal disciplinaire de Spandau jugeait
un administrateur allemand du Cameroon, accusé de nombreuses atrocités : massacre des prisonniers, notamment de
femmes et d'enfants, de vieillards pris dans une expédition

contre des Bakolos rebelles et dont quelques-uns furent scalpés, sous ses yeux, par ses soldats. Il ne fut condamné qu'à 500 marcs d'amende.

Quant aux Anglais, on sait avec quelle violence froide ils traitèrent, lors de la rébellion de l'Inde, les indigènes, et quelle quantité de cadavres ils accumulèrent. Sans remonter si loin, on se souvient de la manière dont, en 1894, ils bombardèrent, dans le golfe Persique, un camp d'Arabes pendant plusieurs jours, et y tuèrent un grand nombre de personnes, pour punir une tribu d'avoir quitté l'île de Barkhein et de s'être réfugiée sur le territoire turc.

Un grand journal de Paris écrivait récemment : « Dans le Metabeleland, les Anglais exterminent par tous les moyens, y compris ceux qu'interdit la guerre moderne, comme l'emploi de la dynamite dans des mines savamment préparées, une population qui, après tout, lutte pour son indépendance sur le sol de ses ancêtres. » Le même journal (*Temps*) écrivait le 30 juillet 1896 : « Que dire de l'ordre donné par les chefs militaires et civils de détruire les céréales et de transformer ainsi en famine générale ce qui eût été, en tout état de cause, une pénible insuffisance. » Il ne faut pas oublier que l'une des causes de l'insurrection du Metabeleland a été l'ordre de tuer les bestiaux des indigènes pour empêcher la peste bovine de se répandre. N'y avait-il pas quelque autre motif à ces hécatombes ?

Un employé de l'Etat libre du Congo a raconté tout récemment les atrocités dont il avait été le témoin, les expéditions d'où l'on rapporte des chapelets d'oreilles de nègres, des sacs remplies de mains coupées, en souvenir sans doute des exploits de César, les massacres de femmes, de vieillards et d'enfants dans les villages mis à sac, et l'histoire de cet officier qui ne trouvant, en un village, que deux femmes malades, incapables de dire où les habitants se sont enfuis, fait flageller et mutiler les deux malheureuses pour les punir de leur silence (*Temps*, 10 septembre 1896).

Les Japonais se sont empressés d'imiter les exemples des Européens. Leur nouvelle colonie de Formose a été le théâtre de massacres dont un missionnaire faisait, d'après le *Times* (juillet 1896), le tableau suivant : « Plus de soixante villages ont été complètement brûlés et des milliers d'êtres humains ont péri. Un jour, les Japonais avaient pris en rase campagne vingt et un Chinois ; bien qu'on n'eût pu démontrer que ces malheureux se soient rendus coupables du moindre délit, ils furent massacrés à coups de baïonnette. Dans un village, les Chinois avaient préparé des vivres pour les Japonais qui se rapprochaient ; mais ceux-ci, aussitôt entrés, se jetèrent sur les habitants et en massacrèrent une cinquantaine. Le 22 juin, le magistrat japonais de Husseim fit paraître une proclamation invitant les habitants de cette localité, qui avaient fui dans les montagnes, à réintégrer leur domicile. Ayant obéi à cette invitation, ils furent tous massacrés sur-le-champ. »

Ce ne sont pas seulement les indigènes qui osent résister les armes à la main aux envahisseurs de leur pays qui sont traités avec la barbarie à laquelle je fais allusion, ce sont encore, en maintes circonstances, les habitants les plus paisibles. Ne sont-ils pas de cœur, sinon de fait, d'accord avec les hommes armés qui résistent à nos colonnes civilisatrices? Ne leur fournissent-ils pas des vivres, des renseignements, une retraite, lorsqu'ils sont traqués par nos soldats? Ne sont-ils moralement aussi coupables que ceux qui nous combattent les armes à la main et ne méritent-ils pas le même châtiment? Car c'est bien d'un châtiment qu'il s'agit, puisque la résistance est considérée comme une révolte criminelle.

C'est en vertu de ces principes que l'on a introduit dans notre politique, en Indo-Chine, à Madagascar, à la côte d'Afrique, le système de la responsabilité des villages, emprunté presque partout aux mœurs locales, mais qui est indigne de notre civilisation. Au lieu de condamner ces mœurs abominables nous nous les sommes appropriées et nous les avons appliquées avec une brutalité dépassant celle des peuples les plus sauvages. J'ai cité dans mon livre sur la *Colonisation française en Indo-Chine* le fait qui se produ: au Tonkin en 1891 : un inspecteur de milice faisant décapiter, en deux semaines, 75 notables de villages, dans une seule sous-préfecture (Huyen) de la province Hanoï, parce qu'il ne pouvait obtenir d'eux aucun renseignement sur les mouvements d'une bande de malfaiteurs. J'ordonnai, à mon arrivée, une enquête sur ces atrocités que je croyais être le résultat d'une aberration purement individuelle ; j'acquis la preuve que l'inspecteur avait agi par ordre d'autorités supérieures. C'était la mise en œuvre d'un système qui avait déterminé la mise à mort, sans aucun jugement, d'un nombre considérable d'indigènes, dans toutes les parties du Delta où circulaient des rebelles et des malfaiteurs. L'exécution n'était pas moins prompte que le jugement était sommaire. Le chef de la colonne de police, arrivant dans un village, faisait comparaître devant lui tous les notables qu'on pouvait trouver ; il leur demandait s'ils avaient vu passer les pirates, dans quelle direction ils étaient allés, leur nombre, leur armement, etc., et comme les notables se taisaient ou répondaient ne rien savoir, soit qu'ils fussent complices des malfaiteurs ou que leur ignorance fût réelle, l'inspecteur désignait à ses hommes cinq, six, dix d'entre eux au hasard et ordonnait de leur trancher la tête ; c'était fait sur place et séance tenante.

Certains officiers avaient poussé le système encore plus loin : ils brûlaient les villages soupçonnés d'avoir donné asile aux rebelles ou aux pirates ou de leur avoir fourni des vivres, des renseignements, etc., s'emparaient des animaux domestiques et massacraient les habitants qui leur tombaient sous la main. On a gardé le souvenir d'un chef militaire rendu célèbre par ses « baïonnettades » de villages : on désignait ainsi une opération consistant à envahir un village considéré comme rebelle ou suspect et à y faire passer au fil de la baïonnette tout être vivant que l'on rencontrait par les rues ou dans les maisons.

Il est à peine besoin de souligner les hostilités, les haines, les désirs de vengeance que de tels actes font naître dans le cœur des populations. Je veux noter seulement la difficulté que j'eus à les faire cesser et la persistance des idées qui les inspirent. J'étais considéré, les répudiant, comme un « sensible » et toutes les fois que certains agents croyaient pouvoir se livrer impunément aux pratiques condamnées, ils y revenaient avec un empressement singulier. A peine avais-je quitté le Tonkin, je pouvais lire dans un journal local, à propos d'une expédition qui allait se faire dans le Yen-thé, « les récoltes ont été coupées et pourrissent sur place ; un village *jugé suspect* a été incendié par nos troupes. De tels moyens amèneront forcément de graves complications. La destruction des récoltes donnera de nouvelles recrues à la piraterie ». Ces justes observations étaient tellement contraires à l'état d'esprit d'un grand nombre de gens, qu'un autre journal du Tonkin répliquait : « Un de nos confrères est pris d'une immense pitié pour ces malheureuses populations du Yen-thé ruinées par la colonne de police... La belle affaire vraiment et comme il y a de quoi s'apitoyer ! Plus la leçon sera dure, plus l'impression sera durable. Quand S. E. le Kinh-luoc a réprimé la piraterie dans le Bay-say il n'a pas procédé autrement. Les villages ont été incendiés, certains ruinés de fond en comble, et la commune rayée des rôles, la *population décimée, anéantie...* Les villages du Yen-thé sont razziés. Tant pis pour ceux qui obéissaient au Dè-Than et aux bandits de cet acabit. (Notez que le Dè-Than avait fait sa soumission.) »

Razzias, incendies, anéantissement des populations sont légitimés, dans ce système, par l'exemple qu'en donnent les pirates, c'est-à-dire que l'on trouve juste de commettre, au nom de la civilisation, les mêmes crimes que les pires malfaiteurs. Le journal que j'ai cité donne encore une autre excuse de nos actes : « C'est le moyen de répression ordinaire des Annamites. »

On aurait pu ajouter que c'est aussi le moyen employé par certains d'entre eux pour s'enrichir. J'en pourrais citer qui ont fait de la sorte, depuis que nous sommes en Indo-Chine, et en notre nom, de fort jolies fortunes.

L'explication de ces abominables procédés ne se trouve pas seulement dans les motifs indiqués plus haut; il la faut chercher encore dans l'excitation à la cruauté que provoque parmi les esprits faibles leur impuissance à dompter, par la force seule, les résistances que les peuples offrent à notre envahissement, ou l'impossibilité de détruire par le fer les malfaiteurs.

Sachant quelle peine a la police pour empêcher les vols et les assassinats dans les pays civilisés, les plus riches en routes, chemins de fer, etc., et dans les villes les mieux outillées au point de vue des services d'ordre, on aura facilement une idée des difficultés que rencontrent nos troupes et nos milices pour réprimer le brigandage dans des pays neufs, dépourvus de voies de communication, dont nous ne connaissons ni la langue ni les mœurs et où tout conspire, même la nature, surtout la nature puis-je dire, contre notre domination. Dans de pareils pays, saisir des malfaiteurs qui fuient à la première alerte et les détruire par la force, sont choses fort difficiles, pour ne pas dire à peu près impossibles. Aussi les colonnes militaires les plus nombreuses n'en ont-elles jamais tué qu'un très petit nombre et n'en ont-elles jamais pris de vivants.

Sans remonter dans le passé et pour ne parler que des faits observés par moi-même, deux expéditions militaires importantes eurent lieu dans l'hiver de 1891-92, avec mon autorisation, l'une dans le massif de Dong-trieu, l'autre dans le Yen-thé. J'en considérai les résultats comme excellents, parce que les pirates abandonnèrent des territoires où ils régnaient en maîtres depuis des années et d'où ils pouvaient, à toute heure, descendre dans le Delta; mais le nombre de ces malfaiteurs détruits par nos troupes fut très inférieur à celui des officiers et des soldats qu'ils nous tuèrent dans les embuscades. En 1893, trois Européens ayant été enlevés par les pirates sur la voie ferrée en construction entre Bac-lé et Langson, je me décidai, au risque de compromettre la vie des captifs, à les faire, si possible, enlever par la force; je prescris le nettoyage, par les troupes du colonel Gallieni, des montagnes du Caï-kinh qui bordent la voie ferrée et où les ravisseurs avaient leurs repaires. Le colonel est un homme habile et je suppose qu'il eût été fort heureux de délivrer nos compatriotes; mais les malfaiteurs s'enfuirent devant ses compagnies, avec leurs captifs. Fort heureusement, les ravisseurs des trois Français s'étaient réfugiés sur le territoire du chef soumissionnaire Luong-tam-ky. Pour ne pas être soupçonné de complicité avec les pirates, ce chef nous prêta son concours et c'est grâce à lui que nos compatriotes recouvrèrent la liberté.

Vers la même époque, une autre bande avait enlevé un employé des douanes. J'étais sur le point d'obtenir sa libération, également par l'intermédiaire de Luong-tam-ky, lorsque je fus remplacé dans mon gouvernement. Notre compatriote fut délivré en juin 1895. Voici comment il a raconté lui-même sa délivrance. Le 18 juin, la bande qui le détenait étant en marche et le prisonnier placé, comme d'habitude, entre deux pirates, il entendit tout à coup des détonations et vit ses surveillants s'enfuir. Des Chinois, en même temps, se précipitent vers lui et l'un d'eux lui crie en français : « N'ayez pas peur, nous venons pour vous sauver. » C'étaient encore aux gens de Luong-tam-ky qu'était due sa libération.

Voici un autre fait non moins instructif et qui ne manque pas de gaieté. En février 1894, au moment où je partais en congé pour la France, le chef annamite des rebelles et des pirates du Yen-thé, le vieux Ba-phuc, vint me faire sa soumission spontanément, et avec la promesse de celle de son neveu et lieutenant, le De-Than, dans un certain délai. Après son départ, le désir prit à l'intérimaire de mes fonctions de raccourcir ce délai ; il ordonna une expédition de la garde civile contre le De-Than. Celui-ci s'enfuit, en brûlant quelques villages et nous tuant des hommes. Désespérant de l'atteindre, le résident qui, lui-même, avait été blessé, essaya de s'en débarrasser à l'aide d'une marmite de poudre placée par un espion sous son lit de camp. La marmite fit sauter le lit et la case, mais le De-Than n'y était pas.

Quelques jours plus tard, il enlevait, près de la voie ferrée, deux Européens. Dès qu'ils furent en sûreté, il leur tint le langage que voici : « Ne craignez rien de moi ; je ne vous ferai aucun mal ; je ne vous ai pris que pour imposer ma soumission dont on ne veut sans doute pas, car on a essayé de m'assassiner ; aussitôt qu'on l'aura acceptée, je vous remettrai en liberté ; comme je n'ai plus aucune confiance dans le résident de la province, je n'entrerai en conversation qu'avec l'évêque de Bac-ninh, priez-le donc de venir tout de suite. » La chose fut ainsi faite ; l'évêque traita de la soumission, en arrêta les clauses et le De-Tham rendit les prisonniers à la liberté, sans même attendre d'avoir touché leur rançon, mais non sans avoir signé avec l'un d'eux une convention commerciale pour l'exploitation du bois du Yen-thé.

Lorsque M. Lyaudet, employé des charbonnages de Kebao, fut enlevé, en 1895, avec sa femme et sa fille, le commandement militaire obtint de mon successeur l'autorisation de reprendre

les armes à la main. Après deux mois de siège en règle du
repaire où l'on supposait que les captifs étaient retenus, après
s'être fait tuer quatre officiers, trente-cinq ou quarante hommes
et avoir eu une centaine d'hommes mis hors de combat, on ne
trouva dans le repaire, le jour où l'on put s'en emparer, ni les
ravisseurs, ni les captifs. Les uns et les autres étaient depuis
longtemps partis. On ne savait même pas ce qu'était devenue la
famille Lyaudet, lorsqu'un beau jour elle nous fut rendue par...
le maréchal chinois Sou, commandant des troupes du Quang-Si.

Des faits analogues se sont produits dans les expéditions
militaires dirigées contre les chefs soumissionnaires Baky et le
De-Than. Contre le premier, qui disposait à peine de trois cents
hommes armés, on avait organisé une colonne de deux mille
hommes et quatre mille coolies ; quand on arriva au cœur de
son territoire, on trouva... un cochon oublié par les fuyards.
Contre le De-Than, après avoir dévasté le Yen-thé, ainsi qu'il a
été exposé plus haut, on dirigea une colonne militaire de
deux mille hommes avec vingt canons et des obus à la méli-
nite ; on trouva... quelques tombes fraîches que l'on supposa
être celles de pirates tués par nos armes.

Toujours il en a été ainsi : dans toutes les expéditions militaires dirigées contre les pirates du Tonkin, nous avons eu
plus de morts et de blessés que ces derniers, car ils fuient
devant nos troupes et se contentent de nous tuer des officiers
et des hommes dans les embuscades qu'ils dressent sur leur
passage.

C'est cette impuissance à détruire les malfaiteurs qui conduit
nos officiers et nos administrateurs à l'adoption des pratiques
barbares indiquées plus haut. Elles sont tellement ancrées
dans les esprits de la plupart de nos compatriotes, qu'un jeune
médecin écrivait, il y a quelques mois, à un ami, ces lignes où
le système est exposé avec tant de naïveté que je crois utile de
les reproduire ici comme une synthèse de tout ce qui précède :
« Une autre mesure consiste à déclarer responsable et coupable
tout village qui a donné refuge à une bande ou qui n'a point
signalé son passage. En conséquence, le chef de village et les
trois ou quatre principaux habitants ont la tête tranchée et le
village est incendié et rasé jusqu'au sol. On peut être certain,
dans l'avenir, que les villages avoisinants signaleront les bandes
de passage... On ne régnera sur ce peuple que par la terreur. »

A Madagascar, des moyens semblables ont été employés. Au
milieu de 1896, on écrivait de Tananarive à un grand journal
de Paris : « Après une marche forcée, le capitaine B..., à la
tête de sa compagnie, a cerné deux villages notés comme
repaires de Fahavalos ; il y a mis le feu. Tous les habitants

mâles sans exception ont été tués ou faits prisonniers. Les femmes et les enfants ont eu la vie sauve. Voilà qui est bien. »

Ce système de la responsabilité des villages est d'autant plus condamnable que les malheureux villageois sont les premiers à souffrir de la piraterie. Ils sont placés entre l'enclume et le marteau : s'ils refusent aux pirates un asile, des renseignements, ils sont massacrés sur les ruines de leurs habitations incendiées ; s'ils cèdent aux pirates ou s'ils nous refusent des renseignements sur leur compte, ils sont rendus responsables des malfaiteurs, frappés d'amendes, décapités ou pendus, ou ruinés par l'incendie de leurs villages et la destruction des récoltes.

Certes, ils ne demanderaient pas mieux que de nous servir, si nous pouvions les protéger contre les déprédations des bandits ; mais dans des pays dont nous ne pouvons encore occuper qu'une partie, notre protection est forcément intermittente, tandis que les menaces des pirates ou des Fahavalos sont quotidiennes et leur exécution inévitable. N'y a-t-il pas iniquité et barbarie de notre part à faire peser sur ces malheureux une responsabilité qu'ils encourent si peu ?

Je dois, pour être complet, ajouter que les plus chauds partisans du régime des responsabilités, sont, en même temps, les plus hostiles au système que j'adoptai, dès mon arrivée au Tonkin, et qui consiste à armer les villages, afin de les mettre en mesure de se défendre. Incapables de les protéger, on leur refusait, par crainte d'une insurrection problématique, les moyens de se défendre eux-mêmes ; puis, on brûlait leurs villages et on en massacrait les habitants pour les punir de ne s'être point protégés.

Il me paraît inutile d'insister sur l'aberration morale qu'indiquent de pareilles contradictions, et sur la nécessité de rompre avec des moyens tellement barbares qu'ils seraient de nature à rendre hostiles à toute expansion coloniale ceux mêmes qui en sont les partisans les plus résolus.

Pour moi, non seulement j'estime que notre caractère et notre civilisation nous interdisent, de la façon la plus formelle, d'aussi barbares pratiques, mais encore je pense que notre intérêt politique doit nous les faire répudier et condamner. C'est ce que j'ai fait pendant toute la durée de mon gouvernement en Indo-Chine, et je n'ai point eu lieu de m'en repentir, car, au moment où je quittai le pays, la tranquillité n'était pas moindre qu'aujourd'hui. Aussi, enregistrai-je comme un témoignage précieux pour ma mémoire et mon nom, ce mot dit, à la fin de 1893, par le troisième régent à mon plus fidèle auxiliaire : « M. de Lanessan a compris qu'on ne gouverne pas une population de 15 millions d'individus par la force; cela lui vaut l'affection de tout le peuple et la tranquillité dont jouit le pays. »

Nous devons condamner non moins formellement certaines autres pratiques empruntées aux mœurs des populations indigènes, et qui, pour être moins barbares que les précédentes, n'en sont pas moins indignes de notre civilisation : je veux parler de l'emprisonnement des frères, des sœurs, des père et mère ou aïeux des malfaiteurs qui échappent eux-mêmes à nos poursuites. Cela s'est beaucoup fait en Indo-Chine : je le défendais de la manière la plus absolue.

Les idées de beaucoup d'Européens qui vivent au milieu des races différentes de la leur, sont si facilement dévoyées, qu'on voit des hommes, justement considérés comme très corrects dans les relations avec leurs compatriotes, se livrer à l'égard des indigènes aux plus grandes violences, pour les motifs les plus futiles, et commettre, s'ils sont fonctionnaires ou militaires, des abus de pouvoir qui, en Europe, tomberaient sous le coup de la justice criminelle.

La manière dont beaucoup d'Européens traitent les manœuvres, ouvriers et porteurs indigènes des colonies est souvent si dure que les malheureux doivent être tentés de regretter le temps où ils étaient esclaves. Alors, au moins, ils avaient une valeur représentée par le prix d'achat, et le maître qui les maltraitait, les nourrissait insuffisamment, ne leur donnait pas de soins dans les maladies, s'exposait à perdre par leur mort la somme d'argent qu'ils avaient coûté. Le décès d'un coolie noir, annamite, chinois, etc., loué à la journée ou au mois, n'occasionnant aucune perte à celui qui l'emploie, pourquoi s'en inquiéterait-il? Aussi les travailleurs indigènes sont-ils, dans beaucoup de circonstances et de pays, plus maltraités que ne l'étaient les esclaves dans les colonies américaines. Certaines correspondances du Transvaal contiennent sur la façon dont les ouvriers cafres sont traités dans les mines de ce pays et celles de diamants du Cap, des détails auxquels ne doivent pas croire ceux qui n'ont jamais quitté l'Europe. A Kimberley, par crainte des vols de diamants, les mineurs noirs sont soumis à un régime plus dur que celui des prisons; ils ne sortent jamais, ne voient leurs femmes et leurs enfants qu'en présence des surveillants. Dans toutes les mines ce sont les propriétaires eux-mêmes qui font la police parmi les ouvriers et le bâton est le plus usité des châtiments.

Dans nos colonies, j'ai vu rarement condamner un Européen pour sévices exercés à l'égard d'un indigène, quoique les faits de cet ordre soient très fréquents.

La France reste, à mon avis, beaucoup trop indifférente à toutes les questions dont je viens de parler. Tandis qu'elle inter-

vient dans la direction ou la gestion d'affaires qui ne peuvent
être convenablement traitées que par les autorités coloniales,
elle dédaigne toutes celles qui intéressent le sort des populations indigènes. J'estime qu'en agissant de la sorte elle manque
au premier de ses devoirs.

§ 2. — RESPECT DU A LA PROPRIÉTÉ, A LA RELIGION, AUX MŒURS, AUX HABITUDES DES INDIGÈNES

Je ne dirai que peu de chose des abus commis par les autorités européennes relativement au droit de propriété des indigènes. Aussi bien au Tonkin qu'en Algérie, il serait aisé de
citer des cas nombreux de concessions faites à des Européens
au détriment des indigènes que l'on dépouillait abusivement,
soit de propriétés communales, soit même de propriétés individuelles. C'est un grave sujet de mécontentement qu'ont les
indigènes à l'égard de notre administration ; c'est un abus qu'il
importe d'empêcher de la manière la plus rigoureuse, dans l'intérêt de la paix.

Respectant aussi peu la vie, les biens, le repos, la famille des
indigènes qu'il ressort des faits exposés plus haut, il est assez
naturel que les Européens n'aient qu'un très médiocre respect
pour les usages familiaux ou sociaux et pour la religion de gens
qu'ils considèrent comme très inférieurs à eux-mêmes.

Suivez cet Européen qui entre dans l'habitation d'un indigène,
vous le verrez, pour débuter, tutoyer, avec une familiarité systé-
matiquement grossière, tous les êtres qu'il rencontre, hommes,
femmes, vieillards, caresser les minois qui lui plaisent, et souvent en abuser de la manière la plus odieuse, en maître et en
pacha, sans aucune considération ni de l'âge, ni du sexe, ni de
la position sociale, ni des habitudes locales.

Des correspondances du Sud-Africain ont attribué la révolte
des Métabélés aux vexations dont ils étaient l'objet de la part
des Européens. Un journal de Londres publiait, en juin 1896,
une dépêche de Johannesburg mettant l'insurrection sur le
compte des « libertés que les blancs, surtout les blancs de l'élément militaire, ont prises avec les femmes indigènes ». Il n'y a
pas de colonie où des faits semblables ne se produisent quotidiennement.

L'Européen croirait manquer à ce qu'il doit à sa propre supériorité s'il manifestait le moindre respect pour les indigènes et
pour ce qui les touche. Il trouvera donc encore tout simple et
comme obligatoire de se moquer, sans aucune discrétion, de
leurs habitudes, coutumes, idées et croyances.

Le dieu de l'indigène n'est pour lui qu'une ridicule idole sur

laquelle pleuvent ses plaisanteries et ses injures, sans que la
pensée lui puisse venir que le fidèle de cette idole a le droit de voir
dans ses profanations un sacrilège analogue à celui qu'il attribuerait lui-même aux moqueries dont son dieu serait l'objet; que
l'indigène ne s'avise pas de se plaindre, s'il ne veut pas être
traité avec le même dédain ou la même brutalité que son fétiche.
Il lui sera même souvent impossible d'en défendre la propriété.
La première chose que font les Européens dans tous les pays
où ils pénètrent pour la première fois, c'est de dévaster les
temples des indigènes et de s'en approprier les divinités. Les
musées de l'Europe sont peuplés de dieux volés dans les maisons, les temples et les pagodes des deux hémisphères. Et il
n'est jamais venu à la pensée ni de ceux qui les dérobèrent à
leurs fidèles, ni de ceux qui les détiennent et les étalent aux
yeux des visiteurs, qu'ils se sont rendus coupables d'une mauvaise action, comparable à celle que commettrait un mahomé-
tan, un boudhiste ou un fétichiste, en dérobant les images des
saints et les hosties consacrées des églises catholiques.

Quant aux temples des indigènes, s'ils sont convenablement
bâtis, comme c'est le cas chez la plupart des peuples de l'Asie
et chez quelques-uns de ceux de l'Afrique, l'Européen s'en empare et y établit son logement, sans plus de respect pour le droit
de propriété de ceux qui le bâtirent que pour le caractère des
divinités auxquelles il est consacré. En Cochinchine, au Tonkin,
dans l'Annam, où les pagodes sont toujours construites en
briques et couvertes en tuiles, nos troupes et nos fonctionnaires
se sont empressés d'en prendre possession et d'y établir leurs
logements ou leurs magasins, en même temps qu'ils faisaient
main basse sur les boudhas, les meubles, les tapisseries, les
vases, les cloches, etc., que les indigènes n'avaient pas eu la
précaution de mettre à l'abri. Après dix ans d'occupation, la
plupart des pagodes dont nos troupes se sont emparées au
moment de la conquête n'ont encore été rendues ni à leurs légitimes propriétaires, ni à leur destination. J'ai eu, moi-même,
beaucoup de peine, malgré la ferme volonté que j'avais de faire
cesser les abus, à obtenir l'évacuation d'un certain nombre de
ces bâtiments.

Les Européens qui commettent ces mauvaises actions ne soup-
çonnent pas, en général, la grandeur du mécontentement produit parmi les populations qui en sont les victimes. Courbées
sous les violences et les brutalités d'un envahisseur contre qui
elles sont incapables de lutter, elles subissent les profanations
et la dévastation de leurs temples dans un silence tel que les
coupables le considèrent comme dû à l'indifférence. Mais s'il
survient une période plus tranquille, un changement dans la

politique, si les représentants du peuple colonisateur se montrent bienveillants à l'égard des populations, s'ils gagnent leur confiance et leur permettent d'exprimer librement leurs pensées, la première manifestation de ces dernières sera relative au traitement dont la religion a été jusqu'alors l'objet. Ils demanderont, sinon la restitution des images et des meubles sacrés auxquels ils savent qu'on a déjà fait passer les mers, du moins le libre usage des temples qui ont été soustraits à leur légitime destination.

Dans mes nombreux voyages à travers le Tonkin et l'Annam, soit à l'époque où le gouvernement m'envoya en simple mission d'étude, soit pendant que j'exerçais les fonctions de gouverneur général, les seules pétitions que les autorités locales me remirent visaient la restitution des pagodes. Je garderai toujours le souvenir de la joie que je fis naître parmi les autorités de la province du Nghé-an, dans le nord de l'Annam, au cours du voyage que je fis à travers cette région, au commencement de 1892. Sur ma route se trouvait, à peu de distance de Vinh, une pagode fort ancienne, située près du chemin, sur un petit mamelon couvert de vieux arbres. On y accédait par un escalier d'une cinquantaine de marches. Désignée dans le pays sous le nom de « pagode des paons » à cause, sans doute, de la fréquentation de son bois sacré par ces beaux oiseaux, elle jouit d'une grande réputation, parce que les membres de la famille royale peuvent seuls y adresser des sacrifices à leurs ancêtres. Pendant les premières années de notre occupation et jusqu'à une époque très rapprochée de celle de mon voyage, les militaires avaient coutume d'y faire halte et d'y passer la nuit comme dans un caravansérail. Le temple, aux yeux des populations, en était souillé et profané.

Lorsque je passai devant cette pagode, les autorités annamites me prièrent de m'arrêter, insistèrent pour que je gravisse les marches et entrasse dans le sanctuaire où les plus hauts mandarins seuls me suivirent. Là, devant l'autel dévasté, entre les murs ravagés par les moisissures qui témoignaient d'un abandon prolongé, le tong-doc de la province m'exposa l'origine et le caractère particulièrement sacrés de l'édifice, les profanations dont il avait été l'objet, et me supplia de prendre une décision qui les interdirait dans l'avenir. Je lui en fis la promesse formelle et je donnai immédiatement des ordres pour que désormais personne ne put transformer la pagode des Paons en auberge, ni toucher aux objets sacrés qu'on y placerait. Dans leur satisfaction, les autorités annamites décidèrent de conserver le souvenir de mon passage et de mes déclarations, par une inscription placée dans la pagode elle-même. Quant à moi, je redescendis les marches de pierre et repris ma route avec la conviction que j'avais plus fait, en ces quelques minutes, pour la pénétration de l'influence française dans cette province, que par la mise en marche de vingt colonnes militaires.

A partir de cette époque, partout, dans l'Annam central et au Tonkin, les Annamites se mirent à réparer les pagodes et à leur rendre les ornements, les meubles et les images sacrées qui avaient pu être protégées contre les dévastations et les spoliations de la période militaire. L'apogée de cette réhabilitation, si je puis ainsi parler, des monuments de la religion annamite, fut atteinte à la fin de 1894, lors de l'inauguration solennelle de la « pagode du Grand-Boudah », à Hanoï. La joie manifestée, en cette circonstance, par toute la population indigène, les sentiments exprimés par le Kinh-luoc, chez qui la fidélité à notre cause n'a point étouffé le sentiment national, l'éclat tout spontané donné à la fête par un immense concours de peuple, tout l'ensemble des faits qui se déroulèrent ce jour-là sous nos yeux, témoignaient de l'immense satisfaction éprouvée par une population dont la religion nationale avait été, depuis dix ans, de notre part, l'objet de mépris et de profanations incessantes et qui se sentait, pour la première fois depuis le jour où nous avions mis le pied dans le pays, libre de rendre à ses ancêtres et à ses génies les hommages rituels consacrés par les traditions et la foi [1].

§ 3. — DE LA PROPAGANDE RELIGIEUSE DANS LES COLONIES
ET DE SES EFFETS POLITIQUES

Partout où les nations européennes ont fait des tentatives de colonisation, on les a vues, de tout temps, joindre à leur action militaire et administrative celle de leur religion. Souvent même cette dernière a précédé les autres d'un nombre plus ou moins

[1] Les sentiments intimes du peuple annamite étaient nettement exprimés, en cette circonstance, par le Kinh-luoc du Tonkin, dans des termes que je crois bon de reproduire ici, car il s'y trouve une leçon profonde de politique coloniale : « Dans nos coutumes, le culte des génies entre en première ligne... Il est dit dans un de nos livres sacrés que « après avoir « terminé les affaires concernant le peuple, il faut commencer à s'occuper « des génies ». J'ai pensé, en présence de la paix dont nous jouissons, que le moment était venu de nous occuper des génies ; aussi vous ai-je prié de vouloir bien nous aider à restaurer cette pagode, érigée il y a huit cents ans, en l'honneur de Tran-vu et qui renferme la statue de ce génie protecteur, le plus éminent des génies de l'Annam et du Tonkin. Vous avez bien voulu répondre à mon appel... » Après avoir formulé des vœux pour la France et l'empire d'Annam et le gouverneur général, il ajoutait : « Je suis certain, M. le gouverneur général, que le très saint Tran-vu, le génie protecteur de cette pagode, s'associe à tous ces vœux et vous remercie de tout ce que vous avez fait et ferez pour nous. »

considérable d'années ; parfois, de plus d'un siècle. Il y avait des missionnaires français dans l'empire d'Annam plus de deux cents ans avant que la France y portât ses armes et ses ambitions ; sans eux, la pensée de la conquête de cet empire n'aurait probablement jamais hanté le cerveau de nos gouvernants. L'utilité de l'action religieuse, soit pour préparer l'œuvre de colonisation, soit pour l'assister au cours de son accomplissement, ne saurait donc être niée. J'estime de plus qu'elle doit être puissamment encouragée, car la religion d'un peuple est l'un des éléments de sa force expansive. L'action religieuse doit seulement être réglée avec beaucoup de soin.

Il faut savoir distinguer, à ce point de vue, les peuples doués d'une civilisation déjà avancée, comme la plupart de ceux de l'Asie, des populations encore à demi sauvages. Les premières attachent à leurs croyances religieuses une importance qu'on trouve rarement chez les secondes; or, il est rare que la religion n'ait pas des liens très étroits avec l'organisation familiale et sociale.

Parmi les populations musulmanes, par exemple, la polygamie et l'infériorité de la femme ont pour conséquence tout un ensemble de conceptions sociales, politiques et économiques, dont un catholique ne saurait seulement parler sans blesser jusqu'au fond du cœur ceux auprès desquels sa propagande s'exerce.

En Algérie, nous avons beaucoup mécontenté les indigènes musulmans par une série de mesures dont le but est d'assimiler notre colonie à la métropole, mais dont le résultat est de nous faire des ennemis de ceux qui devraient être nos amis et nos associés. Sans parler de la destruction des mosquées et de la violation des tombeaux auxquelles, dans les moments de crises, nos troupes n'ont que trop souvent procédé et qui blessent au cœur ces peuples si religieux, combien avons-nous pris de mesures législatives contraires à leurs mœurs et à leurs croyances !

J'ai publié, en 1888, dans l'Introduction de mon livre l'*Indo-Chine française*, quelques passages d'une protestation adressée au gouvernement français par des notables musulmans, en réponse à des tentatives faites pour la naturalisation française des Arabes et leur assimilation à nos nationaux. Ce document est assez caractéristique pour que je doive le reproduire ici ; il en dit, en effet, plus long, sur la question qui m'occupe, que toutes les considérations auxquelles je pourrais moi-même me livrer. « L'entrée dans la nationalité française, disaient ces notables, aurait pour conséquence, à notre égard, la suppression complète de notre loi et de notre code, tant au point de vue des questions matérielles (mobilières et propriétés) qu'au point de vue du statut personnel. Or chacun sait que chez nous la loi (*Cheria*) est la base de la religion et qu'il ne nous est pas permis de nous écarter de cette voie droite. » Ils ajoutaient : « En nous soumettant en bloc et sans restriction à la naturalisation française, on nous entrainerait, en outre, à l'abandon de nos coutumes et l'on apporterait une perturbation dans nos mœurs, car il y a dans les lois françaises des dispositions dont l'application est en opposition directe avec les mœurs et l'esprit même des croyances des musulmans. » Précisant davantage, ils terminent par une véritable et très énergique protestation : « Nous, corps des musulmans indigènes de l'Algérie, une seule chose nous convient : conserver notre état social, notre loi (civile et religieuse) et nos mœurs... Nous sommes certains que le gouvernement français, dans son esprit de justice, fondé sur les principes de la liberté, n'imposera pas à ses sujets une mesure aussi grave, sans qu'elle ait été précédée d'une demande formellement exprimée par eux, et cela d'autant plus que la porte est ouverte, d'après les lois en vigueur, à quiconque désire profiter, par un acte de libre volonté, de la naturalisation. »

La porte vers la naturalisation, à laquelle il est fait allusion dans le document que je viens de citer, fut ouverte par le sénatus-consulte du 14 juillet 1865 qui affirme : « l'indigène musulman est français ; néanmoins il continuera à être régi par la loi musulmane » ; l'autorise, « *sur sa demande* », à « être admis à jouir des droits de citoyen français » ; et stipule que « dans ce cas, il est régi par les lois civiles et politiques de la France ». Avant 1865, les statistiques ne signalent aucune demande de naturalisation de la part des musulmans. De 1865 à 1895, il n'y en a eu que 882, en tout. « On peut dire, m'écrit M. Etienne, député de l'Algérie, que les indigènes musulmans ne veulent pas abandonner leur statut personnel. » Leur religion et les conditions de leur vie sociale et individuelle sont si étroitement liées, qu'ils ne pourraient renoncer à ces dernières, sans renoncer à la première, aussi restent-ils attachés, malgré tous nos efforts à l'une et aux autres. Ce fait que 882 individus seulement, en trente ans, sur une population de quatre millions de musulmans, ont demandé le titre et la qualité de Français, me parait démontrer, mieux que tous les raisonnements du monde, la grandeur de la faute que nous commettons, lorsque nous faisons porter les efforts de notre œuvre colonisatrice sur la conversion des indigènes et leur assimilation à nos nationaux. Les tentatives que nous faisons dans cette double direction, n'ont pour résultat, en réalité, que d'indisposer les indigènes, car ils les considèrent comme une atteinte portée, non seulement à leurs croyances, mais encore au sentiment de nationalité, de race, devrais-je dire plutôt, qui est au fond du cœur de tout homme.

Certains peuples dont la religion est beaucoup moins rigoureuse dans ses principes que celle des musulmans, les indiens
brahmaniques, par exemple, ne sont pas moins rebelles que les
disciples de Mahomet à l'adoption de nos mœurs et de nos lois.
Les protestations que les musulmans de l'Algérie font entendre
dans le document cité plus haut, les indous de Pondichéry me
les ont exposées à moi-même, en 1887, lorsque je visitai l'Inde.
Eux aussi sont fidèles à leur statut personnel et se montrent
très rebelles à la qualité de Français que nous voudrions leur
faire accepter. Les Annamites, dont la religion est encore plus
élastique, manifestent les mêmes sentiments.

Nous nous sommes fait un grand tort encore, en Algérie, le
jour où nous concédions aux israélites des droits politiques
refusés aux musulmans. Nous avons, par cette mesure, excité
chez ces derniers une jalousie qui augmente leur haine traditionnelle pour les juifs et leur antipathie pour nous-mêmes,
sans en retirer aucun bénéfice du côté des juifs. Aujourd'hui,
en faisant disparaître pour une partie de ces derniers le privilège
concédé en 1870, nous allons nous créer de nouveaux ennemis,
sans apaiser le mécontentement des musulmans. Le gouvernement a trop cédé, dans cette circonstance, à des sentiments
d'ordre politique qui devraient rester étrangers à notre œuvre
coloniale, car ils ne peuvent qu'ajouter un élément nouveau de
perturbation à ceux qui entravent la marche de cette œuvre.

Ce n'est pas seulement dans les pays musulmans qui nous
appartiennent que notre intervention religieuse nous crée des
ennemis et provoque des conflits. Il n'est pas douteux, par
exemple, que nous serions beaucoup mieux vus dans l'empire
Turc, si au lieu d'y tenter la conversion des musulmans, nous
nous bornions à leur offrir les produits de notre industrie et les
progrès de notre civilisation. Pour quelques milliers d'individus
que l'Europe chrétienne a convertis en Arménie, combien d'ennemis acharnés ne s'est-elle pas fait? Quelles haines farouches
n'a-t-elle pas provoquées? Et n'est-ce pas elle qui a jeté les
populations de ces pays les uns contre les autres? Les bienfaits
que le protestantisme et le catholicisme se vantent d'apporter à
ces peuples ne sont-ils pas douloureusement compensés par les
guerres civiles qu'engendre le contact journalier et irritant de
la religion locale avec celles que nous avons introduites?

On n'a pas encore perdu le souvenir des massacres qui désolè-
rent l'Arménie à la fin de 1894. C'est, dit-on, par dizaines de mille
qu'il faudrait compter le nombre des chrétiens que les musulmans massacrèrent. Les massacres de la Crète, les troubles de
Constantinople où des milliers d'individus ont péri sont encore
plus près de nous. L'Europe a été justement émue par ces atro-

cités, mais l'Europe ne doit-elle pas s'imputer à elle-même une part des responsabilités ? N'est-il pas certain et démontré par les faits que les comités arméniens de Londres ont puissamment contribué à provoquer les massacres, en excitant les chrétiens contre les musulmans? Dans un discours prononcé à la fin d'avril 1896 devant la Ligue des Primevères, association très chauvine de Londres, le premier ministre d'Angleterre, lord Salisbury, a prononcé ces graves paroles, où se trouve la pleine justification des observations ci-dessus, en ce qui concerne l'Arménie : « La seule arme laissée au gouvernement anglais actuel par ses prédécesseurs a été l'exhortation ; obligé de continuer la politique de ses prédécesseurs, il a employé ce moyen platonique le mieux qu'il a pu et *le seul résultat a été d'exaspérer les passions sauvages de ceux qui craignaient pour la suprématie de leur race et de leur croyance; il a donc, en fait, involontairement provoqué beaucoup des événements horribles qui ont suivi.* »

Certes, le rôle d'apôtre est fort beau : renoncer à toutes les joies de ce monde pour se consacrer à la propagande de la religion que l'on croit être la meilleure, est chose fort estimable en soi ; mais le philosophe et l'homme d'Etat ont le droit et le devoir d'en mesurer les avantages et les inconvénients sociaux.

Et peut-être ressort-il de cet examen que les apôtres les plus charitables, ceux dont le zèle est le plus exclusivement religieux, ceux qui n'ont au fond du cœur que l'amour de leurs semblables et dans l'esprit que la préoccupation de sauver des âmes et de faire des heureux pour l'éternité, sont susceptibles de répandre, sans le vouloir et sans le savoir, dans les milieux où leur zèle les porte, des germes de haine d'où sortiront des guerres civiles et des massacres que leur conscience condamne, mais dont il est impossible de ne pas leur attribuer plus ou moins la responsabilité. L'histoire entière démontre que les œuvres de propagande religieuse les plus saintes, ont toujours engendré des divisions, des haines et des guerres entre les hommes.

Les entreprises de cette nature ne sont exemptes de conséquences graves que dans les pays où les croyances religieuses sont peu vivaces, mais elles réussissent alors si peu que personne ne songe à les entreprendre. C'est le cas des nations actuelles de l'Europe : chacune y garde sa religion et la pratique avec plus ou moins de zèle, mais les plus sincères eux-mêmes, ne songent que fort peu à inculquer leurs croyances aux autres et à opérer des conversions.

Dans l'Annam et au Tonkin, comme en Algérie, et comme dans tout l'orient, les préoccupations religieuses ont joué un rôle considérable dans notre conduite et même dans le choix de la politique suivie à notre arrivée dans le pays.

Les missionnaires furent pendant plus d'un siècle les seuls Européens établis dans l'empire d'Annam. Ils sollicitaient du gouvernement annamite la concession de terrains sur lesquels, après avoir édifié leurs logements et une petite église, ils attiraient le plus grand nombre possible d'individus et de familles. Comme l'Annamite est essentiellement sédentaire et peu disposé, surtout quand il est lettré, à changer de religion, les missionnaires ne pouvaient et ne peuvent encore former leurs villages qu'avec des pauvres gens, parfois expulsés des communes pour leur inconduite ou ayant des habitudes de vagabondage sinon de piraterie. En fixant ces individus au sol, la mission rendait un service incontestable au gouvernement annamite qui, en échange, lui accordait un certain nombre de privilèges. La mission organisait ses villages à sa guise, nommait les maires et les notables, répartissait les produits du sol entre les habitants, rendait la justice et faisait même exécuter les sentences. L'autorité annamite ne pénétrait pas sur le territoire de la mission ; les mandarins n'osaient même pas y venir percevoir l'impôt.

Le gouvernement de Hué ne supportait qu'avec peine cette indépendance ; mais les conflits sérieux n'apparurent qu'à partir du jour où des conversions individuelles se produisirent dans les villages boudhistes. La juxtaposition, dans ces villages, de l'autorité annamite et des missionnaires, devait nécessairement engendrer des querelles qui, souvent, furent sanglantes.

Presque toujours, la cause première du conflit résidait dans des intérêts matériels pour lesquels le paysan annamite n'est pas moins âpre que le paysan français : il s'agissait généralement, soit de l'usage des terres communales et du partage des produits de ces terres, soit de l'usufruit des biens qui, dans les familles, sont réservés pour le culte des ancêtres. Les catholiques, ne pratiquant pas ce culte, étaient évincés de l'usufruit des biens destinés à y faire face. D'où conflit, disputes, appel devant les notables, etc., et finalement, bataille entre les gens du village appartenant aux deux religions, bataille dans laquelle les mandarins et les lettrés prenaient fait et cause pour les boudhistes, tandis que les missionnaires appuyaient leurs ouailles.

Il en résultait forcément un antagonisme permanent entre les missionnaires et les autorités annamites. Leurs relations étaient rares, toujours imprégnées d'une défiance réciproque et invincible. Les lettrés et les mandarins qui, en raison de leur instruction et de leurs emplois, incarnent plus particulièrement l'idée nationale, considéraient les missionnaires non seulement comme des rivaux religieux, mais encore comme des étrangers, dont la présence et les doctrines menaçaient la nationalité annamite et l'indépendance de l'empire. Quant aux missionnaires, ils s'habituaient assez aisément à voir, dans les lettrés et les mandarins, une sorte de caste spéciale, d'aristocratie politique et religieuse, contre laquelle s'insurgeaient leurs instincts démocratiques et leur foi.

C'est ainsi que s'est créée, d'abord parmi les missionnaires, puis parmi les militaires et les premiers administrateurs de l'Annam, cette légende portée à la tribune de la Chambre, vers 1892, par un député ignorant, et répandue depuis dix ans dans toute la presse de notre pays, d'après laquelle il existerait en Annam une « aristocratie terrienne » distincte du peuple et dont ce dernier aurait pour principal souci de se débarrasser, dût-il, pour y atteindre, faire appel à l'étranger. C'est en s'appuyant sur cette légende que l'on m'accusa, pendant un temps, de faire une politique anti-démocratique, parce que je gouvernais avec les mandarins. Il en eût été ainsi, en effet, si la légende était conforme à la réalité ; mais ainsi que la plupart des légendes, celle-ci est démentie par les faits. Comme je l'ai développé, en 1894, dans mon livre *la Colonisation française en Indo-Chine*, auquel je renvoie par les détails, en Annam, pas plus qu'en Chine où le peuple annamite prit sa source, il n'exista jamais d'aristocratie d'aucune sorte, et nuls pays au monde ne méritent mieux que ceux-là l'épithète de démocratiques, aussi bien par leur organisation politique et administrative que par leur conception de la famille et de la société.

Au point de vue religieux, quoique les Annamites soient doués d'une foi beaucoup moins ardente que celle des musulmans et que la tolérance la plus large soit à la base de toute leur conduite, ils voient cependant avec peine, surtout les lettrés et les mandarins, la propagande catholique, car elle est contraire autant à leurs coutumes familiales et sociales qu'à leurs idées et pratiques religieuses. Celles-ci consistant surtout dans le culte des ancêtres, qui est le lien principal de la famille et de la société, il est impossible à nos missionnaires d'en faire la critique sans porter atteinte aux traditions familiales et sociales du peuple et sans ébranler les bases mêmes du gouvernement et de l'administration annamites : tout annamite converti à la religion catholique est considéré par ses concitoyens comme une sorte de traître à sa patrie et un renégat de sa nationalité.

C'est dans ce sentiment qu'il faut chercher la cause des massacres de chrétiens qui se produisent, de temps à autre, en Chine et celle des faits de même ordre qui, à diverses époques, ensanglantèrent le Tonkin et l'Annam. En Europe, on est porté à considérer les populations qui se livrent à ces crimes comme animées d'un grand fanatisme religieux. Rien n'est plus faux : il n'y a pas de peuple au monde plus tolérant, en matière religieuse, philosophique et sociale, que celui de la Chine et de l'Annam. Les massacres sont occasionnés par des motifs tout différents.

En premier lieu, le sentiment patriotique y joue toujours un rôle considérable. Parmi les hommes de race jaune, l'idée de nationalité atteint un développement que nous ne soupçonnons même pas. L'Annamite et le Chinois ne comprennent ni la guerre, ni le duel : seul un philosophe chinois a pu écrire ces lignes : « S'il y a un homme qui dise je sais parfaitement ordonner et diriger une armée, je sais parfaitement livrer une bataille, cet homme est un grand coupable; » ces peuples sont rebelles à toute idée de service militaire régulier ; ils ont un mépris souverain pour les gens qui font métier de porter les armes et ne peuvent recruter leurs officiers qu'en dehors des lettrés, car aucun de ceux-ci ne voudrait s'affubler de l'habit militaire ; mais ils sont très braves devant la mort et ils possèdent un amour-propre national, un patriotisme, pour user du mot juste, qui n'est inférieur à celui d'aucun peuple.

A la veille de l'attaque du port chinois de Weï-Haï-Weï, en 1895, l'amiral Ting repousse la demande de reddition qui lui est adressée par les Japonais, avec un dédain superbe ; puis, ayant perdu la bataille, il s'empoisonne, sans un mot, sans un geste, sans l'attitude théâtrale qu'un Européen aurait prise dans une circonstance aussi grave, mais avec le patriotisme stoïque que nous avons appris à admirer chez les anciens. En 1868, le vieux Phan-than-gian, gouverneur des trois provinces méridionales de la Cochinchine, se donne la mort, avec la même tranquillité et le même amour de sa patrie, le jour où il se voit contraint de nous livrer les territoires confiés à sa garde par le gouvernement de Hué. Ces gens détestent la guerre et n'ont que du mépris pour les soldats et les galons, mais ils sont braves, se battent admirablement quand ils sont bien conduits, ne craignent pas la mort, n'ayant aucune idée d'une vie future, heureuse ou malheureuse, et sont ardemment patriotes.

Aussi ont-ils une haine très vive pour les étrangers qui s'implantent chez eux et tentent d'arracher le peuple aux coutumes nationales. Cette haine est encore augmentée par le mépris, fort maladroit mais rarement déguisé, que les étrangers manifestent, en général, pour leurs traditions familiales et sociales et pour leurs pratiques religieuses. Enfin, il s'y ajoute une hostilité véritable et le désir d'une vengeance, lorsque les étrangers et ceux qu'ils convertissent, se montrent indociles ou irrespectueux à l'égard des autorités locales. Or, cette irrévérence et cette indocilité sont fatales, étant donné le caractère quasi religieux dont les mandarins sont revêtus. Il ne faut pas oublier, en effet, que les sacrifices offerts aux ancêtres et aux membres de la famille royale, dans les pagodes des provinces, ne peuvent l'être que par les plus hautes autorités. Ne point assister à ces cérémonies, c'est manquer de respect, non seulement aux croyances religieuses du peuple, mais encore à l'autorité royale, à la personne de l'empereur et à ses ancêtres; c'est se révolter contre les autorités légitimes du pays. Qu'une cause quelconque de querelle surgisse entre les individus qui se mettent ainsi hors la loi et leurs congénères restés fidèles à toutes les traditions nationales, et l'on verra le conflit dégénérer en bataille, les nationalistes se ruer contre les adeptes et les protégés de l'étranger, les incendies et les massacres naître des haines cachées jusqu'alors au fond des cœurs. Les mandarins, dont le rôle est de maintenir l'ordre et la paix, devraient intervenir et châtier sévèrement les coupables ; mais, à leurs yeux, les gens que l'on massacre et dont on brûle les maisons ne sont-ils pas presque des étrangers, à coup sûr des ennemis? Je ne prétends pas excuser les coupables ; je veux simplement mettre en relief les motifs des crimes auxquels ces populations s'abandonnent et ceux de l'indifférence, parfois même de la complicité des fonctionnaires qui en sont les témoins.

Les sentiments d'où naissent les massacres de chrétiens sont nettement révélés par ce fait que toutes les fois que la France a fait mine d'intervenir dans les affaires de l'Annam, et toutes les fois qu'une action trop brutale a été exercée par nos agents, les premières manifestations de mécontentement du peuple annamite ont consisté dans la persécution et le massacre des chrétiens indigènes et parfois des missionnaires. Ne se sentant pas assez forts pour réagir efficacement contre l'oppression dont leur pays était l'objet, ils se rabattaient sur ceux de leurs compatriotes qui, en reniant la foi de leurs pères et en adoptant la religion catholique, faisaient acte d'adhésion à l'envahissement de la patrie par l'étranger.

Le P. Louvet, dans sa biographie de Mgr Puginier, écrit : « Un grand nombre de nos confrères, et Mgr Puginier était du nombre, bien qu'excellents patriotes, redoutaient de voir la France s'installer ici, à cause des suspicions et des haines que la présence de l'étranger devait fatalement exciter contre les chrétiens. Les catastrophes des vingt dernières années ont prouvé que leurs craintes n'avaient rien d'exagéré. » Il dit ailleurs : « La persécution contre les chrétiens a un caractère de représailles patriotiques contre l'établissement du Protectorat. » Il est à noter que le plus grand massacre a suivi la prise de la citadelle de Hué

par le général de Courcy et que la tentative faite par P. Bert
pour annexer le Than-hoa et le Nghé-an au Tonkin et le Khan-
hoa à la Cochinchine fut suivie du massacre d'un grand nombre
de chrétiens. Pendant toute la durée de mon gouvernement il
ne s'est produit aucun fait de ce genre et je n'ai eu à m'occuper d'aucun conflit sérieux entre chrétiens et boudhistes.

Les missionnaires savent, non seulement que l'intervention
des nations européennes dans les pays où ils catéchisent, est de
nature à leur attirer des ennuis et même à provoquer le massacre de leurs chrétiens ou d'eux-mêmes, mais encore que les
nations ayant provoqué ces malheurs s'y montrent d'ordinaire
plus ou moins indifférentes. Le spectacle de ce qui s'est produit
en Arménie et en Crète, dans ces derniers temps, est très instructif. En Extrême-Orient, l'histoire des missions est remplie de faits
de même ordre.

En 1688, au Siam, lorsque le général Desfarges « esprit borné
et vaniteux, volonté indécise, caractère ombrageux et susceptible, n'ayant d'autres qualités que la bravoure » échoue
par ses maladresses dans la mission que lui avait confiée le
gouvernement de Louis XIV et se tire d'affaires en violant la
parole donnée aux Siamois, c'est Mᵍʳ Lanniau et ses missionnaires qui paient ses fautes. « L'évêque ayant refusé de s'enfuir avec Desfarges restait en otage aux mains des Siamois,
comme il l'avait promis. » Les Siamois furieux de la trahison
de Desfarges qui emportait leurs otages « se précipitèrent sur
Mᵍʳ Lanniau, le saisirent par les mains, par les pieds, par la tête,
le traînèrent dans la poussière et enfin le jetèrent demi-mort sur
des herbes sèches où, pendant des heures, il demeura exposé aux
insultes des soldats, des matelots, des femmes et des enfants.
On lui arracha la barbe, on lui cracha au visage, on vomit contre
lui les imprécations les plus horribles », puis on le mit en prison
et l'on pilla son collège en maltraitant ses néophytes.

Le P. Launay (*Hist. génér. de la Soc. des missions étrangères*) à qui j'emprunte ces détails ajoute : « Pendant qu'à Siam
les missionnaires éprouvaient tant de misères, à Versailles on
leur attribuait les fautes commises par Desfarges et par La Lou-
bère ; car c'est ainsi qu'on raisonne souvent. » Deux siècles plus
tard, la mission du général de Courcy en Indo-Chine et son attitude aussi violente qu'inutile à Hué, ayant déterminé le massacre
de plusieurs milliers de chrétiens, « le général, écrit le P. Louvet,
ne voulait voir dans ces atrocités, qui firent en deux mois plus de
40.000 victimes, que des rixes sans importance entre chrétiens
et païens », et le missionnaire apostrophe le général de Courcy
avec une indignation malheureusement trop légitime : « Bien que
clérical, dit-on, vous avez suffisamment prouvé par vos actes qu'il

n'y avait plus dans vos veines une goutte du sang des croisés. »
L'historien des missions étrangères cité plus haut, faisant allusion à ces faits et les rapprochant de ceux de 1688, dit avec plus
de calme, mais non moins de vérité : « C'est à ne plus rien
comprendre aux jugements humains, et cependant ce qui s'est
dit à Versailles en 1690 s'est répété à Paris en 1885, et nous
avons l'air d'écrire une page contemporaine, lorsque nous
racontons une histoire datant de deux siècles. »

Il y a une chose, en effet, que ces deux missionnaires histo-
riens paraissent ne pas comprendre et qui est comme la philosophie de leur récit : c'est d'abord que partout où la colonisation
est tentée et opérée par la force, il se produit, parmi les indigènes,
un mécontentement et des représailles malheureusement trop
légitimes ; c'est ensuite qu'on ne fera jamais avouer à la force
qu'elle a tort et que jamais elle ne consentira à croire que les
massacres de missionnaires, de chrétiens, de commerçants, par
les indigènes qu'elle brutalise, violente et tue en masse, sont le
résultat de ses brutalités. A Madagascar, elle incendie les villages
et tue tous les hommes, puis, quand les Malgaches assassinent
quelques Européens, elle accuse l'autorité civile d'en être la
cause par ses faiblesses à l'égard des indigènes et elle demande
de nouvelles expéditions. Il en a été toujours ainsi et il en sera
toujours ainsi. C'est pourquoi je ne saurais blâmer les missionnaires en général et Mᵍʳ Puginier en particulier des craintes
qu'ils éprouvèrent quand ils nous virent intervenir au Tonkin
par la force.

A Madagascar, nous nous trouvons en présence d'une situation
religieuse qui pourra nous créer de graves difficultés si nous ne
suivons pas une conduite très prudente. L'Angleterre paraît
n'avoir jamais voulu, pour des motifs divers, prendre possession
de l'île de Madagascar, mais elle avait, depuis le commencement
de ce siècle, organisé auprès des Hovas une action morale très
intense. La religion fut son principal moyen. Les protestants
anglais surent s'insinuer dans les faveurs du gouvernement
de l'Imerina et acquirent une situation telle que la reine, le
premier ministre et toute l'aristocratie se convertirent au christianisme. En 1869, le gouvernement hova proclame comme religion officielle un protestantisme d'une sorte particulière, dont
la reine est le chef et auquel tous les indigènes sont tenus de se
convertir, le fétichisme étant interdit.

Actuellement, les missions protestantes sont représentées à
peu près exclusivement par des Anglais et des Norvégiens. Les
missions anglaises se composent d'une soixantaine de pasteurs
européens assistés par plus de six mille indigènes. Elles entretiennent près de douze cents écoles, ont édifié plus de trois

cents temples, comptent environ 300.000 fidèles et disposent d'un budget d'un million de francs. Les missions norvégiennes comptent une quarantaine de pasteurs européens, assistés par plus d'un millier d'indigènes ; elles élèvent plus de 30,000 enfants et ont plus de 50,000 adhérents. Les missions protestantes avaient acquis déjà une grande importance lorsque, vers 1830, les jésuites français créèrent à Madagascar une mission catholique. Celle-ci est, par rapport à sa rivale, dans un état très manifeste d'infériorité. Les prêtres européens sont, il est vrai, au nombre d'une centaine, mais ils ne comptent que 17,000 élèves distribués dans 600 écoles et le chiffre de leurs adhérents ne dépasse pas une douzaine de mille. La plupart appartiennent aux races que les Hovas prétendent tenir sous leur domination, notamment aux Betsiléos, qui sont, il est vrai, les plus laborieux de toute l'île, sinon les plus intelligents.

L'Angleterre avait, jusqu'à l'année dernière, assuré sa prépondérance morale dans l'île de Madagascar à l'aide de ses missions protestantes ; la France devra-t-elle s'appuyer sur le même élément religieux ? Sera-il préférable, au contraire, qu'elle favorise les missions catholiques et qu'elle encourage ces dernières à substituer, si possible, le catholicisme à la religion protestante ? Enfin, vaudra-t-il mieux encore qu'elle se montre indifférente et neutre et laisse les diverses confessions religieuses exercer en toute indépendance leur propagande ?

Cette dernière attitude serait, sans contredit, la meilleure et la plus favorable au succès de l'œuvre colonisatrice que nous avons entreprise, mais il me paraît douteux que le gouvernement de Madagascar puisse la prendre et surtout la conserver.

Cela me conduit à dire quelques mots des procédés employés par les missions catholiques et les missions protestantes dans les colonies où elles exercent leur propagande. Le lecteur y trouvera peut-être la clef de certains faits d'évolution coloniale que l'on explique généralement assez mal.

§ 4. — LES MISSIONS CATHOLIQUES ET LES MISSIONS PROTESTANTES, LEURS PROCÉDÉS DE PROPAGANDE ET D'INFLUENCE

Dans les colonies, plus encore qu'en France, les pasteurs protestants et les prêtres catholiques emploient des moyens de propagande tout à fait différents. Les missions catholiques apportant au delà des mers le caractère essentiellement démocratique de leur religion, s'adressent surtout aux petits, aux humbles, aux misérables, aux vagabonds même, et recrutent la majorité, sinon la totalité de leurs adeptes, dans les classes les plus inférieures de la population.

Dans l'Inde anglaise, par exemple, les catholiques indigènes sont presque tous recrutés parmi les parias ou dans les autres castes inférieures du peuple, tandis que les protestants appartiennent presque en totalité aux castes supérieures. Cela ne tient pas seulement, ainsi qu'on serait tenté de le croire, à ce que les castes supérieures, aspirant aux carrières libérales et administratives, adoptent, par ambition, les croyances religieuses de la majorité du peuple conquérant, mais aussi et surtout à ce que les missionnaires protestants dédaignent, d'une façon très manifeste les castes inférieures et dirigent tous les efforts de leur propagande vers les individus qui jouent dans la société indienne un rôle prépondérant. Aussi le protestantisme exerce t-il, dans l'Inde, un rôle politique considérable, tandis que celui du catholicisme est à peu près nul.

Des faits analogues pourraient être signalés au Siam, où la religion catholique a pénétré bien avant le protestantisme et où, cependant, elle n'a servi que très peu les intérêts de la France, nation catholique à laquelle appartiennent les chefs de la mission siamoise. Les catholiques sont nombreux dans le royaume, mais ils appartiennent presque tous au bas peuple. Le protestantisme, au contraire, s'est infiltré parmi les princes et dans l'aristocratie siamoise, en même temps que la langue anglaise et l'éducation britannique. Les missionnaires protestants ont su attirer à Londres les fils des principales familles, tandis que nos prêtres ne sont entourés que d'enfants du peuple, trop pauvres pour qu'il soit possible de les envoyer s'instruire dans notre pays, et de souche trop infime pour qu'ils puissent jouer un rôle important.

Le Japon, qui est peuplé d'une race mélangée de malais et de mongols, offre un spectacle à peu près semblable. Là aussi le protestantisme s'est fait une large place dans la haute société, tandis que le catholicisme répand ses doctrines dans les rangs inférieurs de la population.

Il me serait facile de montrer que les mêmes considérations peuvent être appliquées à l'Afrique; mais il est inutile d'insister sur des faits qu'il me suffit d'avoir mis en lumière pour qu'ils attirent l'attention de tous ceux qui ont étudié l'histoire des colonies européennes, dans les diverses parties du monde.

Il ressort de toute cette histoire, que le protestantisme se montre partout beaucoup plus politique que le catholicisme. Il l'est, comme je viens de le montrer, par la façon dont il recrute ses adeptes. Il l'est aussi par celle dont il les instruit.

Le missionnaire catholique, préoccupé par-dessus tout de l'idée religieuse, donne aux indigènes une instruction presque exclusivement théologique, si je puis appliquer ce mot aux rudiments qu'il leur enseigne. On leur apprend à lire les évangiles et le catéchisme en latin, et on les habitue à ne parler, dans leurs relations avec les Pères, que cette langue ou celle du pays.

On n'a pas oublié les discussions qui eurent lieu en France, à cet égard, dans les premières années de la conquête du Tonkin. Les premiers Français qui mirent le pied dans le pays se montraient fort étonnés de ce que les élèves des écoles des missionnaires français ignoraient absolument notre langue, tandis qu'ils jargonnaient assez facilement un mauvais latin. On se rappelle aussi que nous eûmes quelque peine à décider la mission française à enseigner le français dans les écoles de Hanoï. Aujourd'hui, notre langue est apprise aux enfants dans les écoles des grandes villes; mais dans les établissements particuliers des missions, dans ceux où l'on forme les prêtres indigènes, c'est encore la langue latine qui est à la base de toute l'instruction donnée par les missionnaires à leurs catéchumènes. Les auxiliaires indigènes de la mission ne connaissent que cette langue. Il en est de même en Cochinchine, après trente années d'occupation par la France : là aussi les prêtres indigènes ne connaissent généralement que le latin.

Les raisons de cette conduite sont de deux sortes. En premier lieu, les missionnaires déclarent se préoccuper avant tout, sinon exclusivement, de faire des chrétiens ; c'est, par conséquent, un enseignement chrétien qu'ils donnent à leurs élèves ; or, la langue latine est seule considérée comme « sacrée » par l'Eglise ; il est donc naturel et même nécessaire qu'ils enseignent cette langue à tous les indigènes qui aspirent à entrer dans les ordres. Cette catégorie d'élèves étant recrutée dans la masse des enfants que les missionnaires instruisent, il est à peu près indiqué que le même enseignement soit donné à tous les enfants qui fréquentent les écoles de la mission, aussitôt qu'ils atteignent un certain âge.

Le P. Louvet, dans sa biographie de Mgr Puginier, écrit, à propos des écoles de français : « Ceux de nos compatriotes qui reprochent aux missionnaires de ne pas multiplier les écoles oublient trop facilement que la création d'une école de français et la solde du personnel enseignant, même avec la plus stricte économie, représentent certaines dépenses. Le sou hebdomadaire de la Propagation de la foi, qui soutient nos œuvres, n'est pas destiné précisément à cet objet, fort important, je l'avoue, pour nos compatriotes, mais accessoire au point de vue de notre vocation. Si l'administration veut avoir des écoles de français, il est juste qu'elle les paye. Cela ne regarde pas les fidèles qui nous envoient, chaque année, des aumônes pour nous aider à propager l'Evangile, non pour faire des interprètes ou des employés de commerce, sans parler des déclassés. »

En second lieu, la tradition politique des missions catholiques, depuis les débuts de l'histoire de la colonisation européenne, a été de séparer les indigènes convertis au catholicisme, non seulement de leurs congénères, mais encore des Européens. Les premières missions espagnoles et portugaises de l'Amérique du Sud, mettaient ce précepte en pratique avec une grande rigueur : elles n'employaient dans leurs établissements agricoles et dans leur domesticité que des catholiques et elles tenaient ceux-ci entièrement à l'écart des idolâtres. Il était même sorti de cette pratique, une règle générale de colonisation que l'on vit appliquer, tour à tour, au Mexique par les Espagnols, au Brésil par les Portugais, et qui consistait à parquer les tribus indiennes dans des régions limitées, où ni les Européens ni les mulâtres n'avaient le droit de pénétrer. Les missionnaires seuls y avaient un libre accès. Ils servaient d'intermédiaires entre les indiens et les Européens.

De cette organisation, aux colonies purement religieuses, il n'y avait qu'un pas. On sait qu'il fut franchi sur un grand nombre de points de l'Amérique du Sud et que, pendant longtemps, les missions y constituèrent de véritables États, à peu près indépendants et à organisation essentiellement théocratique. Les indiens n'y connaissaient pas d'autres chefs que les missionnaires ; leur vie quotidienne était réglée comme celle des couvents ; les produits de leur travail étaient partagés entre eux et la mission par les soins des chefs religieux et d'après des règles établies par ces derniers. Le surplus de la récolte était vendu par les missionnaires. Des fondations de ce genre existèrent, pendant le xviie et le xviiie siècle, au Mexique, au Brésil, au Paraguay, dans la Floride, en Californie, etc. Dans les Philippines, en Extrême-Orient, les missions portugaises furent, dès le premier jour, mises en possession de presque toutes les terres et l'administration, la politique, les intérêts industriels, agricoles et commerciaux furent placés sous la dépendance des intérêts religieux. Lorsque ces îles passèrent aux Espagnols, la rigueur du système fut adoucie, mais il avait déjà produit des conséquences qu'il sera bien difficile de faire disparaître.

Dans notre Indo-Chine, les missions catholiques françaises et espagnoles ont fondé un certain nombre d'établissements qui rappellent, par divers traits, ceux de l'Amérique du Sud. Les villages catholiques sont, autant que possible, isolés des autres et groupés autour de la communauté religieuse, où habitent les prêtres européens, à l'ombre de la chapelle ou de l'église. De vastes champs sont cultivés par les indigènes catholiques, sous la direction des missionnaires qui partagent les produits entre les paysans. Ces établissements ont été fondés avant l'occupation française, sur des terrains concédés par l'autorité annamite, et furent peuplés par une foule de gens misérables, attirés des régions voisines par la certitude d'avoir à manger et de trouver un abri.

Ces établissements se montraient, avant notre arrivée dans le pays, d'une grande indépendance à l'égard des autorités annamites. Ils entretiennent maintenant avec les autorités françaises des relations souvent très bonnes; il en fut ainsi, du moins, pendant toute la durée de mon gouvernement; mais ils n'ont pas renoncé au caractère d'indépendance qu'ils avaient autrefois. Je n'en citerai qu'un seul exemple : le refus formel de donner la liste de ses membres, opposé par l'évêque d'une mission au résident de la province.

Les missions indo-chinoises ne demandent aucune subvention aux pouvoirs locaux, mais elles vivent volontiers à l'écart de ces derniers et, dans plus d'une circonstance, elles ne témoignèrent que d'un très médiocre enthousiasme pour notre intervention dans les affaires du pays. Je me bornerai, pour en donner une idée, en évitant tout reproche d'appréciation erronée ou malveillante, à citer le passage suivant de la biographie de Mgr Puginier. Voici ce que dit le missionnaire qui retrace sa carrière, au sujet de l'attitude des missions avant notre arrivée au Tonkin. « Quant aux missionnaires, ils n'avaient pas demandé à être secourus par le gouvernement. J'insiste sur ce point et j'ai mes raisons pour cela. Jusqu'en 1858, aucun des missionnaires de l'Annam ne paraît avoir eu même la pensée de réclamer la protection de la France. Il y avait deux cents ans que nous travaillions en Annam et en Chine; nous avions été persécutés bien des fois et toujours nous avions triomphé de la persécution par la patience et par la mort. Nous n'avions pas besoin de l'appui des gouvernements européens pour porter l'évangile aux infidèles; je dirai plus, nous ne le désirions pas, nous le redoutions plutôt, à cause, des suspicions et des haines qui devaient en résulter pour nos chrétiens. »

Le même écrivain expose de la manière suivante la conduite des missions et de Mgr Puginier au moment de l'arrivée de Garnier au Tonkin. « Ils (les vicaires apostoliques) furent profondément surpris et inquiets; ils n'avaient nullement sollicité l'expédition, et ils redoutaient, à bon droit, pour leurs chrétiens, les suites d'un conflit entre la France et l'Annam. Mgr Colomer, évêque apostolique du Tonkin oriental, plus libre à l'égard du gouvernement français, en sa qualité d'espagnol, écrivit immédiatement à l'amiral (gouverneur de la Cochinchine qui les informait de la mission Garnier) pour le prier de laisser les chrétiens de sa mission en dehors de toutes les complications présentes ou futures et de ne pas compter sur son concours ; son collègue du Tonkin central tint identiquement la même ligne de conduite. Mgr Puginier était dans une situation plus difficile : outre que les événements allaient se dérouler chez lui, il était partagé entre son amour naturel pour la France, et ses devoirs de pasteur. Décidé de rester avant tout, lui, ses missionnaires et ses chrétiens, fidèles au souverain légitime du pays, il accueillit avec sympathie l'envoyé de la France, mais en évitant soigneusement de s'engager avec lui... » A sa première entrevue avec Garnier, il lui fait cette déclaration très nette : « Monsieur le commandant, je serai toujours heureux de vous rendre tous les services en mon pouvoir, en tout ce qui ne sera pas contre ma conscience ; mais si je suis Français, je dois me souvenir que je suis évêque au Tonkin. Veuillez donc ne rien me demander qui puisse faire tort au gouvernement annamite, car je ne pourrais m'y prêter, me devant à ma patrie d'adoption aussi bien qu'à ma patrie d'origine. »

La tendance des missions catholiques à isoler leurs fidèles du reste de la population et à séparer celle-ci soit des Européens, soit des peuples voisins, se manifeste non seulement par l'enseignement du latin, aux lieu et place de notre langue nationale, mais encore, dans notre Indo-Chine, par la création d'une langue écrite absolument distincte de celle dont les populations annamites font usage.

La langue écrite de l'Annam est, comme celle de la Chine, composée de caractères idéographiques. Les lettrés des deux pays se servent même de caractères identiques ; ou pour mieux dire, la littérature des deux pays fait usage des mêmes caractères, l'enseignement se fait avec les mêmes livres ; à sa base, sont les écrits laissés par les philosophes chinois, Confucius, Mencius et leurs élèves. Cette communauté de langue écrite, résultat de l'identité ethnologique, les Annamites n'étant que des Chinois modifiés par la rigueur du climat tropical, établit entre la Chine et l'Annam une facilité de rapports très profitable au développement de notre colonie. Notre intérêt bien compris est donc d'entretenir avec soin l'enseignement des caractères chinois. Or, c'est une conception toute différente qui anime, depuis près de deux siècles, l'instruction donnée par les missionnaires catholiques à leurs élèves. Inspirés probablement, au début, par le désir de faciliter l'enseignement de l'annamite aux jeunes missionnaires européens et celui du latin aux indigènes, ils ont imaginé une langue annamite écrite en caractères latins, à laquelle ils donnent le nom « coc-ngu, » et

qui seule est enseignée dans toutes leurs écoles et séminaires.
Le coc-ngu étant beaucoup plus facile à apprendre que les caractères, nos administrateurs ont, en Cochinchine, depuis un très
grand nombre d'années, supprimé presque complètement, pour
eux-mêmes et dans les écoles publiques, l'enseignement des
caractères annamites et chinois. Le journal officiel indigène de
cette colonie est composé en coc-ngu, toutes les correspondances
écrites entre les autorités indigènes et les fonctionnaires français sont rédigées en coc-ngu, les interprètes ne connaissent que
le coc-ngu, etc. Si bien qu'il ne se trouve plus dans la colonie
qu'un nombre insignifiant de lettrés, capables de lire et d'écrire
les caractères chinois.

La pensée secrète qui inspira aux missionnaires la substitution du coc-ngu à la langue idéographique des Chinois et des
Annamites a été révélée, d'une manière très précise, par Mgr Puginier, dans un des rapports secrets qu'il aimait à rédiger pour
les autorités supérieures françaises de notre établissement indo-
chinois : la mission s'est proposée d'isoler ses adeptes du reste
de la population, en lui faisant abandonner la langue dont se
servent les « païens ». Elle applique à l'enseignement l'idée
qui domine toutes les œuvres de colonisations entreprises par
les missions catholiques et qui les pousse à isoler leurs partisans du reste du monde afin de les conduire plus facilement.

Envisagé du point de vue religieux, le système qui consiste à
doter les chrétiens d'une langue spéciale, ne manque ni de saga-
cité ni d'habileté, mais il est absolument contraire à tous les
principes qui doivent guider les Européens dans leur expansion
coloniale. En Cochinchine, le premier résultat que son application a produit a été d'apporter un trouble considérable dans les
intérêts des habitants. Dans un très grand nombre de villages,
il n'existe plus un seul indigène capable de déchiffrer les anciens
documents administratifs, ni les titres des propriétés individuelles qui sont rédigés en caractères idéographiques. Les traditions du peuple et les titres des familles se perdent ainsi, petit
à petit, sans profit pour notre œuvre colonisatrice qui, au contraire, s'en trouve considérablement gênée et pour le seul avantage de quelques agents d'affaires habiles à pêcher en eau
trouble.

Au point de vue commercial, la création d'une langue écrite
nouvelle, distincte de toutes celles qui existent parmi les nations
de l'Extrême-Orient, a pour résultat fatal d'isoler nos sujets
indigènes de tous les peuples avec lesquels ils entretenaient
autrefois aisément des correspondances.

Depuis quelques années, l'administration de la Cochinchine
paraît avoir reconnu l'erreur qu'elle avait commise en rempla-

çant l'enseignement des caractères chinois par celui du coc-ngu, mais il est déjà bien tard pour revenir en arrière : les anciens instituteurs annamites ont disparu, les nouveaux ne savent que le coc-ngu, et il sera très difficile de créer des professeurs de caractères.

Au Tonkin, au moment de mon arrivée, on était déjà entré dans la voie où la Cochinchine s'est égarée. Je me suis efforcé de réagir par la création, à Hanoï, d'un enseignement des caractères chinois et par l'institution de primes accordées aux fonctionnaires qui font preuve de la connaissance de ces caractères. Je me proposais de créer des cours semblables dans les principaux chefs-lieux des provinces ; je ne crois pas qu'il ait été donné suite à cette idée.

J'estime qu'au lieu d'isoler les indigènes catholiques de leurs concitoyens et nos protégés annamites de leurs congénères chinois, il faut, au contraire, user de tous les moyens pour établir entre ces diverses catégories d'hommes des relations aussi fréquentes et aussi faciles que possible.

Un autre trait particulier des missions catholiques est la facilité avec laquelle les missionnaires européens s'adaptent aux mœurs indigènes, au lieu de travailler à la transformation de ces dernières de manière à les rappocher autant que possible des nôtres. Il existe encore, sur ce point, une différence capitale entre les missions catholiques et les missions protestantes. Soit à cause de la modicité de leurs ressources pécuniaires, soit en vertu de l'esprit de sacrifice qui est à la base de leur religion, les missionnaires catholiques ont, dans la plupart de nos colonies, une existence matérielle sensiblement aussi chétive que celle des indigènes. Leur costume est plus que simple, leur logement manque trop souvent de confortable et leur nourriture est, surtout dans les missions éloignées des grands centres, peu différente de celle des populations parmi lesquelles leurs jours s'écoulent monotones et tristes.

Cette manière de vivre est, sans contredit, très propre à convaincre les indigènes de la sincérité des prédicateurs et de la profondeur de leur foi, mais elle n'est point de nature à faire faire aux peuples qui en sont les témoins des progrès sensibles vers la partie matérielle de notre civilisation, celle qui, faisant surgir parmi les indigènes des besoins nouveaux, les invite à consommer les produits agricoles et industriels des nations européennes. Le missionnaire catholique dont la maison ressemble à celle de tous ses voisins, dont l'ameublement est aussi rudimentaire et du même modèle que celui des indigènes les plus pauvres, dont la robe, la chaussure, la coiffure sont faits des mêmes étoffes et matières que ceux des néophytes, donne, sans

contredit, à ces derniers, un bel exemple de simplicité et d'abnégation religieuse, mais il ne les invite pas à acheter les étoffes
plus moelleuses, les meubles plus confortables, etc., que nos
usines sont aptes à leur fournir. Aussi est-il facile de constater
que dans les pays où les missionnaires catholiques sont seuls
à représenter l'Europe, les indigènes ne consomment pas de
produits européens, ou n'en consomment pas davantage que s'il
n'y avait pas d'étrangers dans leur pays.

Il est intéressant de noter que les missions catholiques n'im-
portent presque pas de plantes européennes dans les régions
intertropicales où elles sont établies. Après deux cents années
de présence des missionnaires dans l'Indo-Chine, nos premiers
corps expéditionnaires n'ont trouvé, en mettant le pied dans
ces contrées, à peu près aucun des légumes et des fruits d'Europe qu'elles sont susceptibles de produire. Il était facile de constater et il est encore très évident que l'acclimatement de ces
produits n'avait point attiré, d'une manière sérieuse, l'attention
des propagateurs de la religion catholique.

Les missionnaires catholiques ont, d'ailleurs, pour première
règle de conduite, de ne jamais songer au retour dans la mère
patrie. J'en ai connu plusieurs qui sont au Tonkin, dans l'Annam ou en Cochinchine depuis vingt-cinq et trente ans et à qui
jamais l'autorisation ne fut donnée par leurs chefs hiérarchiques,
de venir respirer l'air du pays natal. J'ai conservé le souvenir
d'un excellent prêtre, mort il y a deux ans à peine, après une
trentaine d'années de séjour au Tonkin, dont la mère et les
frères m'avaient prié d'intervenir auprès de son évêque pour en
obtenir un congé de quelques mois. La mère se sentait proche
de sa fin et voulait embrasser son fils une dernière fois avant de
mourir ; il me fut impossible d'obtenir cette faveur ; le missionnaire est mort là-bas, avant sa vieille mère, sans avoir eu la conso-
lation de la voir. Son évêque opposait toujours à mes sollicitations
la même réponse : « Le missionnaire, en quittant sa patrie, doit
chasser loin de son esprit toute pensée et toute espérance de la
revoir ; il ne doit plus avoir d'autre souci que de gagner des
âmes à la religion catholique. » Ainsi dégagé de tout lien avec
la France, le missionnaire a bientôt fait d'en perdre les usages.
Avec la langue de sa nouvelle patrie, il acquiert vite les habitudes et les goûts des indigènes et finit par ne plus se préoccuper d'autre chose que de sa mission religieuse. Quand il est parvenu à cet état d'âme, les douceurs de notre civilisation raffinée
n'ont plus pour lui aucun attrait. Il a perdu le goût des assai-
sonnements délicats, des viandes habilement préparées, des
légumes et des fruits du pays natal. S'il vit dans l'Annam, il est
à demi annamite ; s'il habite Madagascar il est à demi malgache.

Sa vie pleine d'abnégation est éminemment utile à l'extension de sa foi ; elle ne servira que bien peu les intérêts des usines de sa patrie.

Il est même remarquable qu'en dehors de quelques exceptions les missionnaires n'introduisent, dans les cultures locales auxquelles ils font travailler leurs adeptes, que des perfectionnements tout à fait secondaires. Ils emploient, d'habitude, les mêmes procédés de préparation des terres, de labour, de semis, de récoltes, etc., que les indigènes, font usage des mêmes animaux et des mêmes instruments agricoles, se modèlent en un mot sur les coutumes locales.

Au Tonkin, où les missions sont nombreuses et possèdent des exploitations agricoles assez étendues, je n'ai vu qu'un seul établissement dans lequel des procédés nouveaux de culture soient mis en pratique. Celui-là fut fondé et est entretenu par un missionnaire annamite, le père Six. Joignant aux titres du mandarinat, l'autorité de son caractère religieux, cet habile homme a créé, depuis une vingtaine d'années, dans le sud du Tonkin, une exploitation admirable de rizières, toutes gagnées sur la mer et soumises à des conditions de culture qui ne se voient dans aucune autre portion du pays. Les terres que possèdent auprès de son domaine les missionnaires français paraissent tout à fait misérables à côté des siennes. C'est que je le soupçonne de tenir, en tout bien tout honneur, autant aux richesses de ce bas monde qu'à celles de la vie future.

C'est avec des caractères très différents de ceux des missions catholiques que nous apparaissent les missions protestantes, particulièrement celles fondées par l'Angleterre.

Rappelons d'abord qu'elles se distinguent des missions catholiques non seulement par leur préoccupation de s'adresser plutôt aux classes élevées qu'aux classes inférieures de la société, mais encore par le soin qu'elles prennent d'utiliser leur action religieuse dans un but politique.

Partout où les missions protestantes ont acquis un certain développement, elles jouent un rôle important dans la direction du pays et utilisent leur influence au profit de la patrie qui les entretient. Non seulement leurs adeptes ne sont pas isolés du reste de la nation, mais, au contraire, y occupant une place sociale importante, ils attirent à eux leurs concitoyens et les conduisent suivant les principes inspirés par leurs directeurs religieux. L'influence de ces derniers s'exerce d'autant plus facilement sur la nation tout entière, qu'ils emploient leur langue maternelle dans l'enseignement religieux donné aux indigènes. Le seul fait d'avoir délaissé le latin, permet aux protestants de jouer, dans les entreprises coloniales, un rôle auquel les mis-

sionnaires catholiques ne peuvent même pas prétendre. Tout
le temps employé par ces derniers pour apprendre à leurs
néophytes le latin des cérémonies religieuses et des prières
liturgiques est utilisé par les missionnaires protestants pour
enseigner l'anglais ou l'allemand, qui mettra les convertis en
relations faciles avec les commerçants et les industriels anglais,
américains ou allemands. L'œuvre d'assimilation coloniale est
menée par eux de front avec l'œuvre religieuse, et comme, petit
à petit, ils étendent leur propagande depuis les classes les plus
élevées de la société indigène jusque dans les plus inférieures,
ils finissent par angliciser ou germaniser la population tout
entière. C'est un fait de ce genre que l'on peut constater à Madagascar, parmi les Hovas.

Les missionnaires protestants se distinguent encore de leurs
rivaux par le soin qu'ils apportent à inculquer aux indigènes
leurs habitudes en même temps que leur langue. Tandis que
les prêtres catholiques adoptent le vêtement des indigènes, les
pasteurs protestants ont soin de faire porter par tous ceux qu'ils
convertissent des vêtements plus ou moins semblables à ceux de
l'Europe. Il m'est resté un souvenir de jeunesse dont le tableau
reparaît devant mes yeux toutes les fois qu'il m'arrive de traiter cette question. C'était en 1863, après avoir passé quelques
mois au Sénégal, où je m'étais habitué à voir les négresses circuler à demi nues ou vêtues simplement de la longue chemise
flottante qui est traditionnelle dans le pays, et qui laisse deviner
les formes qu'elle couvre, je fus envoyé au Gabon. Nous relâ-
châmes au cap des Palmes où des pasteurs anglais ont fondé
une importante mission. Toutes les négresses y étaient vêtues de
la tête aux pieds et toutes, sans exception, portaient des robes
à corsages et à jupes taillés sur les modèles de l'Europe. Elles
étaient affreuses ainsi affublées, mais elles faisaient gagner de
l'argent aux marchands anglais et aux fabriques de cotonnades
peintes de la Grande-Bretagne. La décence était la raison ou le
prétexte invoqué par les pasteurs pour contraindre toutes leurs
noires brebis à se vêtir comme les grisettes de Londres et de
Manchester; je soupçonne que le véritable motif était d'ordre
plus matériel.

Il me paraît inutile d'insister sur l'importance du rôle joué
par tous ces faits dans le développement plus ou moins rapide
de la colonisation. Il est bien évident que partout où les missions affectent un caractère politique et commercial, elles apportent aux administrations coloniales un concours qui leur fait
défaut quand elles se renferment dans la propagande religieuse.
Par conséquent, on peut affirmer *a priori* que les missions
protestantes servent davantage les entreprises coloniales des

nations auxquelles elles appartiennent, que les missions catholiques.

Parmi ces dernières, celles des jésuites mériteraient une mention spéciale, mais c'est surtout dans le passé qu'elles ont joué un rôle important. Dans l'Amérique du Sud, elles étaient à la fois agricoles et commerciales ; pendant un temps même, elles accaparèrent toute la force économique de certaines colonies. Jusque vers le milieu du xviiie siècle tout le commerce du Brésil avec le Portugal fut concentré dans les mains des jésuites. En Chine, ils avaient su prendre à la cour de Pékin, pendant le xviie siècle, une influence tellement considérable qu'ils dirigeaient en partie la politique du Tsong-Li-Yamen. Ils n'ont plus aujourd'hui dans ce pays que des établissements d'instruction. Leur influence politique a disparu depuis qu'ils ont abandonné leurs relations avec les mandarins pour se livrer à une action plutôt démocratique.

L'histoire des missions des jésuites en Chine me fournirait, si je pouvais la rappeler ici, un argument précieux en faveur de toutes les idées exposées plus haut. L'influence considérable qu'ils exercèrent dans ce pays, au xviie siècle, était due, en effet, au respect qu'ils témoignaient pour les usages familiaux et même pour certaines pratiques cultuelles de leurs adeptes. Ils admettaient, par exemple, que les Chinois catholiques continuassent à pratiquer les cérémonies imposées par le culte des ancêtres et celles que l'on célèbre en l'honneur de Confucius. Les dominicains les dénoncèrent comme hérétiques ; le pape Clément XI se prononça contre leur tolérance, la condamna comme coupable, et ses successeurs imitèrent si bien son exemple et se montrèrent si intolérants que non seulement l'influence des jésuites fut minée auprès des autorités chinoises, mais qu'on vit, au début de ce siècle, celles-ci interdire l'enseignement catholique dans tout l'empire.

Je conclus de tout ce qui précède que pour faire produire aux missions françaises, protestantes ou catholiques, des effets tout à fait utiles à notre œuvre de colonisation, il faudrait donner aux missionnaires une éducation spéciale, adaptée aux conditions dans lesquelles ils doivent vivre.

§ 5. — PRINCIPES A APPLIQUER DANS LA CONDUITE
DE L'ADMINISTRATION A L'ÉGARD DES MISSIONS ET DES INDIGÈNES

Les gouverneurs coloniaux ont à remplir vis-à-vis des missions et des indigènes un certain nombre de devoirs qu'ils ne sauraient négliger sans compromettre gravement l'œuvre de la colonisation. Ils doivent protéger les missions religieuses et

encourager leurs efforts dans la pensée que tout indigène converti à nos religions devient en quelque sorte français, mais ils
sont tenus de veiller à ce que les représentants de l'autorité
française, les missionnaires européens et leurs auxiliaires indigènes apportent dans tous leurs actes et toutes leurs paroles une
très grande modération.

S'il est difficile d'exiger des missions un esprit de tolérance,
qui va rarement de pair avec une foi religieuse ardente, cet
esprit doit être imposé à tous les fonctionnaires européens et.
indigènes. Leur première règle de conduite sera de ne jamais
tenir compte, dans leurs paroles ou dans leurs actes administratifs, de la religion des indigènes avec lesquels ils auront une
affaire à traiter ou qui tomberont, à un titre quelconque, sous
leur juridiction. La plus légère faveur, le plus petit privilège,
la moindre indulgence accordées à un catholique plutôt qu'à
un « païen » ou réciproquement, suffisent pour indigner une
partie de la population et pour provoquer, entre les adeptes des
diverses religions, des querelles et des rixes qu'on est obligé de
réprimer, en excitant encore les passions. L'administrateur, s'il
veut être respecté également par tous, ne doit pas savoir à quelle
religion appartient l'indigène avec lequel une obligation quelconque de son service le met en contact.

Je sais qu'il est fort difficile à un Européen doué d'une foi
religieuse un peu vive, de rester indifférent ; il croirait faire tort
à la religion qu'il professe, en manifestant un respect quelconque
pour les autres croyances et cultes ; mais un homme poussant la
foi religieuse à ce degré n'est point fait pour administrer des
populations dotées d'une autre religion que la sienne. Sa place
est peut-être dans l'administration métropolitaine ; elle n'est pas
dans les colonies habitées par des hommes qui, à ses yeux, sont
encore des « infidèles ».

Ce n'est pas seulement la foi religieuse proprement dite des
populations indigènes que les administrateurs coloniaux doivent
respecter, ce sont encore les coutumes et les usages qui ont leur
source dans la religion. Les pratiques usitées chez la plupart
des peuples à l'occasion des naissances, des mariages, des
décès et des diverses autres grandes circonstances de la vie individuelle ou sociale, paraissent toujours ridicules à tous les gens
habitués à voir pratiquer des usages différents. C'est surtout à
ces questions que l'on peut appliquer le vieux proverbe français
« le poêlon se moque de la poêle ». Tout ce qui n'est pas dans
nos habitudes, nous semble ridicule ; tout ce qui est dans nos
mœurs et fait partie de notre éducation, nous paraît admirable
et digne de respect. La vérité cependant est que nous ne sommes
ni plus sages ni plus fous que les autres. Attachés à nos usages

et voulant qu'on les tienne pour excellents et respectables, nous devons admettre que les autres peuples tiennent également aux leurs et les considèrent comme non moins bons et non moins dignes de respect. Partant de là, nous devons respecter, chez les autres peuples et dans tous les pays, ce que nous voulons qu'on respecte chez nous.

J'ai à peine besoin d'ajouter que lorsque les indigènes d'une colonie appartiennent à des races différentes et pratiquent des religions distinctes, il faut avoir soin de ne leur imposer la suprématie d'aucune d'entre elles. En général, qui dit races distinctes, dit aussi religions, coutumes et mœurs différentes, avec les antipathies et hostilités que ces différences entrainent nécessairement.

Chaque race devra donc être, de la part des autorités coloniales, l'objet de la tolérance, du respect des coutumes et usages traditionnels, et de toutes les autres mesures indiquées plus haut. On devra aussi appliquer à chacune le système administratif qui convient le mieux à son caractère et à ses traditions.

Je n'entends pas dire, par ce qui précède, que les nations colonisatrices ne doivent pas travailler à la disparition des coutumes contraires aux intérêts des populations elles-mêmes, comme il en existe dans certains pays.

Il est certain, par exemple, que dans l'Inde orientale les Anglais et nous-mêmes devons nous efforcer d'amener les indigènes à renoncer aux mariages infantiles, si nuisibles au progrès du pays par le veuvage forcé qu'ils imposent à toutes les filles dont les maris meurent avant d'être parvenus à la puberté ; mais notre intervention doit être purement morale, jusqu'au jour où il nous apparaît manifestement qu'une décision légale ne provoquerait aucun mécontentement dans le pays. C'est ainsi que les Anglais sont parvenus à faire disparaître la coutume qu'avaient les femmes, dans certaines castes, de se jeter sous le char funèbre de leur mari. En Algérie, nous devons apporter le plus grand soin à ne promulguer aucune loi qui contrarie les coutumes familiales et sociales des musulmans, si différentes des nôtres, mais consacrées dans l'esprit du peuple, par la religion et par des traditions séculaires.

Pour me résumer, je considère comme un principe extrêmement important de colonisation d'apporter dans nos relations avec les indigènes, la plus grande tolérance et d'éviter dans nos paroles, nos écrits et nos actes, tout ce qui serait de nature à froisser leur foi et leurs coutumes individuelles, familiales et sociales. Ce principe s'impose, non seulement en vertu du sentiment de justice qui doit régner dans le cœur de tout homme civilisé, mais encore dans l'intérêt de notre œuvre coloniale, car son progrès sera d'autant plus grand et rapide qu'il ne rencontrera pas d'obstacle de la part des indigènes.

Un deuxième principe doit, dans le même ordre d'idées, guider les actes de toute administration coloniale sagement conçue et organisée. Il faut éviter que les adeptes de la religion du colon jouissent d'aucune faveur et d'aucun privilège qui ne serait pas, en même temps, accordés aux fidèles de la religion locale, ou inversement. Les gouverneurs coloniaux doivent, à cet égard, exercer une surveillance très étroite sur tous les agents européens et indigènes. J'ai vu parfois, au Tonkin, tel résident favoriser les catholiques, tel autre, anti-clérical, donner de préférence ses faveurs aux bouddhistes. L'une et l'autre pratiques sont également condamnables, car elles sont également fertiles en causes de dissentiments, de querelles et de rixes entre les indigènes.

Des embarras très graves peuvent résulter de la prétention qu'émettent parfois, des villages convertis à notre religion, d'être traités différemment que les autres et de se soustraire à certaines charges. J'en ai eu des exemples remarquables au Tonkin et dans l'Annam. Pendant l'hiver de 1891-1892, lorsque je fis faire, d'accord avec les autorités annamites, les premières routes du Delta, à l'aide des corvées traditionnelles, les villages catholiques seuls firent entendre des protestations. Ils n'osaient pas se plaindre du travail lui-même, sachant bien qu'il était consacré par les mœurs et les lois annamites, mais ils se prétendaient l'objet de vexations et d'exactions de toutes sortes de la part des mandarins qui organisaient les corvées. Saisi d'un écho de ces plaintes par la mission, je la priai de me faire connaître des faits précis ou de m'indiquer au moins les villages dans lesquels je pourrais ordonner des enquêtes ; il me fut impossible d'obtenir le moindre de ces renseignements et je dus me contenter d'apprendre que toutes les plaintes vagues dont le bruit était porté jusqu'à moi partaient des villages catholiques. Ils ne voulaient pas obéir aux ordres des mandarins.

Plus tard, en 1892 et 1893, lorsque j'organisai l'impôt sur les alcools de riz dans l'Annam et au Tonkin, certains journaux locaux furent aussitôt remplis de doléances, de protestations et de menaces. Il était manifeste qu'une influence occulte dirigeait la campagne et que ce n'était pas simplement dans un but de pure philanthropie que ses inspirateurs agissaient. Bientôt j'apprenais qu'elle était conduite par certains de mes subordonnés dont quelques-uns occupent encore de hautes fonctions et qui eux-mêmes étaient les instruments d'intérêts à la fois matériels et religieux. La plupart des villages catholiques s'adonnaient à la distillation de l'eau-de-vie de riz d'où ils tiraient d'importantes ressources ; ceux-là, naturellement, étaient les plus atteints par l'impôt nouveau ; ils se plaignaient et leurs récriminations nous étaient fidèlement transmises, tandis que les villages bouddhistes se soumettaient sans rien dire à des charges dont les autorités annamites, d'accord avec moi, dans cette affaire, comme dans toutes celles que j'ai entreprises, leur faisaient comprendre l'utilité.

C'est également des villages catholiques que viennent toujours les demandes les plus pressantes de dégrèvement d'impôts ou de prestations en nature. Il semble aux Annamites qui ont embrassé la religion catholique qu'ils ont acquis par là une situation privilégiée et des titres à des faveurs administratives dont leurs congénères, restés fidèles à la religion nationale, seraient indignes. C'est une erreur qu'il importe de dissiper, si l'on ne veut pas provoquer le mécontentement de la masse du peuple.

Un dernier principe devra guider les administrations coloniales dans leurs rapports avec les indigènes et les missions. Ils devront éviter que celles-ci interviennent dans les actes administratifs. Ce principe n'est pas le moins important, car, les missions ont précisément une tendance très prononcée à se mêler des affaires administratives. Elles y sont même presque fatalement conduites, dans les régions éloignées des centres européens et où l'influence des autorités coloniales ne pénètre que difficilement. J'ai toujours vu cette intervention des missions dans la vie publique des indigènes amener des conflits plus ou moins graves. Il ne peut en être autrement, avec des hommes que la religion divise et dont les uns n'ont aucun motif de reconnaître l'autorité des autres.

Toutes les fois que cela est possible, il faut que l'administration coloniale soit représentée par un agent officiel sur tous les points où des conflits de cette nature sont susceptibles de se produire, de manière à enlever aux missions tout prétexte d'intervenir dans les affaires des indigènes. Prévenir les froissements des croyances, et les luttes des passions et des intérêts qu'elles couvrent, vaut mieux que d'avoir à réprimer leurs chocs.

Ce n'est pas seulement dans les colonies européennes que cette recommandation devrait être suivie, mais encore dans tous les pays non chrétiens, indépendants, où des missions européennes, catholiques et protestantes, sont établies. Presque tous les massacres qui se sont produits en Chine ou en Arménie, pendant ces dernières années, auraient pu être évités, si des consuls français, américains ou anglais avaient été placés auprès des missions appartenant à la France, à l'Amérique ou à l'Angleterre et si les missionnaires avaient été mis ainsi dans l'impossibilité d'entretenir des relations administratives directes avec les autorités turques ou chinoises.

Si les nations européennes ne veulent pas ou ne peuvent pas, pour des motifs que je n'ai point à discuter ici, prendre ces mesures, elles doivent se résigner à voir les querelles et les massacres se produire de nouveau. Il est impossible qu'il ne surgisse pas mille causes de conflits entre des gens que séparent non seulement la religion mais encore toutes les idées et les coutumes et tous les préjugés et les passions qui découlent des croyances religieuses.

Quant à la France, j'estime qu'elle ferait sagement de renoncer au rôle qui lui incombe, en Chine, en vertu des traditions et des conventions, de protéger tous les chrétiens indigènes et les missions de toutes les nationalités européennes. Quelques détails sur cette importante question ne seront pas déplacées ici, car il n'en est pas qui soit liée plus étroitement que celle-là aux principes de colonisation traités dans ce livre.

J'ai rappelé plus haut comment la bulle papale condamnant l'habile tolérance des jésuites à l'égard des cérémonies cultuelles familiales avait supprimé l'autorité morale des missionnaires jésuites en Chine et provoqué les édits impériaux interdisant la propagande catholique, Celle-ci, pendant toute la fin du xviiie siècle et la première moitié du xixe, ne put s'exercer que d'une façon clandestine. A la suite de la guerre de l'opium, en 1844, le gouvernement français obtint pour nos missionnaires l'autorisation d'habiter dans les cinq ports que la Chine ouvrait au commerce européen; s'ils étaient trouvés en dehors de ces localités, ils devaient y être ramenés et remis entre les mains des consuls.

A cette époque, les Portugais détenaient le siège de l'évêché de Pékin qu'ils avaient obtenu de la papauté après la condamnation des procédés des jésuites. Ils avaient su le conserver, même pendant les périodes les plus mauvaises, mais ils ne jouissaient d'aucune autorité auprès du gouvernement chinois. En 1845, l'évêque portugais de Pékin fut remplacé par un évêque français appartenant à l'ordre des lazaristes qui est en guerre perpétuelle avec les jésuites. A la suite de persécutions exercées contre les missionnaires, en violation du traité de 1844, survient, en 1858, une guerre franco-chinoise marquée d'abord par la prise de Canton, la préparation d'un traité que les Chinois violent avant qu'il ait été ratifié, l'envoi d'une expédition franco-anglaise qui s'empare de Pékin, etc. Un traité est alors signé, confirmant celui de 1858 et accordant à la France, par un article additionnel une situation exceptionnelle. Les Chinois convertis au catholicisme étaient dispensés de payer les cotisations destinées au culte local. Les missionnaires pouvaient louer ou acheter des terres dans tout le pays et y circuler avec des passe-

ports spéciaux qui leur seraient délivrés par la légation de France
à Pékin. La France avait la protection des missionnaires français et
étrangers et celle de tous les indigènes convertis au catholicisme.

Il était impossible de faire à la France un cadeau plus funeste.
Certes, en lui attribuant la protection des missionnaires de toutes
les nationalités, la Chine nous reconnaissait une indiscutable
prépondérance morale sur toutes les autres nations de l'Europe ;
mais la France, de son côté, assumait une tâche pleine de périls
et s'exposait à subir le contre-coup de tous les conflits qui ne
manqueraient pas d'éclater entre les missionnaires et les autorités chinoises : c'est sur elle principalement que retomberaient
les haines des Célestes.

Je crains, par exemple, que les résultats obtenus par notre
diplomatie à la suite des massacres du Su-Tchuen, ne nous
coûtent beaucoup plus cher qu'ils ne nous rapporteront. On
n'a pas oublié qu'au mois de juin 1895 il y a eu, dans cette province chinoise, des incendies d'établissements religieux fondés
par des missionnaires protestants et catholiques américains,
anglais et français, et des massacres d'une assez grande importance. En vertu du traité de 1860, c'est à notre légation de Pékin
qu'incomba le devoir de traiter cette question avec le gouvernement chinois. Après avoir obtenu la punition des coupables et
une indemnité pécuniaire considérable au profit des missions, il
arracha au Tsong-li-yamen une ordonnance obligeant toutes
les autorités provinciales de la Chine à faire disparaître des codes
locaux les restrictions à la propagande chrétienne qui y figuraient encore.

C'est un gros succès dont profiteront les Anglais, les Américains, les Allemands, etc, qui entretiennent des missions en
Chine ; ils en félicitèrent vivement notre ministre à Pékin, mais ils
en ont, sans contredit, tiré profit auprès du gouvernement chinois
pour obtenir des concessions matérielles dont nous n'aurons
pas notre part. Au moment même où nous obtenions la décision
en faveur des missionnaires, l'Angleterre et l'Allemagne se faisaient concéder par le Tsong-li-yamen le nouvel emprunt que
la Chine venait de contracter et sur lequel il est convenu que
cent millions seront fournis en matériel de guerre et de chemins de fer par les usines anglaises et allemandes. En même
temps, l'Angleterre obtenait que la direction générale des postes
et télégraphes de l'empire du Milieu fut confiée à un Anglais,
sir Robert Hart, qui est déjà directeur des douanes chinoises et
qui, par suite, détiendra désormais toutes les finances de l'empire. Cette nomination et la concession du nouvel emprunt chinois ont été faites en dépit des efforts tentés par notre ministre
pour les empêcher ; il en a été de même pour l'ouverture du

Si-Kiang au commerce européen. La France y faisait une opposition d'autant plus vive que l'ouverture du Si-Kiang risque fort de compromettre l'avenir du chemin de fer de Langson. La Chine n'a tenu aucun compte de nos protestations dans ces diverses affaires ; nous devons nous contenter des félicitations que les Anglais et les Américains nous adressent pour avoir obtenu la tolérance du gouvernement chinois en faveur de leurs missions.

Il y a quelque temps, le souverain pontife forma le projet de réclamer pour lui-même la juridiction de toutes les missions européennes de la Chine. Des pourparlers furent entamés à ce sujet, entre la cour de Rome et certains gouvernements européens, parmi lesquels la France, l'Allemagne, l'Angleterre venaient au premier rang. Notre diplomatie se montrait favorable à cette idée, que l'Allemagne appuyait, paraît-il, assez énergiquement, mais pour laquelle la Société des missions étrangères a une grande répugnance. Il est fort désirable qu'elle soit reprise et résolue dans le sens des désirs exprimés par le Vatican. La France n'a que faire de responsabilités qui lui créent des devoirs toujours pénibles à remplir et d'où elle ne peut retirer que l'hostilité des populations chinoises et la mauvaise humeur du gouvernement de Pékin, chaque jour aiguisée par le règlement de questions qui lui sont désagréables.

Le résumé de ce chapitre et les conclusions qu'il comporte peuvent tenir en quelques lignes : nécessité absolue, imposée par notre civilisation et par nos intérêts, de renoncer aux brutalités traditionnelles des troupes et des administrations coloniales, de respecter la propriété, les usages, les coutumes, la religion des indigènes.

CHAPITRE V

DE LA POLITIQUE A SUIVRE DANS LES COLONIES

ET DES RELATIONS

DU POUVOIR COLONIAL AVEC LES AUTORITÉS INDIGÈNES

SOMMAIRE. — Nécessité de conserver aux gouvernements indigènes, dans les protectorats, le plus d'autorité possible et d'en accorder le plus possible aux pouvoirs locaux dans les colonies de possession. — Coup d'œil sur l'histoire de la politique de la France au Cambodge; — en Annam et au Tonkin; — à Madagascar; — en Afrique. — Conduite à tenir à l'égard des indigènes dans les colonies de possession.

Il y a une relation si étroite entre la religion d'un peuple et son organisation politique, sociale et administrative que des principes à suivre à l'égard des indigènes dans le domaine religieux, découlent tout naturellement ceux que l'on doit appliquer dans les relations politiques et administratives des gouvernements coloniaux avec les populations des colonies.

Il faut d'abord nous débarrasser du préjugé qui nous a conduit à classer les colonies en deux groupes, considérés par beaucoup de gens comme tout à fait distincts : les colonies de possession ou de souveraineté et les colonies de protectorat. Rien ne serait plus nuisible que cette classification, si l'on entendait que la possession doit entraîner la suppression de toute autre autorité que celle de la nation colonisatrice ou que le protectorat doit être limité à garantir l'indépendance du gouvernement protégé contre les autres pays et particulièrement contre les nations européennes.

En définissant de la sorte la possession et le protectorat, on ne trouverait, dans le monde entier, que bien peu de colonies susceptibles d'être classées dans l'un ou l'autre groupe. Ou bien, en effet, les colonies sont pourvues de gouvernements indigènes dont les prérogatives ont été plus ou moins conservées, ou bien elles en sont dépourvues, mais elles ont été dotées de pouvoirs locaux auxquels la métropole abandonne une partie de son autorité.

Je poserai tout de suite en principe que le devoir de la métropole est, dans le premier cas, de conserver aux gouvernements

indigènes le plus possible d'autorité sur les populations, et, dans
le second, d'accorder aux pouvoirs locaux qu'elle crée une
grande indépendance dans la gestion des affaires de la colonie.
En d'autres termes, les protectorats doivent être très libéraux
et les possessions très indépendantes, si l'on veut que les uns et
les autres puissent progresser.

Dans les colonies de protectorat, on se trouve en présence de
deux écueils dont il faut également se garer. L'un consiste dans
une application trop étroite du contrôle que comporte le protectorat, même le plus anodin ; le second dans l'insuffisance
de ce contrôle. Ce dernier vice n'est pas moins dangereux que
l'autre. J'en trouve la preuve irréfutable dans nos propres
colonies.

Le premier exemple que j'invoquerai est celui du Cambodge ;
il est le plus ancien en date, et il offre cet avantage de servir à
éclairer, en même temps, les deux sortes d'écueils auxquels j'ai
fait allusion.

§ 1. — Coup d'œil sur l'histoire de la politique de la France au Cambodge

En 1863, lorsque la France imposa son protectorat au
Cambodge, dont le territoire touche à celui de la Cochinchine
que nous venions de conquérir, personne, en notre pays, n'avait
la moindre conception de la forme de colonisation qui venait
d'être instituée. Dans la convention signée avec le roi Norodom,
nous nous étions inquiétés par-dessus tout d'arracher son
royaume à la suzeraineté du Siam et de le placer sous notre
dépendance morale. Un agent français fut placé à Pnom-penh,
auprès du roi, avec la mission presque exclusive de surveiller
ses relations extérieures.

Le traité de 1863 ne lui donnait aucun moyen efficace de travailler à notre profit, car il ne stipulait en faveur de la France
que : 1° le droit pour nos nationaux de « circuler, posséder et
s'établir librement dans toutes les provinces et dépendances »
du royaume ; 2° le droit pour les missionnaires « de prêcher,
d'enseigner » et, « avec l'autorisation du gouvernement cambodgien, de construire des églises, des séminaires, des écoles,
des hôpitaux, des couvents et autres édifices pieux, sur tous les
points du royaume du Cambodge » ; 3° l'exemption de droits
pour « les marchandises importées ou exportées par navires
français dans le Cambodge, lorsque leurs propriétaires se sont
munis d'un permis du gouvernement de Saïgon », l'opium seul
étant exclu de cette faveur ; 4° le droit pour les Français et
étrangers européens résidant au Cambodge de faire régler tous

leurs différends par le représentant de la France, sans aucune intervention des autorités cambodgiennes, les conflits entre Français et Cambodgiens étant jugés « à l'amiable » par le résident français et, en cas d'impossibilité de solution amiable, « en équité » par le résident de France assisté d'un « fonctionnaire cambodgien compétent ».

Le traité ne faisait pas la moindre allusion à un rôle quelconque du résident de France dans les affaires intérieures du royaume. Mais il stipulait l'engagement par la France de « maintenir dans les Etats du roi Norodom l'ordre et la tranquillité », de « le protéger contre toute attaque extérieure, de l'aider dans la perception des droits de commerce et de lui donner toute facilité pour établir une communication entre le Cambodge et la mer ».

A peine le traité était-il signé, que nous étions dans la nécessité d'intervenir pour maintenir l'ordre dans le pays et assurer à Norodom la jouissance de la souveraineté que nous venions de lui reconnaître.

Après le traité du 11 août, Norodom avait signé avec la cour de Bangkok un acte secret de vassalité ; l'ayant appris, nous obligeâmes le gouvernement siamois à le tenir pour nul et non avenu ; mais, probablement sous l'influence des Siamois, une insurrection éclatait, à la fin de 1864, dans le sud-ouest du Cambodge. Jusqu'en 1867 nos troupes combattirent, sur le sol cambodgien, pour en assurer la jouissance à Norodom. L'insurrection ne prit fin qu'après la signature du traité par lequel la France, en échange de la reconnaissance de son protectorat sur le Cambodge, abandonnait aux Siamois la possession des provinces de Battambang et d'Angkor.

Il nous eût été facile, à cette époque, de prendre, au Cambodge, une influence considérable, puisque le trône de Norodom était dans nos mains ; mais on n'avait en France aucune idée de ce que pouvait être un protectorat effectif et nous restâmes aussi étrangers aux affaires du royaume que nous l'avions été jusqu'alors. Le Cambodge nous coûtait cher, sans nous rien rapporter. Dans un rapport officiel, adressé à la Chambre des députés le 29 janvier 1885, Ténot écrivait : « Ceux de nos résidents qui se succédèrent de 1867 à 1876 à Oudong d'abord, puis à Pnom-penh où Norodom porta sa capitale, furent frappés de ce fait que notre protection ne couvrait en définitive qu'un système d'abus monstrueux. Le pays se ruinait et se dépeuplait. Le rôle de protection ainsi conçu était-il digne de la France? Etait-ce pour permettre à Norodom de consommer la ruine de son royaume, d'affamer son peuple au profit du harem, que nos soldats avaient combattu, avaient vaincu les rebelles Assoa,

Pucombo et le prince Vo-tha ? Ne manquions-nous pas à notre devoir de puissance civilisatrice en n'usant pas de l'*autorité* que nous donnaient sur Norodom les traités et les services rendus pour *contrôler son pouvoir* et *exiger de lui* de sérieuses réformes ? »

J'ai souligné avec intention, dans les lignes qui précèdent, les mots « autorité, contrôler, exiger », parce qu'ils contiennent la seule pensée qui surgit, en quelque sorte d'instinct, dans la tête de tout Français traitant les questions qui m'occupent ici. Toute notre histoire coloniale est formée du contraste et de l'alternative d'un abandon complet de toute influence et de l'emploi exclusif de l'autorité que donne la force. Je n'ai trouvé dans aucune de nos colonies la trace du moindre effort fait par un seul de nos représentants pour travailler, à la fois, à la pénétration de notre influence et à l'accroissement de l'autorité des pouvoirs indigènes, ce qui, cependant, est la seule manière de mettre d'accord les intérêts du colonisateur et du colonisé, du protecteur et du protégé et de créer un état de choses durable et pacifique.

Au Cambodge, aussitôt que nous sortons de notre torpeur, en 1877, c'est pour obliger le roi à prendre une ordonnance abolissant l'esclavage et donnant au résident de France le droit d'assister aux séances du conseil des ministres, ce qui lésait les intérêts de milliers de gens et blessait jusqu'au sang l'amour-propre du roi, des ministres et de tous les mandarins. Le roi nous faisait payer cher ces concessions qui, d'ailleurs, ne devaient jamais entrer dans la voie de l'exécution ; il obtenait le droit de promulguer une autre ordonnance en vertu de laquelle les Annamites, c'est-à-dire nos sujets, perdaient leur nationalité après une année de séjour au Cambodge. Cette dernière ordonnance fut seule exécutée.

Après l'effort stérile de 1877, nous rentrons dans l'inertie où nous avions été de 1867 à 1877.

Le 15 avril 1882, M. Le Myre de Vilers, premier gouverneur civil de la Cochinchine, écrivait au ministre de la marine : « Peu à peu le roi s'est habitué à l'exercice d'un pouvoir absolu et, je dois le reconnaître, sans contrôle ; étranger aux affaires de son royaume et aux intérêts de ses sujets, sa fantaisie est devenue sa seule règle de conduite et, en maintes circonstances, il n'a pas craint d'agir en dehors de nous et même contre nous... » Il rappelle que les ordonnances « exigées » en 1877 « n'avaient pas de sanction et sont restées à l'état de lettre morte » ; puis il trace un tableau des désordres du royaume qui témoigne de l'incurie de notre protectorat: « Les mandarins ne recevant pas de solde, continuent leurs exactions et vivent de pillage ; la vénalité des magistrats n'a pas diminué ; les actes de piraterie se multiplient ; les services publics n'existent plus que de nom ; les routes et les ponts, faute d'entretien, ont disparu et les communications sont devenues impossibles ; par contre, les dépenses de la cour s'accroissent chaque année... » Suit le tableau des dépenses puériles et excessives du roi, puis cette conclusion : « Les Cambodgiens ne peuvent plus avoir recours à la rébellion, cette dernière ressource des opprimés, le drapeau de la France couvrant de sa protection toute-puissante les abus de l'autorité royale. A notre tour nous avons fini par être les victimes de ces désordres, et j'ai constaté, non sans inquiétude, que depuis quelques années, les actes de piraterie se commettaient, en Cochinchine, avec des fusils ; tandis que nous interdisions sévèrement l'introduction des armes de guerre dans nos provinces, le commerce s'en faisait librement au Cambodge et elles pénètrent sur notre territoire par les frontières mal délimitées et mal gardées. »

En résumé, pendant ces vingt premières années, notre protectorat sur le Cambodge avait été aussi nuisible à nous-mêmes qu'à nos protégés. M. Le Myre de Vilers obtint quelques améliorations, et en particulier le prélèvement, sur le budget du royaume, d'une somme de cent mille piastres pour le paiement de nos dépenses de protectorat ; mais, deux ans plus tard, en 1884, la situation générale n'était pas meilleure.

L'impéritie avec laquelle nous avions conduit nos affaires depuis 1863 devait inspirer au roi la conviction que nous n'attachions aucun intérêt à notre protectorat et que nous subirions toutes ses fantaisies. C'est ainsi seulement que peut s'expliquer, pour ceux qui le connaissent, la résistance qu'il opposa, en 1884, à la signature d'une convention très anodine, relative aux douanes, que le gouvernement métropolitain lui-même voulait lui faire accepter. De ce refus sortit la Convention du 17 juin 1884 que M. Thomson lui imposa par la force, en le plaçant, sous le feu de nos canonnières, dans l'alternative de la signer ou d'abdiquer.

Des extrêmes de la faiblesse, nous passions aux extrêmes de la force. La convention de 1884 instituait une véritable prise de possession : l'esclavage était aboli ; la propriété individuelle était proclamée contrairement aux traditions du royaume qui fait le roi propriétaire de toutes les terres et ses sujets simples locataires, l'impôt représentant la valeur de la location ; l'établissement et la perception des impôts, des droits de douane, des contributions indirectes étaient réservés aux agents français, ainsi que « les travaux publics et, en général, tous les services qui exigent une direction unique ou l'emploi d'ingénieurs ou d'agents européens » ; des résidents devaient être placés dans toutes les provinces et « préposés au maintien de l'ordre public et au contrôle des autorités locales » ; toutes « les dépenses de l'administration du royaumes et celles du Protectorat » étaient « à la charge du Cambodge » dont nous confisquions les finances puisque nous nous réservions l'établissement et la perception de tous les impôts ; la liste civile du roi était elle-même fixée par nous, ainsi que les soldes des ministres et des princes, et nous imposions au roi l'acceptation de « toutes les réformes administratives, judiciaires, financières et commerciales », que nous jugerions nécessaires. Celles-ci comportaient une nouvelle division du pays, l'organisation de communes sur le modèle de celles de la Cochinchine, la création d'une justice à l'instar de celle de la France, etc. En un mot, c'était le renversement total de toutes les institutions traditionnelles du Cambodge et leur remplacement par des organismes politiques et administratifs entièrement neufs.

Ceux qui avaient imaginé ce régime fondaient sur lui les plus belles espérances : le conseil colonial de la Cochinchine, dans la séance du 15 février 1884, déclare que la convention du 17 juin « est appelée à renouer les liens d'amitié qui unissent le Cambodge à la France, assurera la paix intérieure et la prospérité du royaume protégé, ainsi que le développement des intérêts français en Indo-Chine ». Le rapporteur de la Chambre des députés, en invitant ses collègues à voter cette convention, ne manifestait pas moins de confiance dans l'excellence des résultats qu'elle devait produire.

La réalité fut peu conforme à ces illusions. Dès la fin de 1884, l'insurrection éclatait sur tous les points du pays. Si-Votha reprenait la campagne, nous étions obligés d'envoyer des troupes pour rétablir l'ordre et nous y parvenions si peu que près de deux ans plus tard, nous avions au Cambodge plus de six mille hommes et cinquante-deux postes militaires, sans que la moindre sécurité régnât sur aucun point.

Aucun pays, en effet, ne se prête moins que le Cambodge à la politique de conquête, d'annexion et d'administration directe. Le nombre des habitants est tout à fait infime par rapport à la surface du sol, et il n'existe en dehors de Pnom-penh aucune agglomération importante de population. Celle-ci est éparse sur les rives des quatre grands cours d'eau qui traversent le pays ; elle ne cultive que les berges des fleuves et les bords de quelques arroyos intérieurs qui sont navigables seulement pendant six mois de l'année. Tout le reste du territoire est couvert de forêts et de broussailles, inondées pendant la moitié de l'année, totalement dépourvues de voies de communications terrestres. Ayant à sa disposition de très vastes étendues de terres inoccupées, la population se déplace avec d'autant plus de facilité qu'elle est fort misérable. Dès le début de l'insurrection de 1885, la plupart des lieux cultivés furent abandonnés ; les paysans, avec leurs femmes, leurs enfants et leurs buffles, allaient se réfugier dans les forêts. Ils fuyaient à la fois les chefs rebelles qui voulaient les enrôler, et les colonnes françaises qui réquisionnaient leurs buffles, leurs charrettes et leurs barques, et qui ne distinguaient pas toujours suffisamment les gens tranquilles des insurgés.

En 1886, le pays n'était plus qu'un désert où colonnes militaires et pirates souffraient également de la misère et du climat. Nous avions perdu un grand nombre d'hommes, dépensé plusieurs millions et notre situation était plus mauvaise encore qu'avant le traité de 1884.

Le gouvernement métropolitain prit alors la résolution de renoncer à exiger l'exécution de ce traité. Le résident généra fut autorisé à informer le roi Norodom que, sans le déchirer, nous le considérerions désormais comme lettre morte. En même temps, il priait le roi de nous donner l'assistance de son autorité personnelle pour mettre fin à l'insurrection.

Il n'en fallait pas davantage pour ramener la paix dans le pays. Le roi lui-même se mit en campagne ; devant lui, les rebelles se rendaient à merci, les cultivateurs réintégraient leurs habitations et se remettaient à la culture de leurs champs. Nos troupes purent alors évacuer les postes malsains où la fièvre, l'ennui et les fatigues stériles les décimaient ; mais l'autorité militaire manifestait un vif mécontentement. Il fallut au résident général, M. Piquet, une grande force de caractère pour vaincre ses résistances et l'on vit ce spectacle singulier : des officiers français, un soir de réception officielle, sifflant, sous les fenêtres de la résidence, le représentant de la France, tandis que le roi, les princes et les ministres le remerciaient d'avoir rendu la paix à leur pays.

En avril 1887, quand je visitai le Cambodge, la tranquillité la plus absolue régnait dans toutes les parties du territoire, les relations de la cour et de la résidence étaient empreintes de la plus grande cordialité, la paix avait ramené une certaine prospérité ; Si-Votha, abandonné par ses partisans, avait dû chercher un refuge dans les forêts, sur les frontières du Siam ; toute crainte d'insurrection avait disparu et des six mille hommes de troupes que nous avions entretenus à grands frais et sans résultat pendant deux ans, il ne restait plus qu'un peloton de vingt-cinq soldats européens pour la garde d'honneur du drapeau français.

L'administration et la presse de Cochinchine, qui n'avaient

pas renoncé à la conquête du Cambodge, ni à son annexion à la vieille colonie, parlaient encore, de temps à autre, de Si-Votha, et essayaient de faire croire à sa rentrée en scène, mais le résident général faisait la sourde oreille et le roi lui renouvelait sans cesse l'assurance qu'aucun mouvement insurrectionnel n'était à redouter, tant que l'on serait fidèle au nouvel ordre de choses. Je fus, pendant mon séjour à Pnom-penh, en avril 1887, témoin d'un dialogue fort curieux entre M. Piquet qui venait de recevoir du gouverneur de la Cochinchine l'ordre de préparer une expédition contre Si-Votha et le roi Norodom. Les paroles de ce dernier valent d'être citées, car elles résument, dans la bouche d'un oriental, la politique à suivre et les fautes à éviter dans la colonisation de ces pays lointains : « Votha, disait-il, est maintenant abandonné de tout le monde ; il grelotte de fièvre et maigrit de faim dans la forêt ; si nous levons des hommes pour le poursuivre, on croira que la guerre va recommencer, beaucoup de gens déserteront les villages pour éviter les corvées, la misère reparaîtra, et Votha pourra de nouveau recruter des partisans, il détruira les récoltes et le pays sera lancé dans la guerre. Si, au, contraire nous laissons Votha tranquille, il finira par mourir misérable dans le coin de broussailles où il s'est réfugié. » Nous trouvâmes ces paroles très sensées et M. Piquet répondit au gouverneur de la Cochinchine qu'il ne voyait aucune raison d'attaquer Si-Votha, qu'il y en avait au contraire beaucoup et d'excellentes pour ne point le faire. L'administration de la Cochinchine n'osa pas insister et la paix ne fut pas troublée.

Toutefois, la situation du Protectorat et celle du pays laissaient beaucoup à désirer. L'organisation préparée en 1884 avait été ébauchée : la douane et les contributions indirectes de la Cochinchine avaient été, au cours de la rébellion, introduites dans le Cambodge. Conformément au principe qui avait inspiré notre politique en 1884 et qui consistait à préparer l'absorption du Cambodge par la Cochinchine, le service des douanes installé dans le royaume de Norodom n'était qu'une simple annexe de celui de la Cochinchine. Les employés étaient nommés par le directeur des douanes de cette colonie, ils correspondaient directement avec lui, n'obéissaient qu'à ses ordres, dédaignaient l'autorité du résident général et traitaient le royaume en pays conquis.

Installés en travers de toutes les voies fluviales et terrestres et isolés dans les villages Cambodgiens où ils représentaient seuls la France, — car il n'y avait nulle part d'administrateurs européens, — appartenant presque tous à cette catégorie d'employés qui, étant peu payés, sont recrutés forcément dans de

mauvaises conditions, ils avaient une grande propension à commettre des abus de pouvoir et beaucoup profitaient de l'absence
de tout contrôle pour exploiter les indigènes. Les plaintes que
je recueillis de la bouche des personnes les plus estimées et les
plus honorables, étaient si vives que je me crus obligé d'en
faire part au gouvernement. Un seul fait donnera une idée
du sans-gêne avec lequel les agents de la douane se condui-
saient. Peu de temps avant mon arrivée à Pnom-penh un officier s'était plaint au résident général d'avoir reçu des coups
de fusil, étant en barque, dans un des bras du grand fleuve.
L'agent de la douane avait hélé ses rameurs qui, pour un motif
quelconque, ne répondirent pas et ne s'arrêtèrent pas tout de
suite ; l'agent avait tiré sur eux et la balle était passée tout près
de l'officier qui, assis sous le dôme de la barque, n'avait pu rien
voir ni entendre. Ces procédés n'étaient que la menue monnaie
des brutalités dont la population et les Européens se plaignaient.
D'autre part, le résident général étant fort mal vu du gouvernement de la Cochinchine parce qu'il s'opposait à ses ambitions,
aucune attention n'était donnée aux plaintes qu'il faisait entendre
et les employés se sentaient encouragés à ne tenir aucun compte
de son autorité.

Il n'était guère moins impuissant vis-à-vis de la cour de
Pnom-penh. Fidèles à notre habitude de passer toujours d'un
extrême à l'autre, nous avions, aussitôt après la fin de l'insurrection, laissé tomber notre protectorat dans l'inertie et l'iso-
lement où il était avant 1884. L'administration française
et l'administration indigène n'étaient que juxtaposées, sans
influence l'une sur l'autre, sans autre contact que celui résultant
du choc des intérêts et des passions contraires que les incidents
dont j'ai parlé plus haut provoquaient à peu près quotidiennement. Aussi le roi était-il retombé sans ses habitudes de
paresse et de gaspillage, tandis que les mandarins, abandonnés
à tous leurs vices, se rattrapaient sur les populations de la
misère subie pendant les deux années de la rébellion. Les
finances du roi ne pouvaient que subir le contre-coup fâcheux
de ces désordres; les nôtres n'étaient, pour les mêmes motifs,
guère meilleures.

Dans une note que j'adressais, en avril 1887, à un membre
du gouvernement, et qui avait été rédigée sous les yeux et avec
les documents officiels du résident général, j'exposais de la
façon suivante la situation dans laquelle se trouvait alors le
Protectorat et les moyens que je considérais comme les plus
propres à la faire cesser. Écrite il y a neuf ans, elle a l'intérêt
particulier d'un document dont l'avenir devait justifier l'exactitude. « En ce moment, disais-je, le Protectorat est exposé, par la

nature même de son organisation, à mille dangers ; le maintenir dans cet état serait le condamner à toutes les aventures
sur lesquelles comptent les partisans de la politique d'annexion.
Actuellement il existe, en réalité, sous le nom de Protectorat,
presque en dehors du résident général, deux administrations
étrangères l'une à l'autre et, par suite, exposées à devenir, tôt ou
tard, ennemies : l'une française, l'autre cambodgienne, chacune
jouissant d'un budget spécial dont les recettes sont colligées
par des agents distincts. D'une part, l'administration cambodgienne ayant à sa tête le roi et son conseil des ministres, perçoit
des impôts spéciaux (la capitation et la dîme) à l'aide de mandarins que nous connaissons à peine et par des procédés qui
nous sont absolument inconnus. D'autre part, l'administration
française des contributions indirectes, ayant à sa tête un chef
de service qui obéit à peu près exclusivement au gouvernement
de Saïgon, fait des recettes (douanes, régie de l'opium, ferme
des alcools) qui suffisent à peine à l'entretien de son personnel
et des troupes chargées de le protéger. Entre les deux administrations, dont l'une dépend du roi et l'autre du gouvernement de
la Cochinchine, le résident général et son personnel restreint
de quatre résidents régionaux, se trouvent condamnés à une
impuissance d'autant plus grande que le budget du Protectorat
est très maigre. Par suite du nombre très restreint des résidents et des postes militaires, les agents des douanes et de la
régie d'opium ont une autorité beaucoup plus grand que ne le
comportent leur caractère, leur éducation et leurs fonctions.
Isolés dans des postes dont la plupart n'ont que des relations
très difficiles et très rares avec la capitale, entourés d'agents
indigènes auxquels on a trop légèrement conféré des grades de
caporaux et de sergents, et de miliciens qu'on a été obligé de
placer auprès d'eux pour les protéger, les agents de la douane
se considèrent généralement comme des personnages politiques ;
ils sont, en réalité, dans beaucoup de lieux, les seuls Français
avec lesquels la population indigène ait des relations officielles.
Or, sans parler des fautes graves et des abus de pouvoir commis
par un certain nombre d'entre eux, mais dont il serait injuste
de rendre tout le corps responsable, les agents des douanes et
de la régie de l'opium ne sont point recrutés en vue de représenter l'autorité du gouvernement français ; aussi, la présence
de ces agents dans les provinces, loin de contribuer à l'affermis-
sement de notre influence est plutôt de nature à la compromettre.
Si j'ajoute que les services de la douane et de la régie de l'opium,
tels qu'ils sont organisés, coûtent extrêmement cher (environ
30 p. 100 de la recette brute), j'aurai suffisamment établi la
nécessité d'une prompte réforme de notre système financier et

de notre protectorat au Cambodge. » Après avoir dit que le résident général partageait ma manière de voir sur les dangers de la situation, et sur la nécessité d'une réforme immédiate du régime financier, j'ajoutais : « Il pense avec moi qu'il serait plus avantageux de n'avoir qu'un budget, comme en Tunisie (budget du Protectorat), dont les recettes et les dépenses seraient contrôlées par un petit nombre d'agents français, intelligents et instruits, dévoués à la politique de protectorat et placés sous l'autorité exclusive du résident général. » J'ajoutais que M. Piquet n'avait pas osé prendre l'initiative de cette réforme, à cause des résistances qu'il craignait de rencontrer de la part du roi et surtout de la part de la Cochinchine qui y aurait vu la ruine de sa prépondérance. Je m'assurai rapidement, dans mes conversations avec le roi, qu'il avait en M. Piquet une grande confiance. Il lui en avait donné la preuve en rendant le 14 février 1887, une ordonnance lui attribuant la présidence d'honneur de son grand conseil de gouvernement.

Après avoir rappelé ces faits, j'ajoutais : « M'appuyant sur les sentiments du roi, j'ai profité de l'amabilité avec laquelle il m'avait moi-même traité pour lui demander de faire un pas de plus dans la voie où il est entré, et de confier à M. Piquet la charge d'organiser et de diriger les finances du royaume. J'ai pleinement réussi dans mes démarches dont j'avais eu soin d'indiquer au roi le caractère tout à fait privé. »

Le 6 avril 1887, en effet, le roi prenait une ordonnance par laquelle « le résident général, président d'honneur de notre conseil des ministres, est chargé de réorganiser et de diriger, d'accord avec nous et ledit conseil, les finances de notre royaume ». M. Piquet préparait aussitôt un projet de budget unique du royaume, sur les bases indiquées plus haut. J'avais prévu les obstacles qui seraient mis à l'exécution de ces projets et je les exposais de la façon suivante, dans la même note : « Cette ordonnance consacre définitivement une politique de protection pacifique mais efficace. Pour que cette politique puisse être suivie sans encombres et au mieux des intérêts combinés de la France et du Cambodge, il est indispensable que l'autorité du résident général soit consolidée et qu'il soit assuré de ne pas être gêné dans ses mouvements par les annexionnistes de la Cochinchine. Quant à moi, je crains fort que ces derniers ne forment l'obstacle le plus difficile à vaincre. Ils ne verront certainement qu'avec peine disparaître la dualité de budgets et d'administrations financières dont j'ai exposé plus haut les inconvénients, parce que, grâce à cette dualité, Saïgon peut intervenir à chaque instant dans les moindres détails des affaires du Cambodge et exercer une influence prépondérante sur le personnel du Protectorat, parce que, en un mot, cette dualité d'administrations et de budgets constitue un premier pas fait dans la voie d'une annexion à laquelle on n'a pas renoncé. »

Ce que j'avais prévu se produisit. Les avantages que le roi du Cambodge nous concédait librement, les moyens qu'il nous donnait de faire sortir notre protectorat de la situation pénible où il se trouvait et de substituer à une juxtaposition stérile des deux gouvernements et des deux administrations, une pénétration féconde, furent entièrement perdus par la mauvaise volonté et la résistance du gouvernement de la Cochinchine. Le résident général reçut l'ordre de ne pas appliquer les deux ordonnances du roi et de maintenir le *statu quo*. Les administrations française et cambodgienne restèrent aussi étrangères qu'elles l'étaient avant les ordonnances. Le mauvais état de leurs affaires ne fit qu'empirer.

Au moment de mon arrivée en Indo-Chine comme gouverneur général, en 1891, le résident supérieur et le roi me firent entendre, chacun de son côté, les doléances que j'avais reçues déjà en 1887. Le roi se lamentait « sur l'insuffisance de ses ressources, sur les vexations dont il était l'objet de la part du représentant de la France qui, sans cesse, parlait de sa mort et de sa succession à ses familiers et qui était allé jusqu'à nouer des relations avec son ennemi traditionnel, Si-Votha. » Le résident supérieur, de son côté, se plaignait « de ne pouvoir rien faire. Il avait eu pour unique consigne de ne créer aucun embarras au gouvernement et il assistait impuissant au spectacle d'un désordre qui allait en augmentant sur tous les points du royaume. Il avait conscience de l'hostilité latente du roi à son égard ; il redoutait quelque trahison et c'était pour se mettre à l'abri de cette éventualité qu'il était entré en relations avec Si-Votha. »

En réalité, la situation du pays était fort mauvaise. Il suffisait pour s'en rendre compte de prendre connaissance d'une proclamation lancée par le roi Norodom et où il signalait lui-même les exactions des mandarins, la vente de la justice, les progrès de la piraterie, etc.

« Sa Majesté, disait le document, a été prévenue que, dans le royaume, les actes de piraterie n'ont cessé d'augmenter au détriment des gens qui cherchent à gagner paisiblement leur vie. Cette recrudescence provient de plusieurs causes : 1° les gouverneurs, fonctionnaires, mesrocs et envoyés de toutes attributions n'apportent pas à la répression de ces actes de piraterie tout le zèle désirable ; 2° tous les fonctionnaires, gouverneurs, mesrocs, etc., entrent souvent en compromission avec les malfaiteurs et partagent le fruit de leurs rapines ; 3° il arrive fréquemment que les malfaiteurs arrêtés dans les provinces sont relâchés sous caution ou à prix d'argent, avant d'être envoyés à Pnom-penh ; 4° quelquefois aussi les malfaiteurs, une fois arrivés dans la capitale, sont mis en liberté par les gens chargés de les surveiller ; 5° quelquefois les gardiens des prisons acceptent de l'argent sans faire passer les malfaiteurs en jugement ; 6° les jugements les concernant ne sont pas toujours rendus suivant les lois du royaume et ne portent que sur les amendes et non sur les peines corporelles ; 7° les envoyés de justice chargés d'arrêter les voleurs, pirates, etc., le font souvent sans prévenir le gouverneur de la province et les remettent en liberté sans prévenir davantage. Aussi les voleurs, pirates, etc., sachant qu'ils peuvent être mis en liberté moyennant finance et n'étant retenus par aucun sentiment de crainte, continuent leurs déprédations, se réunissent en nombre et arrivent à constituer un danger pour la sécurité du royaume. » Suivaient les mesures prescrites dans le but de faire cesser une situation fort dangereuse pour a paix publique.

Le résident supérieur du Cambodge disait, de son côté, dans un rapport qu'il me remit le 3 juillet 1891 : « Le roi, qui par le fait de l'établissement d'un budget du Protectorat, avait vu diminuer ses revenus, avait tout mis en œuvre pour se créer de nouvelles ressources, ne s'inquiétant en aucune façon des conséquences. Courtisans et favorites, mandarins et fonctionnaires avaient suivi cet exemple ; ces derniers, laissés sans solde effective, et, par conséquent, sans moyens d'existence, étaient jusqu'à un certain point excusables. Un pareil état de choses est fait pour amener à bref délai la ruine du pays, occasionner des troubles dans l'intérieur des provinces, et les faire dégénérer peut-être en une insurrection générale, compromettre, en un mot, notre situation au Cambodge... La piratrie est non seulement passée à l'état de métier au Cambodge, mais exploitée par toute la classe dirigeante et encouragée d'autant... Les troubles qui, depuis plusieurs années, prenaient périodiquement naissance dans la province de Kompong-Som, pour s'étendre ensuite dans les provinces voisines, se produisent brusquement de nouveau : d'autre part les agents provocateurs de Si-Votha se mettent en campagne dans une autre région... »

Dans le courant de l'année 1891, des troubles graves éclataient dans les provinces indiquées plus haut : un gouverneur était assassiné par des pirates qui désolaient tout l'ouest du royaume ; les caisses du Protectorat suffisaient à peine pour entretenir notre personnel, si peu nombreux cependant, qu'il nous était impossible d'exercer la moindre surveillance dans les provinces. Et nous avions le protectorat du Cambodge depuis 1867, c'est-à-dire depuis vingt-quatre ans.

Le roi était sincère, lorsque, en juillet 1891, il m'exposait la situation lamentable dans laquelle se trouvait son royaume et me priait de la faire cesser. Il me fut donc facile de le convaincre de la nécessité de reprendre les projets que nous avions ébauchés en 1887 et que mes pouvoirs me permettaient de mettre à exécution. Nous nous mimes facilement d'accord : il fut entendu qu'avant le 1ᵉʳ janvier 1892, le roi nous remettrait toutes ses fermes pour être transformées en impôts directs et indirects ; que toutes les dépenses et recettes du Protectorat et du roi seraient réunies en un seul budget ; qu'il n'y aurait plus qu'un seul trésor portant le titre de « trésor du royaume », géré par des agents français, assistés de cambodgiens. Les recettes seraient perçues, les unes, par les agents du Protectorat (taxes indirectes, régies, douanes) ; les autres, par des agents royaux, agréés par l'administration du Protectorat. Toutes les recettes sans exception seraient encaissées par le « trésor du royaume » ; toutes les dépenses seraient payées par ledit trésor. J'eus soin d'attribuer à la liste civile du roi et des princes et aux traitements des fonctionnaires indigènes des chiffres assez élevés pour que tous fussent intéressés à la réforme. Dans l'organisation cambodgienne, les mandarins n'avaient que des traitements ridicules, souvent non payés ; le roi lui-même ne percevait que très irrégulièrement ses fermages, dont une partie lui était presque toujours livrée en marchandises sur lesquelles les fermiers réalisaient de gros bénéfices, à son détriment. Le nouvel état de choses serait donc éminemment favorable au roi et aux fonctionnaires indigènes.

Nous achevâmes notre entente à Saïgon, après la fête du 14 juillet, à laquelle Norodom était venu assister. Notre dernière conférence, le 15 juillet au soir, fut marquée par une scène très curieuse et qui décelait l'état d'esprit du roi depuis bien des années. Lorsque nous fûmes d'accord, je dis à S. M. Norodom que, me fiant à sa parole royale, je ne lui proposais la signature d'aucune convention ; j'étais certain que, dès le 1ᵉʳ janvier 1892, la réforme serait mise en application comme il me l'avait promis et qu'il prendrait lui-même, avant cette époque, toutes les ordonnances nécessaires ; quant à moi, j'allais donner immédiatement l'ordre de procéder à la construction du trésor du royaume du Cambodge. Il me répondit que lui-même avait entièrement foi dans ma promesse de faire respecter son autorité, qu'il considérait la signature de toute convention comme inutile ; il était bien certain que de notre accord sortirait une prospérité dont tout le peuple cambodgien nous serait encore reconnaissant dans mille ans. Puis, après s'être levé et m'avoir serré les mains avec effusion, il ajouta, en souriant et un éclair de raillerie dans les yeux : « D'ailleurs, on m'en a tant fait signer des conventions qui n'ont servi à personne, qu'il me paraît inutile de recommencer. »

Un mois plus tard, le 22 août 1891, le roi, tenant sa promesse, prenait une ordonnance dans laquelle il posait lui-même les bases de la réforme dont nous étions convenus. « Attendu, y disait-il, qu'à partir du 1er janvier 1892, un trésor unique, dit trésor du Cambodge, contrôlé à la fois par nos agents et par ceux du Protectorat, centralisera tous impôts, fermages et revenus divers, encaissés séparément jusqu'ici par le Protectorat et par notre trésor royal ; attendu que l'organisation financière qui en est la conséquence et dont le but est de développer la fortune publique, doit, en diminuant certaines charges qui pèsent sur la population, assurer à tous nos fonctionnaires une existence en rapport avec le rang qu'ils occupent ; attendu,... etc. », suivaient une série de dispositions par lesquelles le roi remettait entre les mains de l'administration française du Protectorat, toutes ses fermes, pour les modifier, transformer ou supprimer comme nous jugerions à propos de le faire dans l'intérêt du pays. Toute une série d'autres ordonnances, rendues pendant la fin de 1891, permirent d'appliquer la réforme dès le 1er janvier 1892, ainsi qu'il avait été convenu. On avait profité de la création du budget unique des recettes et des dépenses pour apporter de sérieuses améliorations dans tous les services du royaume.

Les résultats financiers donnés par ces réformes, auxquelles le roi se prêtait de si bonne grâce, furent encore plus considérables qu'il ne nous avait été permis de l'espérer. Non seulement il ne se produisit aucune résistance dans aucune partie du pays, mais encore toutes les recettes dépassèrent de beaucoup les prévisions. On en jugera par celle de l'impôt direct des riz dont le taux cependant avait été diminué. Le 1er septembre 1892, le résident supérieur m'écrivait : « L'impôt rentre plus facilement que jamais, et au lieu de la somme de 45,000 piastres promis au roi par le fermier et maintenue sans augmentation aux prévisions du budget de l'exercice courant, il a été perçu de ce chef 120,000 piastres, sans que la moindre vexation m'ait été signalée, sans, pour ainsi dire, qu'une plainte me soit parvenue sur les agissements des okhna-luongs ou agents du trésor royal. Et si l'on considère que la récolte de cette année n'a été que médiocre, que les anciens fermiers n'avaient jamais versé entre les mains du roi plus de 25,000 piastres de fermage annuel, on ne saurait trop se féliciter de cette mesure qui prouve au plus haut point la richesse actuelle du pays, et surtout le parti qu'on pourra tirer, dans un avenir prochain, de ses richesses agricoles jusqu'ici *à peu près ignorées de nous*. » La *Revue indo-*

chinoise illustrée, résumait dans son numéro de septembre
1893, d'après des documents officiels, les résultats du budget
de 1892 : « Dans les prévisions, le budget de 1892 se balançait
au chiffre total de 1,238,190 piastres, les recettes prévues
devant s'égaler aux charges nouvelles. Dès la première année,
dont les récoltes furent cependant beaucoup au-dessous de la
moyenne, les recettes dépassèrent de beaucoup les plus opti-
mistes prévisions. Les impôts sur rôles nouvellément soumis à
notre contrôle avaient été évalués à 247.000 piastres; on
constata qu'à la date du 31 décembre, c'est-à-dire avant que
toutes les rentrées fussent opérées, ils avaient déjà rapporté
333.793 piastres, soit un tiers en plus des prévisions.,. Au
total, le budget des recettes, évalué dans les prévisions à
1.238.190 piastres, atteignit 1.578.130 piastres. Pendant la perception des impôts, en 1893, comme en 1892, aucune vexation
ne s'est produite et le contrôle de nos résidents a pu partout
s'exercer; le peuple, voyant que le roi et le Protectorat venaient
de travailler pour son bien, a partout accueilli avec satisfaction
le nouveau système. C'est qu'à l'inverse des anciens fermiers,
constate le résident supérieur, qui venaient s'enrichir ici et faisaient aussitôt passer leurs bénéfices à Hong-kong et à Canton, il
nous voit employer à l'amélioration et à l'assainissement du sol,
aux travaux, en un mot, au bien du pays, tout l'argent qu'il rapporte. Il sait que nous sommes les dépositaires fidèles du trésor
public et que nous pouvons rendre compte de toutes nos dépenses, qu'elles ont pour but unique la prospérité du royaume.
En prenant à sa charge de nouvelles dépenses, le Protectorat a
fait une bonne affaire, puisque les recettes qu'il s'est en même
temps assurées ont donné d'importantes plus-values. A côté
de cet avantage pécuniaire, il a gagné un avantage moral, en
rendant à Norodom et au peuple cambodgien des services qui
nous assurent leur confiance et leur sympathie. Enfin, par son
ingérence dans les affaires financières du pays, il s'est réservé
les moyens d'apporter dans l'organisme social, administratif et
économique du Cambodge, avec le sincère appui de S. M. Norodom, toutes les réformes que nous avons indiquées, celles dont
nous parlerons, et celles que nous aurons à réaliser dans l'avenir.
Le roi a compris que le nouveau système, en lui assurant, d'un
côté l'appréciable avantage de substituer aux revenus souvent
aléatoires et toujours précaires des fermages, la stabilité d'une
liste civile ponctuellement servie, lui permettrait encore de
réorganiser son pays.... Ces résultats, il convient d'y insister,
ont été amenés par un simple accord verbal, sans que M. de
Lanessan ait cru nécessaire de faire signer au roi la moindre
convention. Une politique sage et loyale a fait le reste et

amené le parfait fonctionnement du nouveau mécanisme budgétaire. »

Les plus-values du budget unifié permirent d'entreprendre,
dès 1892, une série de grands travaux qui transformèrent
complètement la ville de Pnom-penh, de placer dans chaque
province des résidents qui, d'accord avec les fonctionnaires
cambodgiens, contrôlent la perception des impôts et maintiennent
la sécurité.

Ainsi que le faisait remarquer la *Revue indo-chinoise*, ces
réformes si importantes et d'où résultait une transformation
complète de notre protectorat et de l'administration indigène,
furent réalisées sans convention ni traité, sans qu'aucune pression
morale ou matérielle fut exercée sur la cour de Pnom-penh et
par la seule entente qui s'établit entre le roi et moi. Ces procédés
étaient si nouveaux que personne en Indo-Chine ne voulait
croire à leur succès et que, pendant plus d'une année, je fus
assailli d'avis plus ou moins sincères, concluant tous à quelque
acte prochain de trahison du roi. Ainsi que je l'avais prévu, rien
de pareil ne se produisit : le roi n'avait pas tardé à s'apercevoir
que son peuple et lui-même trouvaient dans le nouvel état de
choses autant d'avantages que le Protectorat.

En janvier 1893, je profitai d'un nouveau voyage au Cambodge
pour opérer une autre réforme à laquelle j'attachais une
grande importance politique et financière. J'en veux dire quelques mots, cette question étant de celles qui ne doivent pas être
perdues de vue dans l'avenir. Les produits cambodgiens et ceux
ayant transité, du Siam et du Laos à travers le Cambodge,
avaient été de tout temps frappés, à leur sortie du royaume, de
« droits de sortie » représentant dans leur ensemble, en 1892,
une recette d'environ 400.000 piastres. La Cochinchine avait
souvent fait entendre des plaintes au sujet de la barrière
mise par ces droits entre elle et le Cambodge. Il était singulier,
en effet, que les produits d'un établissement français payassent
des droits à leur passage dans un autre établissement français
voisin ; mais il paraissait impossible de supprimer les droits de
sortie perçus par le Cambodge, sans imposer au budget, désormais unifié, du royaume, un sacrifice qu'il n'aurait pu supporter.

On se plaignait, mais on laissait aller les choses, au risque de
voir un jour quelque député demander au gouvernement métropolitain pourquoi il autorisait l'existence de douanes intérieures
entre le Cambodge et la Cochinchine, ce qui, sans aucun doute,
aurait amené, avec l'ordre de supprimer les droits, la suppression d'un tiers des recettes du Cambodge. D'autre part, le
décret du 29 novembre 1892 qui exempte de tous droits les produits de la vallée du Mékong transitant à travers le Cambodge,

menaçait de produire un résultat analogue. Le résident supérieur me signalait que les poissons du grand lac pêchés en territoire cambodgien et qui étaient soumis au droit de sortie à leur passage en Cochinchine étaient expédiés d'abord au Siam d'où ils sortaient avec le privilège de franchise institué pour les « produits de la vallée du Mékong ». Le Cambodge allait perdre de ce chef environ 60.000 piastres. Une partie des riz et des autres produits cambodgiens imiteraient probablement l'exemple donné par les poissons, et le Cambodge serait privé d'une portion notable de ses ressources. Le résident supérieur me priait de réclamer une modification du décret de 1892 qui écartât du Protectorat ce danger dont le roi lui-même, intéressé désormais à la prospérité du budget, se montrait fort effrayé.

Je profitai de ces circonstances pour proposer au roi une réforme à laquelle je songeais déjà depuis quelque temps : tous les droits perçus au passage du Cambodge en Cochinchine seraient supprimés, les douanes du Cambodge seraient fusionnées avec celles de la Cochinchine comme recettes et comme dépenses ; la Cochinchine dédommagerait le Cambodge de la perte résultant de la suppression des droits de sortie, en lui attribuant une part de ses propres revenus douaniers ; elle-même rentrerait dans ce débours par les droits qu'elle perçoit à la sortie de son territoire sur tous les produits qu'elle exporte. La nécessité de se mettre en garde contre les causes de ruine qui menaçaient le budget cambodgien décidèrent le roi et le résident supérieur à accepter cette combinaison qui, d'un autre côté, fut accueillie avec une vive satisfaction par la Cochinchine. Celle-ci ne se méprenait point sur le résultat qui en devait découler : le Cambodge entrait ainsi dans la sphère de son influence économique. La réforme fut mise en application dès le 1er janvier 1893 ; elle donna des résultats très favorables aux relations commerciales des deux pays et au développement économique du Cambodge. Elle ne souleva qu'une question un peu délicate et qu'il appartient au gouvernement général de l'Indochine de résoudre en équité : il faut que la part prélevée par la Cochinchine sur ses revenus douaniers, au profit du Cambodge, soit déterminée, chaque année, en tenant compte des progrès réalisés par le Cambodge. Il est évident que si celui-ci percevait, comme par le passé, des droits de sortie sur tous les objets franchissant ses frontières, il verrait la recette issue de ces droits augmenter avec sa production agricole et industrielle et proportionnellement à ses exportations. Il ne serait pas équitable de maintenir la contribution de la Cochinchine à un taux fixe, tandis que la prospérité du Cambodge augmenterait. Tenant compte des conditions où se trouvait le pays à la fin de

1892, j'avais fixé, d'accord avec tous les intéressés, le chiffre de la subvention de la Cochinchine à 7 un quart p. 100 des recettes brutes encaissées par les douanes et régies de cette colonie. A la fin de 1894, j'élevai cette part à 8 et demi p. 100. Je suppose que depuis cette époque les progrès réalisés par le Cambodge ont été suffisants pour légitimer une nouvelle élévation. D'ailleurs, en raison de l'organisation actuelle des finances du Cambodge, les intérêts du royaume étant identiques à ceux du Protectorat, le roi et le résident supérieur sont intéressés au même titre à faire valoir leurs droits et à se défendre contre la Cochinchine, si celle-ci ne proportionnait pas sa subvention aux bénéfices qu'elle retire des marchandises qui lui sont expédiées par le Cambodge et de l'exploitation des régies. Dans la pratique, le roi et le résident supérieur ont mis, dès le premier jour de la réforme, une très grande âpreté dans la défense de leurs intérêts et ils auraient demandé plutôt au delà de ce qui leur revenait légitimement que d'en sacrifier une part quelconque. Je ne voyais aucun inconvénient à cette attitude et je n'y vois encore que des avantages politiques.

Autant, en effet, je suis d'avis qu'il y a lieu de réunir économiquement les diverses parties de notre domaine indo-chinois, autant j'estime qu'il est indispensable de conserver à chacune son automonie politique et administrative. Le Cambodge et la Cochinchine sont habités par des populations que séparent de façon absolue les caractères ethnologiques, la religion, l'organisation politique et administrative, et même une hostilité instinctive extrêmement aiguë. Vouloir réunir ces deux pays sous une même administration et leur imposer une organisation identique, ainsi que la Cochinchine l'a tenté si souvent depuis trente ans, c'est accumuler contre la France toutes les chances possibles d'insuccès dans son œuvre colonisatrice au Cambodge.

C'est particulièrement dans notre conduite à l'égard du royaume du Cambodge qu'il faut appliquer ce principe auquel j'attache la plus grande importance : respecter les lois, l'organisation, les coutumes, l'individualité politique et sociale de chaque pays où s'exercent nos entreprises coloniales et, dans un même pays, de chacune des races qui le peuplent.

Il est, par contre, indispensable que la Cochinchine et le Cambodge soient aussi étroitement liés que possible dans le domaine économique. Par suite de sa situation en amont de la Cochinchine, sur le cours du Mékong, et de l'absence de port fréquentable par les grands navires sur le golfe du Siam, le Cambodge dépend économiquement de la Cochinchine ; il ne doit, par suite, en être séparé par aucune barrière d'ordre économique ; il faut même, dans son intérêt, l'unir le plus étroitement possible à notre colonie, au point de vue de la législation douanière, des régies, telles que celles de l'opium et de l'alcool, du régime fluvial, forestier, etc., et il serait de la plus grande importance de multiplier entre les deux pays les voies de communication. Ils ne sont actuellement reliés que par le Mékong ; cela est tout à fait insuffisant. Ce fleuve ne peut établir de communications suivies qu'entre la capitale du Cambodge, et deux ou trois points de la Cochinchine. Il faut que des routes carrossables réunissent les diverses provinces des deux pays les unes avec les autres. Il serait même fort utile qu'un chemin de fer réunit Saïgon à la partie septentrionale du Cambodge.

On se heurte, pour la réalisation de ces travaux, à deux sortes d'opposition : d'une part, la Société des messageries fluviales de Cochinchine a toujours fait, par la presse, une très vive opposition à toute idée de routes et de chemins de fer entre la Cochinchine et le Cambodge, parce qu'elle y voit un élément de concurrence à son entreprise de navigation. En second lieu, les résidents supérieurs du Cambodge, obéissant à un mobile que j'ai constaté chez presque tous les anciens administrateurs de la Cochinchine, voient d'un très mauvais œil toute entreprise ayant pour objet de relier les deux pays. Il leur semble que le jour où les relations seront plus faciles entre Saïgon et Pnom-penh, ils auront perdu quelque portion de leur autorité.

C'est un sentiment de cet ordre, peu avouable mais très humain, qui a présidé à la construction des routes de la Cochinchine. Chacun des chefs-lieux d'arrondissement de notre colonie est pourvu de routes qui en font le tour, mais il n'existe que fort peu de voies reliant deux chefs-lieux l'un à l'autre et avec leurs voisins. Chaque administrateur a travaillé pour soi-même et presque tous ont fait de fort jolies routes, mais chacun a eu soin de se garer du contact de tous les autres. La Cochinchine est ainsi divisée en petits fiefs n'ayant entre eux que le minimum possible de relations.

Les deux sortes d'oppositions indiquées plus haut m'ont été révélées par ma propre expérience. Je les ai trouvées en travers de tous mes projets ; elles sont cause que je n'ai pu faire avancer que très lentement la route que j'avais fait entreprendre entre Saïgon, Kratieh et Stung treng et qui, depuis mon départ, a été entièrement abandonnée. Je les vis aussi se dresser en travers du projet de chemin de fer que j'avais formé, pour relier Saïgon au Mékong moyen, d'une part, et à Hué, de l'autre. Il m'avait fallu une grande ténacité pour vaincre ces oppositions ; depuis mon départ elles triomphent de la manière la plus complète et la plus fâcheuse, car les routes que j'avais fait com-

mencer entre la Cochinchine et le Cambodge, ont été complètement abandonnées.

Je tiens à répéter qu'autant il est indispensable de réunir
économiquement la Cochinchine et le Cambodge, autant il est
nécessaire de maintenir l'autonomie politique et administrative
que je me suis attaché à leur donner. A ce point de vue, ce
n'est pas sans quelque appréhension que j'entends parler, en ce
moment même, d'un projet qui, en rompant l'union indo-chinoise, en séparant la Cochinchine de l'Annam-Tonkin, lui rendrait l'autorité sur le Cambodge qu'elle avait en 1887 et qui
avait produit les déplorables résultats indiqués plus haut.

Pour en finir avec les réformes dont je viens de parler et
par lesquelles je me suis efforcé de transformer en politique de
pénétration et en protectorat effectif, la politique de simple
juxtaposition et le protectorat nominal appliqués jusqu'en
1891, je citerai ce mot par lequel le roi Norodom terminait un
toast qu'il m'adressait, à la fin de 1893 : « Je vous prie de dire
au gouvernement français que mon royaume est prospère et
que je suis moi-même très heureux, depuis que la France s'est
enfin résolue à exercer ici un protectorat loyal et effectif. »

§ 2. — COUP D'ŒIL SUR L'HISTOIRE DE LA FRANCE EN ANNAM ET AU TONKIN

L'histoire de notre politique dans l'Annam et au Tonkin a
été marquée par des fautes non moins considérables que celles
commises au Cambodge. Mais tandis qu'au Cambodge nous prenions, dès le premier jour de notre protectorat, une attitude absolument effacée et nous abandonnions le royaume et son roi à
eux-mêmes, au Tonkin notre tendance fut, au contraire, dès le
début, d'annihiler, de supprimer même les autorités indigènes,
de nous substituer à elles et de pratiquer l'administration directe.

J'ai dit à quelle source nos premiers représentants en ce pays
avaient puisé les idées qui leur inspirèrent cette politique. Je
dois exposer les motifs sur lesquels on tenta de l'appuyer auprès
du gouvernement et du public. On reconnaissait que les mandarins représentent l'élite de la population, qu'ils exercent sur
elle une grande autorité morale, qu'ils sont en Annam, comme
la bourgeoisie en France, les conducteurs de l'opinion publique, et que, par conséquent, s'ils se tournent contre nous,
ils entraînent le peuple entier à leur suite. En conséquence,
disait-on, ne serait-il pas dangereux de consacrer nous-même
cette autorité? Ne nous exposerions-nous pas à de terribles len-
demains? Ne viendrait-il pas un jour où les mandarins auraient
le désir de tourner contre nous les pouvoirs que nous leur aurions

laissés ? Afin de donner à cette objection toute sa force je n'hésite pas à reconnaître encore que les mandarins et les lettrés possèdent à un haut degré le sentiment de leur nationalité, qu'ils sont patriotes dans le sens le plus français du mot et que c'est parmi eux, plus encore que dans le peuple, qu'existe l'esprit de résistance à toute domination étrangère. Le sentiment de la nationalité, d'où naît le patriotisme, est toujours plus développé dans la classe qui détient le pouvoir, probablement parce qu'elle est la plus intéressée à la conservation de tout ce qui constitue la patrie. Mais s'il est vrai que le nationalisme domine dans les classes dirigeantes, il n'est pas moins incontestable que ces classes possèdent, à un plus haut degré que toutes les autres, le sentiment des nécessités politiques, la notion des limites au delà desquelles la résistance patriotique la plus sincère et la plus noble doit s'arrêter, sous peine d'attirer sur le pays aimé des malheurs plus grands que ceux déjà subis. En appliquant ces considérations générales à l'Annam, on arrive aisément à se convaincre que la bourgeoisie annamite, les lettrés, les mandarins, ne se font depuis longtemps aucune illusion sur la nature de notre occupation. Le peuple a pu croire que nous évacuerions un jour le Tonkin et l'Annam ; je suis certain que ni la cour ni les mandarins n'ont jamais eu sérieusement cette idée. Ils sont donc disposés à s'accorder avec nous, si nous ne les mettons pas nous-mêmes, par de mauvais traitements, dans la nécessité absolue de nous combattre. Leurs intérêts sont prêts à faire cause commune avec les nôtres ; il suffit, suivant l'expression chinoise, de leur « sauver la face » vis-à-vis de leurs nationaux. En les honorant, les respectant, leur assurant l'autorité morale et matérielle qu'ils ont coutume d'exercer, nous lions leurs intérêts aux nôtres et nous nous assurons leur loyalisme.

Il est bien entendu que nous ne devons pas nous borner à consolider les autorités indigènes, mais qu'il faut, en même temps, travailler à la création de notre influence et de notre autorité, par l'exercice d'un contrôle bienveillant mais effectif sur tous les actes de l'administration indigène, par la substitution graduelle de nos moyens administratifs à ceux plus rudimentaires des indigènes, etc., par la construction de routes, de canaux, de voies ferrées qui ont le double effet de pousser le pays vers le progrès économique et de faciliter la circulation de nos troupes, de notre police et des divers moyens de maintenir l'ordre dont nous disposons, par la construction de postes et de casernes en maçonnerie, dans tous les points qui exigent plus particulièrement notre surveillance, en un mot par tous les moyens qui ont pour but de réaliser ce principe exposé plus haut : le protectorat, pour être profitable aux protecteurs et aux protégés, doit se montrer à la fois très bienveillant, très loyal et très effectif ; il ne doit pas être une simple juxtaposition de l'autorité protectrice aux autorités protégées, mais être conçu dans l'esprit d'une pénétration chaque jour plus grande des secondes pour la première.

A ce point de vue, nous avons commis, au moment de la signature du traité de 1884 avec la cour d'Annam, une faute si grave qu'elle n'a pas pu être encore réparée. On était, à cette époque, dominé pas l'idée fausse que le Tonkin et l'Annam central étaient peuplés par deux races distinctes, se détestant au point que le Tonkin se jetterait volontiers dans les bras de l'étranger pour échapper à l'autorité de la cour de Hué. J'ai dit ailleurs où se trouve la source de cette erreur, je n'y reviendrai pas ici. (Voy. : mon livre *la Colonisation française en Indo-Chine*, p. 16.) Ce que je ne puis passer sous silence, car cela domine toute l'histoire de notre colonisation dans l'empire d'Annam, ce sont les conséquences que cette erreur produisit. En 1883, lorsque M. Harmand fut envoyé dans l'Annam, en vue d'un traité à conclure avec la cour, Jules Ferry lui prescrivait d'exiger « la reconnaissance par l'Annam de l'occupation du Tonkin par la République française ». Le gouvernement ne paraissait même pas songer à la possibilité de l'établissement d'un protectorat uniforme sur tout l'empire, protectorat, que la cour de Hué aurait cependant été obligée d'accepter, si nous avions été résolus à l'imposer. Elle devait être fort heureuse que l'idée nous fût venue de placer le Tonkin et l'Annam sous des régimes différents, et de laisser l'Annam en dehors de nos ambitions. Elle n'ignorait pas qu'il lui serait possible d'en tirer profit, soit pour combattre notre influence au Tonkin, soit pour affranchir tout à fait le cœur de l'empire.

M. Harmand raconte, dans les commentaires de son projet de traité, qu'une tentative fut faite par la cour auprès de lui, pour obtenir l'indépendance complète de l'Annam central au prix de l'abandon du Tonkin. Les plénipotentiaires annamites « sont allés, dit-il, à un moment donné, jusqu'à nous proposer de prendre tout le Tonkin et d'en faire une colonie française au même titre que la Cochinchine, au lieu d'y établir simplement notre protectorat, à la condition que je voulusse bien consentir à comprendre les deux provinces du Nghé-an et du Than-hoa dans la partie de l'Annam où l'administration indigène échapperait à notre contrôle. L'évêque Caspar et S. Ex. Nguyen-Trong-Hiep, ministre des relations extérieures, sont venus me trouver en grand mystère, au sortir d'une conférence qui avait duré toute la matinée et qui devait être reprise vers

2 heures, pour me parler de cette proposition qui arrivait en ligne droite de la cour ». M. Harmand ajoute que « lorsque les plénipotentiaires revinrent à la légation, après la conférence tenue au palais, ils ne prononcèrent plus un mot sur ce sujet » qu'il « s'abstint de son côté de remettre sur le tapis ». Il apprit que la Cour avait abandonné cette idée » ; mais, écrit-il, « il y a dans ces tentatives une indication dont nous devons savoir faire notre profit, soit immédiatement, soit plus tard, suivant les intentions du gouvernement ».

Si nous n'avions pas été dominés par l'idée fausse que le Tonkin était un pays distinct de l'Annam et qu'on pourrait aisément en détacher, notre plénipotentiaire aurait pu profiter de l'affaissement des Annamites pour établir sur tout l'empire un protectorat analogue à celui que nous avons en Tunisie, et qui aurait fait régner notre influence sur toutes les parties du territoire en même temps. Au lieu de cela, il laissait en dehors de notre action tout l'Annam central, c'est-à-dire le cœur de l'empire et le siège du gouvernement annamite, le point d'où partiraient plus tard toutes les excitations et les encouragements aux rébellions qui ont failli, à diverses reprises, entraîner l'abandon du Tonkin. C'est, sans contredit, la vision de cet avenir qui avait déterminé les plénipotentiaires annamites à nous proposer l'abandon total du Tonkin en échange de l'indépendance de l'Annam. Mais ils jugèrent, probablement, après mûres réflexions, qu'il valait mieux ne pas aller jusqu'à ce sacrifice ; ils pensèrent qu'avec l'indépendance *relative* de l'Annam central déjà accordée par M. Harmand, il leur serait plus aisé de nous chasser du Tonkin, si nous y exercions un simple protectorat que s'ils nous en concédaient eux-mêmes l'entière propriété.

Si telles furent les pensées du gouvernement annamite, il dut accepter avec joie le traité définitif de 1884 ; car, fidèle au principe posé par M. Harmand, ce traité laissait l'Annam central presque entièrement en dehors de notre contrôle, sans nous attribuer au Tonkin autre chose que le protectorat.

L'indépendance laissée à l'Annam central ne pouvait qu'encourager la Cour à nous résister : elle n'y manqua pas. Le régent Thuong entrait bientôt en relations avec la Chine, et avec les pirates des frontières tonkinoises, et l'insurrection se montrait un peu partout, jusqu'à ce qu'éclata la tentative faite à Hué, dans la nuit du 5 juillet 1885, pour rendre la liberté au roi Ham-Nghi retenu par nous prisonnier dans son palais. Tandis que les canons de la citadelle tiraient sur le Mang-ka où nos troupes étaient logées, le roi et le régent Thuyet prenaient la fuite. Le lendemain, le palais était pris, livré au pillage, et nous procla-

mions un roi nouveau, le jeune Dong-Khan. Le régent Thuong,
véritable homme d'État, était resté dans la citadelle, à son poste.
Avec lui le général de Courcy entamait bientôt, par l'intermédiaire d'un administrateur d'une rare intelligence, Palasne de
Champeaux, des pourparlers qui aboutirent à un projet tout à
fait différent du traité de 1884.

En vertu de cette convention, « toutes les provinces du
royaume d'Annam (Annam proprement dit et Tonkin) étaient
soumises au même régime de protectorat. Le contrôle et la
direction les plus absolus sur la perception et l'emploi des revenus publics appartenaient à la France, sans qu'il fût rien changé
au mode d'administration annamite... Le budget des dépenses
sera fixé par le Protectorat... Les revenus des douanes, postes
et télégraphes seront versés intégralement au trésor du Protectorat qui supportera toutes les dépenses de ces services... »
L'armée était composée de troupes indigènes avec cadres européens et d'une réserve de troupes françaises ; elle était placée
tout entière sous les ordres d'un commandant français. Le
budget des dépenses était fixé par le Protectorat; il compre-
nait : la liste civile du roi, les dépenses de l'armée, les frais des
administrations publiques indigène et européenne, les travaux
publics. Il n'y avait, en un mot, qu'un seul budget des dépenses,
dressé par le Protectorat et embrassant toutes les dépenses du
pays, ce qui, nécessairement, devait entraîner la constitution
d'un budget unique des recettes. C'était le protectorat français
établi sur l'empire tout entier ; un protectorat effectif, pénétrant tous les rouages politiques et administratifs du pays,
les utilisant, les surveillant, faisant sentir, partout et à tous
les instants, l'influence directrice de la France. En signant cet
acte, nos représentants réparaient la faute commise en 1883 et
en 1884 : ils supprimaient la dualité des régimes appliqués à
l'Annam et au Tonkin; ils faisaient preuve d'une connaissance parfaite du pays et d'un sentiment très exact de ce que
doit être un protectorat, pour qu'il puisse servir, en même
temps, les intérêts du protecteur et ceux du protégé. Quant au
régent Thuong et aux autres mandarins annamites qui avaient
pris part à la rédaction de la convention nouvelle, il me paraît
probable qu'ils étaient conduits, dans cette affaire, surtout par
le désir d'écarter de leur pays le fléau d'une guerre qui menaçait d'être cruelle, à en juger d'après les violences commises
par les troupes du général de Courcy. Ils s'attendaient certainement à des exigences beaucoup plus grandes que celles ma-
nifestées par nos agents et ils voyaient, dans la convention rédigée par Palasne de Champeaux, les marques d'une bienveillance qu'ils n'attendaient pas du général de Courcy. Le régent

Thuong, à la fin de la conférence, « prit la parole, dit le procès-verbal officiel, au nom des membres annamites, pour exprimer les sentiments de reconnaissance qu'inspirent à l'Annam les marques de modération et de bienveillance que lui donne la France en cette circonstance ».

Malheureusement, la conduite de nos représentants ne fut pas comprise à Paris. On y était imbu de cette idée fausse que le Tonkin voulait être émancipé de l'Annam et que notre mission providentielle était de le libérer du joug de Hué ; soit que l'on interprétât l'acte signé par le général de Courcy comme un recul dans la situation que nous occupions au Tonkin, soit que l'on redoutât des embarras nouveaux, soit, ce que je crois plus volontiers encore, que l'on péchât par ignorance, on rejeta la convention préparée par de Courcy et de Champeaux et l'on maintint la dualité de régimes établie par le traité de 1884. Tout le bénéfice de la prise de la citadelle de Hué était ainsi perdu. De Champeaux m'a raconté qu'après la signature de la fugitive convention dont je viens de parler, le régent Thuong lui avait offert d'aller avec lui faire une tournée au Tonkin, s'engageant à y ramener la paix tout de suite, si l'on interrompait l'action militaire. Je ne serais pas éloigné de croire que le désir de continuer cette action, si profitable à nos officiers, détermina, plus que tout autre motif, la décision par laquelle le ministre de la guerre repoussait la convention du général de Courcy.

P. Bert qui prit la succession de ce dernier était imbu des idées de M. Harmand : il voulait séparer de plus en plus le Tonkin de l'Annam. Dans ce but, il obtint de la Cour que le Kinh-luoc du Tonkin fut doté de pouvoirs assez considérables pour que son action sur les autorités tonkinoises pût s'exercer en dehors de la Cour. D'autre part, il livrait à la Cochinchine les deux provinces méridionales de l'empire, le Binh-thuan et le Khan-hoa, et il tentait de rattacher au Tonkin, les provinces de Than-hoa et de Nghé-an. Une insurrection formidable éclata dans tout l'empire, tandis que la Cour protestait contre la spoliation dont elle était l'objet.

Ses plaintes sont nettement formulées dans un document qu'elle me pria, en 1887, de remettre au Président de la République : « Nous venons d'apprendre par des journaux français, y était-il dit, que P. Bert avait formé le projet d'amener le Tonkin jusqu'au Song-Danh et de rattacher les deux provinces de Binh-thuan et de Khan-hoa à la Cochinchine. Ces faits sont-ils authentiques ? Sont-ils de l'invention des journaux ? Dans tous les cas nous croyons qu'il n'y a pas d'effet sans cause... D'ailleurs nous avons appris que les documents dans lesquels on a puisé pour faire les articles sont de source certaine. Ce qui vient encore confirmer l'existence du projet Bert, ce sont les expéditions du gouvernement de la Cochinchine dans le Binh-thuan, le Khanh-hoa et tout dernièrement dans le Phuyen. Cette dernière province avait été déjà pacifiée par les troupes françaises du Tonkin. Ces provinces ne sont précisément pas les plus difficiles à pacifier ; l'armée du Tonkin n'aurait pas eu besoin de l'intervention de la Cochinchine, si cette intervention n'avait pas eu un but spécial. Ce but spécial, nous nous en doutons, est de contribuer à la réalisation du projet P. Bert, au moins pour le Binh-thuan et le Khan-hoa... M. le gouverneur de la Cochinchine a chargé un de ses fonctionnaires, M. Tran-ba-loc, de la pacification des provinces du Binh-thuan, Khan-hoa et Phuyen ; voilà déjà un an que ces provinces sont entre les mains de Tran-ba-loc ; les habitants se demandent à qui ils doivent appartenir. Nous avons demandé, il y a déjà longtemps, au résident général, d'y envoyer des administrateurs indigènes, mais nous n'avons encore reçu aucune réponse définitive. Le résident général nous a simplement fait comprendre que nous devions payer les dépenses qu'a nécessitées la pacification de ces trois provinces et que nous devions attendre que le gouvernement de la Cochinchine eut fixé le chiffre de cette indemnité que nous trouvons fort en contradiction avec le traité. Le résident général nous a bien parlé de l'indemnité que nous devions à la Cochinchine pour la pacification des trois provinces, mais il a laissé de côté les 100.000 piastres et même davantage que l'envoyé de la Cochinchine, le phu Loc, a prélevées sur les habitants. » Il était impossible de dire plus nettement : « Vous violez le traité de 1884 en mettant la main sur des provinces qui nous appartiennent et vous voulez encore nous faire payer les frais de votre occupation illicite. » Et la cour avait absolument le droit de tenir ce langage ; ce qui ne nous empêchait pas de l'accuser de « duplicité orientale ».

Dans le même document, le roi d'Annam se plaignait de ce que le traité de 1884 était violé par nous sur un grand nombre d'autres points, notamment en ce qui concernait les pouvoirs exercés par le Kinh-luoc du Tonkin. « De tout temps, chez nous, les fonctionnaires tels que Tong-doc, Thuan-phu, Bo-chanh, An-sat, Dé-doc et Lanh-binh doivent être nommés directement par la Cour. Mais depuis les derniers malheureux événements, il a été confié au Kinh-luoc le pouvoir de nommer les fonctionnaires ci-dessus, sauf à en informer ensuite la Cour. Cette délégation du pouvoir royal a été nécessaire pour un moment de désordre où les questions demandaient de promptes solutions, mais maintenant que l'ordre est rétabli, il y a tout avantage à centraliser les pouvoirs. En effet, dans notre pays, on attache un grand

honneur aux fonctions publiques, honneur qui n'est honneur
que s'il vient du roi. D'un autre côté, les charges du Kinh-luoc
étant trop multiples, il pourra se tromper sur le choix de ses
subordonnés. Or, la race tonkinoise est, de tout temps, une race
lettrée et ambitieuse; si donc on n'apprécie pas ou on n'emploie
pas les forts lettrés à leur juste valeur, suivant leurs aptitudes,
ils deviennent mauvais sujets. De là naissent les sources de tous
les désordres, et nous, gouvernants, nous devons éviter, autant
que possible, toutes causes premières de troubles et de dissen-
sions. »

Le passage suivant de la plainte royale trace un tableau, malheureusement trop exact, des abus qui existaient à cette époque,
et de l'anarchie qui régnait dans notre conduite à l'égard des
autorités indigènes : « L'article 3 du traité stipule que les fonctionnaires annamites, depuis la frontière de la Cochinchine
(province de Bien-hoa) jusqu'à celle du Tonkin (province de
Ninh-binh) continueront à administrer les provinces comprises
entre ces limites. Mais jusqu'ici on nous a toujours empêché de
placer des fonctionnaires dans les provinces de Binh-thuan,
Khank-hoa et Phuyen. Dans le reste du territoire indiqué dans
l'article 3, l'administration est complètement entre les mains
des fonctionnaires et officiers français. Les mandarins n'y font
qu'exécuter leurs ordres et la moindre infraction est sévèrement
punie. De plus, dans chaque province, si les mandarins viennent
pour les affaires chez le résident, ils s'attirent le mécontentement des officiers ; si, au contraire, ils viennent chez ces derniers,
le résident les réprimande, et si le résident dit aux officiers de ne
pas se mêler de l'administration locale, les officiers lui disent
d'abord de ne pas s'occuper des affaires militaires. De telle
sorte que les mandarins sont souvent embarrassés du parti à
prendre. »

M. Bihourd, successeur de Paul Bert, avait d'abord suivi la
politique de ce dernier ; mais, l'état de l'empire devenant sans
cesse plus mauvais, il jugea utile de revenir à une application
plus sincère du traité de 1884 et il remit à l'autorité royale les
provinces qui lui avaient été indûment enlevées. Peut-être ne
fus-je pas étranger à cette décision, par les avis que je fis parvenir au gouvernement métropolitain, à la suite des plaintes de
la Cour.

En 1887, celle-ci me fit part de ses doléances avec des marques
si vives de confiance, que je crus le moment favorable pour tenter
un retour vers la politique de protectorat uniforme qui avait été
essayée par Palasne de Champeaux et le général de Courcy
en 1885. Le succès que je venais de remporter à Pnom-penh,
dans le même ordre d'idées, m'encourageait à faire une tentative

qui ne pouvait d'ailleurs avoir aucun inconvénient, en cas d'insuccès, puisque je n'étais revêtu d'aucun mandat officiel. Me plaçant sur le même terrain qu'au Cambodge, je conseillai au roi
Dong-Khan et à ses ministres de confier au résident supérieur,
M. Hector, en qui ils avaient, à cette époque, une grande confiance, le soin de réorganiser les finances de l'Annam central et
de former un budget unique, dans lequel figureraient toutes les
dépenses et toutes les recettes de cette portion de l'empire ; il serait
établi d'accord par les autorités françaises et annamites et exécuté sous leur contrôle. Après d'assez longs pourparlers, auxquels
M. Hector prit une part active et fort utile, le roi Dong-Khan
rendait, le 5 juin 1887, une ordonnance par laquelle : « M. Hector
résident supérieur, par intérim, de France en Annam, est chargé
d'assister notre conseil secret et notre ministre des finances,
dans la direction de l'administration financière de l'Annam,
dans l'établissement et la juste répartition des impôts, l'adjudication des fermes, la réglementation des dépenses et l'emploi
des fonds destinés aux travaux publics, à la solde des fonctionnaires, à l'entretien des divers services et à l'organisation d'une
force de police suffisante pour maintenir en tous lieux l'ordre
et la tranquillité. A cet effet, M. Hector assistera aux séances du
Conseil secret dans lesquelles seront discutées les questions
relatives aux finances, aux travaux publics et à la police de
l'Annam, et il pourra désigner des fonctionnaires français sous
ses ordres pour assister nos ministres des travaux publics et de
la guerre. »

Dès que cette ordonnance eut été signée par le roi nous préparâmes un projet d'organisation de l'Annam central qui compor-
tait la présence d'un « résident ou vice-président auprès de
chaque gouverneur de province ou dans la capitale administrative de la province... Placés sous l'autorité du résident supérieur
de l'Annam, les résidents sont uniquement les conseillers des
autorités provinciales. Ils ne s'immisceront dans aucun des actes
des fonctionnaires annamites. Ils seront, comme au Tonkin, les
intermédiaires entre les autorités indigènes et les autorités militaires françaises. Par leur présence dans chaque chef-lieu de
province, ils éviteront les conflits entre les deux autorités ».

Les forces militaires devaient être composées de troupes
françaises placées en dehors des centres populeux, de milices
indigènes commandées par des sous-officiers français et de
linh-cô sous les ordres exclusifs des mandarins annamites.

Nous préparâmes aussi un projet de budget *unique* de
l'Annam central, comprenant toutes les recettes et toutes les
dépenses, y compris la liste civile du roi et des princes, les
soldes des ministres, etc. Tous ces projets furent soumis par

M. Hector et par moi au Conseil secret et au roi Dong-Khan qui
les adoptèrent. C'était notre protectorat effectif établi sur tout
l'empire par le gouvernement annamite lui-même. C'était la paix
assurée et c'était, en même temps, notre influence fondée d'une
manière définitive.

Malheureusement, tout cela était en dehors des idées du résident général. Lorsque je l'informai des résultats que je venais
d'obtenir, il se plaignit à Paris de mon intervention, il adressa
de vives réprimandes à M. Hector et aux ministres du roi et il
donna l'ordre de ne rien exécuter de ce qui avait été préparé. La
principale raison qu'il donna, c'est que l'intervention du résident
supérieur de l'Annam dans les conseils du gouvernement annamite et dans la préparation et l'exécution du budget, provoquerait des conflits entre les deux gouvernements. La vérité est
qu'imbu des idées qui avaient cours à cette époque, il voulait
maintenir la dualité de protectorats inscrite dans le traité de 1884.
Il était, d'ailleurs, animé à l'égard de la Cour de sentiments peu
bienveillants et qui, se faisant jour dans toutes les circonstances,
mécontentaient beaucoup les indigènes.

Dès la fin de 1887, des symptômes de troubles se manifestent
dans diverses provinces du Tonkin ; le désordre va sans cesse
en s'accroissant jusqu'en 1891 où M. Bideau, gouverneur général
par intérim, déclare que « ce n'est plus de la piraterie, mais de
la rébellion ».

En 1891, lorsque le gouvernement de la République m'offrit,
je devrais dire m'imposa le gouvernement général de l'Indo-
Chine, en invoquant ma connaissance du pays, l'excellent
accueil qui m'avait été fait en 1887 par les hautes autorités annamites et cambodgiennes et les idées que j'avais développées, au
sujet du régime politique et administratif qui convient le mieux
à ce pays, la situation du Tonkin était considérée par beaucoup
de gens comme à peu près désespérée. Le Delta était presque
tout entier en insurrection, les régions montagneuses aux mains
des pirates chinois, le budget en déficit de 16 millions de francs,
l'anarchie dans l'administration, la guerre entre l'autorité
civile et l'autorité militaire, chacune reprochant à l'autre tout ce
qui advenait de mauvais et s'attribuant le mérite exclusif des
rares succès obtenus contre la rébellion ou la piraterie, les deux
autorités, d'ailleurs, dépensant, à mains ouvertes, des sommes
énormes en expéditions militaires et en colonnes de police sans
résultats notables. Tous les soirs, des fenêtres du gouvernement,
à Hanoï, je voyais l'incendie ravager les villages de l'autre côté
du fleuve Rouge et c'est à peine si les Européens osaient faire
le tour du grand Lac. D'autre part, les frontières du Tonkin,
dépourvues de tout moyen de protection, donnaient un libre

passage aux pirates et aux contrebandiers qui venaient vendre des armes, des munitions et de l'opium aux rebelles du Delta, et qui retournaient en Chine avec les femmes et les buffles dérobés aux agriculteurs. Incapables de se défendre, ceux-ci étaient non seulement pillés par les bandits, mais encore punis par nous pour ne s'être pas défendus. Les fatigues des colonnes inutiles et l'habitation sous des paillottes insalubres, ouvertes au soleil et à la fièvre, décimaient nos hommes et augmentaient encore nos dépenses improductives par les relèves incessantes des troupes.

A peu près inutiles contre les pirates et les rebelles, les expéditions militaires et les colonnes de police portaient le plus grand préjudice aux paisibles agriculteurs, par les abus qui accompagnent tous les mouvements de troupes et par les levées incessantes de coolies qu'elles enlevaient à l'agriculture. Dans certaines provinces, les champs étaient en friche et les villages abandonnés sur des étendues considérables. Les récoltes, diminuées d'importance par la réduction du nombre des travailleurs, rapportaient à peine de quoi nourrir la population ; l'argent faisait partout défaut et les impôts rentraient fort mal. Au moment de mon arrivée, il y avait un arriéré, impossible à recouvrer, de plus d'un demi-million de piastres, rien que pour les deux années précédentes. Dès qu'une mauvaise récolte survenait, il y avait de la famine.

Les indigènes, d'autant plus maltraités que la situation était plus mauvaise, car on les en rendait responsables, n'avaient pour nous que crainte et défiance et ne pouvaient envisager notre présence dans le pays que comme un malheur, car elle augmentait leurs souffrances et leurs misères dans d'immenses proportions.

Nous n'avions rien fait, d'ailleurs, pour doter notre nouvel établissement d'aucun outillage économique. C'est à peine si quelques kilomètres de routes avaient été ébauchés autour des deux ou trois centres principaux de population, afin de permettre aux Européens la promenade du soir. Dans toutes les parties du pays, les voies de communication faisaient absolument défaut et nous avions laissé les canaux s'envaser au point que certaines voies fluviales, aisément navigables au moment de notre arrivée, étaient devenues tout à fait impraticables. Nous n'avions même pas balisé le fleuve Rouge que l'on invoquait, au moment de la conquête, comme l'une des raisons majeures de nos entreprises, à cause de sa pénétration dans le Yun-nan.

Le gouvernement métropolitain n'accordait aux résidents et gouverneurs généraux aucune initiative. Toute la direction partait de Paris et la Métropole n'allouait que des crédits insuffisants pour faire face même aux besoins les plus urgents des effectifs militaires. Ne disposant ni des crédits nécessaires pour les travaux, ni de pouvoirs leur permettant de se procurer sur place les ressources financières dont ils avaient besoin, nos représentants étaient contraints de laisser le pays se traîner dans la misère. En dehors des constructions militaires élevées en 1885 et 1886, à l'aide des crédits prélevés sur les deux cents millions du général de Courcy, rien ou presque rien n'avait été fait.

L'incurie de l'administration rejaillissait sur les particuliers : ceux-ci ne sentant pas le sol résistant sous leurs pieds, n'avaient aucune disposition à fonder des établissements définitifs. Est-ce que le Tonkin n'était pas discuté, chaque année, avec une telle âpreté qu'on semblait toujours être sur le point de l'abandonner ? Les colons n'avaient aucune confiance dans l'avenir ; à l'exemple de l'administration, ils vivaient au jour le jour, hésitant à fixer leurs destinées dans une colonie où la France elle-même ne semblait pas être décidée à se maintenir. Les particuliers ne travaillaient donc pas plus que le Protectorat. Avec quoi, du reste, auraient-ils pu le faire ? Où auraient-ils pris les capitaux ? Le mouvement des affaires était nul ; le commerce se traînait dans un marasme affreux et l'industrie n'osait pas se créer. Seules, la piraterie et la rébellion florissaient, encouragées et provoquées par la misère, car si le Tonkin est extrêmement riche par son sol, sa population est d'une telle densité qu'elle consomme chaque année la presque totalité de la production du pays. Les cultures diminuant sous l'influence de toutes les causes indiquées plus haut, la misère était générale et permanente.

A l'époque dont je parle, c'est-à-dire vers le commencement de 1891, il y avait un tel mouvement d'hostilité du peuple annamite contre notre domination et les esprits étaient tellement surchauffés, que les tirailleurs disaient tout haut, devant leurs officiers et sous-officiers : « Bientôt les Français quitteront le Tonkin. » Les mandarins dédaignés, souvent maltraités, parfois envoyés au bagne pour les fautes les plus minimes, et privés de tout moyen d'action, restaient indifférents au désordre, si même ils ne l'encourageaient pas secrètement.

A Hué, la cour était menacée, depuis quelque temps, d'un changement de monarque et d'un bouleversement du Conseil de régence et du Comat auquel plus d'un haut mandarin n'aurait pas survécu. Quelques intrigants, en tête desquels un vieil interprète de Cochinchine, s'étaient mis en tête de renverser Than-Thaï et de le remplacer par un descendant de Gia-Long, personnage sans aucune valeur, mais bien vu de certains Européens. Au début de 1891, les choses étaient si avancées que le résident supérieur, M. Hector, perdant toute prudence, les avaient exposées tout au long dans un rapport officiel et qu'en juillet, lorsque j'allai à Hué, l'un des officiers de mon entourage fut prié de me demander pour le prétendant une audience secrète. Les fauteurs de l'intrigue avaient compté sur moi pour la mener à bonne fin. Ils oubliaient que j'avais acquis sur place, en 1887, la connaissance de la Cour de Hué, que je devais être prémuni contre la sottise à laquelle ils poussaient le gouvernement du Protectorat et l'administration métropolitaine. Celle-ci était, en effet, au courant de l'affaire. Je soupçonne même qu'elle avait approuvé l'intrigue ourdie par notre représentant à Hué, car, près de trois ans plus tard, un sous-secrétaire d'État me demandait ce que je pensais du projet de mon prédécesseur.

Les intrigues dont je parle étaient connues de la Cour; elles y avaient provoqué une émotion très vive, et qui n'était peut-être pas étrangère aux mouvement insurrectionnel dont le Tonkin était le théâtre à la fin de 1890 et au commencement de 1891.

Tous ces éléments réunis donnent une idée des difficultés de la situation en présence de laquelle la France se trouvait en Indo-Chine, au commencement de 1891. Le gouvernement ne savait comment sortir de ces difficultés. L'impopularité du Tonkin était telle, que le ministère n'osait demander aux Chambres le moindre sacrifice nouveau en hommes ou en argent. Une seule solution lui apparaissait comme abordable : elle consistait à confier le gouvernement de l'Indo-Chine à un homme que l'on revêtirait de pleins pouvoirs, à qui l'on abandonnerait le soin de pacifier le pays et d'y créer la prospérité à l'aide des moyens qu'il trouverait sur place, sans rien demander à la métropole. Ne pouvant lui donner ni hommes ni argent, on lui attribuerait des pouvoirs assez étendus pour qu'il pût se procurer lui-même et l'argent et les hommes dont il aurait besoin.

C'est dans cet esprit que fut rédigé, par le ministère que présidait M. de Freycinet, le décret du 21 avril 1891. Les premières bases de cet acte avaient été posées, plus d'un an auparavant, dans une commission du Conseil supérieur des colonies que présidait Jules Ferry et dans laquelle figuraient beaucoup d'hommes d'une rare compétence. On y était tombé d'accord sur ce principe que toute colonie, pour prospérer, doit être dotée d'une indépendance très considérable et que les gouverneurs ne peuvent y réussir qu'à la condition d'être munis de pouvoirs très étendus, aussi bien au point de vue financier qu'au point de vue politique. Ce sont ces mêmes vues qui avaient inspiré le décret du 21 avril 1891 dont le texte était presque semblable à celui de la commission dont je viens de parler. On eut soin de donner

à cet acte une allure assez large et une élasticité assez grande
pour que le gouverneur général, à qui les pouvoirs métropolitains donnaient leur confiance, ne fût gêné dans ses mouvements ni par aucune autorité supérieure à la sienne, ni par
aucun des règlements qui, en France et dans la plupart de nos
colonies, bornent et entravent les décisions et les actes des plus
hauts fonctionnaires. L'esprit du décret du 21 avril 1891 était
indiqué de la manière la plus nette dans cette parole que me
dit le président Carnot, au moment où je prenais congé de lui :
« Le gouvernement vous a donné tous les pouvoirs qu'il lui était
possible de vous donner officiellement, vous prendrez les autres. »

C'est dans ces conditions que j'acceptai la redoutable mission
pour laquelle le gouvernement sollicitait mes services. Je con-
naissais suffisamment les hommes pour ne point ignorer que si
j'échouais dans cette œuvre si difficile, on ne me le pardonne-
rait jamais et que si j'y réussissais, on ne manquerait pas de cri-
tiquer et de blâmer, quels qu'ils fussent, les moyens que j'aurais
mis en usage, car, forcément, ils briseraient les cadres de la
routine, heurteraient les préjugés de la bureaucratie et scanda-
liseraient la réglementomanie de mes concitoyens. Ni la peur
des responsabilités, ni la certitude des critiques et des injustices, ne me firent hésiter devant le devoir pour lequel le gouvernement faisait appel à mon patriotisme.

J'ai dit plus haut comment je réglai la situation du Cambodge.
C'était une tâche relativement facile. Les difficultés étaient plus
grandes au Tonkin et dans l'Annam, mais j'étais convaincu que
les mêmes moyens y devaient produire les mêmes résultats.

Mon premier soin, en arrivant à Hué, en juillet 1891, fut de
mettre les régents à leur aise, en leur disant que j'étais au courant des intrigues ayant pour objet le détrônement du roi, que
je les condamnais et que leurs auteurs n'auraient pas à se féliciter de s'y être livrés. A partir de ce moment, je vis les phy-
sionomies se rasséréner et la confiance se manifester de la
manière la moins douteuse. Les régents se mettaient à ma disposition pour m'aider de toutes leurs forces à rétablir l'ordre au
Tonkin, et ils se montraient particulièrement enchantés de ce
que le gouvernement m'avait donné des pouvoirs exceptionnels,
car ils redoutent beaucoup les fluctuations de l'opinion française et n'ont jamais eu à se louer de l'intervention de l'administration métropolitaine dans les affaires de leur pays. La
présence à mes côtés du général en chef et du contre-amiral
commandant de la division navale produisit aussi un excellent
effet sur leur esprit. Je pus m'assurer, à leur langage et à leurs
actes, que les galons et les broderies ont beaucoup moins d'influence sur ces natures délicates et lettrées, qu'on ne se l'imagine

dans notre pays et même parmi nos compatriotes de l'Indo-Chine. Quoique je ne fusse revêtu d'aucun uniforme, ils ne se méprenaient en aucune façon sur mon autorité, dont l'étendue était rehaussée à leurs yeux par la présence des officiers généraux placés sous les ordres du gouverneur général et qui, pour la première fois, se montraient à ses côtés, dans l'attitude prescrite par la hiérarchie. Il est, d'ailleurs, dans leurs traditions et dans celles de la Chine, de n'avoir qu'un respect secondaire pour les autorités militaires qui, chez eux, sont toujours très inférieures aux autorités civiles.

Les régents m'offrirent de faire adresser par l'empereur, aux mandarins et au peuple du Tonkin, une ordonnance qui leur prescrirait de remplir fidèlement leurs devoirs en exécutant mes ordres. C'était la première fois, depuis notre entrée dans le pays, que la Cour d'Annam se mettait en avant avec une résolution aussi nette. Un premier projet de proclamation préparé par trois membres du Comat fut trouvé insuffisant par le Conseil de régence ; celui-ci se mit tout entier à la besogne, disant qu'elle méritait grande attention, car « les lettrés du Tonkin sont très disposés à la critique ». Le texte qu'ils rédigèrent me fut soumis, puis copié en autant d'exemplaires qu'il y a de provinces au Tonkin. Chaque exemplaire fut revêtu du cachet que l'empereur appose lui-même. Comme tous les exemplaires ne pouvaient être prêts que quelques jours après mon départ de Hué, il fut convenu qu'ils me seraient envoyés directement et que je devrais les remettre moi-même aux gouverneurs annamites des provinces pour être affichés solennellement. L'hostilité de la cour à l'égard du Kinh-luoc se montrait à nu dans cette circonstance. Elle ne voulait pas que la proclamation impériale passât par ses mains ; elle craignait que l'autorité du document n'en fût affaiblie aux yeux des mandarins et du peuple du Tonkin qui, en réalité, à l'exemple de la Cour, n'ont jamais reconnu sincèrement les pouvoirs du Kinh-luoc, ainsi que j'ai pu m'en assurer dans une foule de circonstances. La proclamation impériale était aussi formelle que possible. L'Empereur donnait à ses sujets l'ordre non douteux d'obéir au représentant de la France et les menaçait de peines sévères en cas de désobéissance. A ce titre, je crois utile de reproduire ici ce document qui restera, sans doute, unique dans l'histoire de l'empire d'Annam [1].

[1] *Proclamation de S. M. l'Empereur d'Annam aux Mandarins, aux Lettrés et aux populations du Tonkin.*

Lorsque Son Excellence de Lanessan était venue (en 1887) dans notre capitale, comme envoyé de la noble France, elle nous avait entretenu de ses hautes conceptions politiques qui nous ont permis d'apprécier ses hauts

Les personnes de mon entourage et la majeure partie des Français du Tonkin se montraient — je ne veux pas le dissimuler, — fort sceptiques à l'égard de l'effet qu'aurait l'ordonnance de l'empereur. J'avais davantage confiance et j'eus ultérieurement tout lieu de m'en louer.

Pour corroborer l'action de l'ordonnance impériale, j'eus soin, dès mon arrivée au Tonkin, de relever le prestige moral

talents et ses qualités supérieures. Aujourd'hui le noble gouvernement lui a confié le poste de gouverneur général de l'Indo-Chine avec des pouvoirs très étendus et des responsabilités très grandes. Dès son entrée en fonctions, elle a publié une proclamation faisant connaître ses vues et ses intentions. Cette proclamation nous a été communiquée par notre Conseil secret et nous l'avons lue et relue à plusieurs reprises. Nous ne saurions dire combien nous sommes touchés des sentiments de sincérité et de générosité qui y sont exprimés.

La visite qu'elle nous a faite dans notre capitale nous a encore donné l'occasion de connaître son respect pour les rites et les devoirs, et d'apprécier ses rares aptitudes de conseiller et sa dignité d'homme d'Etat.

Son Excellence nous a déclaré qu'elle vient ici avec les fermes et sincères intentions de nous protéger, d'affermir l'autorité et les prestiges de notre cour et de pacifier notre pays : le noble gouvernement de France n'a pas d'autre ambition que celle d'être notre protecteur aux yeux du monde, en travaillant jour et nuit, d'un commun accord avec nous, à la réussite de cette œuvre. Ces paroles ont doublé le respect que nous avions déjà pour celui qui les a prononcées.

Depuis longtemps le peuple tonkinois est accablé de malheurs et, malgré la création des bureaux du Kinh-luoc, nous n'avons pas encore pu arriver à la pacification complète du royaume. Nous croyons que cela tient à ce que les mandarins et le peuple se comprennent mal et, quelquefois, au mauvais choix des premiers. Voilà pourquoi le pays reste longtemps troublé et le peuple souffre. Aujourd'hui nous sommes très heureux d'avoir la promesse de Son Excellence de faire cesser cet état de choses.

En faisant connaître à tout le peuple tonkinois, mandarins et soldats, lettrés et habitants, la haute dignité, les grands pouvoirs, la ferme intention qu'a Son Excellence le gouverneur général de protéger les bons, d'exterminer les mauvais et de tout régler d'une façon définitive, nous déclarons mettre toute confiance en Son Excellence pour travailler à la réussite de notre entreprise commune. Aujourd'hui, apprenez-vous les uns aux autres à reconnaître les bontés de la Cour et l'unité de l'autorité dans tout notre empire. Tout ce que fera Son Excellence le gouverneur général aura pour but de donner à notre peuple la tranquillité et le bien-être. Renoncez donc désormais à la mauvaise voie que vous avez suivie et qui n'a fait que vous conduire aux troubles et aux misères. Nous ne voulons pas croire que le peuple tonkinois est un peuple rebelle : il a trop souffert pour ne pas songer à la paix. D'autre part, les lettrés ne doivent pas ignorer la situation des peuples modernes. Aujourd'hui la Chine, le Japon, la Corée, le Siam, toutes ces grandes puissances se mettent en communication avec les puissances étrangères et ont ouvert leurs ports au commerce extérieur. Pourquoi donc restons-nous le seul peuple de l'Indo-Chine étranger à ce mouvement de progrès? Ce que nous croyons, c'est qu'il y a quelques individus qui, habitués à vivre de la piraterie et de la rébellion, cherchent à enrôler des habitants dépourvus

ı et l'autorité des mandarins et je leur donnai un gage matériel
de la loyauté de ma politique en organisant, sous leurs ordres
ı immédiats, la force de police indigène connue sous le nom de
linh-cò. J'ai exposé, dans mon livre sur la *Colonisation française en Indo-Chine*, les mesures que je pris à ces divers points
de vue ; j'ai également exposé les résultats excellents que j'en
obtins ; je ne reviendrai pas ici sur ce sujet. Je ne m'étendrai

de moyens d'existence, pour former des bandes de pirates qui se refor-
ment aussitôt dispersées.

Nous sommes obligés de sévir par les armes contre ces bandes. Vous
ne devez pas ignorer le nombre de ceux qui sont mis à mort à chaque
mouvement insurrectionnel, nombre dépassant souvent cent et s'accroissant tous les jours. Les naissances sont insuffisantes pour maintenir la
densité de la population. Ceux qui n'ont pas le sort de ces rebelles ne
peuvent pas trouver leurs moyens d'existence. Que de malheurs qui
pèsent sur le peuple ! La Cour et Son Excellence le gouverneur général en
sont très affligés et cherchent à en secourir les victimes.

Pour le choix des fonctionnaires, la Cour et Son Excellence le gouverneur général y veilleront d'une façon toute spéciale, afin d'empêcher toute
erreur. Quant à la paix, elle dépend des autorités communales et des
pères de famille. Hâtez-vous de ramener les égarés dans la bonne voie.
Si chaque famille pratique la bonne morale, dans chaque commune il n'y
aura que de bonnes familles et dans chaque huyen il n'y aura que des
communes raisonnables. Chacun s'occupera de sa famille et de ses rizières
et tous seront heureux. Cela ne vaudrait-il pas mieux que de se révolter
pour conduire toute sa famille à la mort ?

La noble France et notre Empire sont liés par les mêmes intérêts. C'est
pourquoi Son Excellence le gouverneur général et notre Conseil de régence
et notre Conseil secret ont cherché tous les moyens pour délivrer le
peuple tonkinois. Si la rébellion ne cesse pas après cette ordonnance,
nous serons obligés d'avoir recours à toutes sortes de rigueurs et vous
n'ignorez pas qu'il est impossible d'arracher, dans une rizière, des mauvaises herbes sans nuire à une partie du riz. Ce ne sera donc pas votre
bonheur.

Avant que Son Excellence le gouverneur général se mette à l'œuvre,
je ne crois pas inutile de vous répéter mes recommandations, et prenez-
en bonne note. Je vous engage, de plus, à lire la traduction de la proclamation de Son Excellence pour apprécier la sincérité et l'énergie de
ses paroles et pour renoncer à votre ancienne et mauvaise voie. Si vous
avez des réclamations à faire, ne craignez pas de les adresser à Son Excellence par l'intermédiaire de notre Kinh-luoc. Vous serez toujours sûrs
d'avoir une solution équitable. La répression des concussions, la diminution des corvées, l'extermination des pirates et des rebelles, la protection des agriculteurs, la générosité de la Cour, vous amèneront rapidement au relèvement du peuple.

Nous nous réjouirons tous de ce bonheur qui sera l'œuvre de Son
Excellence le gouverneur général et qui est le seul objet de nos préoccupations.

Hué, le 26 juillet 1891.

« *Cette proclamation porte le sceau royal Ngu-Tien-Chi-Buu, sceau que
le Roi appose lui-même.* »

pas non-plus sur les réformes financières que je pus introduire dans l'Annam central grâce à mon entente parfaite avec la Cour ; on les trouvera dans le même livre ; j'en veux indiquer seulement quelques traits qui n'ont pas pu trouver place dans cet ouvrage.

J'aurais voulu pouvoir reprendre les projets dont j'avais obtenu la préparation en 1887 ; mais les conditions n'étaient plus les mêmes. Notre conduite envers la Cour depuis cette époque et les événements qui s'étaient déroulés, avaient créé une situation toute nouvelle. Le roi avec lequel je m'étais mis d'accord en 1887, S. M. Dong-Khan, était mort, il avait été remplacé par un enfant encore mineur, âgé de onze à douze ans seulement en 1891 et encore entouré d'un Conseil de régence sur lequel les reines mères avaient une grande influence. Notre conduite, d'autre part, avait été fort maladroite. Les tentatives de détrônement de Than-Thaï, auxquelles nos agents s'étaient livrés, avaient inspiré à la famille royale et aux mandarins une très grande défiance. Avant d'entamer des pourparlers relativement aux réformes, il fallait obtenir la pacification du Tonkin et inspirer aux diverses classes de la population une confiance dans notre loyauté, qui avait entièrement disparu depuis bien des années. Il n'était d'ailleurs pas possible d'espérer aboutir à toutes les réformes projetées en 1887, avant que le roi eût atteint sa majorité. Cependant, dès que les circonstances le permirent, je me mis à l'œuvre, ayant devant les yeux le but que je m'étais proposé d'atteindre en 1887 et qui devra l'être un jour, c'est-à-dire la constitution d'un protectorat uniforme pour l'Annam et le Tonkin et la création d'un budget unique embrassant toutes les recettes et toutes les dépenses de ces deux portions de l'Empire.

En 1891, nous étions aussi éloignés que possible de ce but. Nous avions tracassé de mille manières la Cour de Hué, nous avions tenté de nous immiscer dans ses affaires, nous l'avions entourée d'intrigues de toutes sortes et nous avions mécontenté à la fois le gouvernement et le peuple. Cependant, nous en étions encore à ce protectoat bâtard où les autorités protectrices et protégées n'étaient que juxtaposées, ne se pénétrant en aucune manière l'une l'autre, rivalisant, au contraire, de défiance, et, il faut bien le dire, de défiance légitime, car chacune, craignant d'être trompée par l'autre, faisait son possible pour prendre les devants. Le protectorat de l'Annam était pour le budget du Tonkin un chancre rongeur : chaque année les dépenses de notre administration et de nos troupes, dans l'Annam central, dépassaient de plus d'un million de francs les recettes versées dans nos caisses par cette portion de l'Empire.

En 1890, le déficit avait été, pour les seules dépenses d'administration, de plus de dix-sept cent mille francs ; en y ajoutant les dépenses militaires, l'Annam central nous avait coûté, cette année-là, 2,392,000 francs de plus qu'il ne nous avait rapporté.

Si notre situation financière était détestable, celle du gouvernement annamite ne valait guère mieux. Dans l'Annam comme au Cambodge, nous avions mis la main sur les sources les plus productives du budget ; elles étaient insuffisantes pour satisfaire aux besoins de notre occupation, mais, en les absorbant, nous avions réduit le gouvernement annamite à une véritable misère.

Je profitai d'un voyage que je fis à Hué, en mars 1892, pour aborder la réforme de cette situation. Je trouvai la Cour bien disposée. Nous nous mîmes d'accord pour supprimer un certain nombre de fermes dont le gouvernement annamite ne tirait que des profits dérisoires, mais qui mécontentaient vivement les populations par les menées vexatoires auxquelles se livraient les fermiers, et pour substituer à ces fermes des impôts indirects qui seraient perçus par des agents européens et annamites. Ces impôts étaient institués en vertu d'ordonnances impériales, afin que le peuple les acceptât facilement ; leur produit était divisé par moitié entre le Protectorat et la Cour. Nous créâmes ainsi des impôts de consommation sur les allumettes, le tabac importé de l'étranger et le pétrole dont la consommation commence à être très considérable dans tout l'Extrême-Orient et nous instituâmes un papier timbré annamite pour les actes entre indigènes. Ces taxes entrèrent en exercice vers la fin de l'année 1892 et produisirent des recettes si notables que le déficit du protectorat de l'Annam pour l'exercice 1892 fut presque nul. La Cour, de son côté, avait trouvé son compte dans la réforme ; la part qui lui revenait sur ces impôts était sensiblement supérieure au produit des fermes dont ils avaient pris la place.

En septembre 1893, je profitai d'un nouveau séjour à Hué pour faire un pas de plus dans la même voie : nous supprimâmes la dernière ferme que la Cour d'Annam avait créée, celle des alcools, et nous la transformâmes en une sorte de régie dont les produits furent partagés, comme ceux des impôts indirects, entre la Cour et le Protectorat.

Cette réforme accomplie, il ne restait plus dans l'Annam central qu'un seul impôt échappant à notre contrôle, l'impôt foncier annamite, que la Cour perçoit pour partie en nature, riz, bois, etc., et pour partie en argent. Le gouvernement annamite attache, comme tous ceux de l'Extrême-Orient, une importance toute particulière à cet impôt ; il représente, aux yeux des habitants de ces pays, non seulement une charge fiscale, comme en Occident, mais encore une sorte de reconnaissance par les contribuables que la propriété du sol appartient théoriquement au roi ou à l'empereur au nom duquel l'impôt est perçu. C'est pour cela, que dans la réforme financière opérée au Cambodge, j'eus soin de maintenir la perception de l'impôt foncier aux mains des agents royaux, sauf à exercer sur ces derniers le contrôle du Protectorat. Dans l'Annam, en septembre 1893, c'est dans cet esprit que j'abordai, avec le troisième régent, la même question. Je m'efforçai de lui faire comprendre que pour compléter les avantages retirés par le Protectorat et la Cour des réformes financières déjà réalisées, nous avions intérêt à étendre ces réformes sur la seule source de recettes qui fût restée en dehors d'elles, c'est-à-dire sur l'impôt foncier. Je n'eus pas de peine à le convaincre que cet impôt rendrait davantage, s'il était perçu entièrement en argent; j'ajoutai que l'accroissement assez sensible de richesse réalisé par le pays depuis quelques années, serait encore plus grand si, grâce à un budget bien organisé, il était possible de faire, dans cette portion de l'Empire, des travaux publics où la population trouverait une source nouvelle de gains sous la forme de paiement de sa main-d'œuvre. Afin de ménager l'amour-propre du gouvernement annamite et de ne pas inquiéter les populations par une révolution trop brusque dans les habitudes administratives et financières du pays, nous laisserions la perception de l'impôt foncier aux mains des fonctionnaires annamites et même nous abandonnerions à la Cour la libre disposition de toute cette partie des recettes publiques, jusqu'à ce qu'il fût possible de fusionner toutes les recettes en un seul budget qui ferait face à toutes les dépenses, aussi bien à celles du Protectorat qu'à celles du gouvernement annamite, ainsi que cela se pratique si utilement dans nos Protectorats du Cambodge et de la Tunisie.

J'avais amené le troisième régent à comprendre les avantages de cette réforme et je me considérais comme certain de la mener à bonne fin, lorsque je fus obligé de quitter Hué, pour me rendre en Cochinchine où j'étais appelé par des affaires urgentes. Ce fut un malheur. Le résident supérieur d'alors, esprit étroit et caractère brutal, à qui je dus confier le règlement définitif de l'affaire, la fit échouer par la maladroite solennité avec laquelle il voulut la traiter. Cependant, je sauvai du naufrage plus encore qu'il ne m'était permis de l'espérer. Grâce à l'habileté de deux autres agents, j'obtins que la Cour établirait chaque année, d'accord avec le Protectorat, le budget particulier de l'Empire, divisé comme celui du Protectorat, en chapitres, sections et paragraphes, et donnant le détail de toutes les recettes et de toutes les dépenses. Ce budget serait approuvé d'abord par le roi, puis par le gouverneur général. La Cour serait chargée de payer toutes les dépenses de l'administration indigène, conformément aux prescriptions budgétaires et à l'aide des recettes inscrites au budget. Celles-ci se composent de deux catégories de revenus : 1° les impôts foncier et personnel annamites que le gouvernement de Hué continue à percevoir en nature et en espèces ; 2° les régies et impôts indirects dont les produits sont perçus par les agents du Protectorat et partagés en deux parties égales, l'une conservée par le Protectorat, l'autre remise par lui au gouvernement annamite. Il n'était pas question des recettes des douanes qui sont réservées exclusivement au Protectorat, ainsi que celles des postes et télégraphes.

C'est dans ces conditions que la Cour établit et soumit à mon approbation le budget de l'Empire pour 1894. Il fut annexé à celui du Protectorat. Afin de marquer sa bonne volonté, la Cour avait spontanément ajouté à ce budget une somme de 250.000 piastres qu'elle mettait à notre disposition pour faire des travaux publics dans l'Annam central. Je la décidai, en outre, à payer sur son budget propre les frais d'entretien de linh-cô organisés comme ceux du Tonkin et qui seraient chargés de la police des provinces, sous les ordres directs des mandarins. De mon côté, afin de marquer les tendances de ma politique, j'eus soin de réunir, dans le budget du Protectorat pour 1894, les dépenses du Tonkin à celles du Protectorat de l'Annam, de manière à les fusionner en un seul budget des dépenses et des recettes, dont l'ordonnancement était confié au résident supérieur du Tonkin.

Je pensais qu'il serait possible de faire pénétrer, petit à petit, dans ce budget unique, les recettes et les dépenses de l'Empire, de manière à n'avoir plus, dans un temps déterminé, qu'un seul budget embrassant toutes les dépenses et toutes les recettes de l'Annam et du Tonkin, et aussi bien celles du Protectorat que celles du gouvernement annamite. Ce n'était plus, dans ma pensée, qu'une question de patience et d'habileté. Il faudrait faire comprendre à la Cour qui si nous lui abandonnons une moitié des impôts indirects, il convient qu'elle paie sa part des frais de perception ; que si nous faisons des travaux utiles au pays, il convient qu'elle y contribue ; que si le maintien de l'ordre public occasionne de fortes dépenses, il faut qu'elle y participe, etc. J'estimais qu'il serait possible de fusionner ainsi peu à peu les intérêts des deux gouvernements et des deux administrations.

Je ne tardai pas à me convaincre que les obstacles auxquels ce plan se heurterait viendraient plutôt des administrateurs français que du gouvernement annamite. Le budget que j'avais si soigneusement préparé pour 1894 fut violé, dans ses principales parties, dès que je quittai l'Indo-Chine pour venir en France prendre un congé de quelques mois. A peine eus-je tourné le dos, mon intérimaire rendait au résident supérieur de l'Annam l'ordonnancement des dépenses et violait les engagements que j'avais pris vis-à-vis de la Cour. Plus tard, après mon remplacement dans le gouvernement général de l'Indo-Chine, on est entré dans une voie tout à fait différente de celle que j'avais suivie. Au lieu de laisser la Cour gérer librement son budget particulier, comme il avait été convenu entre elle et moi, lorsqu'il fut soumis pour la première fois à mon approbation, à la fin de 1893, on émet la prétention de contrôler toutes ses dépenses et toutes ses recettes, on la tracasse, on l'irrite et l'on éloigne ainsi le moment que j'avais prévu où, par suite d'une confiance réciproque, soigneusement maintenue, on serait arrivé à la fusion de tous les intérêts. On est revenu à ce protectorat de juxtaposition doublée de défiance, qui avait si peu servi nos intérêts jusqu'en 1891. Puisse-t-il ne pas sortir de cette conduite, dans l'avenir, les résultats si fâcheux qu'elle donna dans le passé !

Le peuple annamite et son gouvernement sont doués d'une susceptibilité très impressionnable et d'un amour-propre qui n'a rien à envier à celui des nations européennes. Si l'on froisse leur orgueil, leur nationalisme, leurs sentiments d'indépendance, on peut être certain de n'aboutir à rien. En les traitant, au contraire, avec déférence, en discutant avec les chefs les intérêts du pays d'une manière loyale, on les amène vite à une juste compréhension des avantages que l'Empire doit retirer d'une association intime de ses intérêts avec ceux du Protectorat.

Conduite à tenir en Indo-Chine à l'égard des diverses races. — En Indo-Chine, une autre question se pose : celle de la conduite que nous devons tenir à l'égard des indigènes qui appartiennent à d'autres races que la race annamite. Ces races sont nombreuses et variées, de sorte que la question n'est pas sans importance : de la façon dont elle est résolue dépend le maintien de l'ordre dans toutes les régions qu'habitent les races non annamites.

J'ai déjà insisté plus haut sur la différence profonde qui existe, à tous les points de vue, entre les Cambodgiens et les Annamites ; je n'y veux pas revenir ; je me borne à rappeler que notre principale préoccupation doit être de préserver le Cambodge contre les tentatives faites par le gouvernement de la Cochinchine pour absorber ce pays et lui imposer une organisation calquée sur celle des pays annamites. Nous n'aurons la paix au Cambodge et nous ne verrons le pays se développer qu'à la condition d'assurer l'indépendance absolue du royaume, au point de vue politique et administratif, en même temps que nous fusionnerons, dans la mesure du possible, ses intérêts économiques avec ceux de la Cochinchine. La présence au Cambodge d'un gouvernement indigène assez fortement constitué est de nature à beaucoup faciliter l'application de ces principes.

Les autres parties de l'Indo-Chine où vivent des populations n'appartenant pas à la race annamite offrent des conditions moins favorables. D'une façon générale, la race annamite est concentrée dans les vallées, où elle se livre principalement à la culture du riz. On ne trouve que très peu d'Annamites dans les montagnes qui entourent le grand delta du Tonkin et les petits deltas de l'Annam central. L'Annamite n'aime pas les montagnes ; on peut dire même qu'il en a peur, soit à cause de leur insalubrité, soit à cause de l'insociabilité des races qui les habitent. La répulsion des Annamites pour les montagnes est telle qu'il faudra beaucoup de temps et la création de voies de communication commodes et très sûres, pour les décider à se répandre en dehors des deltas où, cependant, ils sont accumulés en nombre trop considérable.

Les populations qui habitent les montagnes de l'Indo-Chine et les bords du Mékong sont, de leur côté, très différentes les unes des autres et très inégalement civilisées. Les unes, comme dans les îles de Khong, Khône etc., ont été pliées, depuis un grand nombre d'années, à l'influence siamoise et sont susceptibles de recevoir tout de suite une certaine organisation administrative ; d'autres, comme celles du royaume de Luang-Prabang, sont suffisamment organisées pour que nous ayons pu établir, dès 1893, un véritable protectorat ; d'autres, comme celles des montagnes du Tonkin connues sous les noms de Thos, de Mans, etc., sont constituées en tribus reconnaissant des chefs héréditaires ; d'autres, notamment dans les montagnes de l'Annam central (Khas, etc.), sont encore à peu près sauvages. Toutes ces races, si diverses qu'elles soient par le degré de leur civilisation et par leur origine ethnique, ont cela de commun qu'elles n'ont jamais supporté de bon gré l'autorité des Annamites. Notre conduite à leur égard doit être dominée par ce fait ; nous devons éviter d'introduire dans les territoires qu'elles habitent les autorités et les coutumes de l'Annam ; notre action doit s'exercer directement, ou du moins n'employer comme intermédiaires que les chefs locaux.

C'est pour avoir négligé l'application de ce principe que nous avons vu, pendant de nombreuses années, les populations des montagnes qui bordent la rivière Noire, se tenir dans un état permanent d'insurrection. En 1887, lorsque je visitai cette région, les chefs se plaignirent vivement de ce qu'on tentait de les faire administrer par des mandarins annamites, et ils m'avisaient que si l'on ne renonçait pas à ce système les populations se livreraient à des actes insurrectionnels. Ces avertissements furent transmis fidèlement par moi aux autorités du Protectorat et au gouvernement métropolitain ; mais il n'en fut tenu aucun compte. A la fin de 1890, toute cette région était dans un état de trouble profond ; les populations muongs faisaient cause commune avec les rebelles annamites et leur donnaient main forte dans cet enlèvement du poste de Chobo, qui eut un si triste retentissement en France, au début de 1891.

Mon premier soin, en arrivant au Tonkin, fut de prendre des mesures pour que toutes les populations non annamites fussent soustraites à l'autorité de ces derniers. C'est à ces mesures, suivies du rétablissement de l'autorité des chefs naturels, et de l'armement des villages, que j'attribue, en majeure partie, la pacification des régions montagneuses du Tonkin. En 1893, aussitôt que nous eûmes pris possession des territoires de la rive gauche du Mékong, j'eus soin d'éviter que les autorités annamites y pénétrassent. J'estime qu'il faudra tenir très fermement la main à l'application de ce principe.

Ces considérations me conduisent à parler d'une autre colonie où il ne sera pas moins utile d'en tenir compte : celle de Madagascar.

§ 3. — Coup d'œil sur l'histoire politique de la France a Madagascar

Dois-je dire que nous avons commis à Madagascar les mêmes erreurs qu'au Cambodge et dans l'Annam ? Je ne veux pas refaire l'histoire des phases si variées par lesquelles notre action est passée dans la grande île africaine. Je n'en veux rappeler que les traits propres à éclairer les événements dont nous avons été et sommes encore les témoins.

Dès 1881, notre situation à Madagascar attirait l'attention du gouvernement et des Chambres. Nos compatriotes se plaignaient de la mauvaise foi apportée par les Hovas dans l'exécution du traité de 1868 qui donnait aux Français le droit de posséder et de trafiquer dans l'île, etc. En 1882, nous commençons à employer la menace et la force ; en 1883, l'amiral Pierre bombarde quelques villages de la côte ; le 27 mars 1884, la Chambre déclare, à une très grande majorité, sa résolution de « maintenir tous les droits de la France sur Madagascar » et renvoie à une commission spéciale l'examen des crédits qui lui sont demandés pour faire valoir ces droits.

La commission, dont j'étais le rapporteur, ouvrit une enquête auprès de toutes les personnes ayant habité ou visité Madagascar et susceptibles de lui fournir des renseignements et de lui donner des avis sur la conduite à tenir. Des commerçants, des industriels, des agriculteurs, des officiers de tous grades déposèrent devant la commission. Elle était donc aussi éclairée que possible lorsqu'elle soumit ses conclusions à la Chambre. Elle écartait d'abord toute idée de campagne contre Tananarive, en raison surtout de l'absence de routes et de la dépense. Puis, après avoir recommandé l'occupation définitive du port de Tamatave, dont nous étions les maîtres depuis 1883, elle ajoutait : « Tamatave est le terminus maritime d'une route qui relie Tananarive à la côte orientale, route très accidentée, très mal entretenue, traversant des marais et des rizières, escaladant des sommets escarpés, descendant en des vallées étroites et encaissées. L'un des premiers soins du gouvernement français devra être de faire étudier le tracé d'une route plus commode et plus sûre, donnant accès dans l'intérieur du pays... La tactique des Hovas a toujours été de rendre difficile l'accès du territoire qu'ils occupent au centre du massif montagneux de l'île. Ils interdisent de faire des routes et ils ont accumulé volontairement toutes les difficultés sur le parcours de celle dont ils autorisent l'usage entre Tamatave et Tananarive. Si nous ne nous empressons pas de modifier cet état de choses et si nous ne facilitons pas l'accès du port de Tamatave à tous les produits de l'intérieur, notre occupation de ce point ne nous sera d'aucun intérêt. » La commission disait ensuite : « D'après les dépositions de presque tous les témoins entendus, c'est de Majunga et de Morouvaï que devrait partir une expédition contre Tananarive. L'occupation de ces points est donc très importante : elle devra être définitive et le premier soin du gouvernement français devra être de *faire une route* destinée à les relier au massif central. » La commission recommandait encore la construction immédiate de diverses autres routes et le gouvernement, exprimant le même avis, avait déclaré devant elle que : « L'amiral Miot était muni d'instructions dans ce sens et qu'il avait emporté tous les instruments nécessaires. »

Après le vote des conclusions de la commission, on bombarda les côtes de la grande île, on brûla les villages, mais on ne fit rien en vue de l'avenir, ni pour faciliter à nos compatriotes l'œuvre de colonisation qui avait paru être l'objectif des pouvoirs publics. Dans l'espace d'un an, on dépensa une vingtaine de millions en personnel et en matériel maritimes, en vivres, hospitalisation, transport d'hommes valides ou malades, etc., mais on ne construisit ni une caserne, ni un hôpital pour loger les hommes et les soigner, on ne fit ni une route, ni un sentier, ni rien de ce qui caractérise une œuvre coloniale rationnelle et durable.

A la fin de 1885, nous n'étions pas plus avancés qu'en 1882. Confinés dans les postes marécageux de la côte, décimés par la maladie, n'ayant en face de nous, pour tenter une expédition sur Tananarive, que les sentiers où les hovas avaient, comme le signalait la commission de 1884, accumulé toutes les difficultés, le plus vulgaire bon sens nous condamnait à reculer devant une campagne pour laquelle rien n'était préparé ; nous fûmes très heureux de voir régler la question par le traité du 17 décembre 1885.

Il était impossible de contester que ce traité fut tout à fait insuffisant, mais ceux qui le votèrent espéraient que le gouvernement saurait tirer parti de la situation qu'il nous donnait à Tananarive pour y asseoir notre influence et préparer l'avenir. Le traité nous attribuait le droit de présider aux relations extérieures du gouvernement hova, ce qui impliquait le protectorat vis-à-vis des étrangers ; il donnait à nos nationaux des droits aussi étendus que possible ; nous reconnaissions, à la reine de Madagascar, le soin de « présider à l'administration intérieure de l'île », mais nous nous engagions à mettre à sa disposition « pour seconder la marche du gouvernement et du peuple malgaches dans la voie de la civilisation et du progrès, les instructeurs militaires, ingénieurs, professeurs et chefs d'atelier » qu'elle nous demanderait. C'est particulièrement sur cette clause et sur l'action morale qu'exercerait le résident général, que le Parlement et le ministère comptaient pour établir notre influence à Madagascar.

Il était permis d'espérer que nous utiliserions tout de suite ces éléments pour faire créer de bonnes routes entre Tananarive et les principaux points de la côte. Un gouvernement doué de quelque génie colonial n'aurait pas trompé ces espérances. Le nôtre, à peine sorti des difficultés d'où était né le traité du 17 décembre 1885, fit à Madagascar ce qu'il avait fait au Cambodge, ce qu'il faisait au même moment dans l'Annam : il envoya à Tananarive quelques fonctionnaires sans argent ni autorité propre, et il ne pensa plus à la grande île.

Neuf ans plus tard, à la fin de 1894, il n'était sorti de notre séjour à Madagascar et du Protectorat institué par le traité de 1885, aucun avantage d'aucune sorte ni pour notre commerce ni pour notre industrie; nous n'avions lancé les Hovas dans aucun travail d'utilité publique; les communications entre Tananarive et la côte étaient exactement dans le même état qu'en 1885 et 1882; nous nous étions contentés de juxtaposer au gouvernement de la reine un Protectorat sans efficacité, sans argent, sans crédit, défiant et tenu en défiance.

Une pareille façon de procéder n'était point de nature à inspirer aux Hovas le moindre respect pour notre puissance ni pour notre habileté. Nous leur avions promis qu'il résulterait pour leur pays de grands avantages de notre protectorat. Grâce à nos capitaux, les terres en friche seraient cultivées, les mines fouillées, les troupeaux multipliés, les communications établies partout afin de faciliter le commerce et le transport des produits du sol, des industries créées, etc. Cependant, les années s'écoulaient et les populations ne voyaient venir ni capitaux, ni colons, ni rails, ni locomotives, ni usines, seulement quelques fonctionnaires et soldats plus ou moins insolents, et des paperasseries à n'en plus finir. Faut-il s'étonner que ces gens n'aient cru ni à notre sincérité ni à notre puissance? Et peut-on trouver étrange que notre situation à Madagascar fut, à la fin de 1894, à peu près aussi précaire qu'en 1885?

Dix ans après l'institution de notre Protectorat, les populations ne nous ménagent aucune manifestation de mépris; une pointe de haine s'y ajoute même en raison de certains actes de brutalité de nos soldats et des fautes commises par nos rares nationaux; finalement, le résident général est obligé de quitter Tananarive en amenant son pavillon. On est à la veille d'une guerre qu'il était encore possible d'éviter, mais à laquelle les militaires et les marins poussent avec une telle énergie que le gouvernement et les Chambres se croient obligés de leur obéir.

On décide alors de ne pas procéder, comme au Tonkin, par « petits paquets », mais de faire si « grand » que l'on étonnera le monde. Ni les hommes, ni le matériel, ni l'argent ne seraient ménagés ; on noliserait toute une flotte de transports ; on aurait des canonnières, des chaloupes, des canots à vapeur, des voitures en telle quantité que les navires seraient déchargés en un clin d'œil et tous les hommes transportés sans fatigue jusqu'à l'extrême limite des rivières navigables, au cœur même du pays. Comme les ennemis devaient fuir le combat et que l'on avait tout prévu pour mettre les hommes à l'abri du moindre accident et de la plus faible cause de maladies, la campagne resterait, dans les phases de notre histoire, à l'état de modèle d'organisation et de direction. Tout serait fini en quelques mois et l'on ferait, aussitôt après la prise de Tananarive, rentrer toutes les troupes, pour passer à la pratique du plus pacifique et du plus fécond des protectorats.

Telles furent les illusions ; on connaît les réalités. D'abord, cette flotte de transports que l'on se proposait de faire évoluer devant l'Angleterre jalouse, c'est à l'Angleterre qu'on est allé

la demander, donnant ainsi le spectacle d'une nation qui se
vante d'avoir la deuxième marine du monde et qui serait
incapable d'armer vingt navires à la fois. Ensuite, on vit les
administrations militaires et maritimes empiler les hommes et
le matériel dans un tel désordre que rien ne se trouvait ensemble
de ce qui devait aller ensemble. Puis tout manqua pour le
débarquement : le warf était trop court et inabordable, les cha-
lands n'étaient pas montés quand on en eut besoin ; les canonnières et les chaloupes pas davantage, les canots à vapeur étaient
trop faibles pour donner la remorque et ne pouvaient tenir la
mer ; les vivres, les munitions, les approvisionnements de toutes
sortes n'existaient que sur le papier ; les moyens de transport
fluviaux n'existaient pas du tout ; il n'y avait pas davantage de
moyens terrestres ; les voitures se brisaient quand on essayait
de s'en servir ; les mulets n'avaient pas de bâts et les coolies
faisaient défaut, toutes les populations ayant fui à notre approche.
On avait un matériel énorme, encombrant, et rien pour le loger
ni le transporter. Comme il n'y avait pas de routes, les soldats
pataugeaient dans les marécages, sac au dos et d'autant plus
chargés qu'on n'avait rien négligé de ce qui aurait pu leur être
utile et même agréable. Pendant la discussion des crédits
devant la Chambre, un député avait fait remarquer qu'il n'y
avait pas encore de routes à Madagascar : « On en fera, » avait
répondu le rapporteur. On fut obligé, en effet, d'en faire une,
ou du moins d'essayer de la faire, et pendant des mois l'on vit ce
spectacle : des soldats français exécutant, sous un soleil meurtrier et dans un sol plus meurtrier encore, des travaux de
terrassement qu'il serait, dans les pays de cette sorte, cruel
d'imposer à des forçats.

La fièvre et la dysenterie, se mirent promptement de la partie ;
au bout de six mois nous avions perdu plus de cinq mille
hommes par la maladie, le tiers de l'effectif. On était d'ailleurs
obligé de renoncer à continuer la route, à transporter les vivres
ou munitions et même à faire marcher la troupe tout entière :
l'expédition se terminait par une marche forcée de quelques
milliers d'hommes sur Tananarive dont ils s'emparaient presque
sans combat ; heureusement ! car si les Hovas avaient fait une
résistance sérieuse, l'aventure pouvait se terminer par quelque
horrible défaite, comme celle des italiens à Adoua.

Au point de vue diplomatique, on s'était d'abord, fort sagement,
arrêté à l'idée d'imposer au gouvernement hova un simple protectorat qui aurait eu l'avantage de ne soulever aucune question délicate et de coûter aussi bon marché que possible. On
pensait qu'en utilisant l'autorité du gouvernement hova et son
personnel administratif, il serait possible de diriger toutes les

affaires de l'ile, sans rien demander à la métropole. Il y avait dans cette pensée une bonne part d'illusion : Madagascar n'est que très insuffisamment peuplé (trois ou quatre millions d'habitants pour une surface plus grande que celle de la France) et compte parmi ses populations une foule de tribus encore à demi sauvages, plus aptes au brigandage qu'au travail productif ; le pays ne pourra pas avant bien des années fournir des recettes notables au trésor ni gagner, par des exportations abondantes, assez d'argent pour se livrer à une forte consommation. Cependant, malgré la part d'illusion qu'elle contenait, l'idée du protectorat était fort juste, même au point de vue financier. Le meilleur moyen, dans toutes les colonies, de faire des économies d'administration, est de se servir des institutions locales et des agents indigènes, car ceux-ci coûtent beaucoup moins cher, à tous les points de vue, que les agents européens. On voyait, en outre, dans le protectorat, l'avantage d'écarter provisoirement la solution du problème de l'esclavage. A Madagascar, la richesse véritable consiste, comme autrefois à Rome, dans le nombre plus ou moins considérable d'esclaves que l'on possède. Non seulement l'esclave travaille pour son propriétaire, mais encore il est loué par lui pour divers travaux, voire même en vue de la prostitution, s'il s'agit des femmes, ce qui fait que le prix des petites filles, sur le marché de Tananarie, est très supérieur à celui des femmes et surtout des hommes adultes. Comme on estime à plus de cinq cent mille le nombre des esclaves, le gouvernement français pensait que la suppression de l'esclavage produirait un bouleversement complet de toutes les conditions économiques de l'ile et pourrait avoir les conséquences politiques les plus graves ; il voyait dans l'établissement d'un simple protectorat le moyen de retarder la solution de la question.

Une objection sérieuse était faite au protectorat : on lui reprochait d'avoir pour effet le maintien des traités de commerce conclus par le gouvernement hova avec l'Angleterre et les Etats-Unis, et par lesquels ces pays se sont fait attribuer le traitement de la nation la plus favorisée. Avec le protectorat, ils jouiraient de tous les avantages que nous procurerions à nos nationaux et nous aurions fait en pure perte de grosses dépenses. A cette objection le gouvernement répondait qu'il espérait obtenir des puissances étrangères la renonciation aux traités conclus par elles avec le gouvernement de l'Emyrne. C'est dans ces conditions que M. Hanotaux et le cabinet Ribot, dont il faisait partie, adoptèrent l'idée du protectorat et remirent au général Duchesne la convention qu'il devait faire signer à la reine aussitôt après l'entrée de nos troupes dans Tananarive.

Le ministre des affaires étrangères et ses collègues avaient compté sans les théoriciens de la conquête et de l'annexion, sans les députés de la Réunion qui demandent, depuis quinze ans, l'administration directe de Madagascar afin d'y caser, dans les emplois publics, leur innombrable clientèle électorale, sans les bureaux du ministère des colonies qui tiennent à diriger de Paris toutes les affaires coloniales et qui seraient impuissants devant un protectorat libéral, sans les membres des deux Chambres à qui il faut des places à distribuer, sans les militaires et marins dont le régime trop pacifique du protectorat ne sert suffisamment ni les intérêts ni les ambitions.

Dès le début de la campagne militaire, tous ces éléments se mirent en branle et réclamèrent la conquête, l'annexion, l'administration directe de la grande île africaine. Le protectorat n'était, à les entendre, qu'un prix insuffisant des souffrances endurées par nos troupes, il sacrifierait nos intérêts commerciaux et notre honneur national, il blesserait notre patriotisme, etc., et l'on menaçait le gouvernement de le renverser s'il ne changeait pas d'attitude. Le ministre des affaires étrangères fut obligé de se soumettre. Au mois de septembre, il envoyait au général Duchesne un deuxième projet de traité, très distinct du premier, et qui devait être signé par la reine de Madagascar seule. Il n'y était plus question d'un contrat entre la France et le gouvernement hova ; celui-ci déclarait simplement accepter notre protectorat avec toutes ses conséquences, notamment avec le droit d'entretenir à Madagascar les troupes que nous jugerions nécessaires. Comme le disait M. Hanotaux dans ses instructions du 18 septembre 1895 au général Duchesne, cet acte devait « comporter simplement la soumission des Hovas à notre protectorat ». Il arriva trop tard à Tananarive pour que le général pût le présenter à la reine ; celle-ci avait déjà signé le premier projet. On jugea qu'il serait ridicule de lui imposer, à huit jours d'intervalle, un second document contradictoire de celui qu'on lui avait déjà soumis. Notre représentant civil à Madagascar insistait, d'ailleurs, sur la faute que l'on commettrait en essayant d'administrer l'île directement. Après avoir dit que « le gouvernement malgache ne comprendrait pas un acte unilatéral », M. Ranchot ajoutait : « le contrat unilatéral, permettant de négliger le gouvernement malgache, nous conduirait fatalement à l'administration directe et nous sommes en mesure ici d'apprécier dès maintenant, par la désorganisation produite dans le pays où la colonne a passé, quelle charge écrasante assumerait la France. »

Ces observations déterminèrent M. Hanotaux à ne pas insister pour que son deuxième projet fût soumis à la reine. Du reste,

peu de temps après, il quittait le ministère des affaires étrangères. Avec le nouveau ministère un nouveau système prend
naissance. Au mois de janvier 1896, nous forçons la reine de
Madagascar à signer un acte unilatéral où elle reconnaît, non
plus notre protectorat, mais la « prise de possession de l'ile de
Madagascar par le gouvernement de la République française »
et l'on rattache Madagascar au ministère des colonies, afin
de bien marquer sa nouvelle situation. Au mois de février, le
gouvernement faisait, par l'intermédiaire de nos ambassadeurs,
la notification suivante aux principales puissances. « A la suite
de difficultés survenues à Madagascar, dans l'exercice de son
protectorat, le gouvernement de la République a été obligé d'intervenir militairement pour faire respecter ses droits et s'assurer des garanties pour l'avenir. Il a été amené à faire occuper
l'ile par ses troupes et à en prendre possession définitive. J'ai
l'honneur, au nom de mon gouvernement, d'en donner notification au gouvernement de... » Le ministère pensait que cela
suffirait pour que les puissances ayant des traités avec le gouvernement hova y renonçassent ; il n'en fut rien : trois mois
plus tard, en présence des demandes d'explications des puissances, M. Hanotaux, revenu au ministère des affaires étrangères, se considérait comme obligé de rompre entièrement avec
sa politique primitive et de proposer aux Chambres la reconnaissance de Madagascar comme « colonie française ».

Dans l'exposé des motifs de son projet de loi, il informait les
Chambres que les puissances ayant des traités avec Madagascar
ne considèrent pas la « prise de possession qui leur fut notifiée
au mois de février comme suffisante pour faire disparaître leurs
traités avec le gouvernement hova » ; au contraire elles « ne nient
pas que la disparition de la souveraineté indigène et la substitution pleine et entière de la France à celle du gouvernement hova,
aurait pour effet de faire disparaître, *ipso facto*, les anciens
traités ». C'est, en effet, ce qui s'est produit pour nous-mêmes
lorsque l'Angleterre prit possession de la Birmanie. Nous avions
des traités de commerce avec le gouvernement birman, un
notamment très avantageux dont je fus le rapporteur en 1884 ;
d'autres puissances étaient dans la même situation que nous ;
tous ces traités furent reconnus comme nuls par les puissances
intéressées et par l'Angleterre, le jour où celle-ci se fut susbti-
tuée au gouvernement de Mandalay ; un fait semblable se
produira, disait M. Hanotaux, le jour où la France aura, par
une loi, « déclaré colonie française Madagascar et les iles qui
en dépendent ». La France aura ensuite le droit de soumettre
Madagascar au régime douanier qui lui paraitra le plus conforme
à ses intérêts. Quelques mois plus tard, les Etats-Unis d'abord,

puis l'Angleterre accusaient à notre gouvernement réception de
sa nouvelle notification.

La question politique, celle du régime administratif auquel il
conviendra de soumettre Madagascar n'en est pas plus avancée.
Il s'agit de savoir si, ayant déclaré Madagascar colonie française, nous devons considérer les autorités locales comme n'existant plus et nous substituer à elles, ou bien si nous devons continuer à gouverner et administrer le pays en les utilisant dans
une mesure plus ou moins large. Je n'hésite pas à me prononcer
pour cette dernière solution, tout en faisant des réserves sur la
manière dont elle a été comprise jusqu'à ce jour. Dans tous les
traités que nous avons conclus avec la cour de l'Emyrne nous
avons considéré le gouvernement hova comme maître de l'île
entière de Madagascar ; nous avions à la fois raison et tort
d'agir de la sorte : raison, parce que cela nous permettait de
maintenir nos droits anciens ; tort, parce que nous accordions
aux Hovas une autorité qu'ils n'ont jamais eue. Les conséquences
n'étaient pas graves tant que nous nous bornions à n'exercer
qu'un protectorat en quelque sorte nominal. N'entretenant
aucunes relations avec les diverses peuplades qui habitent l'île,
nous nous inquiétions peu de savoir si elles étaient satisfaites ou
mécontentes de l'hégémonie que nous reconnaissions au gouvernement hova et nous n'avions pas à nous occuper de ce qui
se passait entre elles et ce gouvernement. Désormais, notre situation n'est plus la même : il faut que nous décidions si nous gou-
vernerons et administrerons directement ces populations, ou si
nous les ferons administrer par les Hovas sous notre simple contrôle. Il faut même savoir si nous conserverons le gouvernement
hova et les autorités hovas, en les utilisant pour un protectorat
plus ou moins étroit, ou bien si nous les ferons disparaître, afin
de pratiquer l'administration directe sur tous les points de l'île.

Sur cette dernière question il ne me paraît pas que le doute
soit possible. La suppression du gouvernement hova et l'administration directe ne pourraient qu'augmenter les troubles si
grands dont souffre notre occupation et nous créer des dépenses
très supérieures aux profits que l'île est susceptible de donner.
Déjà, des personnes fort autorisées ont attribué le mouvement
insurrectionnel au changement de politique que nous avons
effectué depuis que nous sommes dans l'île. Le *Journal des missions norvégiennes* disait au mois de juin 1896 : « Malheureusement il semble aussi que la fraction jusqu'ici loyale de la population est ébranlée de plus en plus, depuis qu'il est question
d'un changement dans les stipulations primitives qui transfor-
meraient le protectorat en une prise de possession définitive de
l'île. Elle considère cet acte comme une violation de la parole

donnée qui l'affranchit, elle, de ses engagements. » Parlant du peu de résistance que les troupes malgaches opposèrent à nos soldats au moment de la conquête, le même journal ajoute : « Les soldats malgaches croyaient ne combattre que pour les intérêts de leurs grands chefs et ils ne se souciaient pas de se sacrifier pour eux. Maintenant ils voient les Français chez eux et ils ont compris que l'existence même de la nation est en jeu. Si les masses venaient à envisager la chose ainsi, il en pourrait résulter une exaltation des esprits qui donnerait du fil à retordre aux Français. Jusqu'ici tout le mouvement semble encore flotter entre des insurrections locales et un soulèvement national organisé. »

Un fait singulier se produit dans le mouvement insurrectionnel : la rébellion a débuté parmi les gens restés fidèles à l'ancienne religion fétichiste et à mesure que le mouvement insurrectionnel s'étend le retour aux pratiques fétichistes devient de plus en plus marqué. Le même journal dit à ce sujet : « Ce qu'il y a de pire, c'est que l'insurrection semble trouver un appui chez divers personnages influents de la capitale ; elle prend de plus en plus le caractère d'un soulèvement populaire et paraît puiser sa plus grande force dans la fraction païenne de la population qui est encore en majorité ; c'est pour cette raison qu'elle s'attaque au christianisme, considéré comme étranger, et les opérations guerrières des insurgés sont accompagnées de cérémonies païennes. » La religion ancienne paraît donc renaître parmi les populations, à mesure que celles-ci se rebellent contre la domination étrangère, et c'est à cette religion de leurs pères qu'ils demandent des forces morales.

Il est évident que plus nous accentuerons notre politique dans le sens de l'administration directe, plus nous provoquerons le mécontentement des Hovas et plus nous les pousserons vers la rébellion. Le vote de la loi qui déclare « colonie française Madagascar et les îles qui en dépendent » ne doit pas avoir pour conséquence nécessaire l'administration directe. Exigé par les considérations de politique étrangère exposées plus haut, il peut et il doit n'avoir aucun retentissement sur notre conduite politique dans l'île. Il est tout aussi facile, dans la pratique, d'exercer le protectorat sous l'étiquette de l'annexion, que de pratiquer l'administration directe sous l'étiquette du protectorat. En ce qui concerne la région occupée par les Hovas, notre conduite est tracée non seulement par les principes généraux de colonisation développés ci-dessus, mais encore par les événements qui se déroulent à Madagascar. Il est manifeste que nous n'obtiendrons le rétablissement de l'ordre dans cette portion de l'île, qu'en inspirant aux populations et aux autorités hovas la pensée que notre but n'est pas de supprimer leurs coutumes administratives et politiques, mais seulement de travailler à la prospérité du pays par une meilleure organisation financière et administrative, par des travaux publics utiles et par la mise en valeur des terres à l'aide de capitaux français.

Quant aux populations autres que celles de race hova, notre conduite à leur égard doit s'inspirer des principes exposés plus haut. Parmi les partisans du protectorat, un grand nombre pensent qu'il faut se servir des Hovas comme intermédiaires pour administrer les autres populations, celles-ci, disent-ils, n'étant pas assez civilisées pour que nous puissions entrer en relations directes avec elles. Il est impossible de nier que les Hovas seuls sont civilisés et dotés d'un gouvernement et d'une administration à peu près dignes de ces noms ; il est exact aussi que la plupart des autres tribus sont encore à demi sauvages et que même quelques-unes paraissent être rebelles à la civilisation ; mais ces prémisses ne conduisent pas logiquement à la conclusion qu'on en tire. Maintenant que nous avons à faire sentir notre action sur toutes les parties de l'île et sur toutes les populations qui l'habitent ; maintenant que nos droits et notre puissance ne peuvent plus être discutés par personne, la question qui se pose devant nous n'est plus la même qu'autrefois : elle se réduit à savoir par quels moyens nous assurerons le plus facilement la tranquillité dans le pays tout entier et de quelle façon nous gagnerons le mieux à notre cause les populations diverses et les intérêts multiples avec lesquels nous sommes en contact. L'histoire coloniale tout entière conduit à ce principe formulé plus haut que, dans une colonie où il existe des races diverses, il faut avant tout respecter les usages, coutumes, mœurs et sentiments de chacune de ces races, en évitant d'imposer à aucune d'entre elles l'autorité d'aucune autre. Avec ce principe sous les yeux, si nous examinons la situation de Madagascar, nous reconnaissons que l'autorité des Hovas n'a jamais été loyalement admise par aucune des autres races qui peuplent l'île. Elles se sont inclinées plus ou moins docilement devant la force du gouvernement de l'Emyrne, mais elles n'ont jamais accepté sa suprématie et tous leurs efforts, depuis que nous avons mis le pied dans l'île, ont été dirigés vers une délivrance dont elles nous considéraient comme les futurs agents.

Sur beaucoup de points de l'île, aussitôt après l'entrée de nos troupes dans Tananarive, les populations se sont insurgées contre les gouverneurs hovas des provinces. Il est évident que si ces populations nous voient travailler au maintien de l'hégémonie des Hovas et nous servir de fonctionnaires hovas pour les administrer, c'est contre nous que se tourneront leurs haines et c'est sur nos compatriotes qu'elles tenteront de se venger des mauvais traitements qui leur furent jadis infligés par les Hovas.

Il n'est pas jusqu'à la question religieuse qui ne crée, entre le gouvernement hova et la plupart des populations de l'île, des causes de dissentiments et d'hostilité dont il est impossible que nous ne tenions pas le plus grand compte. Depuis longtemps, le gouvernement et l'aristocratie hovas se sont convertis au protestantisme; dès 1869, des ordonnances royales interdisaient le culte des fétiches auquel beaucoup de tribus et les classes hovas inférieures sont adonnées. Ces dernières se soumirent, du moins en apparence, mais les tribus appartenant à d'autres races ne virent dans les ordonnances de la reine qu'un motif de plus de haïr la domination hova. Les premiers actes de nos troupes n'ont fait qu'aviver ces haines religieuses. Les correspondants de Madagascar ont eu soin de nous apprendre que partout où les officiers français chargés de réprimer la rébellion et le brigandage rencontraient des temples, ils les ont brûlés et ont détruit les idoles. Rien n'était plus propre que ces actes à exciter contre nous et contre le gouvernement hova les colères des populations fétichistes. On a vu plus haut que les Hovas eux-mêmes en sont irrités au point de paraître revenir à leurs anciennes pratiques cultuelles. Les haines religieuses ont déjà produit de véritables atrocités. On n'a pas oublié le fait qui se produisit, à la fin d'avril 1896, dans un village situé à une trentaine de kilomètres seulement de Tananarive. Des officiers hovas ayant tenté d'arrêter un sorcier, « la population, écrivait-on à un grand journal de Paris, prit la défense de son fabricant de fétiches et tomba sur les infortunés officiers qui se réfugièrent dans une maison avec quatre personnes de leur suite. Suivant l'usage, les assaillants mirent le feu à cette maison et les sept fonctionnaires malgaches périrent dans les flammes ». Le caractère purement religieux de ces atrocités était nettement indiqué par ce fait qu'un prospecteur de mines français, de passage dans la localité, ne fut en aucune manière inquiété. Comme il s'enquérait de la cause du bruit qui troublait son repos, les indigènes lui répondirent simplement : « Ce sont des brigands que nous grillons. »

Ne serait-ce pas une folie que de vouloir gouverner par l'intermédiaire des autorités hovas des populations qui ont au cœur des haines aussi farouches ?

Le gouvernement paraît être de cet avis, car M. Hanotaux, dans l'exposé des motifs du projet de loi relatif à l'annexion de Madagascar, avait soin de déclarer que « le gouvernement n'entend nullement porter atteinte au statut individuel des habitants de l'île, aux lois, aux usages, aux institutions locales...

Dans l'administration intérieure, l'autorité des pouvoirs indigènes sera utilisée. La reine Ranavalo conservera donc, avec son titre, les avantages et les honneurs qu'ils lui confèrent; mais ils lui sont maintenus dans les conditions de l'acte unilatéral signé par elle, sous la souveraineté de la France. Il en sera de même des chefs indigènes avec le concours desquels nous croirons devoir administrer les populations de l'île qui ne sont pas placées sous la domination hova ».

Si, comme je le pense, il faut interpréter ces déclarations dans le sens du rétablissement de l'indépendance, par rapport aux Hovas, de toutes les populations qui n'appartiennent pas à la race hova, nous ne saurions trop féliciter le gouvernement de la voie nouvelle où il entre; mais je me permettrai de lui conseiller de donner à nos représentants des instructions assez précises pour que ni les officiers hovas ni les nôtres ne se mêlent désormais de ce qui ne les regarde pas, et laissent les félichistes adorer leurs fétiches aussi librement que les protestants suivent leurs prêches et les catholiques leurs messes. La pacification de l'île sera ainsi beaucoup plus facilement obtenue que par les colonnes militaires auxquelles il me semble que l'on se livre beaucoup trop.

Celles-ci seront avantageusement remplacées par une administration tolérante, loyale, traitant chaque race conformément à ses mœurs, à ses traditions, à ses idées et pratiques religieuses, et soucieuse de montrer, à l'aide de travaux utiles, qu'elle met au premier rang de ses préoccupations la création de l'outillage économique d'où pourra sortir l'amélioration du sort des habitants. Si Madagascar avait, depuis 1885, été placé sous le protectorat de l'Angleterre, il aurait depuis longtemps des voies ferrées, des routes, des canaux, des ports et des colons. Nous y avons dépensé, depuis douze ans, plus de cent vingt millions; nous y sommes aujourd'hui sur le pied d'une dépense annuelle de quinze à vingt millions et nous n'avons pas construit un sentier, nous n'avons pas intéressé à notre présence un seul indigène.

§ 4. — POLITIQUE SUIVIE EN AFRIQUE

Si je ne craignais pas de prolonger outre mesure ce chapitre, il me serait aisé de montrer que les fautes commises dans l'Indo-Chine et à Madagascar se retrouvent, identiques et non moins graves, dans toute l'histoire de notre colonisation des côtes occidentales de l'Afrique. Depuis une quinzaine d'années que nous avons jeté nos vues sur le Soudan, le Niger, les territoires du Dahomey, de la Côte d'Or et de la Côte d'Ivoire, notre conduite n'a jamais témoigné d'aucune suite dans les idées. Notre œuvre n'a consisté qu'en une série de campagnes conduites par le seul caprice des chefs militaires. Aussi, avons-nous jeté dans ces entreprises une centaine de millions, sans être beaucoup plus avancés qu'au premier jour. Nous avons pris possession du pays par la force et bâti des postes militaires, mais nous n'avons fait que dans une très faible mesure œuvre coloniale proprement dite, et nous voyons nos rivaux les Anglais s'emparer, sous nos yeux, de la majeure partie du commerce des régions dans lesquelles nous avons dépensé notre argent et semé les cadavres de nos soldats.

Les indigènes de ces pays sont, il est vrai, d'une façon générale, beaucoup plus belliqueux que ceux de l'Indo-Chine et de Madagascar ; mais ils obéissent à des chefs jouissant d'une autorité véritable et avec lesquels, par conséquent, il serait possible de nous entendre, si nos représentants n'étaient pas dominés davantage par des préoccupations d'ordre militaire que par le souci de faire œuvre utile au commerce et à l'industrie de la métropole.

Ai-je besoin de rappeler que depuis quinze ans tout le Soudan et la région supérieure du Niger ont été sous les ordres de l'autorité militaire, sauf pendant un cours espace de temps où ils furent confiés à un gouverneur civil ? L'histoire de nos rapports avec Samory . 'it plus que les considérations auxquelles je pourrais me livrer. On sait que Samory, chassé par nos troupes des régions du haut Niger, est descendu, depuis un an ou deux, dans le pays de Khong. Au commencement de l'année 1896, il eut l'idée de se rapprocher de nous et de conclure avec nos autorités une convention pacifique. Dans ce but, il envoya quelques-uns de ses hommes à Grand-Bassam. Le gouverneur, n'osant pas accepter directement les ouvertures qui lui étaient faites, en référa au gouverneur général de la côte occidentale d'Afrique ; celui-ci transmit la chose à Paris où l'on avait bien d'autres soucis en tête. Tandis qu'on attendait les ordres du ministre des colonies, trois mois s'étaient écoulés : un beau jour, les envoyés de Samory virent débarquer à Grand-Bassam un haut fonctionnaire accompagné d'officiers. Ils disparurent à la vue des uniformes. Plus tard, on a envoyé à Samory des parlementaires, mais on choisit encore des officiers ; Samory n'a pas voulu les voir ; il n'a pas confiance !

En dehors du chemin de fer de Dakar à Saint-Louis qui nous donne des déboires sans fin, et du tronçon de Kayes à Bafoulabé, dont le prix de revient n'a jamais pu être établi et dont les services sont insignifiants, les voies de communication de toutes nos colonies de la côte occidentale d'Afrique sont dans le même état qu'avant notre arrivée dans le pays, c'est-à-dire qu'il n'en existe pas d'autres que les sentiers suivis par les indigènes. Au Sénégal, au Soudan, dans les Rivières du Sud, dans le bassin du Niger, au Gabon et au Congo nous faisons de grandes dépenses militaires et administratives, mais nous ne dépensons pas un centime en travaux d'utilité publique. On avait songé à livrer ces vastes régions à des compagnies de colonisation, mais ces projets paraissent avoir été abandonnés devant les attaques auxquelles ils exposaient le gouvernement. Celui-ci ne fait rien et il n'ose pas confier aux particuliers le soin de faire.

Nous n'avons même pas encore arrêté la ligne de conduite que nous voulons suivre dans la manière d'exploiter et d'occuper l'immense domaine dont nous revendiquons la propriété en Afrique. On a vu, pendant ces dernières années, certains ministres affirmer qu'il fallait nous borner à occuper les côtes et n'entretenir avec l'intérieur que des relations commerciales, tandis que d'autres faisaient, au contraire, porter leurs efforts vers l'intérieur à un degré parfois exagéré ; mais rien n'a été décidé ; les années se succèdent sans qu'aucune politique se dessine. Pendant ce temps, la compagnie du Niger prépare la remise aux mains de l'Angleterre des territoires immenses dont elle s'est emparée plus ou moins licitement, et la Grande-Bretagne acquiert dans toute l'Afrique une prépondérance énorme.

§ 5. — Conduite a tenir a l'égard des indigènes dans les colonies de possession

Je terminerai ce chapitre par quelques brèves considérations sur l'attitude qu'il convient de tenir à l'égard des indigènes dans les colonies de possession. D'une façon générale, les colonies françaises de cet ordre se font remarquer par un souci très insuffisant des intérêts des populations. Dominés par l'esprit juridique romain qui est au fond de toutes nos institutions métropolitaines, nous n'avons pas de souci plus grand que celui de transporter dans nos établissements coloniaux tout l'appareil administratif et judiciaire de la mère patrie, sans nous demander si les indigènes au profit desquels nous affectons de travailler, ne trouveront pas dans cet appareil de simples instruments de compression et d'exploitation.

Sans parler des vieilles colonies comme la Guadeloupe, la Martinique et la Réunion où une race nouvelle, formée par le métissage des noirs et des blancs, aurait besoin d'organismes politiques, administratifs et judiciaires mieux adaptés que les nôtres à son caractère spécial et surtout plus élastiques, accordant aux habitants plus d'indépendance à tous les points de vue, nous avons introduit dans des colonies comme la Cochinchine et le Sénégal, où les populations autochtones sont nombreuses et tout à fait distinctes des races européennes, par les mœurs, la religion, etc., une organisation dont tous les rouages semblent avoir été combinés de manière à broyer l'indigène, à le triturer, à le réduire en une pâtée dont les Européens n'auront qu'à se repaître. Qu'est-ce que les conseils coloniaux du Sénégal et de la Cochinchine, avec la prépondérance qu'y détiennent les membres européens et les pouvoirs considérables dont ils sont doués, au point de vue de l'établissement des charges fiscales et de la répartition des dépenses, si ce n'est des organes d'exploitation des indigènes? Ceux-ci n'ont qu'un droit : payer. Qu'est-ce encore que l'introduction, en ces pays, de nos codes, de notre magistrature, de nos avocats et de nos hommes d'affaires, si ce n'est un autre moyen de livrer les indigènes à l'exploitation illimitée des Européens?

C'est d'une toute autre façon que je comprends la manière de traiter les indigènes dans les colonies de possession. J'estime que pour rendre ces colonies prospères et pour nous y attirer les sympathies et la confiance des populations, nous devrions nous préoccuper avant tout de protéger celles-ci contre la tendance que les Européens ont à les exploiter. Nos lois et nos codes ne devraient y être introduits que le moins possible et chacune devrait jouir du droit de se constituer une législation adaptée aux nécessités particulières du pays et aux coutumes des indigènes. Quant à notre administration et à notre organisation politique, elles doivent être dominées par le souci de protéger l'indigène, de l'attirer sans violence vers notre civilisation, de réduire ses charges dans toute la mesure du possible, et surtout de le mettre en mesure d'apprécier par lui-même les avantages de notre intervention dans les affaires de son pays.

Il se dégage de tous les faits exposés plus haut un certain nombre de principes et de règles que je crois utile de résumer en manière de conclusion.

§ 6. — Résumé des principes a appliquer dans la conduite a l'égard des indigènes

Si le peuple colonisé est encore dans un état de barbarie plus ou moins prononcé, comme certaines populations de l'Afrique, celles de la Nouvelle-Calédonie, de la Guyane, beaucoup de tribus du Laos et de Madagascar, etc., la nation colonisatrice est obligée de prendre en mains la direction des affaires administratives ; mais, ce faisant, elle devra utiliser, dans la mesure du possible, les chefs des tribus et des familles importantes, de manière à bien montrer son intention de ne pas rompre avec les habitudes locales ; elle devra surtout ménager les coutumes, les mœurs, les idées, la religion et même les préjugés des indigènes, de manière à s'attirer des sympathies qui seront utilisées pour introduire graduellement les progrès et la civilisation.

Si le peuple à coloniser est doté, comme l'empire d'Annam, le royaume du Cambodge, celui des Hovas, etc., d'une organisation politique et administrative plus ou moins parfaite, il faudra non seulement la respecter, mais encore l'utiliser loyalement. Le protectorat est, dans ce cas, le seul régime convenable. Il doit être sincère, mais effectif, c'est-à-dire que la nation protectrice doit savoir gagner la confiance du peuple et du gouvernement protégés au point que rien de ce qui se passe dans le pays ne lui soit caché, que son influence directrice pénètre, sans violence et du consentement de tous, jusque dans les plus petits détails de l'administration, et se fasse sentir dans toutes les circonstances et sur tous les points du pays. En cette matière, les textes des traités n'ont qu'une valeur très secondaire : la valeur morale, politique, administrative des gouverneurs et de tous leurs subordonnés ont une importance très supérieure à celle des documents diplomatiques et des décrets ou des lois. Les meilleurs de ces actes, entre les mains d'hommes inhabiles, ne produisent que le désordre, l'insurrection et la misère. Les plus mauvais, entre les mains d'hommes expérimentés et avisés, suffiront pour créer la paix, la bonne harmonie entre le protecteur et le protégé et assurer la prospérité du pays protégé en servant les intérêts du pays protecteur.

Quant à l'action militaire, il faut la réduire, même dans les pays les plus barbares et au moment des rébellions, dans toute la mesure du possible ; il faut surtout ne jamais confier à l'autorité militaire la direction des affaires d'aucune colonie. Par son éducation, par ses intérêts personnels, par les excitations dont elle est entourée, l'armée est irrésistiblement poussée vers l'emploi abusif de la force. Elle tient moins à prévenir les désordres qu'à les réprimer et les pertes qu'elle subit ne font que l'encourager dans la voie des expéditions sanglantes, car de la mort des uns résulte l'avancement des autres.

Or, plus nous allons et plus il devient difficile de dominer les peuples même les plus sauvages par la force seule. Les nations européennes se chargent de fournir aux populations d'outre-mer que nous voulons coloniser les armes à tir rapide qui leur servent à repousser notre domination. L'intérêt matériel de l'Europe est donc d'accord avec l'humanité pour condamner la violence et la force comme moyens de colonisation.

Nous devons, par-dessus tout, observer la plus grande loyauté dans nos relations avec les indigènes, à quelque degré de civilisation qu'ils soient parvenus. Nous avons pris l'habitude de parler de la « duplicité orientale », il ne faut pas que nous permettions aux peuples, moins civilisés que nous, avec lesquels nous traitons, de parler de la « duplicité occidentale ».

L'application de ces principes offre les avantages suivants : en ne blessant ni les coutumes, ni les idées, ni le sentiment national et patriotique plus ou moins développé des indigènes, on gagne leurs sympathies et le loyalisme de leurs chefs ; en utilisant ces derniers, on diminue les frais du personnel européen qui sont toujours plus élevés que ceux du personnel indigène ; on réalise ainsi des économies qui permettent de diminuer les charges du pays ou qui peuvent être consacrées aux travaux publics utiles, à la création de l'outillage industriel, commercial, agricole d'où découleront, avec la richesse des indigènes, leur reconnaissance pour la nation colonisatrice et civilisatrice.

CHAPITRE VI

DE LA CONDUITE A TENIR A L'ÉGARD DES COLONS

SOMMAIRE. — Qualités colonisatrices du Français. — L'expansion coloniale de
la France est trop dominée par les intérêts militaires. — Moyens de favoriser l'émigration vers les colonies. — Concessions de terres aux colons.
— Concessions de services publics aux colons. — Concessions fores-
tières. — Concessions de cultures ou d'industries. — Des adjudications,
des marchés de gré à gré, et des encouragements à donner aux colons.
— Nécessité absolue des travaux d'utilité publique dans les pays neufs :
routes, chemins de fer, ports, etc. — Les capitaux français et nos
colonies. — Les compagnies de colonisation. — Relations des administrations coloniales avec les colons. — Du régime économique imposé
aux colonies par la métropole.

§ 1. — LE FRANÇAIS EST COLONISATEUR

Il n'y a point d'erreur plus grave ni plus dangereuse que celle
qui consiste à représenter les Français comme rebelles à l'expatriation et à la colonisation. Il suffit de rappeler l'histoire du
Canada où, depuis deux siècles, se sont établies et perpétuées
des milliers de familles françaises ; de visiter Pondichéry et Chandernagor où sont également fixées, depuis l'époque de Dupleix,
des familles françaises ; de considérer que nos Antilles, la
Réunion, l'île Maurice ont été peuplées par des Français qui ont
fait souche dans le pays, soit entre eux, soit avec des noirs et
des métis au point de créer une véritable race intermédiaire
aux deux souches primitives ; de voir ce qui se passe, en ce
moment même, en Algérie, en Tunisie, en Cochinchine, au Tonkin, partout où la France a planté son drapeau. Dans toutes ces
colonies, le nombre des colons français est exactement en rapport avec les ressources que le pays offre ou avec la date à laquelle remonte la prise de possession ou la pacification.

Il ne faudrait pas s'étonner, par exemple, si le Tonkin, malgré
la richesse agricole de son sol et l'abondance de ses mines, ne
compte encore qu'un nombre peu considérable de colons, car
jusqu'en 1891 il n'a été qu'un champ d'expériences militaires et
administratives, conduites dans un tout autre but que celui de
la colonisation commerciale et industrielle. Déjà cependant
les villes de Hanoï et de Haïphong sont de fort coquettes et très
agréables cités où la vie est, sans contredit, plus facile et plus

gaie que dans la plupart des villes de province françaises, et la
plage de Do-Son avec ses jolies villes vaut la plupart de nos
petites stations balnéaires. La ville de Saïgon séduit tous les
étrangers qui la visitent après avoir vu Colombc et Singapoore ;
c'est sous un ciel tropical et avec le caractère particulier qu'elle
tire de la luxuriante végétation que lui vaut son climat chaud et
humide, une ville éminemment française par la coquetterie de
ses habitations, la beauté de ses larges rues plantées d'arbres, la
splendeur de ses monuments, et surtout la gaieté de sa population toujours occupée de fêtes, de théâtres, de concerts, de bals,
et toujours au courant des dernières modes parisiennes. Tous
ceux qui ont vu ces villes ne sauraient douter que le Français soit
tout aussi colonisateur que l'Anglais, le Hollandais ou l'Allemand.

Tout aussi friand d'aventures que ces peuples, il a une qualité
propre qui le rend très propre à la colonisation, c'est la facilité
avec laquelle il se mêle aux indigènes et forme avec les femmes
des diverses colonies des unions fécondes. Il y a dans l'Inde des
Anglais qui, après dix ans de séjour, n'ont pas vu une ville
indienne, confinés qu'ils sont dans les « cantonnements » européens ; dans toutes les colonies françaises nos compatriotes
vivent au contact immédiat des indigènes et se fondent en
quelque sorte dans la population locale.

Le colon, l'industriel, le fonctionnaire anglais laissent leurs
femmes dans la métropole ; les Français vivent en famille dans
toutes nos colonies. Dans les villes de l'Inde, il n'y a que peu
d'Anglais propriétaires des maisons qu'ils habitent ; dans toutes
nos colonies, les Français transportent leur amour de la propriété individuelle et il en est peu qui ne bâtissent eux-mêmes
les maisons où ils habitent. Enfin, dans toutes les colonies
françaises qu'il m'a été donné de visiter, j'ai trouvé un nombre
de colons français proportionné aux conditions particulières
dans lesquelles se trouvent ces colonies et très comparable à
celui que présentent les colonies hollandaises ou anglaises.

Mais, dans toutes, il faut bien l'avouer, j'ai trouvé, en même
temps, des administrations aussi peu disposées que possible
à favoriser le développement des entreprises fondées par les
colons, et partout j'ai vu la mauvaise volonté instinctive de
l'administration s'appuyer sur des règlements métropolitains
aussi peu favorables que possible à la colonisation.

§ 2. — L'EXPANSION COLONIALE FRANÇAISE EST TROP DOMINÉE PAR LES INTÉRÊTS MILITAIRES

Lord Salisbury, premier ministre d'Angleterre, disait, le
11 juin 1896, à une députation de négociants anglais : « Quand

nous cherchons à acquérir de nouveaux territoires, c'est en vue de développer notre commerce. » Toute l'histoire des colonies françaises atteste que si la même pensée a pu germer dans l'esprit de quelques gouvernants de la France, ce n'est point elle qui préside à notre expansion coloniale. Nation militaire par atavisme ethnologique et par éducation, toute notre vie politique a été dominée, aux diverses époques de notre histoire, par les préoccupations d'ordre militaire. Aux siècles derniers, notre gouvernement était conduit par une noblesse plus militaire qu'aristocratique, avide d'honneurs et de profits que la guerre seule pouvait lui procurer. Quand elle n'avait pas à guerroyer en Europe, elle poussait à quelque expédition lointaine, pour le besoin de s'agiter, sans but économique et par conséquent sans avenir, conquérant et perdant une colonie avec la même insouciance.

Depuis le commencement de ce siècle, l'armée a pris dans notre société la place de l'ancienne noblesse dont elle recueille la plupart des rejetons ; son origine, son organisation, ses intérêts, distincts de ceux du reste de la nation, en font une véritable classe sociale. Son influence est d'autant plus considérable qu'elle est exercée par une collectivité anonyme, dans la presse, les salons, les lieux publics, que ses principaux chefs habitent la capitale où ils occupent un grand nombre de hautes positions, qu'elle est fortement représentée dans les Chambres, qu'elle détient d'une manière presque permanente le cinquième des portefeuilles ministériels et dispose du tiers du budget de la France. Il est impossible qu'un organisme aussi puissamment constitué, dirigé par des intérêts, des besoins et des passions communes à toutes ses parties, disposant d'une portion considérable des forces politiques, financières et économiques du pays, ne joue pas un rôle considérable dans la direction de nos affaires. Il est du moins impossible de contester que l'armée a, depuis quinze ans, inspiré notre politique coloniale, en lui imprimant l'attitude toute militaire qui la distingue si nettement de la politique coloniale anglaise.

Nous avons été poussés vers les entreprises lointaines, comme l'Italie vers l'Abyssinie, surtout par la nécessité de donner une occupation à l'armée et à la marine que nous entretenons, à raison d'un milliard par an, en vue d'une revanche qui ne viendra probablement pas, car si nos ennemis se soucient peu de nous en offrir l'occasion, mille motifs, aussi sages qu'honorables, nous font un devoir de ne pas la chercher imprudemment. Cependant, la paix que, malgré ses rancunes inapaisées, la nation désire voir se prolonger aussi longtemps que possible, ne fait pas l'affaire des officiers de nos escadres et de notre armée. Ils n'y trouvent ni l'avancement rapide qu'ils rêvaient à la sortie du *Borda* ou de Saint-Cyr. ni les croix et la gloire qui hantent leurs cerveaux. Comme ils ont des relations dans tous les mondes et dans tous les milieux, il ne faut pas être étonné que toute entreprise coloniale soit transformée en opération militaire, alors même qu'il serait facile de la conduire de la façon la plus pacifique. L'histoire du Tonkin et de l'Annam, celle du Dahomey, celle du Soudan, celle plus récente de Madagascar prouvent qu'il aurait été facile, si on l'avait voulu, d'éviter les dépenses militaires qu'on a faites et les pertes d'hommes que nous avons subies pour établir notre influence dans ces pays.

Nos commerçants et nos industriels valent comme colons les industriels et les commerçants anglais; mais tandis que la politique coloniale du gouvernement britannique est inspirée par les commerçants et les industriels anglais, la nôtre est inspirée, dirigée et conduit . depuis deux siècles, par l'esprit militaire. Aussi ne s'est-elle manifestée, à toutes les époques, que sous la forme de crises passagères, coïncidant avec les périodes de paix européenne. Au cours de ces crises coloniales périodiques, nous avons su parfois conquérir, nous n'avons jamais su organiser, ce qui nous a conduits à perdre la majeure partie des territoires conquis par nos armes. Aussi méritons-nous, plus qu'il ne conviendrait, cette raillerie que nous adressait, à propos de la question de l'Egypte, un journal de Londres : « Dans la vieille rivalité entre un peuple qui possède le génie colonial et un autre qui ne le possède à aucun degré, il n'y a rien de changé si ce n'est le terrain de la lutte : l'Afrique au lieu des Indes et du Canada. La France est jalouse de nos progrès en Afrique. Elle comprend que nous ne travaillons à rien moins, dans cette partie du monde, qu'à la consolidation d'un immense empire qui offrira des avantages considérables au commerce britannique. »

La vérité historique est que le peuple français n'a pas moins le « génie colonial » que le peuple anglais, mais que notre administration, à toutes les époques, s'en est montrée totalement dépourvue. S'il est vrai que le gouvernement, dans un pays d'opinion publique, doive acquérir les qualités de la masse de la nation, peut-être pouvons-nous espérer qu'à force de lui montrer ses erreurs, nous finirons par lui inculquer le « génie colonial » dont je prétends que nos compatriotes sont doués au même degré que les Anglais. Aussi voudrais-je, dans ce chapitre, dégager les principes qui, selon moi, devraient être mis en pratique dans les relations de nos administrations coloniales et métropolitaines avec les Français qui s'expatrient dans nos colonies.

§ 3. — MOYENS DE FAVORISER L'ÉMIGRATION
VERS LES COLONIES

Le premier devoir qui s'impose à nos administrations est de faciliter, par tous les moyens en leur pouvoir, l'émigration de nos nationaux et de nos capitaux vers les colonies françaises. Beaucoup de nos compatriotes s'en vont à la Plata, au Brésil, dans l'Amérique du Nord et ailleurs, qui prendraient la route de l'Indo-Chine ou de Madagascar, s'ils y étaient attirés avec la même énergie qu'ils le sont vers les pays que je viens de citer. De même, nos capitalistes placeraient aussi volontiers leurs économies dans les colonies françaises que dans les états de l'Amérique du Sud qui en ont tant englouti, si nos colonies leur faisaient entrevoir des bénéfices suffisamment compensateurs.

Il ne faut pas croire que l'Australie, les Etats-Unis, l'Amérique du Sud, etc., aient été peuplés par une émigration européenne tout à fait spontanée. Tous ces pays ont fait au début et font, aujourd'hui encore, des efforts considérables pour attirer les colons. Il suffit, pour s'en rendre compte, d'étudier avec quelque attention les actes des nombreuses sociétés d'émigration qu'ils entretiennent ou encouragent dans les divers pays de l'Europe. Ce n'est pas spontanément que nos Basques vont à Buenos-Ayres ou à Montevideo ; ils y sont poussés par des sociétés qui font, parmi les populations des Pyrénées, une propagande considérable. Ce sont également des sociétés d'émigration qui dirigent vers les Etats-Unis les familles irlandaises ou allemandes qui petit à petit peuplent les immenses territoires de l'Amérique du Nord. Il en est de même pour l'Australie. Dans la Nouvelle-Galles du Sud, en 1877, le nombre des immigrants anglais transportés aux frais de la colonie fut, en chiffres ronds, de plus de six mille, dont 1.600 femmes adultes, 2.800 hommes et 1.500 enfants des deux sexes ; les frais de cette immigration s'élevèrent à près de deux millions de francs. Tous ces émigrants étaient soigneusement choisis par les agents de la colonie ; on exigeait qu'ils jouissent d'une bonne réputation et qu'ils fussent vigoureux et aussi sains de corps et d'esprit que possible ; on ne prenait que des domestiques et ouvriers de fermes et autres individus habitués au travail des champs. L'Australie du Sud, dès le jour de sa fondation, décide qu'elle consacrera les sommes provenant de la vente des terres domaniales à provoquer l'immigration des travailleurs anglais et c'est seulement lorsque les autorités locales jugent que le nombre de ces derniers est provisoirement assez fort qu'on utilise une partie des mêmes ressources à l'exécution des travaux d'utilité publique. « Peu à peu, dit l'auteur anglais à qui j'emprunte ces détails, comme le nombre des travailleurs augmentait, on renonça à employer les deniers publics à payer l'immigration ; mais en 1873, le besoin de bras se faisant de nouveau sentir dans la colonie, on reprit le système de « l'immigration assistée ». Le parlement y consacra une somme annuelle de 100.000 livres sterling (2.500.000 francs) jusqu'à l'année 1878. » Il est curieux de noter que les efforts faits par cette colonie pour provoquer l'immigration, détermine un mouvement parallèle d'immigration libre, non assistée, supérieur à celui qu'elle paie. En 1878, sur 14.572 immigrants, il n'y en a que 4.250 introduits aux frais de l'Etat. Il est vrai qu'il y a dans la même année plus de 8.000 individus qui quittent la colonie. Les colonies australiennes offrent toutes ce fait remarquable que le nombre des individus quittant chaque année leurs territoires est considérable ; beaucoup de gens viennent chercher la fortune et, ne l'ayant pas trouvée, s'en vont ailleurs ; les plus tenaces seuls persistent, et cette sélection est éminemment utile au progrès. Mais ce double courant n'existerait pas, si la colonie ne faisait pas des efforts persistants pour attirer à elle des travailleurs européens.

Pour que ces procédés donnent les résultats qu'en tirent les colonies anglaises, il faut d'abord que leur emploi soit abandonné aux colonies intéressées et ensuite que celles-ci traitent l'immigration comme une affaire et non point comme une œuvre philosophique ou philanthropique. C'est pour n'avoir pas suffisamment agi de la sorte que certaines tentatives faites par l'Algérie pour attirer des colons sur son sol, à diverses époques, ne donnèrent que des résultats fort médiocres. Il faut aussi, pour que de pareilles entreprises soient couronnées de succès, qu'elles puissent avoir une grande continuité, ce qui exige une indépendance considérable des colonies et une stabilité non moins considérable de leurs gouverneurs, c'est-à-dire deux conditions qui manquent, de la manière la plus absolue, à toutes les colonies françaises.

La Nouvelle-Calédonie a fait récemment une expérience d'immigration qui a donné de bons résultats. Elle a promis des concessions importantes de terres à tout Français qui se rendrait dans la colonie en faisant la preuve d'un capital d'au moins 5.000 francs. En 1894, il est parti de Marseille, dans ces conditions, 189 cultivateurs français, dont 5 seulement ont quitté la colonie ; les autres s'adonnent à la culture du café. En même temps, la colonie introduisait de la main-d'œuvre javanaise qui paraît donner de bons résultats et elle essaie d'obtenir des Annamites.

Indépendamment de l'immigration libre et assistée, on a utilisé ou proposé, soit en France, soit à l'étranger, quelques autres moyens de créer des colons que je ne puis passer sous silence.

Le premier consiste dans l'envoi aux colonies des individus condamnés aux travaux forcés ou à la relégation. L'Angleterre a fait usage de ce moyen en Australie ; nous l'employons encore à la Guyane et à la Nouvelle-Calédonie. En Australie, il a donné, pendant les premières phases de la colonisation, quelques résultats assez favorables, quoique ne méritant pas l'éloge qui en a été fait par certains de nos compatriotes ; mais on a dû y renoncer dès que les immigrants libres ou assistés ont été en nombre. A la Guyane et à la Nouvelle-Calédonie, la transportation pénale n'a produit que des résultats détestables ; il faut souhaiter qu'on y mette fin le plus tôt possible.

En 1879, au moment même de sa création, le conseil colonial de la Guyane demandait la suppression de la transportation dans cette colonie. En ce moment, il renouvelle sa demande d'une manière très pressante. Le 10 mars 1896, il adressait aux membres du Sénat et de la Chambre une pétition très énergique, dans laquelle il se plaint non seulement de ce que l'on envoie des condamnés à la Guyane, mais encore de ce que l'on autorise les libérés à séjourner dans le chef-lieu. « Cédant, dit-il, à une poussée de l'opinion publique, le conseil général, à l'unanimité, vient de demander au département la concentration des libérés au Maroni. Les membres ont pris l'engagement de se démettre de leurs fonctions et de se tenir éloignés des affaires publiques, tant que satisfaction ne sera pas donnée au vœu de la représentation locale. » Le tableau qu'ils font des libérés n'est malheureusement que trop ressemblant. « Tous les libérés sans distinction sont autorisés à résider au chef-lieu où ils forment une agglomération dangereuse pour la sécurité publique. Sans moyens d'existence avouables, exerçant les professions les plus louches, ils ne vivent que de vols et de rapines, favorisent les évasions des transportés et constituent, au sein de la population, un élément impur, appelé à exercer une action dissolvante sur la moralité publique. »

La Nouvelle-Calédonie fait entendre, depuis longtemps, des plaintes analogues. « Il est de notoriété publique, disait dès 1882 la Chambre de commerce de Nouméa, que les libérés ont donné de tout temps des preuves telles de mauvais vouloir que ceux qui trouvent à s'employer constituent l'infinie minorité. » Quant aux transportés et aux relégués, on n'a jamais pu rien en faire, ni par l'emploi direct ni en leur accordant des concessions. L'administration pénitentiaire a dépensé des sommes énormes en essais de toutes sortes dont aucune n'a pu réussir.

Il me serait impossible de traiter ici la question de la transportation. Je renverrai le lecteur à mon livre sur l'*Expansion coloniale de la France* où je l'ai amplement développée d'après des documents indiscutables. Je me bornerai à reproduire les conclusions que je formulais dans cet ouvrage et que je crois encore acceptables : « En résumé, disais-je, nous voudrions que les transportés (j'applique les mêmes considérations aux rélégués) fussent d'abord expédiés dans toutes celles de nos colonies où il y a des travaux à faire, non pas en grandes masses, mais par escouades mobiles, gardées par un petit nombre d'hommes, utilisées partout où une œuvre pénible devra être exécutée. On leur ferait d'abord établir des routes, des ports, des fortifications. Puis, on leur ferait défricher les terres propres à la culture, on leur ferait construire des habitations et des fermes ; en un mot, on les obligerait à faire tous les travaux préparatoires de la colonisation. Comme récompense, on concéderait aux plus laborieux, aux plus honnêtes, s'il est permis d'employer cette expression, une partie des terres qu'ils auraient préparées, tandis que l'autre partie pourrait être concédée à des colons libres. Sachant qu'ils trouveraient la terre déjà prête, ensemencée, productive même depuis plusieurs années, ces derniers ne manqueraient pas de solliciter et d'acheter des terres sur lesquelles ils seraient assurés de vivre et d'où ils pourraient, dès le premier jour, tirer un réel profit. »

Une expérience que j'ai faite au Tonkin, en 1891, pour la construction de la route de Tyen-yen à Langson, avec des condamnés annamites, me confirme dans la pensée que les vues exposées plus haut sont assez justes pour qu'on puisse tenter de les appliquer. Dans son état actuel, la transportation nous coûte, chaque année, sept à huit millions de francs, sans aucun effet utile ; je suis convaincu que, dans les conditions exposées plus haut, elle coûterait moins cher et produirait davantage. Mais, pour cela, il faudrait que les transportés fussent mis à la disposition des colonies avec la part de crédits afférente à leur entretien, et dépendissent exclusivement des autorités locales.

L'armée coloniale, convenablement organisée, pourrait devenir et devrait être une source de colons. Au Tonkin et en Cochinchine, il y a déjà un nombre important de Français provenant des troupes : soldats ou sous-officiers qui, leur temps de service achevé, se sont fixés dans la colonie. Le nombre des colons de cette origine serait beaucoup plus considérable, si les soldats et les sous-officiers européens avaient le droit de prolonger la durée de leur service dans une même colonie tant que leur conduite permettrait aux autorités supérieures de les y maintenir. Les colonies pourraient alors attribuer des terres, et même des secours en matériel ou en argent, à ceux qui voudraient se fixer dans la colonie. Ce serait une sorte de récompense accordée aux militaires les plus méritants. Mais, il faut d'abord que l'armée coloniale soit constituée sur des bases tout à fait différentes de celles qui existent ou qui ont été proposées.

S'il importe que les colonies puissent user librement des moyens qui leur paraissent les plus convenables pour attirer des colons sur leurs territoires et s'il faut, pour réussir dans cette entreprise, qu'elles jouissent d'une très grande indépendance, il n'est pas moins indispensable qu'elles puissent user à leur guise des procédés qui leur paraîtront les plus propres à retenir les colons. Elles seules peuvent apprécier avec justesse les difficultés avec lesquelles ceux-ci sont aux prises.

§ 4. — Difficultés des entreprises coloniales

On a généralement des idées très fausses sur les chances de fortune que nos compatriotes emportent quand ils abandonnent la France pour aller exercer leur intelligence et leur activité dans les pays d'outre-mer. Beaucoup de personnes croient qu'il suffit de mettre le pied dans une colonie pour y trouver le moyen de bien vivre. J'estime, au contraire, d'après tous les faits qu'il m'a été donné d'observer dans les colonies les plus riches, qu'il est, à beaucoup d'égards, aussi difficile d'y faire fortune qu'en Europe. Je parle surtout des colonies situées entre les tropiques, parce que ce sont celles-là que la France possède presque exclusivement. Non seulement les Européens y ont besoin d'un bien être inutile en Europe, mais encore ils n'y peuvent faire qu'une moindre quantité de travail physique et intellectuel. Un travail qui, sous les climats tempérés, peut aisé ment être exécuté par un seul homme, en exige deux ou trois dans l'Inde, en Cochinchine, et au Tonkin dont la température est cependant moins rude. La dépense de chacun de ces hommes est, en outre, plus grande qu'en France : il leur faut, en raison des qualités déprimantes du climat, une nourriture plus substantielle et plus variée, un logement plus confortable, etc. En un mot, dans toute entreprise coloniale, les frais généraux et ceux du personnel sont plus élevés que dans les entreprises européennes similaires. Il en est de même pour toutes les autres dépenses. Le transport grève, par exemple, tout le matériel agricole et industriel de frais et d'aléas qui n'existent pas en France ou qui y sont beaucoup moindres. Voici un petit fait qui, à cet égard, est fort instructif : « En 1894, un colon français obtint, sur ma demande, afin d'éviter les frais énormes de transport qu'il aurait eu à payer sur les bateaux des messageries ou de la Compagnie Nationale, l'autorisation d'expédier au Tonkin

douze vaches et taureaux des Charentes, à bord d'un transport de
l'État. Il avait compté sans les règlements des navires de guerre
et sans les privations de toute sorte qui en résulteraient pour
son bétail. Quinze jours après leur arrivée au Tonkin, et en
raison des souffrances qu'ils avaient subies, tous ses animaux
étaient morts. Il perdait huit ou dix mille francs. Voilà une
chance d'accident à laquelle les mêmes agriculteurs n'auraient
pas été condamnés en France. Le prix de la main d'œuvre indigène est généralement beaucoup plus faible qu'en Europe ; mais
quelle différence n'y a-t-il pas, au point de vue de la valeur,
entre les deux ? Un Européen laborieux ne fait-il pas trois fois
autant d'ouvrage dans sa journée que l'Annamite, le noir ou le
Malgache le plus actif ? L'avantage que le colon trouve dans le
prix de la main d'œuvre, sur son semblable d'Europe, est beaucoup moindre qu'on ne pourrait en juger d'après la simple comparaison des salaires.

Seul, le prix de la terre est moins cher dans les colonies
qu'en Europe ; souvent même il est nul, les colonies jeunes
disposant d'assez de terres inoccupées pour qu'il leur soit
possible de les concéder gratuitement. Cet avantage est incontestable ; mais, d'ordinaire, il est compensé par des inconvénients auxquels on ne prend pas suffisamment garde. Si les
terres sont inoccupées, c'est ou bien parce qu'elles sont trop
éloignées des centres populeux, ou bien parce qu'elles ne sont
pas absolument sûres, étant exposées aux incursions des malfaiteurs ou des animaux féroces, ou bien parce que le défri-
chement a paru trop pénible aux indigènes, ou bien parce que
ceux-ci sont en nombre insuffisant pour mettre leur pays en
culture. En Tunisie, où les terres fertiles inoccupées abondent
et où la sécurité est complète, la main-d'œuvre est peu abondante et les défrichements coûtent très cher. La plantation en
vignes d'un hectare de bonnes terres ne coûte pas moins de deux
à trois mille francs. Au Tonkin et dans l'Annam, presque toutes
les plaines qui bordent les embouchures des rivières et qui sont les
plus productives, sont depuis des siècles occupées par les Annamites ; il ne reste à concéder aux colons que les terres situées à
une longue distance des grands centres de population, dans les
lieux où les Annamites ne vont pas volontiers s'établir et où les
colons ne peuvent les attirer que moyennant des conditions assez
onéreuses. Ces lieux sont ordinairement dépourvus de voies de
communication, ce qui rend le transport des récoltes très coûteux. En Cochinchine, les bonnes terres concédables abondent,
mais le pays n'est que très insuffisamment peuplé, et la main-
d'œuvre fait défaut. Les plateaux de la haute Cochinchine et les
immenses territoires du Laos seraient très propres à la création

de belles entreprises agricoles, mais les populations sont tellement rares et si paresseuses qu'il faudra faire venir la main-
d'œuvre du dehors. D'ailleurs, il n'existe encore à travers le
pays aucune voie de communication et leur création sera extrêmement coûteuse. A Madagascar et sur les côtes occidentales de
l'Afrique, les terres inoccupées appartenant à la France se
comptent par centaines de millions d'hectares ; mais l'élévation
de la température, l'insalubrité du sol et l'absence à peu près
totale de main-d'œuvre créent au colon des conditions telles que
la concession gratuite des terres y apparait comme un avantage
purement illusoire.

Comme compensation aux difficultés qui attendent dans nos
colonies l'émigrant français, il y a, heureusement, ce fait que
dans tous les pays neufs la concurrence est moins vive qu'en
Europe et que, par suite, les chances de réussite, dans toute entreprise bien conduite, y sont plus grandes. C'est en cela que
réside le véritable encouragement pour nos compatriotes.

§ 5. — CONCESSIONS DE TERRES AUX COLONS

Partant de ces faits, je pose en principe que les colonies
jeunes doivent être très larges en matière de concessions de
terres; à la condition toutefois que les surfaces concédées soient
proportionnées aux capitaux et autres moyens d'action dont
les concessionnaires disposent. Les colons ont, en général, une
tendance très prononcée à demander des surfaces très étendues
dans l'espoir qu'après en avoir mis une partie en valeur, ils
trouveront à vendre le reste assez cher pour se rembourser de
leurs frais d'installation et peut-être s'enrichir rapidement. Il
est rare que ces espérances se réalisent, et la colonie qui accorde des concessions supérieures à celles que le colon peut
faire valoir immédiatement, s'expose à se dépouiller sans profit
pour personne. Il faut donc qu'elle apporte, dans l'intérêt
même de la colonisation, une grande prudence dans la délivrance des concessions. Mais, en revanche, elle doit donner les
concessions en toute propriété, afin que le colon, assuré de
n'être dépouillé, sous aucun prétexte, de sa terre, soit incité à
y faire tous les sacrifices que sa mise en valeur comporte. En
d'autres termes, j'estime qu'il faut condamner les concessions
provisoires ; mais qu'il faut limiter strictement les surfaces concédées d'après les ressources du colon.

Certaines personnes pensent qu'au lieu de concéder gratuitement les terres coloniales il est, en principe, préférable de
les vendre ou de les louer par baux amphythéotiques ; on a
longuement discuté les conditions diverses dans lesquelles ces

ventes ou ces baux peuvent être faits ; je ne traiterai pas ici ces
questions que je considère comme tout à fait secondaires et
dont la solution doit être réservée à chaque colonie. Il est évident que si les terres libres sont peu abondantes, ou bien situées
dans des lieux fertiles et où la sécurité, la main-d'œuvre, etc.,
sont assurées, la colonie devra se montrer beaucoup plus difficile que si elle dispose de vastes espaces dans des conditions
défavorables. On n'appliquera pas les mêmes règles au Tonkin
ou en Cochinchine qu'à la côte occidentale d'Afrique ou à Madagascar ; sur les bords du fleuve Rouge que sur ceux du haut
Mékong ; en Algérie ou en Tunisie qu'à Madagascar, etc.. Mille
hectares dans le Delta du Tonkin ou au pourtour du Delta,
c'est-à-dire dans une des régions les plus fertiles et les plus peuplées du monde entier, au contact d'une population laborieuse
de plus de dix millions d'individus, et la même surface sur le bord
du Niger, de l'Ogooué ou du Congo, représentent des valeurs tellement différentes qu'aucune règle commune ne peut être suivie
dans la manière de les vendre, louer, ou concéder.

Les gens qui connaissent ces pays ne peuvent que hausser les
épaules en voyant certains ministres discuter une concession au
Congo comme s'il s'agissait du bassin de la Loire ou de la Ga-
ronne. On n'a pas perdu le souvenir de la discussion qui eut lieu
à la Chambre, à propos d'une concession de onze millions d'hectares dans le haut Ogooué. Le seul énoncé des chiffres, accompagné du mot « la cinquième partie de la France », fit bondir
les députés et l'un d'eux s'écria : « C'est de la folie ! » Dans son
rapport au Sénat M. Lavertujon a fait, à ce propos, des observations qui doivent avoir place ici, car la question se représentera. « Chez nous, disait-il, la terre vaut en moyenne 1,000 à
1,500 francs l'hectare ; à Paris, 50 à 60 francs le mètre. Avec ces
données dans l'esprit, et on ne se détache pas aisément de ce
qui est courant, le chiffre de 11 millions sur les 52 millions
d'hectares dont la France est composée paraît, en effet,
monstrueux ; mais si vous remarquez que le Congo a une super-
ficie supérieure de 20 millions d'hectares à celle de la France
et que cet immense territoire, *inoccupé* ou *désert*, n'est lui-même
que la soixante-quinzième partie des 750 millions d'hectares,
somme totale de nos possessions africaines, l'effet oratoire
cherché par ces jeux de numération se trouve aussitôt amoindri ;
11 millions sur 750 millions d'hectares que nous sommes fiers
de posséder mais *dont nous ne savons que faire,* cela modifie
notablement notre rayon visuel. Et alors au lieu de nous écrier :
c'est de la folie ! plus volontiers nous réjouirions-nous en disant :
« Quel débarras ! et quelle chance ! »

C'eût été, en effet, une grande chance que de trouver une

société capable de mettre en valeur ces 11 millions d'hectares dans un pays où tout, excepté la fièvre et le soleil, fait défaut. L'ignorance et la peur des responsabilités peuvent seules expliquer l'annulation de cette concession avant tout essai de mise en train. L'ignorance et le mauvais esprit inhérents aux membres des assemblées parlementaires peuvent seuls, d'autre part, expliquer les attaques violentes et les insinuations malveillantes dont les concessions sont l'objet de la part des députés, et qui entrainent les ministres à annuler, sans souci de la dignité gouvernementale, les actes de leurs prédécesseurs.

L'expérience de ces dernières années prouve que l'intervention de l'État dans ces matières est beaucoup plus nuisible qu'utile. Les ministres sont dominés par des préoccupations qui n'ont rien à voir avec les intérêts des colonies. Il s'agit pour eux de se mettre à l'abri des compétiteurs qui visent leurs portefeuilles et pour lesquels tout sujet est bon, s'il prête à critique : or quel sujet s'y prête mieux que des concessions faites dans un pays que personne ne connait et à des conditions qu'il est toujours facile de trouver trop avantageuses au concessionnaire, ce qui ouvre la porte aux insinuations, sous-entendus et autres manœuvres d'autant plus dangereuses pour le ministre et son portefeuille qu'elles sont plus vagues et plus louches.

Afin d'éviter de pareils faits, j'estime qu'un acte législatif devrait investir les autorités coloniales du droit exclusif de faire les concessions de terres, en fixant les conditions générales dans lesquelles ces concessions peuvent être faites et laissant à chaque colonie le soin de fixer les règles et les conditions particulières.

La concession gratuite des terres, ou bien leur vente ou location à des conditions avantageuses, ne constituent pas le seul moyen qu'aient les colonies d'attirer chez elles des colons et des capitaux ; il en existe d'autres plus difficiles peut-être à manier, mais non moins efficaces ; je veux parler de la concession de certains services publics et de celle de divers privilèges ou même monopoles commerciaux et industriels.

§ 6. — CONCESSIONS DE SERVICES PUBLICS AUX COLONS

Parmi les services publics dont la concession, à l'état de monopole ou de privilège subventionné, est habituelle parce qu'elle est imposée par les conditions mêmes dans lesquelles se trouvent toutes les colonies dans les débuts de leur développement, je citerai d'abord ceux des transports maritimes et fluviaux. Les subventions accordées aux transports maritimes par les colonies n'ont rien qui puisse étonner les métropolitains, puisque la métropole elle-même y procède dans une très large mesure. Dans l'état actuel de la civilisation, il n'y a pas de pays, si lointain et si primitif soit-il, qui, étant aux mains d'une nation européenne, puisse être privé de communications *régulières* avec le reste du monde ; qui ne doive posséder un service postal permettant d'expédier et de recevoir, à des époques fixes, les correspondances exigées par les affaires publiques ou privées. Or, de tels services réguliers ne sont que très rarement assez rémunérateurs pour que les particuliers puissent les installer et les faire fonctionner à leurs risques et périls. D'où la nécessité, pour les pays qui en veulent jouir, d'en provoquer la création et d'en assurer le fonctionnement par des privilèges et des subventions d'autant plus considérables que le service est par lui-même moins productif de bénéfices.

C'est ainsi que l'Indo-Chine a été conduite, depuis bien des années, à subventionner, sur les budgets locaux, des services maritimes entre Saïgon et Bangkok, Saïgon et Singapoore, Saïgon et les Philippines, et entre les principaux ports de l'Indo-Chine. Malgré les sacrifices importants faits pour ces services, ceux-ci sont encore très insuffisants et il faut attribuer en partie à leur défectuosité la lenteur des progrès commerciaux de nos établissements indo-chinois.

La Cochinchine et le Tonkin sont encore obligés de subventionner des services fluviaux réguliers entre les principales localités, car la navigation fluviale libre ne serait pas assez rémunératrice, du moins sur certaines parties de ces territoires, pour que les particuliers pussent créer des entreprises libres, répondant à tous les besoins de l'administration, des colons et des indigènes.

Indépendamment des services rendus par le transport des correspondances, des voyageurs et des marchandises, les entreprises fluviales de ces deux pays ont joué un rôle important dans leur développement général. Les sociétés concussionnaires, étant assurées de bénéfices déterminés pendant un nombre d'années assez grand, ont trouvé avantageux de créer sur place les installations nécessaires à la réparation, au montage et même à la construction partielle ou totale de leurs bâtiments. Au Tonkin, la Société des Correspondances fluviales en est arrivée à construire, dans ses ateliers d'Haïphong, d'abord ses coques, puis ses machines et elle est outillée pour faire, au compte des particuliers ou du Protectorat, les chaloupes à vapeur que l'on achetait autrefois à Hong-kong. En Cochinchine, la Société des Messageries fluviales a également créé des ateliers considérables. C'est une industrie importante dont le Tonkin d'une part, la Cochinchine de l'autre, ont été dotées, grâce aux contrats passés avec les sociétés de navigation.

Au cours de mon gouvernement général, il me vint la pensée d'utiliser ces sociétés à un autre point de vue. Au Tonkin, rien n'avait encore été fait pour améliorer la navigation du fleuve Rouge ; les relations entre Hanoï et Laokaï par cette magnifique voie fluviale étaient aussi difficiles qu'au moment de notre arrivée dans le pays. Les travaux à faire pour créer, dans le haut du fleuve Rouge, un chenal navigable en tout temps n'étaient pas très considérables ; mais le Protectorat manquait des ressources nécessaires pour les entreprendre et il était alors inutile de songer à les demander à la métropole, sous quelque forme que ce fût. Je résolus donc d'en faire faire les avances par la Société des Correspondances fluviales. Elle avait intérêt, comme le Protectorat, à ce qu'ils fussent exécutés, puisqu'elle pourrait, grâce à eux, étendre la zone de ses opérations jusque dans une portion du pays où il lui avait été jusqu'alors impossible de pénétrer. Je profitai donc de ce qu'elle me demandait le renouvellement de son privilège pour lui imposer, en dehors de quelques conditions réclamées par l'administration ou les colons, l'obligation d'exécuter tous les travaux d'amélioration du fleuve Rouge et du port d'Haïphong qui seraient nécessaires pour rendre possible l'installation d'un service à vapeur hebdomadaire entre Hanoï et Laokaï. La Société ferait les travaux sur les indications du Protectorat ; elle avancerait les capitaux et serait remboursée par des annuités réglées de façon à ce que le Protectorat pût y faire face avec ses ressources normales. Grâce à cet accord, je pus faire commencer tout de suite des travaux réclamés en vain depuis dix ans par le commerce et qui auraient attendu indéfiniment.

La métropole a retardé, par son intervention inopportune, d'autres travaux que je comptais faire exécuter de la même manière, dans le haut Mékong, par la Société des Messageries fluviales de Cochinchine. On sait qu'au-dessus de Kratié et sur une longueur de près de 2.000 kilomètres la navigation du Mékong est rendue à peu près impossible par la présence d'un certain nombre de seuils rocheux. Ceux-ci ont pu être franchis récemment par deux chaloupes à vapeur jusqu'à Luang-Prabang et même au-dessus, mais ils ne l'ont été qu'au prix d'efforts prolongés pendant près de deux ans et dans des conditions qui n'ont rien de commun avec celles que la navigation commerciale exige. Tant qu'un chenal navigable en tout temps n'aura pas été établi d'un bout à l'autre du grand fleuve, il sera inutile de songer à se servir de celui-ci comme voie commerciale. Or, les travaux à faire ne s'élèveront probablement pas à moins

de cinq ou six millions de francs. Comme les budgets indo-
chinois étaient incapables de faire face à une pareille dépense,
je crus avantageux de l'imposer à la Société des Messageries
fluviales de Cochinchine qui sollicitait le renouvellement de son
privilège et la concession d'un service de navigation dans le
haut Mékong. Après de longs pourparlers, conduits d'accord avec
le ministre des colonies, je parvins à faire accepter par cette
Société l'obligation de faire les avances qu'exigeraient les
travaux et de les commencer tout de suite. Elle devait, comme
celle du Tonkin, être remboursée par annuités auxquelles les
budgets locaux de l'Indo-Chine feraient face, sur leurs ressources
normales. Malheureusement, avant que les travaux n'eussent
été mis en train, il arrivait au Pavillon de Flore un ministre dont
la politique ne consista qu'à détruire tout ce que ses prédécesseurs avaient fait. L'un de ses premiers soucis fut de supprimer,
dans le contrat des Messageries fluviales de Cochinchine, les
clauses relatives à l'amélioration du cours du Mékong. Aussi, ne
sommes-nous pas plus avancés, au point de vue de la navigation
de ce beau fleuve, à la fin de 1896 qu'au mois d'août 1894,
époque à laquelle je signais le contrat dont je viens de parler.
Comme aucun crédit n'a été prévu dans l'emprunt du Tonkin
pour l'amélioration du haut Mékong et que les budgets locaux
sont tous dévorés par les dépenses de personnel, j'ignore quand
il sera possible d'aborder des travaux qui, avec ma combinaison,
seraient aujourd'hui en pleine voie d'exécution.

Je suis entré dans l'exposé de ces faits pour montrer que, si
les colonies sont, dans beaucoup de circonstances, obligées,
afin d'assurer certains services, d'avoir recours à des monopoles
ou à des privilèges, il leur est possible de tirer de ces sacrifices
des compensations multiples. J'ai voulu aussi montrer par des
faits qu'en cette matière, comme en toutes les autres, les colonies doivent jouir d'une très grande indépendance, et que l'intervention de l'Etat dans leurs affaires a plus de chances d'être
nuisible qu'utile.

J'ai cité plus haut, parmi les moyens dont les colonies peuvent
user pour attirer les colons et les faire prospérer, la concession
de certains monopoles commerciaux ou industriels. C'est encore
parmi les faits connus du public ou qu'il m'a été donné d'étudier
personnellement, que je prendrai mes exemples.

§ 7. — LES CONCESSIONS FORESTIÈRES

En 1893, pour faciliter la colonisation de la Côte d'Ivoire, où
depuis cinquante ans nous n'avons fait que des progrès insignifiants, M. Delcassé, alors ministre des colonies, concédait à un

colon français, M. Verdier, très ancien dans le pays où il a pendant des années représenté officiellement la France, le monopole de l'exploitation des forêts sur une certaine étendue du terri toire. Des rivalités d'intérêts se manifestèrent aussitôt, de la part de gens qui, d'ailleurs, n'avaient presque rien fait de la liberté d'exploitation et n'en useront probablement pas davantage dans l'avenir. L'affaire fut portée à la tribune de la Chambre et la concession fut annulée par l'un des successeurs du ministre qui l'avait accordée. On prétexta qu'elle était trop considérable, que le concessionnaire n'avait pas encore réuni les capitaux indispensables pour la faire valoir, etc. Encore une fois, les envieux, les jaloux et les parlementaires qui ne voient dans les questions coloniales que sujets à tracasser le gouvernement, eurent d'autant plus facilement gain de cause qu'ils se trouvaient en présence d'un ministre très faible et ignorant. L'avenir prouvera qu'en cette circonstance l'administration coloniale fut coupable, d'abord de ne pas abandonner le règlement de la concession aux autorités locales, et ensuite de déchirer de ses propres mains des contrats signés par elle-même.

La question des forêts m'apparaît, dans toutes nos grandes colonies, Indo-Chine, Madagascar, côte occidentale de l'Afrique, comme l'une de celles qu'il est le plus difficile de résoudre. Si ces colonies avaient la prétention de suivre les errements forestiers de la métropole, elles seraient conduites à des dépenses de personnel, de construction de routes, etc., tellement exorbitantes que leurs forêts deviendraient un sujet de ruine. D'un autre côté, l'exploitation des forêts sur une grande échelle, dans les pays tropicaux, est une entreprise très aléatoire, exigeant des capitaux considérables, difficiles à réunir et auxquels il faut que l'on puisse promettre des revenus importants, car ils sont exposés à de grandes chances de pertes. Dans les forêts de ces régions, la vie des Européens est toujours sous le coup d'un accès pernicieux ; les voies de communication terrestre font entièrement défaut ; les voies fluviales sont insuffisantes ; les plus beaux arbres sont coupés par les indigènes pour les usages les plus vulgaires partout où ils peuvent atteindre en pirogues ; la main d'œuvre indigène est peu abondante et par conséquent assez chère ; les forestiers européens qu'il faudrait employer coûteraient encore plus cher, en raison des voyages en France très fréquents imposés par la dureté du climat et son insalubrité et parce qu'aucun Européen ne pourrait résister à un travail quelconque sans être entouré d'un très grand bien-être.

Dans ces conditions, une exploitation limitée, peu importante, est possible, mais elle est incapable de faire réaliser à la colonisation des progrès sensibles. Elle opère comme les indigènes : coupant les arbres situés au voisinage immédiat des cours d'eau, ne créant aucune voie de communication et dévastant le pays plutôt qu'elle ne l'exploite. Quand elle aura opéré pendant quelques années, quand elle aura enlevé tous les bois qui sont à portée de la main, elle disparaîtra, n'ayant doté le pays d'aucun outillage et ne lui ayant pas fait faire un seul pas dans la voie du progrès. Elle n'aura rien demandé à la colonie, mais elle ne lui aura rien donné. C'est exactement ce qui se passe en Cochinchine.

Au contraire, une grande entreprise à laquelle la colonie aura concédé le monopole de l'exploitation des bois dans une région déterminée, en lui imposant certaines obligations profitables au pays, telles que construction de routes, établissement de scieries mécaniques, etc., exploitation réglée et atteignant une certaine importance, sous peine de retrait de la concession, etc., servira, si elle réussit, les intérêts généraux de la colonie en même temps que ceux du concessionnaire.

Certes, le jour où un industriel quelconque demandera la concession du monopole dont je parle pour une surface un peu étendue de territoire, on peut être assuré que les petits exploitants feront entendre des plaintes ; il faudra que les autorités coloniales en tiennent compte dans une certaine mesure; mais si les avantages généraux que la colonie s'assure par la concession sont suffisants, elle ne devra pas hésiter devant cette dernière.

§ 8. — CONCESSIONS DE CULTURES OU INDUSTRIES

Ce que je viens de dire de l'exploitation des forêts peut être appliqué à quelques autres industries qui exigent des capitaux considérables et dont les résultats sont aléatoires. Je ne verrais, par exemple, aucun inconvénient à ce qu'une colonie en voie de formation concédât, pour un temps déterminé, le monopole de quelque grande culture ou industrie, non existante dans le pays, pourvu que l'administration exige, en échange, certains avantages généraux, tels que constructions de routes, de canaux, etc., de nature à servir à la fois les intérêts des concessionnaires et ceux de la colonie.

Il est incontestable, par exemple, que la culture du jute, doublée d'une filature et d'un tissage de ce textile, serait pour notre Indo-Chine la source de profits considérables.

Cette colonie est très bien située pour supplanter, en ce qui concerne ces produits, l'Inde anglaise, sur tous les marchés de l'Extrême-Orient. Si vous interrogez les industriels qui seraient susceptibles de mettre dans une entreprise de ce genre les capitaux considérables qu'elle exige, ils vous répondent que l'on n'est point assuré, même avec des conditions locales aussi favorables que possible, de pouvoir réussir ; que l'industrie indienne contre laquelle il faudra lutter est très ancienne, bien outillée, connue sur tous les marchés, qu'il sera peut-être impossible de la supplanter, etc., et qu'en cas d'insuccès il n'y aura rien à faire des usines construites, car il n'est pas admissible que les produits du Tonkin puissent venir faire concurrence en France aux produits français ; et que si l'on ne réussit pas, on aura dépensé en pure perte cinq à dix millions de francs. Pour compenser ces chances indiscutables de perte, il faudrait pouvoir garantir aux industriels qu'en cas de succès ils ne seront l'objet d'aucune concurrence pendant un nombre déterminé d'années. La colonie peut-elle leur donner une pareille certitude ? J'ai eu plusieurs fois l'occasion de me poser cette question : après mûre réflexion, j'estime qu'elle doit être résolue par l'affirmative, pourvu que l'on traite avec des gens ayant toute la compétence et tous les capitaux nécessaires et que les conditions de durée et autres de la concession sauvegardent tous les intérêts de la colonie, dans le présent et dans l'avenir. Si, par exemple, la concession du monopole de la culture, du tissage et de la filature du jute, pour dix ou quinze ans, pouvait attirer dans notre Indo-Chine l'une des grandes maisons de jute de France, avec les millions qu'une telle entreprise comporte, et si, grâce à cette concession, l'Indo-Chine pouvait se substituer à l'Inde anglaise dans la fourniture des tissus de jute à l'Extrême-Orient et dans celle des fils de jute à l'industrie française, la colonie n'aurait point à regretter l'aliénation momentanée d'une liberté dont il ne sera très probablement fait aucun usage et qui, elle-même, effraie les gens susceptibles de tenter l'affaire.

L'opium et le tabac pourraient, en Indo-Chine, être l'objet de concessions de même nature. Rien n'empêche de penser qu'il serait possible à certaines parties de cette colonie de produire l'opium que l'administration achète aujourd'hui dans l'Inde anglaise et au Yun-nan, ou le tabac que les consommateurs européens achètent à Manille. Mais, d'autre part, les chances d'insuccès auxquelles ces industries sont exposées sont tellement considérables et les aléas de la vente du produit sont tels qu'il n'est guère permis d'espérer que des particuliers se risquent de longtemps à les entreprendre. La colonie ferait, sans aucun doute, œuvre utile à tous les points de vue en favorisant, soit par une concession analogue à celle dont je viens de parler, soit par d'autres moyens, la création de ces cultures et industries.

En cette matière, il ne faudrait bien se garer des générali-

sations. Ce qui pourrait être fait par exemple, sans inconvénient, pour l'entreprise du jute, de l'opium ou tabac, pour
lesquels il faut des capitaux considérables et dont le succès est
aléatoire, est moins nécessaire et offrirait davantage de dangers pour l'industrie cotonnière et pour celle de la soie dont le
succès est assuré d'avance. Mais je suis d'avis que la création de
ces dernières industries doit être encouragée par d'autres
moyens, tels que primes à l'exportation pour les tissus ou les
filés qui iraient faire concurrence aux similaires indiens ou
anglais sur les marchés de la Chine, du Siam, de Java, etc.,
primes à la bassine pour les soies, etc.

Dans l'intérêt de la colonisation, les gouverneurs doivent réagir énergiquement contre la tendance qu'ont la plupart des
fonctionnaires à faire administrativement une foule de choses
qui ne sont pas de leur compétence, et qui étant confiées aux
colons assureraient leur existence et peut-être feraient la fortune
d'un certain nombre d'entre eux. Certains administrateurs sont
allés, dans cette voie, jusqu'à l'absurde. Dans l'Annam, en 1890,
on s'était imaginé de constituer le commerce de la cannelle
à l'état de monopole entre les mains du Protectorat. Le trafic
privé de ce produit fut brusquement interdit : des agents du Protectorat étaient chargés d'aller acheter les écorces de cannellier
dans les montagnes de l'Annam où elles sont récoltées par les
indigènes, de les emmagasiner à Touranė et de les revendre aux
commerçants chinois. Comme la monnaie n'a pas cours dans le
Laos annamite, il fallut constituer tout un approvisionnement
des multiples objets qui servent aux échanges, créer des entrepôts, etc. Une partie du personnel administratif fut transformée
en employés de commerce. Le résultat fut ce que le bon sens permettait d'attendre d'une telle entreprise : le Protectorat perdit
de grosses sommes, le commerce de la cannelle fut interrompu,
car les Chinois ne voulaient pas l'acheter dans les magasins de
l'administration et l'on finit par renoncer à des pratiques que
le gouvernement général n'aurait jamais dû autoriser.

A la même époque et sous l'influence des mêmes idées, le
Protectorat de l'Annam s'était mis en tête de vendre lui-
même l'opium que les indigènes et les Chinois ont l'habitude
de fumer. Comme les agents spéciaux qu'une pareille régie
exige n'existaient pas et qu'on n'aurait pu les créer qu'avec
des frais par lesquels la majeure partie des recettes aurait été
absorbée, on obligea tous les fonctionnaires à se transformer en
marchands d'opium. On vendait la drogue au détail dans les
résidences, dans les postes de la milice et de la douane et jusque
dans le palais de la résidence supérieure, à Hué. On pouvait de
la sorte faire apparaître des bénéfices assez sensibles, mais on ne

calculait pas la perte morale que de semblables pratiques faisaient subir à nos fonctionnaires et à l'autorité de la France, chez un peuple dont la civilisation, sans être semblable à la nôtre, est très avancée, et dont l'esprit est aussi élevé que ses sentiments sont délicats.

A vouloir faire ce qui ne la concerne pas, l'administration tombe presque toujours dans l'impuissance. Je ne résiste pas au désir de conter un fait qui, à cet égard, me paraît absolument topique. Le Tonkin et l'Annam sont, nul ne l'ignore, des pays producteurs de soie. Malheureusement, la qualité du produit est inférieure, tant à cause de la mauvaise qualité des mûriers avec lesquels on nourrit les vers, qu'en raison de la défectuosité des œufs et de l'inhabileté des indigènes à filer et dévider la soie. En 1893, je fus saisi par un colon français d'un projet de création de magnaneries modèles. Le Protectorat fournirait à l'entrepreneur une subvention annuelle, moyennant laquelle il aurait construit les bâtiments, établi les cultures, acheté des graines, et instruit un certain nombre d'indigènes dans les meilleurs procédés d'élevage, de culture, de filage, etc. Après avoir examiné avec attention ce projet qui me paraissait avoir, en principe, quelque valeur, je le soumis à l'étude d'une commission administrative sur laquelle je comptais pour équilibrer convenablement les charges du Protectorat et les avantages généraux qui pourraient les compenser. La commission rejeta le projet en bloc, sans examen, et conclut à l'établissement de magnaneries modèles par le Protectorat, à ses frais exclusifs et à ses risques et périls. Elle rejetait toute idée d'une entreprise privée, pour me recommander la création d'une nouvelle pépinière de fonctionnaires. C'était trop coûteux et trop aléatoire ; je reculai. Mais, afin d'encourager la filature mécanique et le perfectionnement des cocons du Tonkin, je créai une prime analogue à celle qui existe en France. Aussitôt après mon départ, les industriels français ont fait supprimer cette prime ; aucune magnanerie modèle n'a été construite ; les filatures perfectionnées qui avaient été créées à Hanoï sont abandonnées et la question se trouve exactement dans le même état qu'au jour de notre arrivée dans le pays. Il est probable qu'il en sera ainsi pendant bien longtemps encore.

En résumé, je considère comme un principe essentiel de colonisation que dans les colonies jeunes le devoir des autorités est d'encourager par tous les moyens imaginables les colons et les capitaux français et qu'à cet effet, il est un grand nombre de circonstances dans lesquelles il ne faut pas hésiter devant la concession d'un monopole ou d'un privilège ou la délivrance de primes et autres avantages qui apparaissent comme nécessaires pour amener la création d'une industrie importante ou d'une grande entreprise commerciale ou agricole.

Il faut aussi, dans l'intérêt des colons, ne pas craindre de rompre avec certaines habitudes administratives introduites dans la réglementation métropolitaine par les fonctionnaires qui tiennent davantage à couvrir leur responsabilité qu'à servir les intérêts de l'Etat ou ceux des gens avec lesquels l'Etat est appelé à traiter.

§ 9. — DES ADJUDICATIONS ET DES MARCHÉS DE GRÉ A GRÉ

Au premier rang des procédés administratifs auxquels je fais allusion, il faut placer les adjudications. Tous ceux qui en connaissent le mécanisme et les abus, savent combien ces derniers compensent, même dans la métropole, les quelques avantages qu'on y peut voir. Dans les colonies, non seulement ces abus sont plus considérables qu'en France, mais encore, dans beaucoup de cas, les adjudications tournent entièrement contre les intérêts des colons.

Il en est, en règle générale, ainsi lorsque les indigènes sont admis à y concourir. Comme ils vivent dans des conditions de bon marché inconnues de l'Européen, ils n'ont pour ainsi dire pas de frais généraux et peuvent diminuer d'autant les prix pour lesquels ils font des offres. D'un autre côté, ils ont avec les ouvriers de leur nationalité des rapports qui leur permettent de payer la main-d'œuvre indigène beaucoup meilleur marché que les Européens ; enfin, ils n'ont presque pas conscience des responsabilités financières et prennent une affaire à n'importe quel prix, sans trop se soucier s'ils pourront y faire face et souvent sans se donner même la peine d'en étudier les clauses. Si l'affaire marche bien, ils encaisseront les bénéfices ; si elle ne va pas, ils l'abandonneront, sans aucun scrupule, et, au besoin, disparaîtront. Aussi, partout où les indigènes peuvent concourir aux adjudications, les voit-on faire des offres inabordables pour leurs rivaux d'Europe. Dans les colonies où il existe des Chinois, des Malais, des Indiens à l'état de colons, les mêmes faits se produisent. Toutes ces races vivent dans des conditions qui leur permettent de faire aux Européens une concurrence invincible. Les admettre aux adjudications de travaux ou de fournitures, c'est condamner les Européens à s'abstenir ou à travailler dans des conditions insuffisamment rémunératrices. Aussi ces derniers sont-ils unanimes, dans toutes nos colonies, à demander que les fournitures et les travaux leur soient réservés. Les administrations invoquent contre ces prétentions le bon marché relatif qu'elles trouvent auprès des indigènes, la docilité que nos compatriotes ne témoignent jamais au même degré, les règlements administratifs qui, ayant été conçus et rédigés en vue de la métropole, ne tiennent aucun compte des conditions particulières qui se rencontrent dans les colonies. Il n'est donc pas rare de voir, dans certaines colonies, comme l'Indo-Chine, les adjudications tourner au profit des Annamites ou des Chinois, et l'argent de la métropole, s'il s'agit de travaux ou de fournitures militaires, contribuer à enrichir les rivaux des colons français.

Le Conseil de protectorat du Tonkin émit, dans la première séance qu'il tint sous ma présidence, après sa constitution, à la fin de 1894, un vœu en faveur d'un remaniement des règlements d'administration publique, dans lequel il serait tenu compte de toutes les conditions spéciales qui se rencontrent dans nos établissements indo-chinois ; il était d'avis que parmi les modifications à introduire dans ce règlement devait figurer une refonte complète des articles relatifs aux adjudications. Je suppose que ce vœu est resté à l'état de lettre morte, car parmi les adjudicataires des fournitures militaires les plus récentes figurent un assez grand nombre d'Annamites et de Chinois. On a éliminé ces derniers des adjudications auxquelles il fut procédé, en mai 1896, pour les travaux du chemin de fer, mais les Annamites y obtinrent deux lots sur huit et avec des rabais qu'aucun Européen n'aurait pu consentir, car l'un est de 44 p. 100 et l'autre de 37 p. 100.

Les administrations objectent volontiers, comme je l'ai dit plus haut, que si les Français seuls étaient appelés à prendre part aux adjudications, elles payeraient les travaux et les fournitures beaucoup plus cher. Le fait est exact, mais il est permis de se demander si la préoccupation du bon marché est la seule qui doive hanter l'esprit des administrateurs français et si devant elle il faut faire incliner toutes les considérations qui se rapportent aux intérêts des colons et au progrès des colonies. Quant à moi, je ne le pense pas ; je considère que les adjudications administratives doivent, en principe, être réservées aux colons, sauf à prendre des mesures pour que les intérêts de l'administration soient autant que possible sauvegardés et que les prix ne dépassent pas ce qu'exige une équitable rémunération du travail et des capitaux.

J'ajoute que les administrations coloniales ne doivent pas hésiter devant les marchés de gré à gré, toutes les fois que les adjudications ne peuvent pas avoir lieu dans des conditions de concurrence suffisante, ou quand il s'agit de favoriser le développement d'une entreprise coloniale. Ce n'est pas sans raison que le gouvernement a introduit dans le règlement sur la comptabilité publique du 31 mai 1862, un article 81 qui soustrait les colonies à la réglementation relative aux adjudications et aux marchés de gré à gré. Les habiles rédacteurs de ce décret savaient que les colonies étant soumises à des conditions économiques différentes de celles de la métropole, il faut leur accorder, en matière de comptabilité publique, des libertés particulières.

Les fournitures et les travaux figurent précisément en tête des moyens que l'administration peut et doit employer pour favoriser les progrès de la colonisation. Si, par exemple, un colon français s'adonne au Tonkin, en Cochinchine, à Madagascar, etc. à la culture du riz, je considère que l'administration devra lui acheter le riz dont elle a besoin, plutôt que de faire une adjudication où quelque indigène l'emportera presque certainement. Elle paiera peut-être un peu plus cher, mais elle favorisera une entreprise agricole qui, si elle prospère, provoquera la création d'entreprises similaires et contribuera au progrès général de la colonisation.

L'administration militaire du Tonkin fit venir de France, à grands frais, pendant longtemps, le fourrage nécessaire à ses chevaux. Plus tard, elle se le procura par adjudication auprès des indigènes. Elle adopta enfin la coutume de l'acheter à des colons européens qui, ayant un écoulement assuré pour ce produit, s'adonnèrent à la création de prairies dont les Annamites n'avaient jamais eu l'idée. Tout alla bien tant que je fus là pour encourager ce système qui concordait avec mes idées; mais après mon départ, l'administration revint à ses anciens errements et une entreprise agricole qui marchait fort bien, se trouva compromise. On peut fabriquer avec la canne à sucre du Tonkin d'excellent tafia, l'administration militaire achetait, jusqu'en ces derniers temps, cette denrée à Hong-kong, au moyen d'adjudications dont les Chinois étaient souvent titulaires ; grâce à un marché passé de gré à gré pour plusieurs années avec un distillateur français établi à Hanoï, nous avons pu déterminer la création, dans notre colonie, d'une industrie où un compatriote recueille des bénéfices importants. Nous avons déterminé la création de l'industrie du meuble, en traitant, pour les besoins de l'administration, avec un industriel français qui avait su former des ouvriers ébénistes annamites. Jusqu'alors tous les meubles du gouvernement, des résidences et des diverses administrations publiques étaient achetés par adjudication à des commerçants qui les faisaient venir de Hong-kong.

Par tous ces marchés de gré à gré, substitués aux anciennes adjudications, nous avons non seulement encouragé et fait vivre des colons français, sans porter aucun préjudice à l'administration, mais encore nous avons déterminé la création d'industries qui donnent du travail aux colons et aux indigènes et rendent la colonie indépendante des marchés étrangers sur lesquels, autrefois, elle s'approvisionnait.

Tous les moyens dont je viens de parler sont surtout propres à attirer les colons et à les fixer dans la colonie, en leur assurant le moyen d'y vivre et même d'y faire fortune. Pour attirer les grands capitaux il n'y a qu'un moyen efficace : les grands travaux d'utilité publique qui ont encore l'avantage de favoriser la création et le développement des entreprises coloniales proprement dites.

§ 10. — Nécessité des travaux d'utilité publique : routes et chemins de fer

Parmi les travaux que les colonies jeunes doivent faire tout de suite et très vite, je place au premier rang la construction des routes et des chemins de fer. Les voies de communication représentent le moyen le plus efficace de pacification et de maintien de l'ordre; sans elles aussi, c'est-à-dire sans moyens commodes et économiques de transport pour les matières premières, les engrais, les produits de l'agriculture et de l'industrie, il n'y a pas de colonisation possible.

Si, dès les premiers jours de l'installation de notre protectorat à Madagascar, nous avions pris soin de créer les routes dont l'utilité était reconnue par tout le monde, si plus tard nous avions, sur l'une de ces routes, placé une voie ferrée, l'expédition militaire de 1895 aurait pu être évitée; nous aurions économisé plus de cent millions et la vie de cinq ou six mille hommes et il est probable que nous n'aurions jamais eu besoin d'entretenir dans le pays les six ou sept mille soldats que déjà l'on trouve insuffisants et qui nous coûtent plus de quinze millions par an.

Au Tonkin, si après dix années d'occupation, il y a encore des espaces immenses où nos troupes poursuivent les pirates chinois sans pouvoir les détruire, c'est que jusqu'au moment de mon arrivée dans le pays la construction des routes avait été considérée, non seulement comme superflue, mais encore comme nuisible. Les archives du gouvernement général pourraient montrer des rapports de commandants militaires formellement hostiles à la construction des routes dans les territoires voisins des frontières de la Chine; ils ne les envisageaient que comme devant favoriser, en cas de guerre, l'invasion du Tonkin par les armées du Céleste-Empire. Quand je fis commencer, en 1891, la construction des routes, je fus l'objet, de la part de la presse locale, des attaques les plus violentes. On ne m'accusait de rien moins que de travailler au profit des pirates ; une chanson satirique illustrée, publiée à Paris au moment de ma rentrée en congé, représentait les pirates chinois poussant leurs entreprises jusqu'à Hanoï, par les routes que j'avais ouvertes à leur intention. Ce sont là choses si folles que je ne les aurais point rappelées, si je ne croyais utile de prémunir nos gouverneurs de colonies contre les attaques de même nature dont ils pourraient être l'objet. Il faut qu'ils sachent bien qu'en dehors de la colonisation par les armes nos compatriotes ne veulent, en général, rien entendre. Les Chambres n'ont que rarement hésité à accorder des crédits pour des expéditions militaires, il ne leur est jamais venu à la pensée, ni à celle du gouvernement, que des crédits pour la construction des routes et des chemins de fer seraient encore plus utiles et contribueraient mieux à la pacification.

Faut-il ajouter que les voies de communication ne sont pas moins indispensables au développement de la colonisation ? Comment un colon pourrait-il installer une entreprise agricole ou industrielle quelconque dans un pays où il n'aurait aucun moyen de transporter ni les matériaux nécessaires à ses constructions, ni son outillage, ni les matières premières à travailler, ni les produits de ses champs ou de son usine ? C'est pourtant en cet état que se trouvent aujourd'hui tous nos établissements de l'Indo-Chine, de la côte occidentale d'Afrique, de Madagascar, etc. En dehors du chemin de fer de Dakar à Saint-Louis (150 kilomètres) et de Kayes à Bafoulabé (100 kilomètres), nous n'avons construit, dans notre immense domaine de la côte occidentale d'Afrique, aucune voie ferrée. Quant aux routes, elles y sont partout à peu près inconnues. Dans toute l'Indo-Chine, nous comptons 50 kilomètres de chemin de fer à voie étroite entre Saïgon et Mytho, en Cochinchine, et 105 kilomètres d'un railway à voie de 60 centimètres entre Phu-Lang-Thuong et Langson, au Tonkin, et cela dans un pays qui s'étend le long de la mer de Chine sur une longueur de près de 2.000 kilomètres, avec une largeur de 200 à 300 ou 400 kilomètres. A la Guyane, on ne trouve ni routes ni chemins de fer et le pays est aussi difficile à parcourir qu'il y a un siècle. Nos vieilles colonies des Antilles ne possèdent pas un seul kilomètre de voies ferrées ; à la Réunion, on en a construit, il y a une dizaine d'années, 60 kilomètres, mais l'on s'est arrêté comme épuisé par cet effort. La Tunisie a attendu pendant plus de dix ans la mise en train de ses chemins de fer ; elle n'en possède encore que des tronçons. L'Algérie elle-même, malgré les vingt-cinq millions de garantie d'intérêt que la métropole paie annuellement pour ses chemins de fer, est loin d'être dotée de tous ceux qui seraient utiles à la mise en valeur de ses diverses parties.

Tandis que nous apportons une pareille négligence dans la création de l'outillage économique le plus indispensable à la colonisation, les Anglais couvrent leurs colonies de voies ferrées. Dans l'Extrême-Orient, ils rattachent par des chemins de fer l'Inde à l'Afghanistan et la Birmanie à la Chine. En Australie, ils enfoncent les railways de toute part jusque dans le désert ; en Afrique, ils ont déjà construit dans le sud plus de 2.000 kilomètres de voies ferrées qui, partant du Cap, se dirigent vers le centre du continent noir et vont à la rencontre des voies égyptiennes qui descendent du nord au sud et qui ont déjà près de 3.000 kilomètres de long. En même temps, ils commencent à construire une voie ferrée qui reliera, dans l'Ouganda, la côte occidentale de l'Afrique à la région des grands lacs Victoria et Nianza et ils annoncent la construction d'une autre voie qui, partant de Sierra Leone (Free-town) sur la côte occidentale irait au-devant de la première, etc., etc.

Tous ces chemins de fer seront réunis sur les bords des grands lacs et auront mis le commerce de l'Afrique en majeure partie aux mains de la Grande-Bretagne, avant que nous ayons même conçu le tracé de ceux que nous devrions avoir déjà dans les bassins du Sénégal, du Niger, du Gabon. du Congo, etc.

§ 11. — LES CAPITAUX FRANÇAIS ET LES COLONIES

Par ces immenses travaux et par les revenus que les capitaux employés à leur exécution rapportent à ses nationaux, le gouvernement britannique intéresse à ses colonies le peuple anglais, tandis que la France reste indifférente à ses établissements d'outre-mer où ne prospèrent que les fonctionnaires et les états-majors militaires.

La France ne manque ni de grandes sociétés industrielles, ni de capitaux. Ses ingénieurs et ses entrepreneurs ont construit des voies ferrées dans toutes les parties du monde, ses capitalistes ont plus de quinze à vingt milliards de francs placés à l'étranger ; ingénieurs, entrepreneurs, industriels et capitaux français ne demanderaient pas mieux que de se diriger vers les colonies françaises ; pourquoi donc ne les y trouve-t-on pas? La question est importante ; elle est grave même, car si l'on devait désespérer de la résoudre, il faudrait envisager sérieusement l'éventualité de l'abandon de territoires qui, depuis dix ans, ont absorbé plus d'un milliard de francs puisés dans la poche des contri-

buables, sans profits susceptibles d'être mis en balance avec
d'aussi grands sacrifices.

L'un des premiers devoirs des administrations coloniales est
d'attirer dans les colonies non seulement des colons, mais aussi
et par-dessus tout des capitaux. De même que pour attirer les
colons il faut leur assurer des avantages assez sérieux pour compenser les ennuis et les dépenses qu'occasionne l'expatriation, de
même, pour attirer les capitaux, il faut leur permettre d'espérer
une rémunération supérieure à celle qu'ils trouvent dans la métropole. Au moment de l'emprunt des 80 millions pour l'Indo-
Chine, le gouvernement a cru faire preuve d'une grande habileté en
fixant l'intérêt à 3 p. 100; il a commis, en réalité, une faute. Mieux
eût valu, sans aucun doute, ne pas donner la garantie de la France
à cet emprunt et autoriser le gouvernement de l'Indo-Chine à
le faire sous sa seule garantie, à ses risques et périls. Celui-ci
aurait été obligé probablement de fournir un intérêt plus élevé,
mais il aurait créé, par ce premier appel aux capitaux français,
le crédit du Tonkin, crédit indépendant de celui de l'Etat et qui
aurait lié à notre colonie de nombreux capitalistes pour les
emprunts ultérieurs. L'élévation du taux de l'intérêt est, à ce
point de vue, une chose plutôt bonne. Comme le remboursement
du capital et des intérêts est opéré par les impôts locaux, ce
sont les colonies qui font tous les frais de l'emprunt et ce sont
les capitalistes français qui en bénéficient. En fournissant à ces
derniers un intérêt supérieur à celui que procurent les fonds
d'Etat, on les attire vers les colonies et l'on assure à ces dernières le moyen de faire les travaux dont elles ont besoin.

Ces questions sont si étroitement liées à celle de notre politique coloniale, qu'elles ne pourront être résolues en dehors de
cette dernière. Si les colonies françaises sont dépourvues de routes
et de chemins de fer, cela tient, en majeure partie, à ce que leur
organisation politique et administrative les pousse, avec une
force irrésistible, vers un fonctionnarisme qui absorbe toutes
leurs ressources, attire leurs préoccupations d'une manière
incessante et ne leur laisse ni la liberté d'esprit ni les ressources
financières qu'exigent la construction des chemins de fer.
Toutes les fois que la question d'un railway à construire dans
une de nos colonies se pose, c'est à la métropole qu'incombe le
soin de faire face à la dépense. Or, celle-ci y est d'autant moins
disposée qu'elle n'a guère à se louer de ses essais. Les quelques
voies ferrées coloniales dont elle supporte la charge, c'est-à-dire
celles du Sénégal et de la Réunion, lui ont occasionné des
dépenses tellement lourdes qu'une grande impopularité les
entoure, et que le Parlement et l'opinion publique feraient un
très mauvais accueil à des tentatives nouvelles.

La métropole ne voulant pas, pour ces motifs, prendre l'initiative des chemins de fer dont nos établissements coloniaux ont besoin, et les colonies ayant toutes leurs recettes dévorées par les dépenses du personnel, il ne se trouve plus personne pour faire face aux grosses dépenses que ces travaux nécessitent. Et il en sera ainsi tant que nous n'aurons pas entièrement transformé notre politique coloniale.

Les colonies elles-mêmes en arrivent, par suite du déplorable régime auquel nous les soumettons, à ne pas même avoir conscience de leurs besoins. J'en eus un exemple très frappant, en Cochinchine, au début de 1893. Une grande société industrielle de Paris avait envoyé en Indo-Chine quelques-uns de ses ingénieurs pour étudier les travaux de chemins de fer, de ports, etc., qu'il serait possible d'y faire. Comme je me trouvais à Saïgon au moment où ils y débarquèrent, je crus devoir les engager à passer quelque temps en Cochinchine, avant de monter au Tonkin. J'avais en tête un projet auquel j'attachais une grande importance politique et économique et qui consistait à relier Saïgon au Mékong, par Stung-treng, puis à Tourane et à Hué, en traversant les plateaux aurifères du Laos inférieur et la chaîne annamitique ; j'entretins les ingénieurs de ce projet et je leur conseillai d'examiner la possibilité de son exécution. A peine le bruit s'en fut-il répandu, qu'une très vive émotion surgit. Colons et fonctionnaires se montraient très inquiets « de ce que deviendrait la colonie si je la lançais dans les entreprises de chemin de fer ». Il me fut assez facile de faire comprendre aux colons qu'ils trouveraient de grands avantages à ces entreprises, que si quelque grande société industrielle apportait dans le pays des millions, des ingénieurs, des ouvriers, etc., le commerce local et les indigènes en tireraient des profits d'autant plus considérables que les sommes engagées seraient plus grosses. Se rendant à ces raisons, les membres du conseil colonial décidèrent de consacrer une somme annuelle de 800.000 francs au paiement des intérêts et annuités de remboursement qu'exigeraient les capitaux consacrés à des travaux de chemins de fer en Cochinchine, à la condition que la métropole abandonnât, pour le même objet, une partie de la contribution qui lui est payée par la colonie. Quant aux fonctionnaires, ils parurent ne rien comprendre aux bienfaits des chemins de fer ; ils craigaient simplement qu'on ne diminuât leur nombre ou qu'on ne rognât leurs traitements pour faire face à des travaux qui augmenteraient leur besogne. Ils sont enchantés de ce que tous ces projets aient été abandonnés après mon départ, et j'ai des motifs de croire que si jamais il est de nouveau question de pareils travaux, ce n'est pas l'administration locale de la Cochinchine qui en aura pris l'initiative. Ce ne sera pas non plus le conseil colonial : étant élu à peu près exclusivement par les fonctionnaires, il songe avant tout à satisfaire ses électeurs et il sait fort bien qu'il dispose pour cela de moyens infaillibles : l'augmentation des traitements et des suppléments, et l'allocation de crédits aussi élevés que possible pour des logements confortables. Toutes les ressources de la colonie passent à cet usage, au point qu'aussitôt après mon départ on a interrompu la construction de toutes les routes que j'avais fait entreprendre et les travaux de dragage des canaux qui avaient été mis en adjudication par mes soins. Maintenant, les fonctionnaires respirent. Quant aux colons, ils sont tellement habitués à ne vivre que des fonctionnaires qu'ils ne songent à aucun autre élément de prospérité.

Au Tonkin, l'état des esprits est un peu différent ; il l'était du moins il y a quelques années ; mais le gouvernement de l'Indo-Chine y doit compter avec une conception particulière des intérêts de cette colonie qui en compromettrait l'avenir si l'on ne réagissait pas contre elle. Il s'est répandu parmi les colons le préjugé que toutes les entreprises de travaux doivent leur être réservées et que les industriels habitant la métropole en doivent être écartés de la manière la plus absolue. La consé-quence de ce préjugé, dont la source, il faut le reconnaître, est au fond même du cœur humain, est que l'administration ne pourrait entreprendre aucun travail important sans le solder au comptant. Ce ne sont pas, en effet, les colons ton-kinois qui pourraient lui avancer les centaines de millions indispensables à la création des voies ferrées sans lesquelles le Tonkin, l'Annam et le Laos sont incapables d'atteindre la pros-périté à laquelle leurs richesses naturelles leur permettent d'as-pirer.

Si le gouvernement de l'Indo-Chine veut satisfaire les exi-gences auxquelles je fais allusion, il faut de toute nécessité qu'il recoure à l'emprunt. Or, l'emprunt, c'est la métropole intervenant dans les affaires de la colonie, fixant le chiffre des sommes à emprunter, la nature des travaux à faire, les con-ditions dans lesquelles ils seront faits, etc. ; c'est le Parlement mêlant ses passions politiques, ses ambitions personnelles, ses préjugés, son hostilité instinctive contre les colonies, à toutes les affaires du Tonkin ; c'est, en fin de compte, la colonie soumise à tous les hasards des batailles parlementaires. On l'a bien vu lors de la discussion de l'emprunt de 80 millions voté en février 1896. Le gouverneur général demandait 100 millions ; on a commencé par en rogner 20 ; puis on l'a mis dans l'obliga-tion de prélever, sur les 80 millions qu'on voulait bien lui accorder, quelques millions pour les dépenses de l'expédition du Siam qui incombaient entièrement à l'Etat, d'autres millions pour l'armement des tirailleurs, d'autres encore, une quarantaine, pour payer d'avance tous les travaux que j'avais fait exécuter et qui devaient être payés seulement par annuités, etc. Si bien que plus de la moitié des 80 millions était absorbée d'avance et qu'après avoir prélevé encore sur l'emprunt les 8 ou 10 millions de déficit que présentent les budgets locaux de 1895 et 1896, il ne restera pas 30 millions pour les travaux neufs.

· Lorsque l'emprunt aura été absorbé, le Tonkin se retrouvera en présence d'une situation plus difficile, sans contredit, que celle, si mauvaise cependant, qu'il connut de 1885 à 1891 : son budget sera grevé de 3 millions d'annuités, les travaux seront interrompus, le déficit n'aura guère diminué, car on augmente beaucoup le personnel, et la métropole ne sera probablement· pas disposée à accorder un nouvel emprunt auquel la colonie ne pourrait pas faire face. Quant aux colons, je vois par les feuilles locales qu'ils se montrent déjà peu satisfaits : ils le seront bien moins encore quand les 80 millions de l'emprunt auront été dépensés. Ils s'apercevront, trop tard, qu'en contribuant à faire éliminer de l'Indo-Chine, par mon successeur, les grandes sociétés financières et industrielles que je m'étais efforcé d'y attirer, ils sont allés contre leurs propres intérêts.

Le Tonkin est tellement surpeuplé que ses habitants consomment chaque année la presque totalité des produits du sol et que l'exportation est à peu près nulle. Pour que celle ci devienne importante, il faut que la surface cultivée soit considérablement augmentée ; or elle ne pourra l'être que le jour où les chemins de fer favoriseront la dispersion des Annamites et des colons dans les régions encore incultes et inhabitées. Il faut donc que les chemins de fer soient faits rapidement, si l'on veut que le progrès ne soit pas précédé de la ruine des colons et de la déconsidération de la colonie. Or, pour les faire, il n'y avait qu'un seul moyen pratique : les grandes sociétés industrielles exécutant les travaux, soit pour le compte du Protectorat à qui elles faisaient des avances de fonds remboursables par annuités, ainsi que je l'avais projeté, soit pour leur compte et avec des garanties d'intérêt payables par le Protectorat. En dehors de ces procédés, l'expérience prouvera, j'en suis certain, que l'Indo-Chine est incapable créer ses chemins de fer et tout le reste de son outillage industriel. J'avais, quant à moi, donné la préférence au premier : je pensais que le Protectorat avait intérêt à conserver la propriété de ses voies ferrées, sauf à ne pas les exploiter lui-même. Une bonne partie de ces voies ne peuvent, en effet, manquer d'être productives ; administrées avec économie, elles seraient une source de revenus pour le Protectorat.

Ces considérations s'appliquent trop naturellement à Madagascar et à nos colonies africaines pour qu'il me paraisse utile d'y insister. Cependant, en ces pays, la question se pose autrement que dans l'Indo-Chine; tandis que celle-ci serait susceptible de faire face aux annuités ou aux garanties d'intérêt exigées par ses voies ferrées si l'on administrait ses finances et dirigeait sa politique de manière à réduire au minimum les dépenses du personnel, Madagascar et la côte occidentale d'Afrique seront, pendant bien des années encore, incapables de supporter, sous quelque forme que ce soit, avec leurs ressources propres, les dépenses de construction des chemins de fer et même des routes les plus indispensables. Si la métropole ne veut pas prendre ces dépenses à sa charge, il faut qu'elle adopte des moyens particuliers. Parmi ceux-ci, je dois mentionner d'abord les grandes compagnies de colonisation, qui ont rendu de si grands services, sur le continent africain, à l'Angleterre et à l'Allemagne.

§ 12. — LES COMPAGNIES DE COLONISATION

Aucune concession de ce genre n'a encore été faite par le gouvernement français. Le parlement a été saisi, en 1891, à cet égard, d'un projet de loi; mais si l'on en juge d'après les discussions préliminaires qui ont eu lieu, il ne paraît pas probable qu'il aboutisse de longtemps. C'est qu'aucune matière ne se prête moins que celle-là aux discussions parlementaires. Le gouvernement avait demandé le simple droit de constituer les compagnies de colonisation par décrets pris sous la forme de règlements d'administration publique. On trouva qu'il exigeait trop et la commission du Sénat qui fut saisie de l'affaire se préoccupa tout d'abord de limiter ses pouvoirs : on ne put pas y parvenir tant la matière est délicate. D'un autre côté, dans le conseil supérieur des colonies, on se montra très partisan d'un contrôle si sévère et si minutieux, exercé par l'Etat sur les compagnies, que l'existence de celles-ci devenait impossible. Aucune société ne pourrait risquer de gros capitaux dans une entreprise où s'exercerait l'intervention quotidienne de l'Etat, car elle serait condamnée à une ruine fatale; d'autre part, il n'y a pas de gouvernement qui voudrait accepter les responsabilités créées par une obligation de contrôle aussi étroite qu'on prétendait l'instituer. Avec l'esprit de soupçon et de défiance qui règne dans le parlement français, je ne sais pas où l'on trouverait un ministre assez audacieux pour accepter les responsabilités que lui créerait une intervention quotidienne dans les affaires d'une société financière comme la Chartered de l'Afrique du Sud, la Compagnie allemande de l'Afrique orientale, la Société du Niger, etc. Pour tous ces motifs, je doute fort que l'on arrive à constituer en France des compagnies de colonisation analogues à celles qui sont en train de conquérir l'Afrique pour le compte de nos rivaux.

Dans le rapport officiel déjà cité plus haut (10 juin 1895) M. André Lavertujon soumettait à ses collègues du Sénat, à propos de l'Afrique et des compagnies de colonisation, les considérations suivantes : « L'unique titre d'une nation civilisée à occuper les terres non civilisées résulte de l'obligation qui impose à tous la mise en culture de la planète, notre commun habitat. Si cette prescription du droit naturel n'est pas mieux obéie par nous que par les nègres, nous n'avons aucun prétexte pour prendre leur place. Ayant tant convoité et tant accaparé, comment continuer à ne rien utiliser? Il nous faudrait donc stoïquement réprimer la fougue qui chaque jour nous pousse à à emplir nos mains davantage. Nous devrions, au contraire, les vider au plus vite en d'autres moins débiles ou moins occupées. Ainsi seulement nous échapperions à la banqueroute morale. »

S'il n'y avait pas d'autres moyens que les grandes compagnies de colonisation pour mettre en valeur notre domaine d'outre-mer, je serais tenté de prendre à mon compte les conclusions désespérées de M. Lavertujon. Mais il n'en est pas ainsi. En dehors des compagnies à charte à qui l'Etat abandonne une partie de ses pouvoirs de souveraineté, il serait possible de provoquer la création de sociétés purement commerciales et industrielles à qui l'on accorderait le monopole de l'exploitation d'une région déterminée, à la condition qu'elles y construiraient des routes, des chemins de fer, des postes et blockhauss, etc. Il y a une dizaine d'années, il s'était formé à Paris, pour la vallée du Congo, une compagnie à laquelle M. Tirard, alors président du Conseil, avait concédé une certaine étendue de territoire le long d'une voie ferrée qu'elle s'engageait à construire. Si le gouvernement voulait entrer dans cette voie, il y obtiendrait probablement des résultats utiles ; mais pour cela il faudrait qu'il combattit avec quelque énergie les préjugés et les défiances qui ont cours dans le Parlement, c'est dire qu'une pareille entreprise ne pourrait être menée à bonne fin que par un ministère jouissant d'une grande autorité.

En résumé, on écrit trop aisément en France que si nos colonies ne prospèrent pas, la faute en est à l'absence des colons. C'est ailleurs qu'il faut en chercher les motifs : c'est dans l'in-

curie et souvent la mauvaise volonté des administrations coloniales ou de la métropole.

§ 13. — RELATIONS DES ADMINISTRATIONS COLONIALES
AVEC LES COLONS

Ce n'est un secret pour personne que les fonctionnaires
français sont, par tradition et par éducation, doués d'un esprit
bureaucratique peu conforme aux intérêts du commerce et de
l'industrie, et d'un mépris non dissimulé, instinctif en quelque
sorte, pour tous les hommes qui s'occupent de ce qu'ils appellent
dédaigneusement « les affaires ». La crainte des responsabilités,
commune à tous les hommes et à tous les temps, mais très
avivée, depuis quelques années, par l'esprit de suspicion que
les politiciens ont répandu dans le public, s'ajoutant à ces
deux vices natifs, à priori, les colons français sont vus d'un
mauvais œil par nos administrateurs.

Aucun fait ne montre mieux que le suivant la malveillance de
certains administrateurs à l'égard des colons. Au moment de
l'adjudication des travaux de chemin de fer de Hanoï à Phu-
lang-Thuong, en mai 1896, les entrepreneurs français firent
une démarche auprès de l'administration pour obtenir l'éli-
mination des Chinois ; n'ayant pas la réponse favorable qu'ils
attendaient, ils se crurent obligés de faire des réductions très
considérables afin de l'emporter sur les Célestes. Lorsque leurs
offres eurent été officiellement déposées, on les informa que
les Chinois avaient été éliminés. L'administration leur avait
fait croire à la concurrence chinoise afin d'obtenir des prix aussi
faibles que possible. C'était peut-être habile, peut-être aussi
c'était-il conforme aux règlements administratifs, mais je ne
crois pas que ce soit avec de semblables procédés que l'on crée
des colonies prospères.

Les gouverneurs doivent exercer une surveillance attentive et
constante sur les rapports des diverses administrations avec les
colons, afin de s'assurer non seulement que ceux-ci sont toujours bien traités, mais encore qu'il leur est accordé, en toutes
circonstances, tout le concours dont ils peuvent avoir besoin pour
le succès de leurs entreprises.

Avec des pouvoirs suffisants et une forte dose d'énergie, les
gouverneurs des colonies peuvent arriver à vaincre l'hostilité
native de la plupart des administrateurs pour les colons ; il leur
est plus difficile de triompher de certains sentiments qui dominent dans la métropole et qui ne sont pas moins nuisibles aux
progrès de la colonisation.

§ 14. — LE RÉGIME ÉCONOMIQUE IMPOSÉ AUX COLONIES PAR LA MÉTROPOLE

Je ne veux pas ici entrer dans des détails qui seraient déplacés sur le régime économique auquel nos colonies sont soumises ; je me borne à rappeler que l'idée dominante en France, aussi bien parmi les commerçants, les industriels et le grand public, que parmi les membres du parlement et du gouvernement, est que les colonies doivent être, avant tout, des lieux de consommation pour les produits métropolitains.

Comme conséquence, on admet généralement que le régime douanier des colonies doit être établi par la métropole et réglé de telle façon que les produits métropolitains jouissent d'une faveur absolue, tandis que les produits étrangers sont frappés de droits assez élevés pour que leur pénétration soit interdite autant que possible. C'est dans cet esprit qu'a été conçu, en 1892, le régime douanier auquel nos colonies sont soumises. Il n'en est pas une qui ne proteste contre cette législation, faisant valoir que les produits français sont presque tous plus chers que les similaires étrangers, que le fret entre la France et ses colonies est plus coûteux qu'entre les colonies et les ports où elles ont l'habitude de s'approvisionner, que les droits appliqués aux produits étrangers n'empêchent pas ces derniers d'être recherchés de préférence par les indigènes, que la seule conséquence du régime protecteur est de les faire payer plus cher, en appauvrissant les colonies, etc. Ces plaintes n'ont encore touché personne et il est probable qu'on n'y prêtera pas davantage attention dans l'avenir.

Les colonies s'en rendent compte ; elles demandent qu'au moins, tous leurs produits soient favorisés à l'entrée en France dans la même mesure que les produits français le sont à l'entrée dans les colonies. Elles n'ont obtenu satisfaction, sur ce second point, que dans une mesure tout à fait insuffisante. Certains de leurs produits, tels que le café, le thé, etc., ne jouissent à l'entrée en France que d'un dégrèvement égal à la moitié du droit qui frappe les similaires étrangers ; d'autres, comme le riz, sont moins favorisés, parce que les agriculteurs français en craignent la concurrence ; les sucres sont soumis à un régime qui ruine les Antilles, etc. Les colonies se plaignent de ce traitement, peu conforme à celui auquel on les soumet dans l'intérêt des producteurs métropolitains, mais elles se heurtent à des forces qu'elles sont incapables de vaincre.

Ce n'est pas seulement à l'aide des tarifs douaniers que la

métropole entend s'assurer, sans d'ailleurs y pouvoir aboutir, le monopole du marché colonial, c'est encore en mettant obstacle au développement des industries et en se réservant les travaux et les fournitures. Je pourrais dire de quelles attaques j'ai été l'objet parce qu'une filature de coton s'est établie à Hanoï et quoique les capitaux soient d'origine française. J'ai rappelé plus haut la décision du ministre des colonies, rapportant, sur la demande des fileurs français de soies, les primes que j'avais accordées aux filatures mécaniques établies par nos compatriotes au Tonkin ; je pourrais encore citer les efforts que font en ce moment même les raffineurs métropolitains pour empêcher que des raffineries puissent être créées dans nos colonies sucrières ; mais tous ces faits sont assez connus pour qu'il me paraisse inutile d'y insister.

Je veux me borner à montrer jusqu'à quel point on est allé dans cette voie. Vers la fin de 1892, une commission administrative amenait le sous-secrétaire d'Etat des Colonies à signer une circulaire à tous les gouverneurs, prescrivant d'acheter en France tous les objets dont les colonies auraient besoin et indiquant le port français dans lequel chacun de ces objets devait être acheté. Le riz, par exemple, à Marseille, les briques à Bordeaux, le lard à Nantes, etc. Aux termes comminatoires de cette circulaire, le Tonkin et la Cochinchine, qui sont des pays essentiellement producteurs de riz, devaient s'approvisionner en France de cette denrée ; ils devaient faire venir de France les briques nécessaires à toutes leurs constructions, alors qu'on en fabrique d'excellentes et à très bas prix dans le pays, etc. Un tolle général retentit dans toutes nos colonies, si énergique et si bruyant, que la circulaire est restée à l'état de lettre morte. Elle avait succombé partout sous le ridicule, mais elle méritait d'être notée ici, comme exemple des aberrations auxquelles la métropole peut être conduite, lorsque les intérêts coloniaux sont livrés à des ignorants, ce qui est le cas habituel dans notre pays.

L'histoire générale de la colonisation a été dominée, à toutes les époques, par deux conceptions opposées : l'une envisageant les colonies comme des sortes de fermes exploitées exclusivement au profit de la métropole et sans que cette dernière tienne aucun compte des intérêts des indigènes ou des colons ; l'autre, considérant les colonies comme des enfants majeurs de la métropole, libres de se conduire à leur guise et d'après leurs intérêts propres, sans oublier toutefois les liens de race et de famille qui les unissent à leurs vieux parents.

C'est la première de ces conceptions qui conduisit l'Angleterre, au siècle dernier, à interdire, dans ses colonies du Nouveau-Monde, la création de la plus petite industrie, le droit de

« fabriquer un fer à cheval ». C'est d'elle que s'inspirait la Hollande, obligeant ses colonies à lui vendre leurs produits. C'est elle qui a dominé toute l'histoire des colonies espagnoles de l'Amérique du Sud. Les résultats qu'elle a produits partout où elle a été appliquée sont identiques : parfois une prospérité passagère, toujours l'arrêt du progrès colonial à une heure donnée, puis la révolte des colons et leur séparation d'avec la métropole, dès qu'ils se trouvent assez forts pour faire triompher leurs intérêts.

Corrigée par l'expérience, l'Angleterre a, depuis le commencement de ce siècle, renoncé à cette conception ; elle s'est appliquée à mettre la seconde en pratique dans toutes ses grandes colonies ; les résultats qu'elle a obtenus doivent nous encourager à l'imiter.

Je ne parle en ce moment que des relations économiques et je résume le principe sur lequel j'estime qu'elles doivent être établies, par ce passage, légèrement modifié, du rapport que j'adressais le 25 août 1893 au sous-secrétaire d'Etat des Colonies, à l'occasion de la circulaire dont j'ai parlé plus haut : « Sans doute, il est indispensable que nos colonies servent les intérêts des commerçants et des industriels de la métropole, mais j'estime que nous ne devons pas négliger non plus ceux des Français qui apportent dans nos colonies leur intelligence, leur travail et leurs capitaux... Les commerçants et les industriels métropolitains y sont eux-mêmes intéressés, car si les colonies se développent, ils y trouveront un placement assuré pour une foule de produits que la France seule peut fournir. »

En résumé, pour qu'une colonie se développe et soit utile à la métropole, il faut que les colons y réussissent dans leurs entreprises et qu'ils y soient aussi nombreux que possible. D'où pour les administrations coloniales et métropolitaines le devoir d'aider les colons par tous les moyens en leur pouvoir, sans oublier les intérêts des commerçants, industriels et agriculteurs de la métropole qui a fait les premiers sacrifices pour créer la colonie ; l'habileté de l'administration est de savoir équilibrer justement les intérêts contraires qui sont en présence, de façon à ce que tous profitent également de l'expansion coloniale.

CHAPITRE VII

DE LA DÉFENSE MILITAIRE EXTÉRIEURE ET INTÉRIEURE DES COLONIES ET DE L'ARMÉE COLONIALE

SOMMAIRE. — De la nécessité des troupes européennes coloniales et de leur recrutement. — Emploi sur place des troupes indigènes. — Autorités sous lesquelles les troupes coloniales doivent être placées. — Conditions du rattachement des troupes coloniales à la guerre et de leur détachement aux colonies. — Règles à suivre dans le recrutement et l'organisation des troupes indigènes. — Des services administratifs et médicaux des troupes coloniales. — Les auxiliaires indigènes des troupes coloniales.

Les questions relatives à l'organisation de la défense militaire, de la surveillance et du maintien de l'ordre dans les colonies figurent parmi les plus ardues à résoudre. Ce n'est point qu'il soit difficile d'établir les principes sur lesquels il faut s'appuyer pour en trouver la solution, mais en travers de cette dernière s'interposent des intérêts contradictoires assez forts pour empêcher de la mettre en pratique. N'ayant pas à m'occuper ici de ces intérêts, puisque j'écris uniquement au nom des principes, je dois dégager d'abord ces derniers ; il en découlera tout naturellement la solution qui serait sinon la mieux faite pour contenter tout le monde, du moins la plus conforme aux besoins des colonies.

Je parlerai d'abord des troupes régulières. Elles doivent être formées de deux catégories très distinctes et qu'il me paraît nécessaire de ne jamais confondre : les troupes européennes et les troupes indigènes.

§ 1. — DE LA NÉCESSITÉ DES TROUPES EUROPÉENNES COLONIALES ET DE LEUR RECRUTEMENT

Quelques personnes ont émis l'opinion qu'il ne devrait y avoir dans les colonies que des troupes indigènes avec cadres européens, ou des corps mixtes, formés par la réunion de compagnies indigènes et de compagnies européennes. Les deux conceptions me paraissent défectueuses. En premier lieu, dans l'intérêt supérieur de la discipline, le mélange, dans un même

bataillon, de compagnies indigènes et de compagnies européennes, me paraît devoir être formellement condamné. Toutes
les fois que je l'ai vu se produire accidentellement, par exemple
pour la constitution d'une colonne expéditionnaire, j'ai pu constater qu'il en résultait des effets déplorables. Les soldats européens sont portés à abuser de la supériorité de race qu'ils s'attri-
buent pour molester les indigènes, leur imposer les corvées les
plus dures, les brutaliser, ou, passant de cette extrémité à une
autre tout opposée, les accabler de familiarités plus pernicieuses
encore.

D'autre part, j'estime, avec tous les militaires ayant la pratique
des colonies, que les troupes indigènes seules ne suffiraient pas
à la garde et à la protection de nos établissements. Même
pourvues de cadres européens solides, ces troupes sont loin
d'offrir la même résistance lorsqu'elles agissent isolément que
quand elles sont appuyées et soutenues par des troupes européennes. Celles-ci offrent, en outre, l'avantage considérable
d'avoir sur les populations une influence morale que les bataillons indigènes les mieux organisés et les plus solides au feu
sont impuissants à exercer.

Pour ces motifs, j'estime que parmi les troupes régulières de
chaque colonie il est indispensable de faire figurer des compagnies, bataillons ou régiments composés exclusivement d'Européens, les effectifs de ces troupes, variant, bien entendu, avec
les conditions diverses de chaque colonie. Quant aux bataillons
indigènes avec cadres européens, organisés en corps distincts,
ils doivent être isolés autant que possible des troupes européennes et affectés même, toutes les fois que les conditions le
permettent, à des services différents.

J'ajoute que c'est aux gouvernements coloniaux qu'il doit
appartenir de fixer les proportions relatives de ces deux catégories de troupes, suivant les conditions où chaque colonie
se trouve. En règle générale, les effectifs des troupes européennes devront être d'autant plus considérables que l'état de
pacification intérieure de la colonie sera moins avancé, que
les populations indigènes sont plus remuantes et belliqueuses
et que les voisins du territoire colonial sont plus puissants et
dangereux.

Examinons maintenant les conditions que doivent remplir
les troupes européennes pour répondre le mieux possible à leur
rôle dans les colonies. Il est aujourd'hui bien démontré, par l'expérience, que les hommes au-dessous de vingt-cinq ans sont
impropres au service colonial sous les climats intertropicaux ;
ils ne sont pas encore complètement formés et ils n'ont ni la
robustesse ni la force de résistance morale nécessaires. Il faut

donc n'accepter dans les troupes coloniales que des hommes ayant plus de vingt-cinq ans. Il est nécessaire également que les soldats coloniaux ne soient recrutés que par engagement volontaire. Pour se plaire dans les colonies, il faut n'être rattaché à la mère patrie par aucun de ces liens que la plupart des jeunes soldats ont tant de peine à briser. La dépression morale qui, chez un grand nombre d'individus, se produit au moment où ils quittent la patrie, est la meilleure préparation aux maladies que les climats chauds et les terres insalubres sont susceptibles de déterminer. Beaucoup de jeunes soldats restent sous l'influence de cette dépression pendant toute la durée de leur séjour au delà des mers; ceux-là sont les plus exposés à ne jamais revoir les lieux et les êtres dont ils eurent tant de peine à se séparer. Est-il nécessaire d'ajouter que la société commet une véritable injustice lorsqu'elle prélève les soldats coloniaux sur le contingent militaire normal? Tandis que la partie de ce contingent gardée en France fera ses trois années de service dans des conditions aussi douces que possible, avec des chances de maladie et de mortalité moins grandes peut-être que dans la vie ordinaire, les soldats de la classe expédiés aux colonies seront séparés des leurs par d'énormes distances, exposés à un climat très dur, à des maladies dangereuses et à des fatigues ou à des dangers militaires que leurs camarades ne connaîtront pas. Pour tous ces motifs, les troupes coloniales doivent être formées exclusivement de soldats adultes et volontaires.

Vaut-il mieux que ces troupes soient composées de Français ou au contraire d'étrangers? Les bataillons étrangers que j'ai vu opérer dans nos colonies sont considérés par tous les chefs militaires comme excellents; mais ils ont un défaut qui doit faire désirer qu'on y ajoute, dans chaque colonie, un certain nombre de bataillons formés exclusivement par des citoyens français et même, autant que possible, par des sujets choisis. Les soldats des bataillons étrangers sont, en général, d'une moralité contestable. Ils conviennent mieux dans les postes isolés, où les tentations sont moins nombreuses, les débitants de boissons alcooliques plus rares et plus faciles à surveiller, les indigènes moins nombreux et mieux protégés que dans les grandes agglomérations.

Il faudrait donc, à mon avis, éviter de ne former les troupes coloniales européennes qu'avec des éléments étrangers. Il faut avoir, dans chaque colonie, des troupes françaises d'élite auxquelles seront réservés les postes des villes, auprès du gouvernement et des états-majors, etc., et qui représenteront, en quelque sorte, la garde d'honneur du drapeau national.

Relativement à l'entretien et à la tenue des troupes européennes coloniales, nous avons beaucoup à modifier nos habitudes actuelles. Les voyageurs sont péniblement impressionnés par la différence qui existe entre la tenue des soldats coloniaux de la Grande-Bretagne et celle des troupiers français : les premiers sont toujours admirablement vêtus, très propres, élégants même, inspirant la considération et le respect, tandis que les nôtres sont habillés sans goût, avec des vêtements qui, même propres, produisent une impression pénible, car ils ne sont jamais à la taille de l'homme et lui donnent, par leur forme et leur couleur, une allure misérablement débraillée. Il n'en serait certainement pas de même si les hommes étaient habillés sur place, par les soins des chefs des corps, dont l'amour-propre serait mis en jeu, au lieu de l'être par les magasins de la métropole.

§ 2. — EMPLOI SUR PLACE DES TROUPES INDIGÈNES

Pour le recrutement des troupes indigènes, la première question qui se pose consiste à savoir s'il faut les lever sur place, c'est-à-dire dans la colonie même où elles doivent opérer, ou bien s'il est préférable d'attribuer à chaque colonie des troupes indigènes provenant d'autres établissements coloniaux.

Certaines personnes pensent que les soldats indigènes employés dans les lieux où ils sont nés sont moins sûrs que s'ils différaient, par la race et la patrie, des populations au milieu desquelles ils résident. Ces personnes conseilleraient, par exemple, d'employer en Indo-chine des soldats recrutés en Afrique, de préférence à ceux que l'Annam et le Tonkin nous fournissent aujourd'hui ; elles pensent que, gardé par des troupes africaines, notre établissement indo-chinois serait davantage à l'abri d'une insurrection, ou qu'il serait plus facile de réprimer cette dernière, si elle venait à se produire. A Madagascar, les troupes indigènes devraient être formées de soldats africains ou indo-chinois, etc.

En règle générale, je suis d'un avis diamétralement opposé. Je crois qu'il faut recruter les soldats indigènes dans le pays même où ils doivent faire leur service et ne les transporter de ce pays dans un autre que s'il est absolument impossible de procéder d'autre façon. Les populations indigènes de l'Afrique et de l'Asie ne sont pas moins attachées que celles de la France au sol où elles naissent, où vivent leurs parents, et leurs amis ; la plupart même ont cet attachement plus développé encore que nous ne pouvons l'imaginer, car, en règle générale, plus une nation est civilisée plus les idées de cosmopolitisme s'y sont répandues et plus chacun a de tendances à se considérer comme un « citoyen du monde ». La répugnance manifestée par les soldats français à servir en dehors de leurs pays, se retrouve plus vive encore parmi les troupes indigènes de nos établissements coloniaux. Nos soldats musulmans de l'Afrique sont peut-être les seuls qui font exception à cette règle, dans une certaine mesure ; on a pu, sans trop les mécontenter, les utiliser au Tonkin et à Madagascar ; mais c'est toujours avec une extrême satisfaction qu'ils rentrent dans leur pays et il y aurait danger à les en tenir éloignés trop longtemps. Quant aux Annamites, on commettrait une grave faute si l'on prétendait les utiliser en dehors de leur pays, loin de leurs familles et des tombeaux tant vénérés de leurs ancêtres.

Un second motif me rend hostile au transport des troupes indigènes d'une colonie dans une autre : je le tire des inconvénients inévitables qui résultent de la juxtaposition de deux races différentes. Des soldats noirs, par exemple, ne pourraient qu'être méprisés et détestés des populations annamites qui en diffèrent si profondément par la race, les mœurs, la religion, la langue, etc., et de cette haine résulteraient forcément des conflits quotidiens. Pendant les premières années de notre occupation du Tonkin, les turcos ont commis des atrocités sans nom ; je suppose qu'en Afrique ou à Madagascar les soldats annamites ne se comporteraient pas beaucoup mieux. Quand on connaît la facilité avec laquelle les soldats européens les plus doux, hier encore paysans et ouvriers timides de nos villages, se laissent entraîner aux brutalités les plus criminelles, on se fait aisément une idée des dangers qui résultent de la mise en contact des soldats noirs avec des populations jaunes, ou des soldats jaunes avec des populations noires.

Je considère donc comme une règle absolue que les troupes coloniales indigènes soient recrutées parmi les populations au milieu desquelles leur service doit s'accomplir. « Ne redoutez-vous pas, me disent les partisans de la politique de conquête, qu'en cas d'insurrection les troupes ainsi recrutées ne lèvent la crosse en l'air et fassent cause commune avec les insurgés, ainsi que cela se produisit dans l'Inde anglaise, lors de la célèbre insurrection des cipayes ? » A cette question je réponds sans hésiter par la négative, car je suppose qu'on applique dans nos colonies la politique loyale et bienveillante dont j'ai tracé les principes dans un chapitre précédent. La rébellion des cipayes naquit du mépris brutal et systématique de toutes les croyances religieuses et coutumes sociales des populations et des soldats indigènes de l'Inde. Le raisonnement des personnes auxquelles je réponds ici ressemble assez à celui que faisaient les rois de France lorsque, pour se mettre à l'abri d'une insurrection, ils faisaient garder les Tuileries par des soldats suisses et allemands. Une pareille conduite ne convient pas davantage, en notre siècle, aux colonies qu'à la capitale de la France. Là, comme ici les gouvernements doivent être gardés par la loyauté et la généralité de leur conduite.

Les expériences faites pendant ces dernières années ont montré, d'ailleurs, que même si aucun argument de principe ne s'opposait au transpo. t des troupes indigènes d'une colonie dans une autre, ce transport serait rendu impossible par la facilité avec laquelle les indigènes des pays chauds succombent sous un climat différent de celui de leur pays natal. Les Algériens utilisés au Tonkin et à Madagascar y ont présenté une mortalité supérieure à celle des Européens. Les Annamites meurent en masse dès qu'on les transporte dans les régions montagneuses de l'Annam. Ils disent que l'air des montagnes les tue. Toutes les races inférieures sont, en réalité, beaucoup moins résistantes aux changements de climat que les races supérieures. Et plus elles sont inférieures, moins il est possible de les utiliser en dehors de leur pays d'origine.

§ 3. — DES AUTORITÉS SOUS LESQUELLES LES TROUPES COLONIALES DOIVENT ÊTRE PLACÉES

Demandons-nous maintenant à quelles autorités il convient d'attribuer le recrutement et la direction des troupes coloniales. Trois solutions ont été proposées : les uns veulent que les troupes coloniales, européennes et indigènes, soient rattachées au ministère des colonies; d'autres qu'on les maintienne au ministère de la marine dont elles dépendent depuis de nombreuses années; d'autres enfin qu'on les place sous les ordres du ministre de la guerre.

Les partisans de la première opinion invoquent en sa faveur la nécessité de l'unité de direction. Ils pensent que si les troupes coloniales ne dépendent pas directement et exclusivement du ministre des colonies, il y aura dans nos établissements coloniaux des conflits d'autant plus nombreux, entre les autorités militaires et les autorités civiles, que les premières trouveraient dans leur ministre un appui, sinon même un encouragement à s'émanciper des secondes, parce que les intérêts des deux sortes d'autorités sont contradictoires. Tandis que le gouvernement colonial, par exemple, place au premier rang de ses préoccupations la réalisation d'économies aussi considérables que possible sur les dépenses militaires qu'il sait n'être que péniblement supportées par la métropole, le commandement a le plus profond dédain pour toutes les questions budgétaires. Si les troupes ne dépendent

pas directement et exclusivement du gouverneur et du ministre
des colonies, on peut s'attenûre à ce que les conflits soient, sur
ce premier point, à peu près permanents. Ils naîtront aussi,
dans toutes les colonies qui ne sont pas entièrement pacifiées, du
désir qu'ont les officiers de faire des expéditions, afin de gagner
des grades ou des décorations. Même avec des troupes dépendant du gouverneur et du ministre des colonies, il est fort difficile, dans certains de nos établissements d'outre-mer, de les empêcher de guerroyer; cela serait absolument impossible si le
commandement militaire et les troupes dépendaient d'un autre
ministère que celui des colonies.

La justesse de cette argumentation peut d'autant moins être
contestée que l'expérience la corrobore de toute son autorité.
Depuis que nous sommes au Tonkin, par exemple, il y a eu conflit
entre l'autorité militaire et le gouvernement local toutes les fois
que celui-ci ne s'est pas incliné devant les intérêts particuliers
et les passions belliqueuses de celle-là. Il semble donc que l'expérience soit d'accord avec la raison pour appuyer le rattachement des troupes coloniales au ministère des colonies. Cependant
dant, je ne pense pas que cette solution doive être adoptée, du
moins dans la forme très simple où elle est posée.

Le rattachement des troupes coloniales au ministère des
colonies entraînerait nécessairement pour la métropole une
augmentation considérable de dépenses, car il faudrait instituer
auprès du ministre un personnel de haute direction, extrêmement coûteux. D'un autre côté, pour que les troupes coloniales
suffisent à tous les besoins des colonies, il faut qu'elles puissent,
non seulement leur fournir des officiers et des hommes en temps
normal, mais encore faire face aux éventualités extraordinaires.
Si une insurrection éclate dans une colonie quelconque, si des
voisins belliqueux la menacent, si la métropole juge indispensable d'occuper militairement un point de nos provinces d'outre-
mer où nous n'entretenons pas actuellement de troupes, il faut
que l'armée coloniale puisse, du jour au lendemain, fournir les
officiers et les hommes nécessaires. Si l'on avait pu envoyer
à Madagascar des hommes faits, au lieu des jeunes gens du 200e de
ligne, nous aurions certainement perdu moins de monde. Si,
d'autre part, il avait existé, à l'heure où cette expédition fut
préparée, une réserve d'armée coloniale solidement constituée,
avec ses services administratifs et médicaux, ses moyens de
transport, etc., on aurait dépensé beaucoup moins, et l'on n'eût
pas donné le spectacle des incohérences et des fautes qui ont
marqué l'expédition. Pour que l'armée coloniale puisse faire
face à toutes ces éventualités, il faut que ses effectifs et ses
cadres soient très supérieurs en nombre aux besoins normaux

des colonies; il faut, par conséquent, qu'elle ait en France ou
en Algérie des réserves considérables. Si ces réserves sont
placées sous les ordres du ministre des colonies, on crée un
deuxième ministre de la guerre, et l'on organise le conflit
entre les troupes qui en dépendront et le reste de l'armée.

D'autre part, le ministère des Colonies ne peut remplir son
rôle d'une manière utile que s'il est, essentiellement « civil »
et purement politique, administratif, commercial; il faut que
d'instinct, pour ainsi dire, il soit prédisposé à mettre obstacle
à l'envahissement de nos colonies par le militarisme. Le transformer en un troisième département militaire serait manifestement aller contre sa destinée logique.

On ne manquera pas d'objecter que si les troupes coloniales ne
dépendent pas du ministre des colonies, celui-ci n'aura pas sur
elles une autorité suffisante et le militarisme que l'on veut
éviter s'emparera de nos colonies malgré leur ministre. Il en
serait ainsi en effet, si le ministre et ses représentants dans les
colonies n'avaient aucune autorité sur les troupes coloniales ;
mais ce n'est point ainsi que je l'entends. Je n'envisage en ce
moment qu'une seule question : celle de savoir à quel ministère
seront rattachées les troupes coloniales avec leurs réserves et les
services accessoires qui en dépendent ; je rechercherai ultérieurement les conditions dans lesquelles devront être placées,
pendant leur séjour dans les colonies, les troupes affectées à la
garde et à la protection de ces établissements. Je répondrai
alors à l'objection exposée plus haut et dont l'importance est
réellement capitale.

Les partisans du rattachement des troupes coloniales au
ministère de la marine sont nombreux. Ils invoquent surtout
une raison de fait : voilà bien des années, disent-ils, que les
troupes coloniales dépendent de la marine, et malgré tous les
reproches adressés à cette dernière les choses vont assez bien,
sans être parfaites, pour qu'on doive hésiter à se lancer dans
l'inconnu. On ajoute encore que les troupes coloniales et la
marine étant destinées à opérer côte à côte et à se prêter sans
cesse une assistance réciproque, il y a intérêt à ce qu'elles
soient réunies dans le même ministère ; que si l'on rattache
les troupes coloniales au ministère des colonies, elles perdront
rapidement leur caractère militaire pour devenir une sorte de
milice coloniale; que si, au contraire, on les rattache à la
guerre, elles perdront leur homogénéité, leur esprit de corps,
les traditions qu'officiers, sous-officiers et soldats se transmettent
depuis un siècle et qui font que tous les éléments de l'infanterie
ou de l'artillerie de marine sont adaptés d'avance à la vie
maritime et coloniale.

Parmi les troupes coloniales actuelles, les opinions au sujet de leur maintien sous la direction du ministère de la marine ou de leur rattachement à un autre ministère, varient avec les grades. Les officiers subalternes, que la vie coloniale n'a pas encore fatigués, qu'elle attire au contraire par certaines facilités de mœurs et par ses chances d'aventures, qui, en outre, sont dominés par le désir très légitime d'avancer rapidement et d'être décorés de bonne heure, sont généralement favorables au maintien des troupes coloniales sous la direction du ministère de la marine. Ils se plaignent des officiers de vaisseau, leur font une guerre acharnée partout et quand ils en trouvent l'occasion ; ils accusent le « grand corps » de les traiter en vulgaires « marsouins » ; mais ils seraient désolés d'être rattachés à l'armée, parce qu'ils y perdraient l'indépendance très grande et l'avancement rapide dont ils jouissent. Les officiers généraux sont, au contraire, presque tous favorables au rattachement des troupes coloniales à la guerre. Parvenus aux grades les plus élevés, ils n'ont à attendre désormais aucun avantage ni de la marine ni des colonies, tandis qu'ils restent soumis à des corvées coloniales que l'âge et la fatigue leur rendent très pénibles. Il leur serait plus agréable d'attendre la retraite en quelque bonne ville de France, que d'aller inspecter les troupes de la côte occidentale d'Afrique ou commander celles de la Réunion. En dehors des commandements de l'Indo-Chine et de Madagascar, ils ne voient aucun poste digne de leurs ambitions et ils jalousent les généraux de la guerre à qui sont réservés les beaux commandements de divisions et de corps d'armée et les postes d'inspecteurs généraux. Il n'est point rare de les entendre mettre leurs états de service aux colonies en parallèle avec ceux des officiers qui jamais ne sortirent de France, jamais ne virent ni un ennemi, ni même un pirate. Leurs raisonnements sont faux peut-être et leurs prétentions exagérées ; il est possible qu'ils ne se rendent pas un compte suffisant des titres militaires de ceux qu'ils jalousent ; on peut craindre que leurs services aux colonies, si glorieux soient-ils, ne les aient que très imparfaitement préparés aux grands commandements de notre armée ; il n'en est pas moins vrai qu'ils se considèrent comme sacrifiés à leurs collègues de la guerre et qu'ayant tiré des colonies tout ce qu'ils en pouvaient obtenir, ils iraient volontiers courir, dans les hauts rangs des troupes métropolitaines, les chances d'une nouvelle fortune. Les divergences d'intérêts dont je viens de parler et les diversités d'opinions qui en résultent expliquent les contradictions qui existent, dans le langage des représentants des troupes de la marine, suivant qu'ils sont inspirés par les officiers subalternes ou par les officiers généraux ; nous devons en conclure que les principes n'ont rien à voir dans ces opinions et que c'est en dehors d'elles qu'il faut chercher la solution la plus conforme aux intérêts généraux de notre pays.

Au point de vue financier, le maintien des troupes coloniales à la marine offre des inconvénients très graves. Il est bien établi par l'expérience que l'infanterie et l'artillerie de marine coûtent plus cher que si elles dépendaient du ministère de la guerre. Le nombre des officiers généraux de ces deux armes, comparé à celui des officiers subalternes, est plus considérable que dans les troupes de la guerre et il va sans cesse en augmentant. chaque expédition coloniale servant de prétexte à la création d'une ou deux places de généraux de brigade ou de division. D'autre part, le nombre des officiers de ces armes est très supérieur aux besoins réels des colonies. Au Tonkin, l'état-major général est composé d'une vingtaine d'officiers pour une besogne d'autant moins considérable que les commandants de territoires jouissent de pouvoirs leur permettant de régler la plupart des questions sans avoir recours au commandant des troupes. On vient de porter le nombre des généraux de l'Indo-Chine à trois, avec un général de division à leur tête. A mesure que le pays se pacifie, on augmente les dépenses. L'état-major particulier de l'artillerie est encore moins en rapport avec les besoins réels. Vingt-quatre officiers en faisaient, de mon temps, partie ; ils coûtaient plus de 450.000 francs pour une dépense en matériel de moins d'un million. Malgré le concours qui me fut donné, en vue de la réduction du nombre de ces officiers et de la dépense qu'ils occasionnaient, par le commandant des troupes, je ne pus obtenir que des diminutions tout à fait insignifiantes ; depuis mon départ, on a considérablement augmenté l'effectif de ce même état-major.

Le ministre de la marine ne sachant que faire des officiers d'infanterie et d'artillerie de marine qui encombrent les cadres de ces deux corps est contraint de les mettre à la charge des colonies. Celles-ci ont beau protester que cela augmente inutilement leurs dépenses, le gouvernement reste sourd à leurs plaintes. Où mettrait-il les officiers qui existent en trop ? Or, le nombre de ceux-ci va sans cesse en augmentant, à cause des nominations supplémentaires que l'on fait dans les moments où surgissent des besoins exceptionnels.

Si au lieu d'être isolées au ministère de la marine, les troupes coloniales faisaient partie de l'énorme masse militaire de la guerre, il serait facile d'emprunter à celle-ci et de lui rendre les unités dont les colonies ont besoin, en réglant les emprunts d'après les nécessités réelles de chaque colonie et de chaque

année. Au point de vue financier, j'estime donc qu'il y a inconvénient à laisser les troupes coloniales sous la dépendance du
ministère de la marine. Cet inconvénient apparaîtrait plus
grand encore le jour où l'on ajouterait à l'infanterie de marine,
à l'artillerie de marine et aux régiments indigènes qui dépendent actuellement du ministère de la marine, les bataillons de
légion étrangère et les réserves qu'il faudra constituer pour les
nécessités extraordinaires.

Bien loin de surcharger le ministère de la marine de l'armée
coloniale, il serait, à mon avis, profitable aux intérêts majeurs
dont il a la charge, de l'alléger de toutes les troupes qui en
dépendent aujourd'hui. Elles lui forment un appendice encombrant, coûteux et qui le gêne dans l'accomplissement de sa tâche
véritable, qui est la garde de la mer et la défense maritime des côtes.

Le rattachement des troupes coloniales à la marine offre un
troisième inconvénient non moins grave que ceux dont je viens
de parler : il est la source principale des conflits incessants qui
se produisent, dans nos colonies, entre les autorités militaires et
le gouvernement. La marine n'a point encore oublié qu'elle a
eu, jusqu'à ces dernières années, la direction complète des colonies ; elle n'a pas désespéré de remettre la main sur ce domaine
où ses amiraux et ses capitaines de vaisseaux trouvaient des
situations vivement regrettées ; lui attribuer toutes les troupes
coloniales, ce serait réveiller des ambitions à peine assoupies.

On encouragerait aussi, par cette mesure, la tendance qu'a eue,
de tout temps, la marine à faire, dans les mers où ses bateaux
circulent, une politique spéciale, que dirigent des idées traditionnelles au ministère de la rue Royale, et qui ne fut pas toujours la plus conforme aux intérêts généraux de notre pays,
parce qu'elle ne tenait pas suffisamment compte de la situation
continentale de la France.

Ce n'est donc pas au ministère de la marine qu'il convient de
rattacher les troupes coloniales, à moins qu'on ne veuille voir
augmenter les dépenses et qu'on ne désire pousser notre politique coloniale dans la voie du militarisme et du fonctionnarisme. A tous ces points de vue, les raisons qui militent contre
le rattachement des troupes coloniales au ministère des colonies
s'opposent plus énergiquement encore à ce qu'on les rattache au
ministère de la marine.

§ 4. — CONDITIONS DU RATTACHEMENT DES TROUPES COLONIALES A LA GUERRE ET DE LEUR DÉTACHEMENT AUX COLONIES

Il ne me reste donc plus qu'à examiner dans quelles conditions
elles doivent être réunies aux troupes de la guerre. Ces condi-

tions elles-mêmes découlent de tout ce qui précède : il faut d'abord que le rattachement se fasse de manière à réduire les dépenses occasionnées par les troupes coloniales ; il faut, en second lieu, qu'il n'en résulte aucune diminution de l'autorité que le ministre des colonies et les gouverneurs doivent exercer, tant sur la direction de la politique, que sur les moyens à employer pour la garde intérieure et la protection de nos établissements coloniaux.

Pour réduire les dépenses occasionnées par l'armée coloniale, il est indispensable que les troupes et tous les services accessoires de cette armée soient fondus, en principe, dans le grand tout de la guerre, les colonies se bornant à puiser chaque année, dans la masse, les officiers et les effectifs des différents corps dont elles ont besoin. Pour les troupes européennes, il appartient au ministre de la guerre de recruter, de former et d'instruire les bataillons français et étrangers qui formeront la réserve de l'armée coloniale. C'est à lui qu'incombe le devoir de veiller à ce que tous les hommes introduits dans les bataillons par engagement ou rengagement aient au minimum vingt-cinq ans, ne soient atteints d'aucune maladie constitutionnelle et remplissent les conditions morales exigibles d'un soldat, d'un sous-officier ou d'un officier destinés à servir dans des conditions où il faut faire preuve de beaucoup d'initiative, soit pour l'entretien des hommes et de leurs logements, soit pour l'organisation des moyens de défense et de protection, soit pour la conduite des expéditions formées d'un petit nombre d'hommes. Une instruction d'un ordre tout particulier devrait être donnée à ces troupes par des officiers ayant vécu dans différentes colonies. On leur apprendrait à construire des fortifications rudimentaires, à bâtir des blockhaus en bois, en terre ou en maçonnerie, à organiser des embuscades et à se défendre contre elles, etc. Il faut surtout en faire de bons tireurs.

Les officiers et sous-officiers de ces troupes devraient être plus nombreux que ceux des autres corps de l'armée, de manière à pouvoir y puiser les cadres des troupes indigènes. En cas de guerre européenne, ces bataillons ou régiments seraient prêts à marcher, soit qu'on les utilisât en France, soit qu'on s'en servît pour la garde de nos possessions de l'Afrique septentrionale. Ils feraient partie intégrante de l'armée, leurs dépenses seraient fondues dans celles de l'armée ; mais ils y formeraient un corps spécial, ayant son organisation propre. Il suffirait de trois armes dans ce corps : de l'infanterie, de l'artillerie et de la gendarmerie ; la cavalerie ne peut être utile que dans un nombre restreint de colonies et à la condition d'être formée de soldats indigènes recrutés sur place. Il serait donc inutile d'en entretenir une réserve en Europe ; on trouverait dans les troupes ordinaires les quelques officiers ou sous-officiers nécessaires à l'organisation de compagnies montées pour celles de nos colonies où elles sont utilisables.

Par suite de la nécessité de ne composer les troupes coloniales et leurs réserves européennes qu'avec des hommes adultes, recrutés à l'aide d'engagements ou rengagements, il est manifeste que ces troupes coûteront plus cher que les autres. Il faut donc chercher les moyens de réduire autant que possible les dépenses supplémentaires.

Le premier de ces moyens consiste dans la réduction des frais de transport qui, actuellement, sont très élevés. Pour cela, il faut que les hommes, les sous-officiers et les officiers envoyés dans les colonies ne soient relevés que le moins souvent possible. Les deux années de séjour colonial auxquelles les troupes de l'infanterie et de l'artillerie de marine sont actuellement soumises pourraient, sans inconvénient, être augmentées d'une troisième année pour les simples soldats des bataillons français. Quant aux soldats des bataillons étrangers et aux gradés et officiers de toutes les armes, il faudrait autoriser la prolongation de leur séjour dans la même colonie autant que leur santé le permettrait. La fréquence des relèves, indépendamment des frais de transport qu'elle occasionne, nuit à l'œuvre colonisatrice par les mouvements qu'elle détermine dans le personnel des postes militaires. Ce vice apparaît surtout dans les grandes colonies, comme l'Indo-Chine et Madagascar, car le moindre officier ou fonctionnaire y joue un rôle important dans l'œuvre de pacification matérielle et morale du pays. Au Tonkin, l'expérience m'avait appris qu'il suffisait de changer les fonctionnaires d'une province ou les officiers d'un poste, pour modifier la situation de la province civile ou de la circonscription militaire.

Cela est vrai surtout pour les officiers, parce que leur éducation militaire les prépare mal au rôle de pacificateur et d'administrateur auquel, dans les colonies, ils doivent se résigner. Beaucoup d'officiers, parmi les plus intelligents et les plus recommandables en raison de leurs qualités techniques, sont incapables de servir utilement dans les troupes coloniales. Les habitudes d'esprit acquises dans les écoles militaires et les régiments, ce principe fondamental de l'éducation militaire que « l'énergie » est la qualité maîtresse de l'officier, devront, chez tous les gradés d'une armée coloniale sagement conçue, faire place à cet autre que le devoir de tout Européen en contact avec les indigènes d'une colonie quelconque est de gagner leurs sympathies par la douceur et la bienveillance et de vaincre leur hostilité instinctive ou leur résistance patriotique par une patience à toute épreuve et une loyauté jamais en défaut. Razzier des villages et couper des têtes, sont des procédés de colonisation que l'on doit condamner de la manière la plus absolue. Tout officier qui ne les répudie pas sincèrement et qui ne fait pas preuve des qualités indiquées plus haut est inapte à faire partie d'une armée coloniale. Les mêmes qualités doivent être exigées de tous les sous-officiers et de tous les soldats de cette armée.

Comme ces qualités ne peuvent être appréciées que sur place et par les autorités coloniales, je suis d'avis qu'à partir du moment où une compagnie, un bataillon, etc., sont embarqués pour une colonie, ils doivent cesser de dépendre du ministère de la guerre, pour être placés sous l'autorité du ministre des colonies. C'est à ce dernier qu'il appartient dès lors de nourrir, de vêtir, de loger, d'hospitaliser, de transporter, etc., les troupes mises à sa disposition. C'est à lui aussi, et aux gouverneurs placés sous son autorité directe, que doivent incomber la responsabilité de la garde et de la protection des colonies; eux seuls doivent décider de l'opportunité des opérations militaires. S'il en était autrement, ce serait non seulement le conflit organisé en permanence dans toutes nos colonies, entre les autorités militaires et le gouvernement civil, mais encore nos colonies livrées à tous les vices du militarisme.

C'est, par conséquent, au ministre des colonies et aux gouverneurs qu'il doit appartenir de déterminer les effectifs des troupes européennes et indigènes nécessaires à chaque colonie, la composition des états-majors et celle de chaque corps de troupes. Il est bien entendu que pour le règlement de ces questions, les gouverneurs doivent prendre l'avis des autorités militaires et des conseils qui les entourent, mais c'est à eux et au ministre des colonies que doit appartenir le dernier mot. Il faut aussi que les gouverneurs aient le droit de rendre au ministre de la guerre les officiers, sous-officiers et soldats qui seraient, par des raisons quelconques, jugés impropres au service colonial.

Les officiers, sous-officiers et soldats reconnus propres au service d'une colonie déterminée, pouvant y être conservés aussi longtemps que leur santé le permettra, et avec l'assurance d'y recevoir l'avancement et les récompenses dus à leur mérite, chaque colonie ne tarderait pas à être dotée d'une armée aussi bien adaptée que possible à tous ses besoins particuliers. Les officiers apprendraient la langue des indigènes, s'instruiraient de leurs mœurs et de leurs coutumes, s'habitueraient à vivre en leur société et seraient, par conséquent, en mesure de rendre le maximum des services attendus du gouvernement.

La prolongation du séjour des sous-officiers et des hommes

de troupes dans une même colonie ne sera pas moins utile :
une partie de ces hommes se créeront dans la colonie des relations, y contracteront des liens légitimes ou morganatiques, s'y
constitueront une famille et, après la terminaison de leur
service, s'y établiront comme colons. Déjà, au Tonkin, beaucoup
d'excellents colons sont d'anciens sous-officiers et soldats.

On objectera peut-être que, dans ces conditions, telle colonie
étant recherchée de préférence à telle autre, il pourra s'en
trouver où les officiers ne voudront pas séjourner. Il serait
facile d'éviter cet inconvénient, en fixant la durée minima du
séjour obligatoire dans chaque colonie. Il n'y a pas, d'ailleurs,
de bonne et de mauvaise colonie, pas plus qu'il n'y a de
bonne et de mauvaise patrie ; là où l'homme a vécu pendant
des années, là où il se crée des liens et des relations, là où il
se constitue des intérêts matériels ou moraux, se trouve finalement la terre où il désire vivre. Interrogez nos officiers et nos
fonctionnaires coloniaux, vous acquerrez la preuve que chacun
vante surtout la colonie où il a vécu le plus longtemps. Il y a
des fanatiques des déserts du Soudan, comme il y a des enthou-
siastes des rizières ou des forêts du Tonkin. Le cardinal Lavigerie,
qui avait passé la majeure partie de son existence dans le nord
de l'Afrique, me déclarait qu'il avait horreur des arbres, qu'ils
lui coupaient ses horizons, et il me montrait avec orgueil sa
belle propriété de la Marsa, près de Tunis, où il avait eu soin de
ne planter aucun arbre et où aucune ligne n'interrompait l'azur
profond du ciel ni les vastes champs couverts de vignes.

La nécessité de maintenir, aussi longtemps que possible, dans
chaque colonie, les gradés et les soldats des troupes coloniales
européennes s'impose, à plus forte raison, pour les officiers et
sous-officiers européens des troupes indigènes. Ceux-ci devraient,
pour bien faire, être attachés, pendant toute la durée de leur
service militaire, à un même corps de troupes indigènes. Il faut,
en effet, pour commander ces troupes, des qualités spéciales et
qui varient suivant le caractère des populations parmi lesquelles
on les recrute. Ce serait une erreur de croire que l'on peut appliquer les mêmes principes de commandement, de direction et
d'instruction aux Arabes de l'Algérie, aux noirs du Sénégal, aux
Annamites de l'Indo-Chine, aux Hovas et aux Sakalaves de
Madagascar, etc. Ces principes doivent, au contraire, varier
avec les caractères physiques et intellectuels des diverses races,
leurs coutumes familiales, sociales et religieuses, etc. Pour appliquer ces différents principes, il faut bien connaître les hommes
que l'on commande et en parler la langue. Cela permet d'éviter
une foule d'erreurs et d'injustices et donne une autorité morale
précieuse ; cela permet, en outre, d'être directement en rapport

avec les populations et de se passer des interprètes dont l'intervention entre les Européens et les indigènes est l'occasion d'un très grand nombre d'abus. Mais pour que les gradés des troupes indigènes parviennent à une connaissance suffisante des mœurs et de la langue de leurs hommes, il faut, dans certains pays, par exemple en Indo-Chine, où la langue est difficile, un travail assidu et prolongé. Comment admettre qu'un officier s'y livrera s'il sait qu'après un service de deux années au Tonkin il court le risque d'être envoyé au Sénégal, au Congo, en Nouvelle-Calédonie ou à Madagascar ?

En troisième lieu, les troupes indigènes étant destinées à jouer le rôle le plus important dans la surveillance du pays et dans la répression du brigandage ou de la piraterie, il est nécessaire que les officiers et les sous-officiers européens qui les commandent aient une connaissance pratique, aussi complète que possible, des lieux dans lesquels ils sont destinés à opérer. Au Tonkin, j'ai constaté que les officiers nouvellement arrivés étaient ceux qui tombaient le plus aisément dans les embuscades des pirates et qui perdaient le plus grand nombre d'hommes dans les expéditions, tandis qu'il était rare de leur voir surprendre une bande de malfaiteurs. La connaissance pratique d'un pays quelconque exigeant toujours un temps assez long, il est manifeste qu'il y a tout intérêt à conserver le plus longtemps possible les officiers dans une même colonie.

§ 5. — RÈGLES A SUIVRE DANS LE RECRUTEMENT ET L'ORGANISATION DES TROUPES INDIGÈNES

Quant aux soldats indigènes, je considère, ainsi que je l'ai dit plus haut, comme un règle inviolable, à moins de circonstances exceptionnelles, de les recruter dans la colonie où ils doivent faire leur service et de ne jamais les transporter d'une colonie dans une autre ; j'en ai dit plus haut les motifs, je n'y reviendrai pas ici. J'ajoute qu'on doit se montrer fidèle, dans le recrutement de ces troupes, aux habitudes des populations qui sont appelées à les fournir. Il pourra se faire que ces habitudes soient en contradiction avec la conception qu'a notre cerveau des devoirs militaires : il ne faudra pas y voir un motif de substituer nos coutumes à celles des populations indigènes. Il en est de nos idées sur le devoir militaire, l'impôt du sang et le service dû à la patrie, comme de toutes les conceptions humaines : Ce qui est, à ce point de vue spécial, vérité en deçà des Pyrénées, est fort souvent, selon le mot de Pascal, erreur au delà. Avec l'intention fort louable de mieux faire, d'appliquer des principes d'équité qui nous

paraissent excellents, nous risquons de blesser les sentiments
intimes des populations et de transformer en ennemis les
soldats indigènes sur lesquels nous devrions pouvoir compter
comme sur des amis et des alliés fidèles jusqu'à la mort.

Il m'est impossible d'entrer ici dans le détail des modes divers
de recrutement qui conviennent à nos différentes colonies :
dans les unes, c'est à l'engagement volontaire qu'on devra
recourir de préférence ; dans d'autres, il faudra faire recruter
les soldats par les autorités locales ; ailleurs ce sont les villages
qui donnent les hommes, etc. Dans chacune, en un mot, il
faudra suivre les habitudes locales. Au Tonkin, où la coutume
annamite exige que les soldats soient fournis par les villages qui
s'en déclarent responsables, le recrutement volontaire, essayé
il y a quelques années, ne donna que des résultats déplorables.
Les volontaires accouraient en grand nombre, touchaient la
prime d'engagement, puis s'enfuyaient avec les armes et munitions qui leur avaient été délivrées, et allaient grossir les bandes
des pirates. On dut renoncer à un procédé de recrutement auquel
on avait eu recours par un sentiment d'humanité, et revenir aux
habitudes annamites. Au Sénégal, au contraire, les engagements
volontaires donnent de très bons résultats. Il en sera peut-être
de même à Madagascar.

Il faudra parfois, dans une même colonie, s'il existe plusieurs
races distinctes, entretenir des troupes indigènes de chacune de
ces races. Je crois qu'il serait mauvais de faire garder et surveiller par des compagnies annamites certaines régions du Laos
où les Annamites sont détestés. D'un autre côté, il faut tenir
compte de l'hostilité qu'ont certaines races pour le métier militaire. Le Cambodgien, par exemple, se bat courageusement
quand c'est nécessaire, mais il se refuse de la manière la plus
absolue à tout service régulier. Non seulement il a été impossible, jusqu'à ce jour, de constituer au Cambodge des compagnies
militaires, mais encore les quelques centaines de miliciens que
l'on a pu réunir ne se prêtent que très difficilement à la discipline la plus rudimentaire. En 1893, pendant nos opérations
contre le Siam, j'envoyai au Cambodge quelques inspecteurs
européens des milices tonkinoises, avec mission d'y organiser et
instruire des compagnies de milice. Les Cambodgiens recrutés à
cet effet désertèrent dès qu'on voulut leur faire faire l'exercice ;
l'on dut éviter de punir leur indiscipline, par crainte de provoquer une désertion générale et un mouvement insurrectionnel.
Il est possible que petit à petit nous parvenions à réagir contre
ces mœurs, mais il faudra y mettre une grande prudence et beaucoup d'habileté.

Les règles à suivre dans l'organisation des troupes indigènes doivent également varier, dans les diverses colonies, avec les races auxquelles appartiennent ces troupes. D'une manière générale, on est convenu de traiter les soldats indigènes d'une tout autre façon que les soldats européens. Tandis que ceux-ci sont astreints, dans les colonies, à peu près au même genre de vie qu'en France, on y accorde aux indigènes des commodités beaucoup plus grandes. Leurs familles, par exemple, sont autorisées à vivre soit dans les postes eux-mêmes, soit au voisinage des postes, et les hommes prennent leurs repas avec elles. Il est reconnu que c'est seulement à cette condition qu'on peut se mettre à l'abri des désertions.

Dans certaines colonies, la coutume est de maintenir les familles des soldats indigènes en dehors et au voisinage des postes où les hommes eux-mêmes sont logés, tandis que dans d'autres, les femmes et les enfants résident dans le poste avec les soldats. Le premier système a été adopté, par exemple, au Tonkin, tandis que le dernier est pratiqué en Cochinchine. Je pense que le second est le meilleur. S'il présente l'inconvénient de réunir dans le poste des femmes et des enfants qui n'ont rien de militaire, il offre l'avantage de retenir les soldats et de les mettre à l'abri de la tentation des fugues intempestives. Au Tonkin, le poste de Yen-lang fut envahi, en 1892, par les pirates, le capitaine et plusieurs sous-officiers européens furent tués, précisément à l'heure où les tirailleurs tonkinois étaient allés, en dehors du poste, prendre leur repas du soir avec leurs familles. Pareil accident ne se serait pas produit si ces dernières avaient été logées dans le poste.

De la nécessité de laisser vivre les soldats indigènes avec leurs familles, il résulte naturellement des particularités notables, au point de vue de l'aménagement des postes occupés par les troupes indigènes et du ravitaillement des hommes. Je traiterai ces questions plus bas, en même temps que l'administration des troupes coloniales.

Parmi les questions qui se posent à propos de la conduite des troupes indigènes, il en est une sur laquelle doit se porter tout particulièrement l'attention des autorités coloniales : je veux parler des relations des soldats avec les populations. Tout ceux qui ont vécu dans les colonies savent avec quelle promptitude et quelle facilité les soldats indigènes s'imprègnent, au contact des gradés européens, de l'idée que l'uniforme suffit pour les rendre supérieurs à leurs concitoyens et même aux autorités que, la veille, ils respectaient, comme tous leurs congénères. Cet esprit soldatesque doit être soigneusement combattu, car il est la cause d'incidents où l'autorité de la France est fortement compromise. Au Tonkin, où le sentiment

du respect dû aux autorités indigènes est plus répandu peut-
être que dans aucun autre pays du monde, il n'est point rare
de voir les soldats indigènes voler les habitants et les battre s'ils
se plaignent, manquer de respect aux mandarins et même
blesser, par des procédés imités des Européens, les sentiments religieux ou sociaux les plus respectables. Les officiers
et les sous-officiers européens ne sont malheureusement que
trop portés à encourager ces mauvaises habitudes, ou du moins
à ne pas les réprimer comme il conviendrait. Cela tient surtout à ce que les gradés, n'étant que de passage dans la colonie,
ignorent les coutumes locales ou n'ont point souci de les faire
respecter, leur unique préoccupation étant de tirer quelque
profit personnel du séjour passager qu'ils font dans le pays. Qui
sait même s'ils n'envisagent pas les échauffourées susceptibles de
sortir de la mauvaise conduite de leurs troupes, comme des
occasions souhaitables de montrer leur « énergie » et d'obtenir
quelque récompense d'une répression vigoureusement conduite.
Il en serait autrement, si les sous-officiers et les officiers savaient
qu'en cas d'inconduite de leurs hommes on les rendrait responsables et on les remettrait à la disposition du ministre de la
guerre, comme imporpres au service colonial.

Ce défaut des troupes indigènes rend, d'ordinaire, leur séjour
dans les villes importantes peu souhaitable. J'ai dû, à une
époque, exiger de l'autorité militaire le renvoi de Hanoï de la
majeure partie des tirailleurs tonkinois qui y étaient casernés,
à cause des innombrables méfaits dont ils se rendaient coupables.
En règle générale, je suis d'avis que les troupes indigènes
doivent, de préférence, être placées dans les postes éloignés,
où la surveillance du pays exige une activité journalière trop
fatigante pour les troupes européennes.

§ 6. — DES SERVICES ADMINISTRATIFS ET MÉDICAUX DES TROUPES COLONIALES

Pour en finir avec les troupes coloniales, il me reste à parler
des quelques principes généraux qu'il convient d'appliquer à
l'organisation de leurs services administratifs et médicaux.

Actuellement, les officiers et les agents divers d'administration
des troupes coloniales dépendent du ministre des colonies,
tandis que les troupes coloniales sont sous l'autorité du ministre
de la marine. Il résulte de cette dualité des inconvénients graves.
Il n'y a pas de jour que je n'aie vu, pendant la durée de mon
gouvernement de l'Indo-Chine, surgir quelque conflit entre
l'administration coloniale et les chefs militaires, ces derniers
prétendant à une autorité que ni les officiers du commissariat colo-

nial ni même les agents les plus infimes ne veulent reconnaître, et les deux parties recherchant, en quelque sorte, les occasions de se témoigner l'hostilité qui les anime.

L'organisation des services administratifs des troupes coloniales pèche encore à un autre point de vue plus important. En raison de la multiplicité des postes militaires que l'on est obligé d'entretenir dans les grandes colonies, par exemple au Tonkin, en Cochinchine, à Madagascar, il est impossible d'avoir un personnel administratif suffisant pour qu'il soit représenté dans tous les postes ; la dépense serait trop considrable et hors de proportion avec les services à rendre. Il y a eu au Tonkin jusqu'à deux cents postes militaires et il en existe encore aujourd'hui plus de cent dont beaucoup comptent au plus cinquánte hommes, et ne sont formés que de troupes indigènes. Il y aurait folie à entretenir, dans chacun de ces postes, un officier du commissariat ou même un agent subalterne de l'administration. Le recrutement du commissariat colonial ne saurait suffire à un service aussi étendu ; il est si défectueux que j'ai toujours vu l'administration du Tonkin manquer d'un tiers au moins des officiers qui lui sont attribués par le budget. Il n'y a, par suite, qu'un très petit nombre de postes militaires où se trouvent des agents de l'administration, et les officiers n'existent que dans les grands centres. Dans tous les autres postes, l'administration est abandonnée à des sous-officiers n'ayant, en général, ni les aptitudes, ni les connaissances exigées par le service qu'on leur impose. La surveillance et le contrôle sont eux-mêmes impossibles, à cause de la multiplicité des postes et des difficultés de communication, dans un pays où les routes n'existent encore qu'en très petit nombre. Les officiers du commissariat ont d'ailleurs trop d'occupations, dans tous les grands centres où ils habitent, pour qu'il leur soit possible de faire les tournées d'inspection qu'exigerait la surveillance des magasins et des transports. Aussi le désordre administratif est-il très grand, le coulage à l'ordre du jour et le gaspillage traditionnel.

Pour remédier à cet état de choses, deux sortes de mesures s'imposent. Il faut d'abord rétablir l'unité dans l'autorité, en rattachant les services administratifs coloniaux, avec tous leurs officiers et leurs agents, au même ministère que les troupes coloniales. Il faut, en second lieu, adopter dans nos colonies, du moins dans celles qui ont une grande étendue de territoires et comptent des postes militaires nombreux, un système de ravitaillement et de transports mieux adaptés aux nécessités que ceux inscrits dans les règlements fianciers et administratifs actuellement en vigueur.

J'ai fait, au Tonkin, à partir de la fin de 1893, d'accord avec le commandement militaire et le chef des services administratifs, une expérience qui nous donna de très bons résultats et qui pourrait servir de point de départ à une réorganisation complète des services administratifs des troupes coloniales. J'avais été frappé, non seulement de la fréquence des conflits entre les autorités administratives et militaires, mais encore du grand nombre de vols et autres délits commis par les agents subalternes de l'administration, ainsi que de l'énorme quantité de procès-verbaux de pertes dressés dans les postes où les magasins étaient tenus par des sous-officiers. Il était manifeste que la dualité des pouvoirs et l'anarchie consécutive avaient pour résultat une sorte d'encouragement aux malversations, sans que, dans la plupart des cas, il fut possible d'en faire retomber la responsabilité sur qui que ce fut. C'est cette responsabilité qu'il s'agissait de créer. Pour y atteindre, je pris, d'accord avec les autorités compétentes, les mesures suivantes. Les troupes européennes qui, jusqu'alors, avaient été mélangées, dans un grand nombre de postes, avec les troupes indigènes, furent complètement séparées de ces dernières et concentrées dans un petit nombre de centres où les conditions du ravitaillement étaient le plus favorables. Nous décidâmes qu'en principe, les troupes euro-péennes devraient occuper seulement les grands centres stratégiques et la zone la plus voisine du delta où les conditions d'une bonne hygiène sont assez faciles à réaliser. La garde de la frontière exigeant une surveillance active, pénible et dans des conditions hygiéniques moins bonnes, était attribuée de préférence aux troupes indigènes et aux partisans. Les grands postes d'Européens étaient pourvus chacun d'un magasin de vivres et de matériel, approvisionné directement par les magasins centraux de Hanoï et de Haïphong. Suivant leur importance, ces magasins étaient gérés, soit par un agent du service administratif, soit par des sous-officiers, sous l'autorité et le contrôle du commandant du territoire et des commandants des postes. En raison de petit nombre d'européens contenus dans les postes occupés par les indigènes, il n'y était pas créé de magasins administratifs; il était pourvu au ravitaillement des cadres européens de la façon suivante. En remplacement de la ration, il était alloué à chaque officier et sous-officier européen une indemnité pécuniaire représentant : 1° le prix de la ration majoré de manière à compenser les pertes normales ; 2° le prix du transport de la ration depuis le magasin le plus proche qui était autorisé à délivrer les éléments divers de la ration, à titre remboursable ; 3° les coolies nécessaires à la manutention des vivres et du matériel; 4° le prix du transport des caisses, ballots, etc., que les officiers et sous-officiers feraient venir du delta. Le chiffre de ces indemnités variait naturellement, pour chaque poste, d'après son éloignement et les conditions de transport ; la gestion du magasin était confiée à un sous-officier, sous l'autorité et la responsabilité du commandant du poste. A l'aide des indemnités ci-dessus les Européens achetaient eux-mêmes leurs vivres sur place, ou bien les prenaient à titre remboursable sur les grands magasins, et en effectuaient eux-mêmes le transport. Toutes les causes de pertes étaient supprimées et le travail des services administratifs était considérablement diminué.

Cette expérience fut faite d'abord dans le premier territoire. Les résultats qu'elle y donna furent si prompts et si excellents qu'elle fut étendue, dès le commencement de 1894, au deuxième territoire. Au moment de mon départ, je me disposais à l'appliquer aux deux autres. J'ignore s'il a été donné suite à ce projet.

Il est permis de déduire de cette expérience le principe général de l'organisation administrative qui pourrait être appliquée aux troupes coloniales. En premier lieu, les services administratifs de ces troupes doivent être, comme elles-mêmes, rattachés au ministère de la guerre. En second lieu, les agents de ces services, détachés pour servir dans les colonies, doivent être, comme les cadres et les hommes des troupes coloniales, placés sous la dépendance du ministre des colonies, à partir du jour de leur embarquement et c'est à ce ministre que doit appartenir le soin de déterminer, sur la demande des gouverneurs, le nombre des agents nécessaires dans chaque colonie. En troisième lieu, c'est aux autorités coloniales qu'il appartient de fixer le nombre et l'importance des magasins de vivres et de matériel, les moyens les plus économiques et les plus sûrs de transport et de ravitaillement des postes militaires, etc., en tenant compte de quelques règles générales que le ministre des colonies établirait par décret, et qui remplaceraient toute la réglementation actuellement en usage.

Le principe de la subordination des services administratifs au commandement militaire devrait former la base du régime nouveau, car c'est seulement ainsi qu'il sera possible de créer des responsabilités adéquates à l'autorité. D'autre part, il faudrait établir en principe que les cadres européens des troupes indigènes reçoivent les vivres, suivant les conditions de leur résidence, soit en nature, soit sous forme d'indemnité pécuniaire représentative des vivres eux-mêmes, de leur transport et de leur manipulation, étant bien entendu que cette dernière forme serait obligatoire pour tous les postes isolés et ne comprenant qu'un petit nombre d'Européens.

La nourriture et le logement des troupes indigènes exigent

aussi une réglementation spéciale. En rapprochant les données qui m'ont été fournies par mon expérience et mes observations personnelles, je pense que le meilleur procédé consiste à délivrer aux soldats indigènes les vivres en argent, toutes les fois que les localités où ils servent sont susceptibles de leur fournir les aliments dont ils ont l'habitude de se nourrir. L'administration évite ainsi toutes les dépenses de transport et les chances de pertes et de coulage. Quant aux soldats, ils y trouvent l'avantage de varier leur nourriture selon leur fantaisie et de la régler suivant les besoins de leur famille.

Pour le logement, l'avantage de l'administration est d'attribuer à chaque homme une somme annuelle, destinée à faire face à la construction et à l'entretien des logements des soldats. Appliqué aux troupes indigènes du Tonkin depuis bien des années, ce système a donné d'excellents résultats. Le budget comporte un crédit désigné sous le nom de « masse de baraquement », mis chaque année à la disposition des chefs de corps et utilisé par les hommes eux-mêmes pour la construction et l'entretien de leurs logements qui sont établis d'après les habitudes locales.

Lorsque j'arrivai au Tonkin, en 1891, je fus très frappé de la supériorité des logements des tirailleurs tonkinois sur ceux des troupes européennes. Les paillottes des premiers étaient beaucoup mieux faites et plus confortables que celles des secondes. Les tirailleurs étaient dotés d'une masse de baraquement et construisaient eux-mêmes leurs logements, tandis que ceux des soldats européens étaient construits et entretenus par l'artillerie. Celle-ci, faisant exécuter les travaux par des ouvriers de profession, dépensait le double ou le triple, se trouvait sans cesse à court d'argent et négligeait forcément une partie de sa tâche.

Je résolus, pour relever la situation des corps européens, de les doter d'une masse de casernement analogue à la masse de baraquement des tirailleurs, constituée par une somme fixe annuelle, attribuée à chaque homme et à chaque officier, et destinée à être dépensée par les chefs de corps eux-mêmes pour le logement de leurs hommes. L'artillerie ne manqua pas de protester contre une mesure qui portait quelque atteinte à son prestige et diminuait son rôle, mais j'avais l'assentiment unanime de tous les intéressés. Appliquée à partir du 1er janvier 1894, cette réforme donnait immédiatement des résultats remarquables, surtout entre les mains de trois ou quatre officiers plus actifs et plus habiles que leurs collègues. Le colonel Gallieni, par exemple, fit dans l'espace d'une année, de véritables merveilles. Avec les maçons, charpentiers, menuisiers, couvreurs, briquetiers de ses bataillons, il forma des ouvriers de tous ces métiers ; les sous-officiers, les officiers et le colonel lui-même dirigeaient les travaux. Grâce à l'économie considérable de main-d'œuvre réalisée de la sorte, les fonds de la masse de casernement rendaient dix fois plus qu'entre les mains de l'artillerie et bientôt, dans les deux premiers territoires, toutes les troupes européennes furent logées dans des bâtiments en maçonnerie dont une partie avait été construite par les hommes eux-mêmes. Ils avaient fait les briques, la chaux et les tuiles, coupé et taillé les poutres et les chevrons, et construit des casernes où ils étaient très confortablement installés.

Il n'est pas douteux qu'au bout de deux ou trois années, avec l'expérience qui gagnait de proche en proche parmi les officiers, il n'y aurait plus eu au Tonkin un seul poste en paillottes. Mais ce système avait contre lui de rompre avec la routine, de contrarier les intérêts de l'artillerie et de blesser les idées trop exclusivement militaires de certains officiers ; j'ai ouï dire que mon successeur y avait renoncé ; je crois que les troupes européennes auront à le regretter. Indépendamment de l'économie qu'il permet de réaliser sur les dépenses budgétaires, je lui trouve un avantage très important : celui de procurer aux hommes une occupation physique et intellectuelle qui les met à l'abri du spleen, de l'alcoolisme et de la débauche où la plupart des maladies ont leurs germes.

Ces avantages n'existent pas moins pour les troupes indigènes que pour les troupes européennes. Il est bon d'occuper constamment les unes et les autres. J'insiste sur cette idée, parce qu'elle ne trouve pas accès dans l'esprit des officiers aussi facilement qu'il conviendrait. L'éducation purement militaire qu'ils reçoivent dans les écoles et les régiments de France, les porte à considérer toute occupation étrangère à leur métier comme indigne de leur attention et de nature à diminuer la dignité morale de leurs hommes. J'en ai vu beaucoup se révolter à la seule pensée que leurs soldats fussent contraints de remuer de la terre, de creuser des fossés, de combler des mares, de travailler à la construction de leurs postes et de leurs logements. Certains même jugeaient indignes de leurs soldats indigènes, des corvées que les troupes européennes font en France quotidiennement. J'estime qu'il est du devoir des autorités supérieures des colonies de réagir contre ces préjugés.

C'est surtout dans les colonies, où l'instruction militaire prend moins de place qu'en France, que les officiers sont appelés à jouer ce rôle d'éducateurs que le commandant Liautey préconisait dans un article remarquable de la *Revue des Deux-Mondes* le 15 mars 1891. Au moment où j'ai quitté le Tonkin je me proposais de confier à cet officier le soin de dresser le plan d'un casernement d'Européens pour l'une des villes du Tonkin. On y aurait logé les officiers, les sous-officiers et les soldats dans des conditions telles et on les aurait entourés de tels éléments de lecture et d'instruction, qu'ils eussent été entraînés à s'instruire réciproquement. Je souhaite que ce projet puisse être un jour repris.

§ 7. — Des auxiliaires indigènes des troupes coloniales

Pour en finir avec l'administration des troupes coloniales, je veux dire quelques mots des auxiliaires que ces troupes empruntent à la population indigène, soit pour le service des casernes, soit pour le transport des vivres, munitions et matériel, en vue du ravitaillement des postes ou des colonnes. Dans les colonies en voie de formation, cette question est l'une de celles qui doivent attirer le plus sérieusement l'attention du gouvernement, car suivant la manière dont elle est résolue, on peut gagner ou perdre les sympathies des populations.

En règle générale, les autorités militaires et civiles des colonies, les premières surtout, ont une tendance très prononcée à abuser des indigènes. Il semble que du moment où l'on paie les services qu'on exige d'eux, ils n'ont aucun droit de les refuser. Ajoutez à ce faux principe la conviction intime qu'a tout Européen que la supériorité de sa race ou de sa puissance militaire, lui donne toutes sortes de droits, et vous aurez une idée des abus de pouvoir qui sont commis par les colonisateurs européens.

C'est surtout dans le recrutement et le traitement des manœuvres ou coolies indigènes que ces abus se produisent. Le commandant d'un poste, d'une compagnie, d'un bataillon, d'une colonne expéditionnaire a-t-il besoin de manœuvres pour un travail quelconque ou pour le transport de ses vivres, de ses munitions, de son matériel, il considère comme l'action la plus naturelle et la plus légitime du monde, de lever, de gré ou de force, dans les populations qui l'entourent, tous les hommes, femmes ou enfants qui lui sont nécessaires. Il ne se préoccupe point de savoir si la corvée qu'il leur impose est de leur goût, s'ils ne sont pas retenus chez eux par des occupations urgentes, les soins à donner à leur famille, des semailles à faire, des champs à labourer ou à moissonner ; ses besoins, parfois son caprice sont les seules considérations qu'il envisage et tout doit céder devant elles. Au Tonkin, ces abus prirent, pendant bien des années, une telle extension et une telle gravité qu'on peut leur attribuer, en grande partie, l'insurrection qui souleva le Delta presque tout entier de 1889 à 1891. C'est par milliers qu'on levait les coolies pour les colonnes militaires. Il n'était pas rare qu'on s'emparât, dans un marché, de tous les hommes valides ; sur l'ordre d'un officier, ils étaient pris et poussés comme un troupeau de moutons, dans un poste où on les enfermait jusqu'au jour du départ de la colonne, les sentinelles de garde ayant ordre de tirer sur tous ceux qui essayeraient de fuir. Le jour du départ, on leur distribuait les colis à porter et on les mettait en route, sous la surveillance de soldats qui, de gré ou de force, les contraignaient à marcher. Et cela durait pendant des semaines ou des mois, sans répit, sous les coups de rotin et de crosses de fusil, le soldat brutal encouragé trop souvent, dans les mauvais traitements qu'il infligeait à ces malheureux, par l'exemple de chefs plus brutaux encore. Comme les coolies devaient porter non seulement les vivres, les munitions et le matériel de campement de la troupe, mais encore leurs propres aliments, il n'était pas rare que l'on réduisit ces derniers au strict nécessaire, parfois même à moins que l'indispensable. J'ai entendu raconter par un médecin de la marine que les coolies d'une des colonnes qui opérèrent du côté de Langson, au moment de la conquête, n'avaient pour leur alimentation que du paddy, ou riz enveloppé de sa balle épineuse. Ils étaient obligés de le décortiquer eux-mêmes en arrivant aux étapes. Harassés de fatigue, démoralisés par les mauvais traitements, beaucoup préféraient manger le paddy au naturel que de se livrer au travail long et pénible du décorticage. C'était l'inflammation des entrailles et la mort au bout de quelques jours de ce régime, et la route était jonchée de cadavres.

Alors même qu'ils sont bien traités, les Annamites à qui l'on impose le métier de coolie ne s'y résignent que très difficilement. Pour tout Annamite qui n'en fait pas métier, c'est d'abord une sorte de déshonneur. Il n'y a pas d'injure plus grave en Annam que l'épithète de « coolie ». D'un autre côté, l'Annamite se nourrit généralement très mal et n'a que très peu de force physique. Lorsqu'il a porté pendant toute une journée un colis de 15 à 20 kilogrammes, il est épuisé ; si la même corvée doit se prolonger pendant des semaines ou des mois, il succombe avant d'en voir la fin. Or, avec le système des levées forcées, des razzias pour parler plus exactement, qui fut pratiqué jusqu'en 1891, il n'y avait pas d'indigène qui ne fut exposé à servir de coolie dans un poste ou une colonne. C'était une source incessante de terreur parmi cette population d'agriculteurs rivés à leurs champs, inséparables de leur famille et des tombeaux de leurs ancêtres, et que la seule idée de quitter leurs rizières pour aller dans la montagne où « la nuit est froide et l'eau mortelle » fait frissonner.

Ces faits m'étaient trop bien connus pour que, dès mon arrivée au Tonkin, je ne me préoccupasse pas de les faire cesser. L'une des premières mesures que je pris eut pour objet d'interdire la levée forcée des coolies. L'autorité militaire se plaignit, déclara que je rendrais ses opérations impossibles, que j'entraverais son œuvre de pacification, etc.; je tins bon et j'eus lieu de m'en féliciter, car les colonnes que je jugeais indispensables n'en eurent pas moins lieu et la population annamite me fut profondément reconnaissante de l'avoir soustraite à une charge qui lui pesait plus que toutes les autres. Elle m'en donna témoignage, en construisant, pendant l'hiver 1891-92, par corvées non payées, quatre cents kilomètres de routes à travers le Delta.

Un journal technique, *la Politique coloniale*, racontait récemment (1er octobre 1896) qu'au Congo français la réquisition des coolies détermine la fuite des habitants et commence à provoquer la rébellion. « Dès le mois d'août dernier, on annonçait qu'une tentative de rébellion s'était produite dans la région de Loango et qu'une colonne expéditionnaire avait dû être formée... Le dernier courrier officiel parvenu du Congo a confirmé les nouvelles précédentes. Le service des transports doit être interrompu, plusieurs tribus ne laissant plus passer, sans les attaquer, les convois administratifs. Les porteurs Loangos désertent en masse leurs villages. »

Quelque besoin de manœuvres et de coolies qu'aient les autorités militaires ou civiles d'une colonie quelconque, j'estime qu'elles doivent s'imposer la règle inviolable de ne jamais procéder que par recrutement volontaire et en se conformant aux coutumes du pays. Agir d'autre façon, c'est s'exposer à la rébellion ou à l'hostilité permanente des populations. J'attache tellement de prix à cette règle que je voudrais la voir figurer dans un décret ou une loi d'organisation coloniale.

CHAPITRE VIII

DÉFENSE MARITIME DES COLONIES

Je crois ne tomber dans aucune exagération en disant que la défense et la protection maritimes de nos colonies sont actuellement à peu près nulles. Cela est vrai non seulement pour les Antilles et la Guyane, la Réunion et Madagascar, l'Indo-Chine et les Indes, mais encore pour l'Algérie, dont les côtes, en cas de guerre européenne, seraient à la merci des bâtiments ennemis.

La défense maritime des colonies et leur surveillance fluviale intérieure comportent trois catégories de moyens : des divisions navales opérant au large, avec base d'opération dans les ports de la colonie ; des navires spéciaux, pour la protection des côtes contre les ennemis du dehors ; des bâtiments appropriés à la surveillance et à la police des fleuves, rivières et canaux.

Les divisions navales ne peuvent dépendre que du ministère de la marine et c'est lui qui doit en faire tous les frais. C'est à lui aussi qu'incombe le soin de réunir, dans les ports coloniaux qui servent de base d'opération à ces forces navales, les approvisionnements de charbon, de vivres, de munitions, de matériel, en vue de tous leurs besoins en temps de paix et de guerre. C'est encore à la marine qu'il appartient de construire et d'entretenir les ateliers et les bassins nécessaires à la réparation de ses navires.

Les gardes-côtes et torpilleurs spécialement destinés à la protection du littoral contre des ennemis venant du dehors, doivent aussi dépendre exclusivement du ministère de la marine, tant au point de vue financier qu'à celui de la direction du personnel et de la construction et entretien du matériel. Pour que la défense de la colonie soit assurée en tout temps et que le gouvernement local jouisse de l'autorité qui lui revient sur tous les services, il suffit que le personnel de la défense côtière soit tenu de lui obéir, en cas de réquisitions, comme au représentant de la France.

La troisième catégorie des navires énumérés plus haut répond à des besoins tout à fait différents et doit être soumise à des conditions spéciales. Son rôle exclusif est de faire la police de la colonie. Il faut des navires aussi bien adaptés que possible à la configuration des côtes, à la profondeur des fleuves, rivières et canaux, à la rapidité plus ou moins grande des courants, etc., construits d'après les plans des autorités locales, dépendant à tous les points de vue du gouvernement colonial. Tous les frais de leur construction et de leur entretien doivent incomber au budget de la colonie.

Toutes les personnes qui ont visité nos établissements coloniaux savent que les navires dont ils disposent pour la police de leurs côtes et de leurs cours d'eau ne sont, en général, que très mal appropriés à ce service. On les construit sur des modèles conçus à Paris et le personnel qui les commande n'est nullement recruté en vue du rôle qu'il est appelé à jouer. Les navires sont toujours trop petits ou trop grands, trop bas ou trop hauts sur l'eau, etc. Il est rare qu'ils jouissent d'une vitesse convenablement proportionnée à celle des courants ; ils dépensent presque toujours beaucoup plus de combustibles qu'il ne conviendrait, ce qui rend leur emploi très dispendieux, etc. Quant au personnel, il comprend un nombre de matelots européens trop considérable et des capitaines d'un grade tout à fait hors de proportion avec le peu d'importance du commandement. Dans toutes nos colonies, on voit des simples bateaux de rivière commandés par des lieutenants de vaisseau ou des enseignes dont le seul rôle est d'ordonner et surveiller le service journalier du bord, la marche du navire étant dirigée, dans les rares circonstances où il navigue, par des pilotes indigènes dont le plus habile officier ne saurait se passer, car il s'agit de circuler dans des fleuves, des rivières, des canaux qu'il lui est impossible de connaître, la durée du commandement n'étant que de deux années.

De simples maîtres et une poignée de matelots européens suffiraient amplement, sur toutes les canonnières fluviales que commandent aujourd'hui des officiers ; et ceux-ci seraient beaucoup mieux à leur place dans les escadres de la métropole et sur les bâtiments des divisions navales. Le service des bâtiments fluviaux les déshabitue de la mer et leur fait oublier les connaissances techniques dont ils auraient à faire usage en temps de guerre. Enfin, cette organisation entraine des dépenses énormes, pour un service qui, en raison même du chiffre exagéré de ces dépenses, est partout insuffisant. En Cochinchine, au Tonkin, dans l'Annam, au Sénégal et dans les Rivières du Sud, à la Côte d'Or et au Gabon, c'est-à-dire dans toutes les colonies que je connais, la surveillance fluviale est presque nulle, à cause du nombre insuffisant des navires et de l'absence de la plupart des qualités qui leur seraient indispensables, et pourtant cette surveillance coûte extrêmement cher.

Il en serait, sans contredit, tout autrement, si le soin de l'organiser et de la payer était abandonné à chaque colonie.

Pour bien faire saisir ma pensée, je veux dire quelques mots de ce qui existe au Tonkin, de ce que j'y ai tenté et de ce qui devrait, à mon avis, être fait pour que la surveillance des nombreux fleuves et rivières de cette colonie réponde à toutes les nécessités du maintien de l'ordre.

Dès que nous mîmes le pied au Tonkin, nous nous empressâmes d'y constituer une flottille de bâtiments marins et fluviaux. Les premiers furent représentés par deux ou trois canonnières de haute mer, à roues ou à hélice, sans valeur militaire sérieuse, mais très suffisantes pour la surveillance des côtes. Pour les rivières, on adopta un type de navires à fond plat et très larges, devant déplacer beaucoup et calant peu. Quoique cette préoccupation eut entièrement dominé la marine dans la recherche de ce type, les résultats obtenus ne furent que très médiocres : les navires calaient au minimum un mètre et ne pouvaient, par suite, naviguer que dans la portion inférieure des grands fleuves du Tonkin. Les dimensions très exagérées qu'on leur avait données, les rendaient très difficilement manœuvrables et avaient nécessité des machines très puissantes, consommant une énorme quantité de combustible pour n'atteindre qu'une vitesse insuffisante. De plus, en raison de ces divers caractères, il fallait un personnel nombreux de matelots, de chauffeurs, etc., occasionnant des dépenses considérables. Ces navires provoquèrent tant de critiques qu'on évitait le plus possible de les faire naviguer. Au moment de mon arrivée au Tonkin, en 1891, presque toutes les canonnières auxquelles je fais allusion étaient désarmées. La plupart, d'ailleurs, étaient en fort mauvais état ; les tôles avec lesquelles on les avait construites étaient tellement minces que le moindre contact avec des cailloux ou du sable en provoquait la rupture et que la rouille, au bout de quelques années, les avait rongées.

Indépendamment de ces navires, construits spécialement pour le Tonkin et pour l'usage de notre marine de guerre, on avait acheté à Hong-kong un nombre assez considérable de chaloupes à vapeur, pour les douanes, les résidences, l'administration militaire et maritime et même pour la marine de guerre. Ces chaloupes ayant été construites en vue d'usages très différents de ceux auxquels on les emploie, ne possèdent aucun des caractères qu'elles devraient avoir. Leur tirant d'eau est tellement fort (supérieur à 2 mètres) qu'il est impossible de leur demander aucun service dans les parties supérieures des fleuves et que même dans les bras inférieurs du fleuve Rouge on ne peut que difficilement les utiliser pendant la saison des basses eaux, c'est-à-dire plus de la moitié de l'année.

Ces deux catégories de bâtiments sont encore les seules que possède le Tonkin, pour faire la police de son réseau fluvial.

Cependant, la Société des Correspondances fluviales créait, dès 1887, un type de navires beaucoup mieux adaptés aux conditions de navigation des rivières du Tonkin, joignant à un tirant d'eau très faible, une vitesse beaucoup plus grande, des machines moins dépensières, des formes plus rationnelles et rendant les manœuvres très faciles.

Par la modification de ce type primitif et la création d'un type nouveau, la même Société est parvenue à se pourvoir de navires ne calant pas plus de 35 à 40 centimètres et pourvus de machines assez puissantes pour leur permettre de remonter les courants les plus rapides du haut fleuve Rouge. C'est ainsi que je pus, à la fin de 1893, organiser avec cette Société, un service hebdomadaire, régulier, entre Hanoï et Laokay, service réclamé en vain par le commerce depuis que nous sommes au Tonkin.

Le petit fait suivant permettra d'apprécier la différence qui existe entre les navires auxquels je fais allusion et les canonnières de la marine de guerre dont le Tonkin est encore exclusivement doté. Au mois de février 1894, ayant résolu de monter à Laokay, je choisis pour ce voyage, l'une des chaloupes de la Société des Correspondances fluviales; les eaux alors étaient basses et je craignais de ne pouvoir pas faire le voyage avec une canonnière. L'une d'elles tenta de m'accompagner; à quelques kilomètres au-dessus de Yen-bay, c'est-à-dire dès le début du voyage, elle s'échoua sur un banc de sable où nous la retrouvâmes trois jours plus tard, à notre retour de Laokay.

A la suite de ce voyage, profitant des leçons qu'il m'avait fournies, je résolus de faire construire, dans les ateliers des Messageries fluviales, deux ou trois bateaux analogues à celui qui m'avait permis de visiter si facilement le haut fleuve Rouge et que j'aurais chargés de la police de cette portion de notre réseau fluvial. La nécessité de cette création m'avait été révélée par l'observation des procédés qu'employait le commandant du quatrième territoire pour la surveillance du haut fleuve. Il se servait d'embarcations à rames, très larges et très lourdes, construites par les pontonniers, portant au maximum sept ou huit hommes, et marchant avec une telle lenteur que la moindre jonque annamite ou chinoise était assurée d'échapper à leur poursuite. C'était, si je puis me servir de cette comparaison. une police boiteuse chassant des malfaiteurs dotés d'excellentes jambes Or, cet état de choses durait depuis que nous sommes au Tonkin. Ces mêmes lourdes barques que je voyais en 1894, je les avais vues déjà, dans les mêmes lieux et non moins inutiles, en 1887, au cours de la mission qui m'avait été, à cette époque, confiée par le gouvernement.

Il me paraissait évident qu'avec trois ou quatre chaloupes analogues à celles des Correspondances fluviales, pouvant loger une douzaine d'hommes et en embarquer occasionnellement 20 ou 30, la police du haut fleuve Rouge aurait été admirablement faite. Or, la dépense était relativement minime ; ces chaloupes ne coûtent pas plus de 150,000 à 200,000 francs, tandis que les canonnières inutiles dont le Tonkin a été doté par la marine ont coûté chacune 7 ou 800,000 francs. J'avais ordonné de préparer les plans et les devis de ces bâtiments, mais à la suite de ma rentrée en France tous ces projets ont été délaissés.

Je m'étais également ingénié à faire créer, pour la surveillance des petites rivières qui se jettent dans la baie d'Along et qui prennent naissance dans le massif montagneux du Dong-Trieu et du Quang-Tong, un type d'embarcations à vapeur ne calant pas plus que les jonques, mais ayant plus de vitesse que les plus rapides. Nous nous étions arrêtés à l'idée très simple de munir des petites jonques annamites de machines provenant de vieux canots à vapeur. Deux embarcations de ce genre furent construites, en 1893 et 1894, dans les ateliers d'Haïphong ; elles donnèrent des résultats si satisfaisants, qu'au moment de mon départ, plusieurs résidents avaient manifesté le désir d'en avoir de semblables. Chacun de ces « sampans à vapeur » ne coûtant que de 4 à 6,000 francs, il eût été facile d'en doter toutes les rivières. Je crois savoir que l'on n'a pas donné suite aux projets que j'avais formés dans cette direction.

Ces quelques faits suffisent, je pense, pour donner une idée des principes qui doivent présider à l'organisation de cette partie des services maritimes coloniaux qui a pour objet la surveillance des côtes, des fleuves, des rivières et des canaux et leur protection contre les malfaiteurs. Depuis que nous sommes en Cochinchine il n'a rien été fait conformément à ces principes qui, eux-mêmes, paraissent n'avoir jamais eu cours parmi les autorités locales. Aussi a-t-on, à chaque instant, à déplorer, dans cette colonie, des actes de piraterie fluviale qu'il serait très facile d'empêcher à l'aide d'une organisation rationnelle de la police des cours d'eau.

En résumé, le principe très simple, très élémentaire qui doit inspirer l'organisation de la défense, de la protection et de la surveillance maritime et fluviale de nos colonies, me paraît être le suivant : au ministère de la Marine incombe l'organisation et les frais de la défense contre les ennemis du dehors ; aux gouvernements coloniaux doit être abandonnée sans réserve la surveillance et la police des cours d'eau ainsi que toutes les dépenses occasionnées par ce service.

Il est bien entendu qu'en cette matière, comme pour tout ce qui touche à l'organisation des colonies, la métropole doit contrôler la conduite des gouvernements locaux, s'enquérir par des inspections d'hommes compétents si les gouvernements remplissent tous leurs devoirs et les rappeler à l'ordre lorsqu'ils s'écartent des instructions générales qui leur ont été tracées.

CHAPITRE IX

SOMMAIRE. — Impuissance des autorités militaires en matière de police. — Les milices et leur rôle. — La police des villages et les autorités indigènes. — Plan d'organisation d'une police coloniale. — La gendarmerie coloniale et la police. — Principes généraux qui doivent présider à l'organisation de la défense et de la surveillance intérieure des colonies.

Dans toutes les colonies françaises que je connais la police est, sans contredit, le service le plus mal organisé.

Il est fait, en partie, par les autorités militaires et la gendarmerie coloniale, et, en partie, à l'aide d'agents civils, européens ou indigènes.

§ 1. — IMPUISSANCE DES AUTORITÉS MILITAIRES A FAIRE LA POLICE

La gendarmerie ne comprend, même dans les colonies les plus importantes, qu'un très petit nombre d'hommes, tous européens ; aussi ne sert-elle que dans les villes principales et son rôle dans la police générale n'est-il que très minime. Cette situation tient à la répugnance non douteuse qu'elle inspire, à peu près au même degré, aux autorités civiles et aux autorités militaires. Les premières lui reprochent d'être trop militaire ; les secondes de ne point l'être assez. Les premières lui préfèrent des agents civils, surtout des agents indigènes qui sont plus dociles, plus malléables et qu'il est plus aisé d'employer à des services variés, n'ayant souvent rien de commun avec la police. Les secondes ont la prétention, partout où elles détiennent l'autorité, de faire elles-mêmes la police et ne tolèrent qu'avec peine la présence de gendarmes à côté d'elles. Au Tonkin, je fus pendant longtemps sollicité, par le commandement militaire, de supprimer la gendarmerie, et j'ai été le témoin de conflits fréquents entre les officiers et les gendarmes.

Cependant, la gendarmerie coloniale devrait, à mon avis, former la base de toute l'organisation du service de sûreté et de police dans nos colonies. Les faits sur lesquels j'appuie cette opinion sont tirés de ma propre expérience et sont, je crois, de nature à la faire triompher tôt ou tard.

En premier lieu, la prétention qu'ont les autorités militaires de se réserver la police partout où elles réunissent les fonctions administratives aux fonctions militaires, est réduite à néant par l'incapacité qu'elles montrent, d'ordinaire, dans l'exercice de toutes les fonctions qui incombent à la police. Cette incapacité elle-même est due non seulement à l'absence d'éducation spéciale, mais encore à la tournure particulière d'esprit des militaires et aux intérêts professionnels qui dominent leurs actes. Tandis que le devoir et l'intérêt de la police sont de prévenir les délits et d'empêcher les crimes, les autorités militaires songent surtout aux avantages matériels et moraux qu'elles peuvent retirer d'une intervention armée dans les troubles et les désordres. Leur intérêt n'est nullement de les empêcher de naître, mais de les réprimer quand ils se sont produits. Il ne faut donc pas s'attendre à ce qu'elles s'adonnent très activement à la surveillance des régions où elles exercent à la fois les pouvoirs administratifs et les pouvoirs militaires. On peut encore moins leur demander d'employer, en vue du maintien de l'ordre, aucun moyen n'ayant pas la force brutale pour principe. Dans des colonies comme le Tonkin et Madagascar, où nous avons à craindre soit les mouvements insurrectionnels des habitants, soit les attaques des malfaiteurs de profession, les autorités militaires ne reconnaissent, pour venir à bout des uns et des autres, que la brutalité des armes. Or, l'expérience prouve, d'une manière certaine, que la force est souvent insuffisante pour vaincre les rébellions ou supprimer la piraterie.

Entre l'esprit militaire, convaincu que la force seule peut maintenir l'ordre et le rôle de surveillance préventive qui est propre à la police, il existe une antinomie qui se manifeste dans les faits, partout où l'on abandonne aux autorités militaires les fonctions de la police. Au Tonkin, dans les territoires militaires, la police est à peu près nulle, et il est bien rare qu'un acte de piraterie soit prévenu par la surveillance préventive exercée sur les pirates.

D'un autre côté, tous ceux qui ont eu l'occasion de voir de près ce qui se passe dans cette colonie, sont frappés de la crédulité, véritablement enfantine dans certains cas, que la plupart des officiers montrent à l'égard des renseignements qu'on leur apporte, surtout lorsque ceux-ci sont mauvais. Je ne perdrai jamais le souvenir de la facilité avec laquelle, à la fin de 1892, presque tous les chefs militaires du Tonkin crurent à une prétendue invasion de notre territoire par les « troupes régulières de la Chine », allant jusqu'à me télégraphier au

Japon, où j'étais en convalescence, que bientôt le Delta lui-même serait menacé. Le moindre gendarme ou agent de police habitué à recueillir et à contrôler des renseignements, n'aurait pas cru un seul instant aux fausses nouvelles que les commandants des postes de la frontière expédiaient à l'état-major, et se serait fait un jeu de déterminer la source d'où elles provenaient et les mobiles qui les avaient inspirés. Un simple brigadier de gendarmerie, doué de quelque perspicacité, aurait haussé les épaules si des informateurs chinois ou annamites lui étaient venus raconter qu'une armée de 10,000 hommes était concentrée devant notre poste de That-ké, prête à se jeter sur lui ou à se diriger du côté de Langson. 10,000 soldats dans des montagnes inhabitées, où ils n'auraient eu rien à manger, où les voies de communication font défaut, où l'on doit tout apporter du dehors, ce qui exigerait deux ou trois fois autant de coolies que de soldats, 10,000 hommes devant That-ké lui auraient produit l'effet des armées que l'on voit défiler dans les contes fantastiques. Et comme il y avait alors une question de délimitation litigieuse en discussion entre les autorités chinoises et les nôtres, il n'eût pas mis une seconde à comprendre que les renseignements venus de l'autre côté de la frontière, étaient inspirés par des gens intéressés à effrayer nos négociateurs.

Aucune de ces réflexions ne vint à la pensée des officiers de That-ké et je fus informé gravement par le commandement militaire que 10,000 Chinois réguliers, pas un de moins, pas un de plus, étaient sur le point d'envahir le Tonkin. Le commandant du deuxième territoire qui traitait ces renseignements de « fantaisistes » et moi-même qui les reçut en souriant, nous fûmes considérés par l'état-major comme des téméraires imprudents. Cependant, quinze jours plus tard, on était obligé de reconnaître que tous les renseignements envoyés par les officiers de la frontière, publiés dans les journaux locaux, expédiés en France sous toutes les formes, étaient absolument erronés. L'invasion chinoise était un simple mythe, une histoire des Mille et une Nuits.

Ces faits et un certain nombre d'autres de moindre importance, mais se reproduisant chaque jour, me convainquirent de la nécessité absolue de créer, dans toutes les régions soumises à l'autorité militaire, un service spécial de surveillance, de renseignements et de sûreté, doté, comme la gendarmerie et la police en France, d'une indépendance suffisante pour que le gouvernement fût exactement renseigné et que les délits ou crimes pussent être prévenus. Je dirai tout à l'heure comment je comprenais ce service, que mon départ m'a mis dans l'impossibilité d'organiser et qui ne le sera probablement jamais, à cause des hostilités diverses qu'il rencontre.

§ 2. — LES MILICES ET LEUR RÔLE

Ce n'est pas seulement dans les territoires soumis à l'autorité militaire qu'il me paraissait nécessaire d'installer ce service, mais aussi dans les régions de l'Indo-Chine soumises à l'autorité civile, car la police n'y existe pour ainsi dire pas, quoique nous occupions le pays depuis une trentaine d'années et que l'on fasse de très gros sacrifices pécuniaires pour l'entretien des milices indigènes.

La Cochinchine prête, sous ce rapport, à quelques considérations qui ne seront point déplacées ici, car les fautes commises dans cette colonie paraissent devoir l'être aussi au Tonkin et le seront, sans aucun doute, à Madagascar.

Au moment de la conquête, en 1862, la Cochinchine fut divisée en arrondissements qui sont aujourd'hui au nombre de vingt et à la tête desquels fut placé un fonctionnaire revêtu de tous les pouvoirs imaginables. C'étaient, en général, des officiers de marine ou d'infanterie de marine, des médecins ou des commissaires de la marine. Ils faisaient rentrer les impôts, administraient le pays, surveillaient les autorités communales et cantonnales annamites qui seules subsistaient et répondaient du maintien de l'ordre. A cet effet, ils disposaient, en toute indépendance, d'une milice annamite, sans cadres européens, fournie par les villages conformément aux coutumes locales et ils rendaient la justice, au criminel comme au civil. Chaque inspecteur, — c'est ainsi qu'on les nommait à cette époque, — exerçait, en réalité, dans son arrondissement, une véritable dictature. Il y avait, sans aucun doute, bien des abus, mais le résultat général était assez satisfaisant. Il n'existait alors, dans les arrondissements, aucune autre force de police que les miliciens ou matas dont j'ai parlé plus haut. Ils parcouraient le pays, en sampans ou le long des talus des rizières, car les routes faisaient défaut, donnant la chasse aux rebelles et aux pirates, maltraitant parfois quelque peu les habitants les plus paisibles, mais, en somme, suffisant à peu près à tous les besoins d'une période encore troublée. Ce régime aurait dû n'être que de courte durée.

Il se prolongea, malheureusement, beaucoup plus qu'il n'aurait fallu. Si la plupart des inspecteurs étaient de mœurs pacifiques et bienveillants pour les populations annamites, d'autres, abusaient de leur omnipotence pour tracasser les populations et provoquaient sciemment ou inconsciemment des rébellions très nuisibles au développement du pays.

En 1879, lorsque le premier gouverneur civil dont la colonie fut dotée, M. Le Myre de Vilers, introduisit la justice et les magistrats français dans les arrondissements, les administrateurs avaient pris des habitude d'indépendance tellement invétérées et tenaces que la nouvelle organisation fut incapable de les faire disparaître. Depuis cette époque, une lutte de tous les instants existe, dans les vingt arrondissements de la Cochinchine, entre l'administration et la magistrature. Toutes les mesures qui ont été prises, par mes prédécesseurs et par moi-même, dans le but de la faire cesser, n'ont pu qu'en atténuer les fâcheuses conséquences sans la faire disparaître. Tandis que les magistrats prétendent, fort rationnellement et en vertu de décisions formelles, s'adresser directement aux autorités annamites soit pour éclairer les instructions judiciaires, soit pour assurer l'exécution des jugements, les administrateurs prétendent interdire ces relations et obliger les magistrats à ne rien faire que par leur entremise. D'où des conflits incessants qui ont, au point de vue du maintien de l'ordre, des effets d'autant plus fâcheux que toute la police est restée aux mains des administrateurs, comme dans les premiers temps de notre occupation, et que cette police n'a pas, en dehors des autorités indigènes, d'autres agents que les traditionnels matas. Or, ceux-ci convenaient assez bien, lorsqu'il s'agissait de rétablir l'ordre et de le maintenir dans un pays encore tout ému de notre invasion et très porté vers la rébellion ; ils ne répondent plus aux besoins tout à fait normaux d'une population qui demande à être protégée contre les malfaiteurs.

Aussi, voit-on fréquemment, se commettre, dans les arroyos et les villages de la Cochinchine où nous sommes depuis trente, ans, dès actes de piraterie et de banditisme à main armée qui rivalisent avec ceux du Tonkin.

Les administrateurs font, sans aucun doute, tout ce qu'ils peuvent pour maintenir l'ordre, mais les moyens dont ils disposent ne sont pas appropriés au but qu'il s'agit d'atteindre et ils manquent eux-mêmes, en général, des qualités particulières qu'exigent les fonctions de police. Voici un fait tout récent — il se passait en 1893 — bien propre à montrer l'exactitude de cette dernière observation. Des malfaiteurs ayant été signalés dans une région, l'administrateur, désireux de s'assurer si la police des villages était bien faite, envoya, par une nuit noire, une escouade de ses matas déguisés attaquer un village comme l'eussent fait des pirates. Fort heureusement pour les faux brigands, les habitants du village avaient été avisés de la fausse attaque et restèrent chez eux ; s'ils n'avaient pas été prévenus, il est probable qu'une partie des matas auraient perdu la vie dans cette ridicule expérience.

Il est manifeste qu'une organisation nouvelle de la police,

mieux adaptée aux conditions dans lesquelles se trouve le pays, est absolument indispensable. J'avais songé à la créer en prenant pour base la gendarmerie ; mais je ne me faisais aucune illusion sur l'hostilité que celle-ci rencontrerait de la part des administrateurs, et je doute qu'elle puisse être créée de longtemps, dans un pays où les fonctionnaires jouissent d'une influence électorale prépondérante sur le conseil colonial qui est le dispensateur des crédits.

Au Tonkin, l'administration civile a suivi, dès son entrée en fonctions, à peu près les mêmes errements qu'en Cochinchine. Cela n'a rien qui puisse étonner, les premiers résidents du Tonkin ayant été pris parmi les administrateurs de la Cochinchine. Il se produisit même, au Tonkin, il y a une dizaine d'années, une tentative de substitution de l'autorité civile à l'autorité militaire et des milices aux troupes régulières, qui n'eut jamais lieu en Cochinchine, celle-ci ayant été gouvernée par des amiraux jusqu'à une époque où la pacification était depuis longtemps parachevée.

Dès la première période de l'occupation du Tonkin, il s'y établit, comme dans les débuts de la Cochinchine, une sorte de concurrence de militarisme entre l'armée régulière et les milices placées sous les ordres des résidents ; cette rivalité devint surtout très vive à partir de 1886, époque où l'administration civile prit une importance considérable sous la haute autorité de Paul Bert.

Celui-ci constate l'impossibilité où se trouvent les troupes régulières d'obtenir la pacification du pays ; il souffre, comme ses prédécesseurs, des conflits incessants que le commandement militaire suscite et il cherche à surmonter ces difficultés par la création d'une sorte d'armée civile qui serait entièrement entre ses mains par le recrutement et la nomination à tous les grades, et qui pourrait un jour être substituée à l'armée régulière. A partir de ce moment, les effectifs de la milice augmentent rapidement et son rôle prend une très grande extension. Ce n'est plus seulement à la police proprement dite qu'elle est employée, c'est aussi à des opérations tout à fait semblables à celles qui incombent rationnellement à l'armée. L'importance de ce mouvement se ralentit un peu après la mort de Paul Bert, et pendant la durée de la résidence générale de M. Bihourd qui rendit à l'armée sa prépondérance ; mais il reprend avec plus d'activité après le départ de ce dernier. Bientôt, la milice est une véritable armée civile commandée par les résidents. Dans la plupart des provinces, les résidents s'adonnent beaucoup plus volontiers à l'instruction militaire des milices et à la conduite des colonnes qu'à l'administration proprement dite, à la distribution de la justice ou à la perception des impôts. En même temps, d'ailleurs, qu'ils se substituent à l'armée régulière, même dans les régions montagneuses où le rôle de celle-ci était plus spécialement indiqué, ils suppriment l'autorité des fonctionnaires annamites et s'efforcent de remplacer le régime du protectorat, sagement institué dans le traité de 1884, par celui de l'administration directe.

Le seul résultat de ces efforts fut de détruire la police qui existait avant notre arrivée et de livrer le pays à l'anarchie et au désordre. Si nombreuses que fussent les milices, elles étaient, en effet, incapables de faire la police de tous les villages et ceux-ci se trouvèrent bientôt, par la destruction de tous les pouvoirs indigènes, livrés sans défense aux malfaiteurs et aux rebelles. Plus le désordre augmentait et plus, ne voulant pas avoir recours à l'armée pour le combattre, on était obligé d'augmenter l'importance des effectifs et du rôle de la milice, si bien que l'on vit celle-ci se livrer à de véritables opérations militaires. On n'a pas perdu encore au Tonkin le souvenir de cette expédition de la Cac-ba où un résident supérieur jouait le rôle de commandant en chef, la douane celui de l'artillerie et la milice celui de l'infanterie, pas plus qu'on n'a oublié les revues de la milice passées, sur la place publique, par un résident à cheval. L'administration civile s'était tellement militarisée que le moindre résident jouait au colonel et que les simples gardes principaux commandant les postes de milice se faisaient rendre par leurs hommes des honneurs militaires auxquels le général en chef lui-même n'avait pas droit. On rit encore à Hanoï de l'aventure qui se produisit en 1891 — ce fut la dernière de cette espèce — à l'occasion de la distribution des prix. En arrivant à la cérémonie, en grande tenue, le général avait été à peine reconnu par le poste de garde civile que la résidence supérieure avait installé devant la porte de la salle ; il avait eu l'esprit de n'en manifester aucune mauvaise humeur ; mais il ne put réprimer un fort mouvement de contrariété lorsque, au milieu du discours prononcé par le directeur de l'enseignement, il entendit sonner aux champs et vit entrer dans la salle le résident supérieur à qui la milice rendait les honneurs réservés en France au Président de la République et dans les colonies au gouverneur seul.

Ces petits froissements d'amour-propre avaient été pour beaucoup dans les incessants conflits qui existaient au Tonkin, depuis les premiers jours de la conquête, et qui n'étaient pas l'une des moindres causes de l'état d'anarchie où se trouvait la colonie quand j'y arrivai, en juillet 1891.

Un véritable renversement des rôles s'était produit entre l'ar-

mée et la milice. Tandis que pour éviter des opérations militaires
trop souvent inutiles, le gouverneur général avait interdit
aux commandants de postes de sortir de leurs cantonnements,
sous quelque prétexte que ce fût, sans son autorisation, la
garde civile se livrait, chaque jour, à de véritables actes de
guerre. L'armée se plaignait, non sans raison, du rôle effacé
auquel on la condamnait. En 1889, un officier supérieur m'écrivait : « Nous faisons tout, excepté notre métier, nous battre ;
cet article est exclusivement réservé aux gardes civiles, force de
police à sa naissance. En 1890, il y aura dans le Tonkin-Annam
neuf mille gardes civiles, véritable armée à la disposition exclusive des résidents. Sont-ils faits pour cela ? »

Tandis que les militaires se plaignaient que la milice fût transformée en armée, les résidents se plaignaient, de leur côté, que
la milice ne fut pas encore assez militarisée. L'un d'eux me disait,
en 1891 : « La garde civile serait parfaite, si elle avait de
bons cadres d'officiers et de sous-officiers. » — « Dans ce cas,
lui dis-je, rien ne la distinguerait des tirailleurs. » — « Si,
répliquait-il, c'est qu'elle est sous les ordres des résidents. » Plus
tard, au Tonkin, un inspecteur de la milice, développant la
même pensée me disait : « La garde civile doit avoir pour colonels les résidents, chefs de province. » Celui-là était encore
imbu d'un respect réel pour l'autorité civile ; mais à l'époque
même où il me tenait ce propos, un mouvement très prononcé
d'opinion s'était produit, parmi les gradés européens de la garde
civile, en faveur de l'autonomie de ce corps et de son indépendance à l'égard des résidents. Ils demandaient la création d'un
inspecteur général qui aurait été le commandant en chef de la
milice et celle d'inspecteurs provinciaux qui, sous les ordres de
ce chef et en dehors des résidents, auraient commandé les compagnies de milice de chaque province. Si je m'étais laissé entraîner dans cette voie, c'est véritablement une seconde armée dont
le Tonkin serait aujourd'hui doté.

En 1891, si cette armée civile n'avait pas l'organisation que
ses chefs et les résidents lui souhaitaient, elle avait du moins
un rôle à peu près exclusivement militaire et le chiffre de ses
effectifs atteignait, pour le Tonkin seul, près de neuf mille
hommes. Avec l'Annam central, cela faisait près de douze mille
hommes. Il est à peine besoin de dire qu'il avait été impossible
de recruter convenablement tous les gradés qu'exigeait une
pareille armée (un Européen pour 40 à 50 indigènes en moyenne).
C'était, en général, d'anciens officiers subalternes, sous-officiers
ou soldats, recrutés sur place au hasard et dont un grand nombre
manquaient de toutes les qualités requises pour d'aussi délicates
fonctions. La population annamite se plaignait beaucoup des

abus de pouvoir commis par certains inspecteurs ou gardes principaux, qui avaient conservé les défauts de leur éducation militaire
et s'y abandonnaient d'autant plus volontiers qu'ils étaient à peu
près indépendants. Dans les six premiers mois de mon séjour
en Indo-Chine, je dus signer, sur la demande des résidents supérieurs, le licenciement d'une vingtaine de gardes principaux, à
la suite de décisions formulées par des conseils d'enquête, pour
ivrognerie, immoralité, abus de pouvoir, violences et brutalités
à l'égard des indigènes, etc.

Indépendamment de ces vices individuels, la garde civile
n'avait ni l'instruction militaire, ni la cohésion et la discipline
qu'exigent les opérations militaires, et c'était folie que lui
demander les services d'une armée régulière. Certes, les gardes
principaux, les inspecteurs et les petits miliciens annamites
étaient de braves gens et montraient, en toutes circonstances,
une admirable bravoure ; nombreux sont ceux qui laissaient
leurs os dans les rizières ou les broussailles du Tonkin ; mais la
milice n'était ni assez forte ni assez nombreuse, même à cette
époque, pour réaliser seule la pacification. Elle convenait assez
bien pour la police générale du pays, mais contre les grandes
bandes de pirates chinois il était indispensable de faire intervenir l'armée. Ce n'est donc pas sans raison que celle-ci se plaignait d'être tenue à l'écart de sa tâche naturelle.

Mon premier soin, en arrivant au Tonkin, avait été de préci-
ser le rôle que rempliraient désormais la garde civile et l'armée
régulière. A la garde civile, aidée par les linh-co, j'attribuais
exclusivement la police du Delta. Tous les territoires montagneux
qui entourent ce dernier furent divisés en quatre territoires
militaires dont les commandants réunissaient les pouvoirs civils
et les pouvoirs militaires. Ils étaient seuls responsables de ce
qui se passait dans leurs territoires, d'où j'enlevai tous les résidents et tous les postes de milice. Comme la milice se trouvait
trop nombreuse pour la seule garde du Delta, tandis que les
troupes régulières étaient en nombre insuffisant pour occuper
tous les postes que la milice évacuait, je fis passer dans les tirailleurs quatre mille miliciens.

Cela ne marcha pas sans de gros ennuis pour moi. Je pus constater en cette circonstance, une fois de plus, avec quelle facilité les intérêts personnels se substituent aux intérêts généraux
et se montrent dédaigneux des sentiments les plus élevés. Ce fut
parmi les inspecteurs et les gardes principaux de la milice, sans
parler de certains résidents, une véritable explosion de fureur.
On avait rêvé la création d'une armée nouvelle, dont les cadres
et les effectifs s'accroîtraient sans cesse, et l'on voyait cette
armée servir à augmenter les forces de l'armée rivale, de celle

que l'on avait considérée comme destinée à disparaître. Des
gardes principaux et des inspecteurs prêchèrent la désobéissance à ceux de leurs hommes qui devaient être versés dans les
tirailleurs; quelques-uns allèrent même jusqu'à conseiller la
désertion. Les journaux où ils écrivaient m'attaquèrent avec la
dernière violence. La mesure n'aurait certainement pas pu être
appliquée si je n'avais eu le concours des autorités annamites.

D'autre part, beaucoup d'officiers et de sous-officiers de tirailleurs se montrèrent aussi incorrects que les gradés de la milice.
Des chefs de compagnie reçurent les miliciens avec des plaisanteries et des marques de défiance que les malheureux étaient
loin de mériter. On se faisait un jeu de les rétrograder ; on les
blessait de mille manières dans leur amour-propre ; on les
accablait de punitions pour les moindres fautes contre une discipline à laquelle ils n'étaient pas habitués. Ces mauvais procédés venant à l'appui des excitations de leurs anciens chefs, les
miliciens se plaignaient de leur nouveau sort et beaucoup déser-
taient. C'est à la suite de mauvais traitements infligés par un
sous-officier de tirailleurs, que les miliciens du poste de Huong-
son tuèrent leur chef et désertèrent. Cet événement effraya ceux
mêmes qui avaient le plus poussé la garde civile à l'indiscipline,
les journaux n'osèrent pas continuer leur déplorable campagne
et tout rentra dans l'ordre.

A partir de ce moment, la garde civile resta cantonnée dans
le Delta pendant toute la durée de mon gouvernement et ne se
départit pas de son rôle de police, très simplifié d'ailleurs par
l'organisation des linh-co et par la pacification du Delta qui, à
la fin de 1892, était partout achevée.

§ 3. — La police des villages et les autorités indigènes

Je dois parler de la police des villages que j'ai organisée au
Tonkin sous les ordres directs des mandarins, parce qu'elle est
fondée sur un principe applicable dans le plus grand nombre
de nos colonies. Il consiste à abandonner le plus possible aux
autorités indigènes le soin de maintenir l'ordre dans les villages,
c'est-à-dire de faire ce que j'appellerai volontiers la police intime,
cette police qui exige une connaissance parfaite des mœurs,
des traditions, des détails les plus infimes de la vie individuelle,
familiale et sociale du peuple.

L'étranger le mieux intentionné et le plus expérimenté sera
toujours incapable de faire convenablement cette sorte de
police. Or, notre travers capital, celui auquel nous avons cédé
dans toutes nos colonies, consiste à nous immiscer dans tous
les détails de l'administration indigène. Avant même de savoir

le premier mot de la langue ni d'avoir appris la législation, les
coutumes, la religion, les habitudes locales, nous avons la prétention d'écarter, au nom de la défiance, toutes les autorités
locales et nous nous substituons à elles dans toutes les fonctions
qui leur incombent. Il est impossible qu'agissant de la sorte nous
ne commettions pas des fautes qui indisposent la population,
troublent l'ordre au lieu de le maintenir, et finissent par provoquer l'anarchie toujours, la rébellion souvent.

C'est précisément ce que nous fîmes au Tonkin, en dépouil-
lant les mandarins, non seulement de toute autorité morale et
de tout pouvoir, mais encore des moyens dont ils disposaient
traditionnellement pour faire la police du pays. C'est seulement
lorsque l'anarchie — conséquence naturelle de cette manière
de procéder — et la rébellion eurent éclaté dans le Delta et
que nous eûmes constaté l'impossibilité de rétablir l'ordre soit
avec l'armée, soit avec la milice, c'est-à-dire avec les forces à
notre disposition, que nous eûmes recours aux mandarins. En
1891, le gouverneur intérimaire autorise les gouverneurs des
provinces à réunir des forces de police connues sous le nom
de linh-cô et leur distribue des armes; puis, il organise, pour
rétablir l'ordre, des colonnes dites de police, formées de linh-
cô et de miliciens sous les ordres des mandarins. Le résident
supérieur de cette époque avait un tel sentiment de son impuissance à rétablir l'ordre dans le Delta avec ses propres moyens,
qu'il plaçait les inspecteurs de milice eux-mêmes sous les ordres
des mandarins. Après avoir détruit l'autorité des mandarins sur
les populations indigènes, on l'imposait aux officiers de nos
milices. Je ne connais aucun fait plus capable de témoigner de
l'erreur dans laquelle on était tombé, en prétendant substituer
notre action à celle des fonctionnaires indigènes. Le recul était,
d'ailleurs, aussi nuisible à notre prestige que le premier procédé avait été préjudiciable aux intérêts des populations.

J'étais si convaincu que pour maintenir l'ordre dans une
colonie quelconque, l'intermédiaire des autorités locales est
indispensable, que mon premier soin, en arrivant au Tonkin,
fut de rétablir la force de police dont les mandarins disposaient
avant notre arrivée.

Tous les renseignements qui nous arrivent de Madagascar me
portent à penser que l'on y a commis les mêmes fautes qu'au
Tonkin. Une correspondance envoyée de Tananarive au *Journal des Débats*, le 10 août 1896, contient les renseignements que
voici : « Les postes où on a disséminé les 5.000 hommes qui
constituent actuellement le corps d'occupation assistaient
impuissants à des incendies nocturnes, à des pillages qu'ils
ne pouvaient réprimer; *ils ne sont pas informés; la police* »

manque ; car elle ne pourrait être faite que par les organes de
l'administration malgache et par les habitants mêmes des villages. Or, on ne s'adresse pas à cette administration indigène,
qui se rouille et meurt tout doucement ; on n'a pas su recourir
au moyen dont elle s'était servi jusqu'ici avec succès pour assurer l'ordre : l'application sévère du principe de la responsabilité qui obligeait les notables de chaque région, sous peine de
mort et de confiscation de leurs biens, à garantir la sécurité et
à livrer immédiatement les coupables. D'ailleurs, on leur a
retiré non seulement les quelques armes à feu dont ils disposaient, mais même les sagaïes : dans ces conditions, tout village
qui voit arriver les Fahavalos n'a qu'à se soumettre, obéissant
au diable, plutôt que de se laisser tuer par lui. »

Tout cela prouve que les leçons du Tonkin n'ont été ni comprises ni même notées par les administrations qui ont dirigé
notre conduite à Madagascar. A Madagascar, comme au Tonkin,
nous avons pensé qu'il nous serait facile de tout faire par
nous-mêmes, nous commençons à voir que cela est impossible.

Les trois mille linh-cô qui existaient au Tonkin, en 1891,
n'avaient qu'une existence précaire et provisoire ; nés d'inéluc-
tables nécessités, ils n'avaient aucune organisation, ne portaient
aucun costume permettant de les reconnaître et n'obéissaient à
aucune discipline ; les armes qui leur avaient été distribuées
n'étaient même pas soumises au moindre contrôle. C'étaient
plutôt des partisans qu'une force de police. Je les constituai
régulièrement, par un arrêté qui fixait la composition des compagnies, la solde des hommes et des gradés, les plaçait sous
l'autorité directe des fonctionnaires et les soumettait au contrôle des résidents. Je prescrivais, en même temps, de placer
cette force de police auprès des mandarins provinciaux, des
phus (préfets) et des huyens (sous-préfets) et sur les points exigeant une surveillance spéciale. Afin d'éviter les conflits entre
eux et la milice, je tenais essentiellement à ce que jamais les
deux ne fussent réunis dans un même poste. Partout où l'on
négligea cette précaution, les résultats furent fâcheux et les
résidents durent reconnaître la nécessité de s'y conformer.

Les mandarins étaient ravis de la confiance que je leur mani-
festais en mettant entre leurs mains des hommes et des armes,
et je crois pouvoir attribuer à l'organisation des linh-cô une
bonne partie des progrès très rapides que la pacification du Delta
fit dans le dernier semestre de 1891. Le résident supérieur du
Tonkin écrivait, dans un rapport sur l'année 1892, à propos des
linh-cô : « Entre les mains de leurs chefs (les mandarins) ils sont
devenus, en peu de temps, un des meilleurs facteurs de la pacification et chaque fois qu'ils ont marché au feu leur courage

et leur fermeté ont prouvé qu'ils étaient dignes de prendre place à côté de nos autres auxiliaires. De ce côté-là aussi, l'expérience est faite et l'institution des linh-cô, aux ordres des mandarins, reste désormais à l'abri de toute critique. »

En écrivant ces lignes, le résident supérieur répondait indirectement aux critiques très passionnées et pas toujours désintéressées dont la création de la police mandarinale avait été suivie. Les ennemis traditionnels des mandarins, les partisans de la politique de conquête et d'administration directe m'accusaient de fournir des armes à nos pires ennemis, les lettrés, et me menaçaient, dans les six mois, d'une insurrection formidable. Les six mois écoulés, le Delta était entièrement pacifié et il l'était surtout par le fait des mandarins. Lorsque je revins, en septembre 1892, du Japon où j'avais dû aller me remettre d'une très grave maladie, un vieux tong-doc (gouverneur de province) me disait : « La Cour nous avait ordonné de maintenir l'ordre pendant votre absence avec plus de soin encore que quand vous étiez ici ; le plus négligent d'entre les mandarins n'aurait pas osé désobéir à cet ordre, et il nous a été facile de l'exécuter grâce aux moyens de police que vous aviez mis entre nos mains. »

Cependant, malgré les résultats obtenus, la police mandarinale eut toujours des ennemis plus ou moins avoués parmi les résidents et les gradés européens de la milice. Les premiers ne se contentaient pas du contrôle qui leur avait été attribué ; ils étaient jaloux de l'autorité que les linh-cô donnaient aux mandarins ; les seconds voyaient dans les linh-cô une force rivale, comme dans l'armée régulière, et leur montraient la même hostilité qu'à cette dernière. Résidents et inspecteurs de la milice ne manquaient aucune occasion d'attaquer les linh-cô. La résidence supérieure elle-même ne fut pas toujours aussi favorable à cette institution que semblerait l'indiquer le rapport cité plus haut ; ses efforts tendent à réduire le nombre des linh-cô que j'avais d'abord fixé à quatre mille, pour leur substituer de la milice, quoique cette dernière coûte beaucoup plus cher. Mais celle-ci est directement sous la main des résidents et elle fournit des places à donner aux Européens, tandis que les linh-cô sont sous l'autorité directe des mandarins et ne sont formés que d'indigènes ne prêtant pas au favoritisme.

Lorsque je vins en congé en France, au commencement de 1894, le Kinh-luoc (vice-roi) du Tonkin crut devoir attirer mon attention sur l'hostilité bien connue dont les linh-cô étaient l'objet de la part de l'administration française : il me suppliait, au nom des gouverneurs annamites des provinces présents à l'entretien, de prendre des mesures pour qu'en mon absence on ne touchât ni à leur organisation ni à leur effectif « Tout ce qui sera fait contre eux, me disait-il, sera considéré par les mandarins comme une marque de défiance et une atteinte à leur autorité, dont la tranquillité du pays souffrira. »

Je crois savoir que depuis mon départ définitif il n'a été que peu tenu compte de ces sages avis et que les linh-cô sont de plus en plus en disgrâce.

On n'a pas non plus persisté dans le projet que j'avais formé de doter l'Annam central de cette force de police. Cependant, nous y aurions trouvé de grands avantages, car la Cour s'engageait à faire toutes les dépenses, sauf celles de l'armement.

D'autres idées paraissent avoir prévalu. En même temps que l'on recommençait les colonnes militaires, on tendait à revenir à la politique d'administration directe dans laquelle, en effet, la police mandarinale n'a rien à faire.

Indépendamment de la police mandarinale dont je viens de parler et qui avait existé de tout temps dans l'Empire d'Annam, jusqu'au moment de notre occupation, les villages sont très bien organisés en vue de leur protection contre les malfaiteurs du dehors ou du dedans. Les habitants fournissent des gardes de nuit qui réveillent le village à l'aide du tam-tam dès qu'il surgit un incident notable. Dans presque tout le Tonkin, les villages sont entourés de haies de bambous difficilement pénétrables et fermées, dès l'entrée de la nuit, par des portes que la garde surveille. Toute cette police municipale doit, bien entendu, être respectée, notre seul rôle étant de nous assurer qu'elle se fait toujours avec vigilance. C'est dans cette police municipale qu'une gendarmerie bien organisée trouverait ses concours les plus utiles.

Les excellents résultats que les linh-cô nous donnaient dans le Delta engagèrent certains commandants de territoires militaires à tenter une organisation analogue. Le colonel Servière fut le premier qui en eut l'idée, dans le deuxième territoire; mais le système ne fut appliqué sur une large échelle que par le colonel Gallieni qui lui succéda. Pour assurer la police intime de son territoire, celui-ci distribuait aux chefs de villages des armes et des munitions qui devaient lui être représentées à des époques déterminées. Il obtint des résultats non moins bons que ceux donnés par les linh-cô dans le Delta; il eut bientôt à sa disposition, par le groupement des villages, de véritables corps de partisans qui fournissaient d'excellents services.

Dans le premier territoire, le commandant Amar, au commencement de 1894, organisa une police indigène formée exclusivement de Chinois; lui-même et ses successeurs en furent tellement satisfaits qu'en novembre 1894 l'autorité militaire me demanda d'en augmenter les effectifs.

Dans le quatrième territoire, le colonel Pennequin, en 1893, avait été plus loin encore dans la même direction. Il proposait de remplacer un bataillon de tirailleurs annamites par un même nombre d'anciens pirates chinois dont il aurait fait un corps de police. L'autorité militaire rejeta sa proposition. L'expérience était, cependant, très tentante et je suis convaincu qu'entre les mains du colonel Pennequin elle aurait pleinement réussi.

Toutes ces institutions, je m'empresse de le dire, exigent d'être maniées par des mains habiles et dirigées par des esprits imbus des principes politiques exposés dans les autres parties de ce livre. C'est pourquoi j'attache une si grande importance à ce que les officiers de l'armée coloniale puissent être, au même degré que les fonctionnaires, l'objet d'un choix opéré exclusivement par les gouvernements des colonies qui, seuls, ont la compétence voulue pour y procéder et qui, seuls aussi, doivent être responsables de la sécurité des pays à la tête desquelles la confiance de la métropole les place.

§ 4. — PLAN D'ORGANISATION D'UNE POLICE COLONIALE

Quant à la police proprement dite, je me proposais de la constituer, dans les diverses parties de l'Indo-Chine, sur des bases qu'il me sera maintenant facile d'exposer brièvement. Sous les ordres de l'officier qui commande la gendarmerie de l'Indo-Chine, j'aurais placé quatre lieutenants chargés du commandement, au Tonkin, en Annam, en Cochinchine et au Cambodge, des brigades de chacun de ces pays.

Les relations de ces officiers avec les autorités civiles et militaires sont très sagement établies par le règlement de la gendarmerie de 1854, auquel il n'y aurait à apporter que de minimes modifications de détail, afin de l'adapter au milieu spécial dans lequel il serait appliqué.

Les brigades seraient composées d'éléments européens et d'auxiliaires indigènes à pied ou à cheval, suivant les régions. Leurs relations avec les autorités civiles et militaires seraient également déterminées, d'une manière générale, par le règlement de 1854 modifié suivant les besoins. Il y aurait, dans chaque province, un nombre variable de brigades suivant l'importance de la province. Les gendarmes auraient le droit d'utiliser, en cas de besoin, pour les renseignements, tous les agents indigènes des villages. Ils auraient le droit de requérir, en cas de besoin, les milices et les linh-cò.

Enfin, le commandant de la gendarmerie aurait la haute autorité sur toute la milice, sur les linh-cò et les partisans. Il serait le véritable chef de toutes les forces de police du pays et il en répondrait auprès du gouvernement.

Tant qu'une organisation plus ou moins conforme à ce type n'aura pas été introduite dans notre colonie indo-chinoise, toute police digne de ce nom y fera défaut, les conflits se perpétueront entre les autorités civiles et militaires, entre l'administration et la magistrature, les malfaiteurs ne pourront être ni supprimés ni même connus et le gouvernement général ne sera renseigné que dans la mesure et de la manière qui paraîtront les plus conformes aux intérêts particuliers ou professionnels des chefs militaires et des résidents ou administrateurs.

J'ai pris l'Indo-Chine pour exemple dans tout ce qui précède, non seulement parce que je la connais bien, mais encore parce qu'avec ses vingt millions d'habitants, sa grande surface, la diversité de races de ses populations, son contact avec des pays qui peuvent un jour être en guerre avec elle et qui lui fournissent un grand nombre de malfaiteurs, elle se prête mieux que toute autre colonie française aux considérations variées que soulève l'étude des questions traitées dans ce chapitre. Rien n'est plus facile que d'appliquer à nos divers établissements coloniaux les principes auxquels nous conduisent les observations faites dans l'Indo-Chine, en modifiant les détails d'application suivant les conditions offertes par chaque colonie.

Il est évident, par exemple, que le problème est beaucoup plus simple dans nos vieilles colonies de la Réunion et des Antilles, où l'armée n'a d'autre rôle que de tenir garnison dans les villes et où la police est réduite, comme en France, à la surveillance des malfaiteurs ordinaires. Au Sénégal, au Soudan, dans les Rivières du sud, la question est plus complexe : le rôle de l'armée est plus important, à cause des populations errantes qui combattent notre domination ; le rôle de la police est au contraire moindre, etc.

On devra, évidemment, tenir compte de toutes ces conditions, dans l'application des principes que je pose ici, mais ceux-ci n'en sont pas moins vrais aux Antilles qu'au Sénégal, au Dahomey et à Madagascar où nous avons tout à organiser. C'est surtout dans cette dernière colonie qu'on pourra profiter des expériences faites dans l'Indo-Chine. Les populations y sont variées, de mœurs différentes; les malfaiteurs y abondent; une surveillance très active sera nécessaire pour éviter les troubles et protéger les populations paisibles contre le banditisme. L'armée, la police européenne, la police indigène trouveront leur emploi dans ces rôles divers, et si l'on organise habilement toutes ces forces, on évitera les gros ennuis que nous ont occasionnés les erreurs commises au Tonkin.

§ 5. — PRINCIPES GÉNÉRAUX POUR LA PROTECTION ET LA POLICE DES COLONIES

L'armée doit être, partout, confinée dans son rôle naturel qui est de protéger la colonie contre les ennemis du dehors et de faire au dedans ce que j'appellerai la « grande police », c'est-à-dire combattre les grandes rébellions, donner la chasse aux bandes armées de malfaiteurs, s'il en existe, et protéger contre elles les populations paisibles. Sa place naturelle se trouve, par conséquent, au voisinage des frontières et dans tous les lieux où de grands mouvements de malfaiteurs sont susceptibles de se produire. En aucun cas, elle ne doit être chargée de la police intérieure et extérieure des agglomérations indigènes; mais partout où cela est nécessaire, elle peut être complétée par des forces de police spéciales, placées sous ses ordres.

A côté de l'armée, il devrait toujours exister une force de police ayant pour base la gendarmerie coloniale et chargée du service des renseignements et de la surveillance préventive des malfaiteurs, sous les ordres directs du gouverneur.

Les administrateurs ou résidents civils ne doivent pas être détournés de leurs fonctions politiques et administratives par le rôle trop militaire qu'on leur a vu jouer en Indo-Chine et à la côte occidentale d'Afrique. Si des milices paraissent nécessaires au maintien de l'ordre dans leurs circonscriptions, il ne faut pas qu'ils en soient les chefs directs, ni qu'ils dirigent leurs opérations.

Les milices doivent être placées sous les ordres de chefs spéciaux qui, eux-mêmes, devront dépendre du commandant de la gendarmerie, afin que dans les territoires civils, comme dans les territoires militaires, la police soit dirigée par des hommes ayant reçu l'éducation spéciale qu'elle exige. La police est une œuvre d'une nature particulière et qui exige des hommes spéciaux ; mais il faut, bien entendu, qu'elle soit toujours à la disposition des autorités politiques et administratives, comme à celle des autorités militaires, ainsi que le prescrivent les règlements organiques de la gendarmerie.

Pour la police intime des villages et la protection par les autorités indigènes, il sera indispensable de tenir le plus grand compte des habitudes locales. Dans les pays de protectorat et même dans les colonies de domination où les Européens sont peu nombreux et où il existe des administrations locales suffisamment organisées, il faut rendre ces dernières responsables du maintien de la tranquillité, en mettant à leur disposition les forces de police dont elles avaient coutume de se servir avant notre occupation et en nous bornant à surveiller et contrôler l'organisation et l'emploi de ces forces.

Toute la police doit être entre les mains du gouverneur de la colonie, par l'intermédiaire du commandant de la gendarmerie, de même qu'en France toute la police aboutit au gouvernement. C'est entre ses mains aussi que doit résider l'autorité suprême sur l'armée et sur tous les services administratifs, puisqu'il représente personnellement tous les ministres du gouvernement métropolitain et qu'il est responsable vis-à-vis de ce dernier de tout ce qui se passe dans la colonie. Pour qu'il puisse faire face à des responsabilités aussi étendues, il faut qu'il jouisse d'une autorité égale à ses responsabilités.

CHAPITRE X

DES POUVOIRS COLONIAUX ET DE L'ÉTENDUE DE LEUR AUTORITÉ

SOMMAIRE. — Des pouvoirs des gouverneurs sur le personnel militaire et civil. — Nécessité de la subordination des autorités militaires aux gouverneurs et au ministre des colonies. — Autorités civiles. — Des magistrats et de la justice dans les colonies. — Nomination et avancement des fonctionnaires civils. — Du recrutement des fonctionnaires coloniaux. — Des pouvoirs financiers des gouverneurs. — Budget militaire. — Budget local. — Contrôle financier des colonies. — Des pouvoirs des gouverneurs en matière de travaux publics et d'emprunts. — Travaux militaires. — Travaux civils. — Ressources financières pour travaux publics. — Emprunts. — Des conseils de gouvernement et des conseils électifs des colonies.

L'organisation politique et administrative des colonies doit être inspirée par la pensée de rendre leur développement aussi rapide que possible, car plus vite elles progressent, plus tôt la métropole en tire profit. Ce dont il faut les doter ce n'est donc pas d'une de ces administrations à rouages compliqués et minutieusement réglés, dont les nations européennes ont peut-être, elles-mêmes, tort d'être fières, car elles ralentissent la marche de toutes les affaires et coûtent extrèmement cher ; mais, au contraire, d'un organisme administratif très simple, coûtant le moins possible et fonctionnant avec le maximum de rapidité.

Il faut que l'organisme politique et administratif des colonies soit peu coûteux, parce que tout pays à ses débuts, si riche soit-il naturellement, n'a que des ressources limitées et que la majeure partie de ces ressources doit être réservée pour la création de l'outillage économique d'où le pays tirera son progrès et sa richesse. Il faut que cet organisme soit très simple, parce que les affaires doivent être solutionnées rapidement : les frais de l'existence pour les colons étant très considérables, ils n'ont pas les moyens d'attendre. Il faut enfin que cet organisme jouisse, vis-à-vis de la métropole, d'une grande indépendance, précisément parce qu'il doit agir avec promptitude et économie, et parce que fonctionnant dans un pays toujours très différent de a métropole, il est appelé quotidiennement à résoudre des questions plus ou moins inconnues des pouvoirs de cette dernière

§ 1. — DES POUVOIRS DES GOUVERNEURS
SUR LE PERSONNEL MILITAIRE ET CIVIL

La première condition à remplir pour que ces qualités se trouvent dans l'organisation d'une colonie, c'est que le gouvernement local y jouisse d'une parfaite unité, c'est que le chef de la colonie soit seul responsable de tout ce qui s'y passe. Le décret du 21 avril 1891 qui institua les pouvoirs, aujourd'hui très réduits, du gouverneur général de l'Indo-Chine, disait avec une grande sagesse : « Le gouverneur général est le dépositaire des pouvoirs de la République dans l'Indo-Chine française. Il a seul le droit de correspondre avec les divers départements ministériels, sous le couvert du ministre chargé des colonies. Le gouverneur général organise les services de l'Indo-Chine et règle leurs attributions. Il nomme à tous les emplois civils, à l'exception des emplois ci-après... dont les titulaires sont nommés par décret sur sa présentation... Le gouverneur général est responsable de la défense intérieure et extérieure de l'Indo-Chine. Il dispose à cet effet des forces de terre et de mer qui y sont stationnées. Aucune opération militaire, sauf le cas d'urgence où il s'agirait de réprimer une agression, ne peut être entreprise sans son autorisation... »

Quelque considérables que ces pouvoirs puissent paraître, ils ne représentent que le minimum de ceux qu'il est nécessaire d'attribuer, au point de vue politique et administratif, aux gouverneurs de toutes les colonies, pour qu'ils puissent faire face aux responsabilités multiples de leur situation. Quand un incident fâcheux se produit dans une colonie, quand des Européens y sont assassinés ou enlevés, quand un conflit éclate entre deux chefs de service, entre des autorités militaires et civiles, etc., l'opinion publique en rend aussitôt le gouverneur responsable, sans se préoccuper de savoir s'il avait ou non le pouvoir de prévenir ces incidents, ou d'en corriger les effets. Or, il s'en faut de beaucoup que nos gouverneurs aient le moyen de faire face à toutes les responsabilités qu'on fait peser sur eux.

Nécessité de la subordination des autorités militaires. — Dans toutes nos colonies, sauf l'Indo-Chine, le commandant des troupes correspond directement avec le ministère de la Marine. Le décret du 11 novembre 1895 qui a institué les pouvoirs du résident général de Madagascar a créé même pour le commandant supérieur des troupes une situation presque en dehors du chef de la colonie. Il est dit à l'article 3 : « Le résident général a sous ses ordres directs toutes les autorités, sauf l'exception mentionnée à l'article 5, relative au commandant des troupes. » Et à l'article 5 : « Pour tous les objets qui concernent son commandement, discipline, personnel, matériel, administration, justice militaire, il correspond avec le ministre dont il dépend. Chaque fois que le résident général est dans la nécessité de recourir à l'action militaire, il se concerte avec le commandant supérieur des troupes, et dans le cas où le concert ne peut s'établir et où il est impossible d'en référer au ministre responsable de la garde et de la défense des colonies, il détermine par voie de réquisition le but à atteindre. »

Le ministère sous lequel ce décret fut pris avait déposé un projet de loi qui attribuait au ministère de la Guerre la responsabilité de la garde et de la défense des colonies; c'était donc sous les ordres de ce ministre que le commandant des troupes de Madagascar était placé, c'était avec lui qu'il correspondait directement et c'était à lui qu'il fallait recourir dans le cas où le « concert » ne pouvait pas s'établir entre le résident général et le commandant des troupes. Dans ce cas, le conflit risquait de se propager entre le ministre des Colonies et celui de la Guerre, car il est manifeste que l'un et l'autre n'ayant aucune connaissance particulière des faits ne pouvaient que s'en rapporter, l'un au résident général et l'autre au commandant des troupes. C'était le conflit organisé non seulement à Madagascar, mais encore dans le gouvernement. Les faits ne tardèrent pas à le prouver : le premier commandant des troupes et le premier résident général que Madagascar ait connus furent en conflit dans les trois premiers mois. Il ne peut pas en être autrement; l'autorité militaire a tout intérêt à faire des opérations et des colonnes, tandis que l'autorité civile a un intérêt égal à n'en pas faire. Si l'une des deux autorités ne jouit pas d'un pouvoir supérieur à celui de l'autre et si les deux dépendent de ministères différents, il y aura fatalement conflit toutes les fois que l'un des représentants de ces deux autorités ne s'inclinera pas devant l'autre.

L'expérience m'a prouvé que même avec une organisation semblable à celle instituée par le décret du 21 avril 1891, les conflits entre l'autorité militaire et l'autorité civile ne pourront être évités que le jour où elles dépendront l'une et l'autre du même ministre. Le décret du 21 avril réserve au gouverneur général de l'Indo-Chine le droit de correspondre seul avec le gouvernement. Comme le commandant des troupes dépend du ministre de la marine, celui-ci a trouvé un moyen de tourner le décret du 21 avril : il charge, chaque année, le commandant des troupes de l'inspection générale, ce qui lui donne le droit d'adresser au ministre, sous plis cachetés, tous les rapports et documents qu'il lui plaît de lui adresser. Je pourrais citer une circonstance où l'état-major se vantait d'avoir expédié par cette voie au ministre de la Marine un rapport contre le chef de la colonie, dont ce dernier n'eut jamais connaissance. D'après les instructions officielles données par le ministre de la Marine au commandant des troupes, celui-ci adresse chaque mois au gouverneur général un rapport sur les événements et les questions militaires. Le gouverneur général le fait parvenir au ministre de la Marine et au ministre des Colonies, avec ses observations, s'il croit utile d'en faire. Il semble qu'aucun de ces documents ne devrait être publié qu'avec l'assentiment des deux ministres intéressés ; or, il est facile de trouver dans la presse la trace des communications faites par le ministre de la Marine, dans l'intérêt des opinions soutenues par l'autorité militaire, quoique presque toujours ces opinions soient en désaccord avec celles du gouverneur général. Le public est ainsi prévenu contre celui-ci par le gouvernement lui-même, et l'autorité du chef de la colonie est affaiblie par ceux qui devraient la fortifier.

Pour faire disparaître de tels abus, deux principes s'imposent : Il faut que les autorités militaires et civiles des colonies soient placées sous la haute direction du ministre des colonies seul et sous les ordres immédiats du gouverneur. Le chef de la colonie doit avoir, à la fois, toute l'autorité et toute la responsabilité. Il ne s'agit pas, bien entendu, de lui donner le commandement des opérations militaires. Le décret du 21 avril 1891, après avoir dit que le gouverneur général est responsable de la défense intérieure et extérieure de l'Indo-Chine, qu'il dispose à cet effet des troupes de terre et de mer et qu'aucune opération militaire ne peut être entreprise sans son autorisation, ajoute très rationnellement : « Il ne peut, en aucun cas, exercer le commandement direct des troupes. La conduite des opérations appartient à l'autorité militaire qui doit lui en rendre compte. » Mais si les gouverneurs ne doivent pas empiéter sur le rôle technique du commandement militaire, il faut que dans tous ses autres actes celui-ci soit placé sous leur autorité directe et exclusive. Cela ne sera possible que le jour où les troupes des colonies seront placées, pendant toute la durée de leur séjour colonial, sous l'autorité exclusive du ministre des colonies. Alors seulement, le gouverneur d'une colonie qui ne s'entendra pas avec le commandant des troupes pourra le faire remplacer, sans risquer de provoquer un conflit dans le gouvernement métropolitain, car il lui suffira de s'entendre avec le ministre des colonies.

Autorités civiles. — Les considérations que je viens d'exposer s'appliquent avec plus de force encore à tous les autres chefs de service. Tous doivent être sous les ordres immédiats du gouverneur et dépendre du ministère des colonies.

Il n'en est pas encore ainsi dans nos colonies. Dans toutes, y compris même l'Indo-Chine, le service du trésor dépend directement du ministre des finances. Les inconvénients qui en résultent sont moins graves que ceux signalés plus haut, mais ils sont encore dignes d'attirer l'attention.

Le fait suivant en donnera une idée. En 1891, le ministre des finances nomma un trésorier au Cambodge, sans consulter ni prévenir le gouverneur général ; or, il se trouva que ce trésorier avait eu des conflits très graves avec le roi et que sa seule présence au Cambodge aurait empêché la réalisation de toutes les réformes financières alors en voie d'exécution. Sur les protestations motivées du roi et du résident supérieur, je dus, quoique à regret, ordonner au trésorier de repartir pour la France. Indépendamment de ce que cette mesure nécessaire avait de blessant pour l'amour-propre d'un fonctionnaire dont je n'avais personnellement pas à me plaindre, il en résulta pour le Cambodge des frais de voyage considérables et le paiement de la solde du trésorier jusqu'à ce qu'il eut été pourvu d'un autre poste, ce qui dura près d'un an. Rien de tout cela ne se serait produit si le gouverneur général avait été consulté et il l'aurait été si les trésoriers dépendaient exclusivement des gouverneurs et du ministre des colonies.

Les fonctionnaires locaux de tous les services sont nommés, dans toutes nos colonies, sauf l'Indo-Chine et Madagascar, par le ministre des colonies et peuvent être transférés par lui d'une colonie dans une autre, sans que les autorités locales soient consultées. Il y a là un des vices principaux de notre organisation coloniale. En premier lieu, quelques colonies ou groupes de colonies exigent impérieusement que les agents de certains services leur soient affectés d'une manière spéciale et ne puissent ni être transplantés ailleurs ni être remplacés par des agents venant d'ailleurs. Il en est ainsi plus particulièrement pour les fonctionnaires de l'administration proprement dite et pour les magistrats.

Au point de vue de ces catégories de fonctionnaires, les colonies françaises se divisent naturellement en groupes ayant des caractères assez précis pour que chacun exige des administrateurs et des magistrats pourvus d'une éducation spéciale. Les Antilles et la Réunion, par exemple, sont peuplées exclusivement d'Européens et de métis d'Européens; elles ont passé par les mêmes phases au point de vue ethnologique, économique et

administratif ; elles ont les mêmes besoins et se prêtent à une
organisation assez analogue à celle des départements français.
On y a introduit notre code et la plupart de nos lois ; les
habitants sont à peu près unanimes pour réclamer une assimilation à la France plus étroite encore. Dans ces colonies, les
moyens d'instruction sont tels que le recrutement de la majeure
partie des fonctionnaires peut être fait sur place. D'autre part,
leur ressemblance permet de faire passer un fonctionnaire de
l'une dans l'autre. On peut aussi utiliser les fonctionnaires de ces
colonies dans les établissements de l'Inde, à Terre-Neuve, et
surtout à la Guyane qui peut être considérée comme une sorte
de dépendance administrative des Antilles.

En raison de leur situation géographique et de leur éloignement de la France, nos établissements du Pacifique forment un
autre groupe dans lequel les employés de l'administration et les
magistrats devraient être maintenus pendant toute leur carrière. Les frais de transports très considérables, occasionnés par
les mutations avec les fonctionnaires d'autres colonies, seraient
beaucoup diminués. D'autre part, les conditions dans lesquelles
se trouvent nos établissements du Pacifique et celles où nos fonctionnaires exercent leurs fonctions, ne les préparent en aucune
façon aux devoirs spéciaux qui leur incomberaient si on les
transportait ailleurs.

Toutes nos poss: ..ons africaines ont des caractères communs
assez tranchés, sans en excepter l'Algérie et la Tunisie, pour que
l'on puisse, sans inconvénient, faire passer de l'un à l'autre les
administrateurs et les magistrats. Mais ceux qui commencent
leur carrière dans ces pays doivent y être affectés indéfiniment.

Ce sont surtout les possessions de l'Indo-Chine et la colonie
de Madagascar qui exigent un personnel administratif et judiciaire tout à fait spécial. Le ministre des colonies n'a jamais
contesté ce principe pour les administrateurs et les résidents de
l'Indo-Chine ; il paraît l'admettre aussi pour les mêmes fonctionnaires, en ce qui concerne Madagascar. Mais il semble ne pas
comprendre qu'il doit être appliqué, avec non moins de rigueur,
aux magistrats.

Des Magistrats et de la Justice. — Chaque jour on nomme
en Indo-Chine, aux plus hautes fonctions, des magistrats qui
ont fait toute leur carrière aux Antilles, à la Réunion, ou
ailleurs, sans tenir compte ni des intérêts de ces colonies ni
de ceux des magistrats. A diverses reprises, pendant la durée
de mon gouvernement, je dus protester contre ces sortes
de nominations, faites sans propositions de ma part et, par
conséquent, en violation du décret du 21 avril 1891. Je ne
puis mieux faire que de reproduire les observations que je

présentais, à cet égard, au sous-secrétaire d'Etat des colonies, dans mes rapports officiels ; elles seront d'autant moins déplacées ici que les faits dont je me plaignais sont devenus plus fréquents et plus graves depuis mon remplacement. Dès le 21 août 1891, à la suite de la nomination en Cochinchine de neuf magistrats étrangers à la colonie, j'écrivais au sous-secrétaire d'Etat : « M. le Procureur général exprime avec raison le regret d'avoir vu nommer, depuis dix-huit mois, à des postes élevés en Indo-Chine, neuf magistrats venant des autres colonies, au détriment du personnel judiciaire local, déçu dans ses légitimes espérances d'avancement. Ces magistrats nouveaux, venus des Indes, du Sénégal ou d'ailleurs, ont besoin d'une préparation de plus d'un an et demi avant de pouvoir remplir utilement leur mission dans la Colonie. Leurs collègues qui, anciens dans le pays, ont commencé d'apprendre, dans des postes de début, la législation, les mœurs, la langue annamite, sont tentés de renoncer à tout effort pour se perfectionner dans ces connaissances, en se voyant préférer des magistrats étrangers. Leur découragement s'est déjà traduit par des départs et des démissions. Il importe cependant à la bonne administration de la justice de constituer, autant que possible, un corps judiciaire spécialement attaché à l'Indo-Chine. Il importe, surtout aujourd'hui où la police judiciaire est entre les mains du parquet, que les magistrats ne débutent pas dans la colonie dans des postes élevés. C'est la différence d'origine des magistrats et des administrateurs et l'ignorance dans laquelle se trouvent les premiers, lorsqu'ils sont nouveaux venus dans la colonie, qui est la cause principale de tous les conflits entre ces deux catégories de fonctionnaires. »

Un an plus tard, le 20 juillet 1892, à la suite de nominations faites encore en dehors de nos propositions, au détriment des magistrats de la Cochinchine, j'écrivais de nouveau au sous-secrétaire d'Etat : « Je vous ai fait, en faveur des magistrats de Cochinchine, diverses propositions d'avancement dont votre administration n'a pas tenu compte et auxquelles ont été substituées des nominations de magistrats étrangers à la colonie. Ces derniers viennent y prendre des places importantes, auxquelles d'anciens magistrats de la Cochinchine avaient manifestement des droits et où leur connaissance du pays leur aurait permis de rendre tout de suite des services qu'il est impossible d'attendre de ceux qui ne connaissent ni un mot de la langue annamite ni un seul des usages, coutumes et lois du peuple d'Annam..... Avec ses vingt millions d'habitants ayant tous la même langue, les mêmes mœurs et coutumes et les mêmes traditions morales, l'Indo-Chine française constitue une puissante unité, envers laquelle il est impossible aux Européens de remplir les devoirs si délicats de la justice, sans en connaître le caractère, la langue, les usages et les coutumes ou lois. L'administration proprement dite de la Cochinchine est relativement bonne, parce que les administrateurs des affaires indigènes font toute leur carrière dans le pays, s'attachent à lui, apprennent petit à petit à le juger sainement et règlent leur conduite sur la connaissance qu'ils ont du peuple dont l'administration leur est confiée. Il devrait en être de même pour les magistrats. S'ils ignorent la langue annamite, ils sont une proie facile aux mains des interprètes dont la valeur morale est généralement assez douteuse. S'ils ignorent les lois, les mœurs, les coutumes des justiciables, ils s'exposent à commettre, avec la meilleure foi du monde, les erreurs les plus préjudiciables à notre influence. Aussi avait-on songé, autrefois, à donner aux magistrats et aux administrateurs de la Cochinchine, une origine et une instruction communes. La mesure était sage ; il est regrettable qu'on y ait renoncé. Sans y revenir, il me paraît indispensable d'atténuer, dans la pratique, ce que l'organisation actuelle a de défectueux. Le décret du 21 avril y pourvoit dans une certaine mesure, en donnant au gouverneur général l'initiative de l'avancement et des nominations. Les magistrats ayant fait leur carrière en Indo-Chine y trouvent une sauvegarde de leurs intérêts qui se confondent, dans ce cas, avec ceux de la Colonie. La pratique qui consiste à envoyer en Cochinchine, parfois pour les postes les plus élevés, des hommes qui ne connaissent pas du tout cette colonie, tandis que ses meilleurs magistrats sont exposés à être envoyés ailleurs, sans que ni eux-mêmes ni leurs chefs l'aient proposé, cette pratique, dis-je, a déjà porté un grave préjudice à l'autorité de la magistrature en Cochinchine. Les vices qui en découlent ont été signalés au département par mes prédécesseurs. J'attire de nouveau votre attention sur eux, en vous priant d'y remédier sans retard. S'il n'est pas possible de doter l'Indo-Chine d'un corps spécial de magistrats, il me paraît du moins indispensable d'assurer à ceux qui s'en montrent dignes, par l'étude attentive de la langue, des mœurs et des lois du peuple annamite, un avancement sur place assez honorable pour qu'ils puissent s'attacher au pays et y faire volontairement toute leur carrière. C'est ainsi qu'on procède dans toutes les colonies étrangères qui entourent notre Indo-Chine. C'est grâce à des procédés analogues et beaucoup plus radicaux encore, que ces colonies jouissent de la prospérité dont nous sommes jaloux et que nous devrions également atteindre. »

J'obtins une demi-satisfaction ; mais, aussitôt après mon remplacement, les abus se reproduisaient avec plus d'intensité que jamais. Cela tient à deux causes. D'abord, l'Indo-Chine étant assez riche pour doter ses fonctionnaires de divers avantages pécuniaires dont ils ne jouissent pas dans les autres colonies, les magistrats y sont attirés par l'appât de ces avantages ; ensuite, l'administration centrale des colonies paraît ignorer de la façon la plus absolue les différences qui doivent exister, au point de vue de l'application de la justice, dans nos divers établissements coloniaux.

Formée, en général, de fonctionnaires qui n'ont jamais mis le pied en dehors de la France, l'administration métropolitaine raisonne à peu près comme le gros public ; elle se dit que nos codes et notre justice étant plus parfaits que les coutumes et la justice des indigènes, notre premier soin et notre plus impérieux devoir doivent être de les transporter dans nos colonies. Or, sans discuter le degré relatif de perfection de nos institutions judiciaires, il importe de noter qu'adaptées à une civilisation très ancienne et à des mœurs raffinées, elles sont en contradiction avec les coutumes, les lois, la religion, l'organisation familiale et sociale de toutes les races qui peuplent les colonies. Leur introduction parmi ces races a donc forcément pour première conséquence de heurter leurs idées et de nous faire envisager non comme des bienfaiteurs, ainsi que nous en avons la prétention, mais comme des ennemis et des destructeurs de tout ce que les peuples ont de plus sacré.

Il résulte de l'introduction de nos magistrats et de nos lois dans nos colonies, une autre conséquence plus grave encore, s'il est possible, et qu'il m'a été donné d'étudier sur place en Cochinchine. L'Annamite est, par nature, très enclin, comme nos paysans, à se quereller avec ses voisins pour le moindre intérêt matériel et à entamer des procès interminables. Avec l'organisation traditionnelle de la justice dans le pays, ce vice n'a pas de conséquences très graves. En raison de la simplicité des rouages judiciaires et du respect des coutumes, les procès plus importants sont assez vite réglés et sans occasionner des frais considérables. Les juges reçoivent des épices, il est vrai, mais leur valeur est réglée par la coutume et elle n'est pas grande ; puis, les parties plaident elles-mêmes leur cause et n'ont à payer ni avoués, ni notaires, ni avocats, ni interprètes. L'introduction en Cochinchine de nos codes et de notre magistrature a été accompagnée de l'apparition de mœurs toutes nouvelles. Dans le but de recruter des clients, certains avocats s'entourent d'agents d'affaires indigènes, dont le rôle, ainsi que l'indique leur non significatif de « rabatteurs » consiste à pro-

voquer les procès. Ils parcourent les villages à la recherche des
individus qui ont des querelles d'intérêts, les encouragent à
plaider et leur assurent la réussite s'ils prennent tel avocat dont
les bonnes relations avec la magistrature et le gouvernement
sont bien connus. Habitués à payer tous leurs rapports avec
l'administration indigène, les Annamites croient volontiers que
les relations de leur avocat ont une grande importance au point
de vue de l'issue des procès; aussi certains avocats s'efforcent-ils
d'inculquer aux indigènes la conviction qu'ils sont les favoris du
gouvernement ou de la magistrature. J'en pourrais citer un qui,
dans ce but, venait presque chaque jour au palais du gouvernement, passait une demi-heure dans la salle d'attente, puis ren-
trait chez lui, afin de pouvoir dire par toute la ville qu'il avait
été appelé et consulté sur les affaires les plus graves. Cela, bien
entendu, coûte fort cher à l'Annamite. Les épices d'autrefois, les
quelques poulets, œufs et fruits qu'il donnait au mandarin, ont
été remplacés par les piles de piastres dont l'avocat fait payer
sa prétendue influence, en même temps que ses consultations
et plaidoiries. Comme l'avocat, généralement, ne connaît pas la
langue annamite, la consultation exige un interprète qui, lui
aussi, se fait grassement payer. Il en est de même pour l'interprète du tribunal, plus redoutable encore que celui de l'avocat,
car de ses traductions dépend l'opinion du juge; avec celui-là le
malheureux plaideur ne songe même pas à discuter. Gagné ou
perdu, le procès coûtera souvent plus cher que ne vaut l'objet
du litige. Les gens d'affaires ruinent ainsi le pays, mais notre
administration coloniale se réjouit, à la pensée que la Cochinchine est dotée d'une justice très supérieure à celle de l'Annam
et de codes que forgèrent les plus grands juristes de ce siècle.

Quant à moi, qui étais le témoin attristé de ces abus et de
quelques autres encore que je ne crois pas pouvoir énumérer
ici, j'estime que la plus grande faute, à tous égards, que l'on
puisse commettre, c'est d'appliquer nos codes et notre justice à
des peuples qui ne comprennent pas les premiers et que nous
ruinons avec la seconde. S'il est une matière pour laquelle je
voudrais que les gouvernements coloniaux jouissent de pouvoirs très grands et d'une indépendance absolue, c'est précisément l'organisation de la justice. Aucune loi ne devrait être
promulguée dans nos colonies que sur la demande expresse de
leur gouvernement et avec la faculté d'en régler l'application
par des arrêtés locaux. Nous éviterions ainsi une foule d'embarras, et le ridicule où nous tombons, en faisant appliquer
nos lois dans des colonies où elles n'ont rien à faire.

Quant aux administrateurs ou résidents coloniaux et aux
magistrats, je voudrais qu'ils ne pussent être transplantés de

l'un à l'autre des groupes de colonies indiqués plus haut que dans des conditions tout à fait exceptionnelles, chacun parcourant, en règle générale, toute sa carrière dans la même colonie ou, du moins, dans un même groupe colonial.

Nomination et Avancement des Fonctionnaires civils. — Je considère encore comme un principe absolu que tous les fonctionnaires civils doivent être nommés soit directement par les gouverneurs, s'il s'agit des emplois subalternes, soit sur leurs propositions, pour les emplois supérieurs. A cet égard, le décret du 21 avril 1891 pour l'Indo-Chine, et celui du 11 décembre 1895 pour Madagascar ne méritent que des éloges. Lorsque j'arrivai en Indo-Chine, les fonctionnaires se plaignaient unanimement des passe-droits dont ils étaient victimes. L'administration métropolitaine nommait d'emblée chanceliers, vice-résidents ou résidents, des gens qui n'avaient vu aucune colonie. n'appartenaient à aucune administration et ne savaient pas le premier mot de ce qu'ils allaient avoir à faire. Ces nominations lésaient des fonctionnaires qui, depuis des années, attendaient, en rendant d'utiles services, les grades si libéralement accordés à des étrangers n'ayant d'autre titre que leurs protections. Certains fonctionnaires se vantaient, non sans raison, d'avoir gagné tous leurs grades à Paris et raillaient leurs collègues, moins protégés, qui attendaient sur place et en travaillant, un avancement chaque jour retardé par l'intrigue. Il n'était pas rare de voir un fonctionnaire renvoyé en France pour indiscipline, mauvais services ou incapacité, revenir avec un grade supérieur : il avait trouvé dans la Chambre, au Sénat ou dans la presse, un protecteur assez influent pour changer ses mauvaises notes en titres à l'avancement, Le décret du 21 avril 1891 me permit de mettre fin à ces abus. Pendant toute la durée de mon gouvernement, je ne fis aucune nomination en dehors de la hiérarchie. Ce n'est point que je fusse à l'abri des sollicitations des protecteurs, mais je profitais de mon éloignement pour résister à des demandes auxquelles un sous-secrétaire d'Etat ou un ministre des colonies ne pourrait pas échapper.

En abandonnant à tous les gouverneurs la nomination du personnel administratif, le ministre des colonies leur donnerait une autorité qui leur est absolument nécessaire, en raison surtout de la distance qui les sépare de la France, et il se mettrait lui-même à l'abri des sollicitations, des tracasseries et des ennuis que lui procure la faculté des nominations. Comment, d'ailleurs, distribuerait-il avec justice l'avancement à une personne qu'il ne connaît pas, qui vit à de grandes distances au delà des mers, qu'il ne voit jamais à l'œuvre et qui est chargé d'une besogne dont il n'a pas la moindre idée? En s'arrogeant la nomination et l'initiative de l'avancement de ce personnel, il assume une responsabilité qu'il n'a pas les moyens d'encourir et il dégage les gouverneurs d'une partie de celle qui leur incombe.

Toutes les considérations ci-dessus s'appliquent, j'ai à peine besoin de le dire, aux gradés européens des milices. Pour rendre des services utiles, il faut que ces agents connaissent admirablement le pays dans lequel ils opèrent et qu'ils en sachent, autant que possible, la langue. Il est donc nécessaire qu'ils soient maintenus dans la même colonie pendant toute la durée de leurs services et que même on les change le moins possible de région.

En résumé, administrateurs ou résidents, magistrats et gradés européens de la milice représentant les rouages principaux de tout organisme colonial, il importe qu'ils soient complètement adaptés à chaque colonie et tout à fait dans la main du gouverneur. Leur adaptation ne pourra être complète que s'ils font toute leur carrière dans la même colonie et que si les conditions de l'avancement sont réglées de manière à favoriser ceux qui font preuve de la connaissance la plus parfaite du pays, de ses mœurs, de sa législation et de sa langue.

Du recrutement des Fonctionnaires coloniaux. — Le recrutement de tous ces agents est le premier point sur lequel doit se porter l'attention des gouvernements métropolitain et coloniaux.

Pour les administrateurs ou résidents et les magistrats, il a été institué à Paris une « école coloniale » dont les élèves se recrutent parmi les licenciés en droit, docteurs en médecine, élèves de l'École centrale, etc. Cette école a donné de très bons résultats. Tous les élèves qu'il m'a été donné de placer dans les cadres de l'administration ou de la magistrature de l'Indo-Chine ont fait de très bons employés. Je suppose qu'il en a été de même pour ceux envoyés dans les autres colonies. Toutefois, l'enseignement donné par l'École coloniale ne peut être ni assez pratique ni assez prolongé pour que les élèves soient, à leur sortie, aptes à remplir d'emblée les fonctions auxquelles ils sont destinés.

Il faut qu'à leur arrivée dans la colonie, les élèves de cette école ne soient considérés que comme des stagiaires, ayant une instruction générale suffisante, mais ne possédant pas encore les connaissances spéciales exigées par le pays où ils viennent d'entrer. Si on leur donne d'emblée des postes importants, on s'expose à leur voir commettre des fautes contre lesquelles il est difficile de les prémunir et l'on perd tous les bénéfices d'une ins-

titution très bonne en soi. Je sais que de pareilles erreurs ont
souvent été commises dans certaines colonies, notamment à la
côte occidentale d'Afrique : on avait conclu des mauvais services rendus par des stagiaires de l'école coloniale, bombardés
d'emblée administrateurs, que l'éducation de l'école est incapable
de faire de bons agents : il y a là une erreur de jugement qu'il
importe de relever. En Indo-Chine, j'avais adopté pour règle
absolue de placer toujours les stagiaires de l'école coloniale, à
leur arrivée dans la colonie, soit au chef-lieu où se trouvent
réunis les meilleurs éléments d'instruction technique, soit sous
les ordres d'un résident supérieur ou d'un chef de province de
choix. Le stagiaire apprenait là son métier, pendant dix-huit
mois ou deux ans, et c'est seulement lorsqu'il en avait acquis
une suffisante connaissance qu'on lui confiait des fonctions plus
importantes.

Je m'étais proposé aussi d'instituer à Saïgon ou à Hanoï une
sorte d'école pratique où les stagiaires de l'école coloniale auraient trouvé le complément d'instruction qui leur est nécessaire. Je n'ai pu qu'en poser les premières bases par la création
à Hanoï d'un cours de langue annamite et de caractères chinois
qui, dès ses débuts, a donné d'excellents résultats.

Je considère comme un principe essentiel de colonisation
que les administrateurs ou résidents, les magistrats et les
officiers de la milice connaissent très bien la langue et les
mœurs de la colonie où ils exercent leurs fonctions. C'est par
là seulement qu'ils peuvent atteindre à l'autorité morale qui
leur est nécessaire.

En France, on envisage d'ordinaire ce problème d'une tout
autre façon : au lieu de pousser nos fonctionnaires coloniaux
à apprendre la langue des indigènes, on les invite à leur enseigner le français, et l'on croit avoir fait une œuvre fort utile de
colonisation quand on a créé des écoles à l'usage des Annamites, des Malgaches, des Yolofs, etc. On ne s'aperçoit pas
qu'en agissant de la sorte on place la charrue avant les bœufs ;
car si l'indigène connaît la langue du peuple colonisateur, tandis
que les fonctionnaires de celui-ci ne connaissent pas celle des
indigènes, ces derniers ont une indéniable supériorité : ils comprennent le fonctionnaire et le fonctionnaire ne les comprend
pas ; ils n'ont pas besoin d'interprète pour se faire entendre
tandis que le fonctionnaire ne saurait s'en passer toutes les fois
qu'il est en présence d'un indigène ignorant le français, ce
qui représentera toujours l'immense majorité du peuple. Il
n'est pas rare même que l'indigène connaissant le français
ne veuille pas s'en servir, afin de garder secrète la supériorité que cette connaissance lui donne. J'estime donc qu'il

faut tout d'abord contraindre nos fonctionnaires coloniaux à apprendre la langue des indigènes. C'est ainsi que les Anglais procèdent dans toutes leurs colonies et j'ai constaté sur place qu'ils s'en trouvent fort bien. Beaucoup d'entre eux même regrettent aujourd'hui d'avoir trop sacrifié, dans l'Inde, au désir de répandre la connaissance de leur langue et celle des sciences européennes, car ils se sont créés, parmi les Indiens, des rivaux dangereux.

Notre tempérament, notre habitude de nous mélanger avec les indigènes beaucoup plus que ne le font les Anglais, ne nous permettent pas d'envisager ce problème de la même manière ; il faut donc enseigner le français aux indigènes, mais il faut, en même temps, que les fonctionnaires coloniaux accroissent la supériorité morale qui fait la majeure partie de leur force, en s'adonnant à une étude approfondie du peuple qu'ils administrent et de sa langue. Je voudrais que ces connaissances fussent très hautement cotées pour l'avancement des administrateurs, des résidents, des magistrats et des gradés de la milice.

Les fonctionnaires des douanes devraient, eux aussi, être astreints à faire toute leur carrière dans la même colonie et l'on devrait exiger d'eux, pour l'avancement, la connaissance des langues indigènes. Je ne verrais cependant aucun inconvénient à ce que les employés des grades élevés fussent empruntés à la métropole, dans les conditions que je vais indiquer pour d'autres services coloniaux. Le rôle des hauts fonctionnaires de la douane est surtout fait de surveillance et de contrôle ; il exige des connaissances techniques très approfondies et une autorité que des agents ayant fait toute leur carrière dans les colonies n'ont pas toujours.

Quant aux employés des postes et télégraphes et des travaux publics, les colonies ont tout avantage, sauf en ce qui concerne les agents inférieurs, à les emprunter aux services métropolitaines, dussent-elles faire des sacrifices pécuniaires importants. Les congés administratifs, de convalescence et pour affaires personnelles, les traversées, la nécessité de remplacer les absents, occasionnent des dépenses extrèmement considérables. Il faut compter pour les colonies insalubres, comme la Cochinchine, la Guyane, la côte Occidentale d'Afrique, Madagascar, trois fonctionnaires au moins pour chaque place ; c'est-à-dire qu'un tiers du personnel est constamment absent de la colonie pour un motif quelconque. Quelques-uns font, en quelque sorte, profession de s'absenter, soit qu'ils ne puissent pas supporter le climat, soit qu'ils simulent ou exagèrent des maladies pour lesquelles les médecins montrent nécessairement une grande indul gence. Les responsabilités auxquelles le service de santé s'exposerait en mettant obstacle au départ d'un fonctionnaire qui se déclare incapable de rester dans la colonie, fait qu'il se montre toujours très large dans la délivrance des congés de convalescence.

Beaucoup de fonctionnaires en profitent, sans que les autorités locales puissent empêcher les abus, même les plus criants. Je pourrais citer un grand nombre de faits tous plus probants les uns que les autres ; je me borne au suivant, parce qu'il est tout à fait caractéristique : un résident du Tonkin, chef d'une province troublée, se voyant dans l'impuissance d'y rétablir l'ordre et blâmé pour ses inutiles violences, télégraphie au résident supérieur qu'il veut rentrer en France. Invité à rester à son poste, il demande à passer devant le conseil de santé, obtient un congé et part pour Paris en se moquant de son supérieur. En France, il use de ses protections et se fait donner un avancement pour lequel il n'avait été l'objet d'aucune proposition. On le récompensait d'avoir fait acte d'indiscipline, d'avoir abandonné son poste dans un moment où il y avait à faire face à une situation difficile, d'avoir trompé le conseil de santé ou abusé de sa faiblesse pour obtenir un congé de convalescence abusif.

A côté des mauvais fonctionnaires, il y en a aussi beaucoup qui, malgré la meilleure volonté du monde, ne peuvent pas supporter les climats chauds et insalubres et qui passent une partie considérable de leur temps en Europe ou en voyage. Ceux-là coûtent fort cher sans rien produire ; mais l'humanité empêche de les congédier, car la plupart seraient incapables de rien faire en Europe.

Il me parait inutile d'insister. Il me suffit de dire que le seul moyen d'éviter ces abus et ces dépenses, consiste à réduire autant que possible le monde des fonctionnaires coloniaux proprement dits, en empruntant à la métropole tous ceux pour lesquels la connaissance parfaite des colonies et de leurs habitants n'est pas indispensable. A cette catégorie appartiennent, comme je l'ai dit plus haut, les agents supérieurs de la douane et la majeure partie de ceux des travaux publics et des postes et télégraphes.

Les administrations métropolitaines ne consentent, il est vrai, à céder leurs fonctionnaires aux colonies qu'en imposant à ces dernières des charges considérables. L'administration des postes, par exemple, exige que l'on donne, en Indo-Chine, aux agents qu'elle y détache, le triple de leur solde d'Europe : les colonies ont néanmoins avantage à employer ces agents, car si elles les paient très cher, elles ont la faculté de les rendre à la métropole lorsque leur santé les met dans l'impossibilité de servir, ou lorsqu'elles en sont mécontentes ; elles n'ont donc pas de non-valeurs à leur charge. Je dois ajouter que les agents métropolitains des postes et des télégraphes sont, en général, beaucoup meilleurs que ceux recrutés dans les colonies.

Pendant toute la durée de leur séjour dans les colonies, les fonctionnaires empruntés à la métropole doivent être placées sous les ordres des gouverneurs, sans quoi ils constitueraient un élément d'indiscipline dangereux. Il faut aussi que les gouverneurs aient le droit de les rendre à la métropole quand ils le jugent nécessaire, sous leur seule responsabilité, sans avoir à prendre l'avis des administrations métropolitaines. Cette condition est la plus indispensable, car c'est en elle que réside la véritable autorité morale du gouverneur à l'égard de cette catégorie d'agents. Il faut enfin que leur avancement ne puisse avoir lieu que sur la proposition des gouverneurs, l'agent restant toujours libre de quitter la colonie, s'il juge que ses services n'y sont pas suffisamment appréciés.

En résumé, je pose comme un principe absolu de colonisation, que tous les fonctionnaires et agents civils d'une colonie, soit qu'ils fassent partie des cadres purement locaux, soit qu'ils aient été détachés des cadres métropolitains, doivent être placés, au point de vue de la nomination, de l'avancement, des récompenses, etc., sous l'autorité exclusive des gouverneurs. A cette condition seulement, ceux-ci peuvent assumer les lourdes responsabilités que leur impose leur qualité de représentants du gouvernement de la République. Il faut encore, dans un but d'économie, qu'ils puissent emprunter aux services métropolitains tous les fonctionnaires qui ne sont pas, en raison de la nature de leurs services, obligés de connaître parfaitement la colonie, les indigènes et la langue de ces derniers.

§. 2. — DES POUVOIRS FINANCIERS DES GOUVERNEURS

Il n'est pas moins nécessaire que les gouverneurs jouissent de pouvoirs financiers très considérables. Le décret du 11 avril, relatif à l'Indo-Chine, dit à cet égard, en son article 9 : « Le gouverneur général dresse, chaque année, conformément à la législation en vigueur, les budgets de la Cochinchine et des Protectorats. Après approbation de ces budgets par le gouvernement, il prend toutes les mesures nécessaires pour leur exécution. » Le décret du 11 décembre 1895, relatif à Madagascar, contient une clause semblable.

Les gouverneurs des colonies, ayant sous la main tous les services et tous les renseignements nécessaires, il est naturel qu'ils soient chargés de la préparation et de l'exécution du budget. Quant à l'approbation de ces budgets par le gouvernement métropolitain, elle ne peut et elle ne devrait, dans la pratique, constituer qu'une simple formalité, car le gouvernement ne possède ni éléments pour établir ces budgets, ni moyens d'en surveiller l'application. Aussi, en fait, les budgets locaux sont-ils toujours exécutés, dans chaque colonie, avant que le ministre les ait approuvés.

Mais il n'y a pas, dans les colonies, que le budget local, c'est-à-dire le budget alimenté par les ressources du pays et servant aux dépenses des administrations locales ; il y a aussi un budget militaire faisant face aux dépenses des troupes régulières et de la marine.

Le budget militaire, dans toutes les autres colonies que le Tonkin-Annam, échappe entièrement aux gouverneurs ; il est établi en France, par les ministres des colonies et de la marine, et il est dépensé dans les colonies par les services militaires, sans que les gouverneurs aient rien à y voir. Cette organisation est, à tous égards, essentiellement vicieuse et il n'y a pas de colonie où elle n'occasionne des dépenses qu'il serait très facile d'éviter.

Le ministère de la marine et les services militaires du ministère des colonies dont les intérêts sont communs, se préoccupent avant tout de créer le plus grand nombre possible de postes avantageux pour les officiers d'infanterie et d'artillerie de marine et pour les officiers de vaisseau ; et ils ne manquent jamais d'arguments pour établir que ces postes sont indispensables. Comme le ministre des colonies n'a pas la compétence nécessaire pour discuter ces questions, et que ses propres bureaux sont d'accord avec le ministre de la marine, il est impossible qu'il n'accepte pas les propositions qui lui sont faites, et les dépenses militaires de nos possessions d'outre-mer vont sans cesse en augmentant. Il n'en serait certainement pas ainsi le jour où les gouverneurs auraient le droit de fixer le nombre des officiers et des hommes de chaque arme nécessaires à la défense des colonies. Je sais, notamment, que si j'avais été absolument le maître en ce domaine, il y aurait, depuis la fin de 1893, plus d'un bataillon de troupes européennes en moins au Tonkin ; il n'y aurait qu'un seul général pour toute l'Indo-Chine ; il y aurait aussi en moins quelques colonels ou lieutenants-colonels, un bon tiers de l'état-major général et de l'état-major particulier de l'artillerie, beaucoup de médecins qui font double emploi, etc., et l'on aurait réalisé plusieurs millions d'économies sur le budget militaire du Tonkin.

Les gouverneurs seuls, avec les services et conseils sur lesquels leurs décisions doivent être appuyées, jouissent d'une compétence suffisante pour fixer les contingents des troupes dont chaque colonie a besoin et pour déterminer les moyens

les plus économiques ou les plus avantageux de faire les approvisionnements et de ravitailler les postes.

Je ne prétends pas ôter au ministre des Colonies le droit d'intervention ou de contrôle, et c'est pour cela que je suis d'avis
de conserver, dans la législation, l'approbation des budgets coloniaux par le gouvernement métropolitain; mais je pense que
l'initiative de l'établissement du budget militaire doit appartenir aux gouvernements coloniaux. Une pareille réforme ne
sera possible que le jour où l'armée coloniale fera partie de la
grande masse militaire du ministère de la Guerre; car alors
seulement il sera possible au ministre des Colonies de puiser et
de reverser dans cette masse, selon ses besoins, sans apporter
aucun trouble dans la masse elle-même.

Une deuxième question est amenée par la précédente, à savoir
si le budget militaire et le budget local de chaque colonie doivent être confondus, ou s'ils doivent, au contraire, rester distincts comme ils le sont aujourd'hui.

Je rappelle d'abord que dans toutes nos colonies, les recettes
du budget militaire sont fournies par des crédits prélevés sur
le budget métropolitain, tandis que celles du budget local sont
produites exclusivement par les impôts et autres sources locales
de revenus.

Dans l'état actuel des choses, le ministre des Colonies et celui
de la Marine ayant toute autorité pour fixer les effectifs militaires et maritimes des Colonies, la fusion des deux budgets
doit être condamnée de la manière la plus absolue, si l'on veut
que les ressources locales des colonies ne soient pas dévorées
par les dépenses militaires. Le Tonkin fournit à cet égard un
enseignement topique.

Jusqu'en 1892, le budget local et le budget militaire du Protectorat étaient confondus en un seul budget, alimenté en
recettes : d'une part, à l'aide d'une subvention de la métropole
et d'un contingent prélevé sur la Cochinchine ; d'autre part,
avec les ressources locales du Tonkin et de l'Annam. On avait
adopté cette façon de procéder dans l'espoir que la subvention
métropolitaine pourrait faire face, non seulement aux dépenses
militaires, mais encore aux insuffisances de recettes qui se pro-
duiraient dans le budget local. On avait compté sans la tendance qu'ont les services militaires à dépenser les yeux fermés
et sans les colonnes pour lesquelles le commandement militaire
a d'autant plus de sympathies qu'elles sont productives en avancement et en récompenses. Il se trouva que contrairement aux
prévisions, la subvention de la métropole fut, chaque année,
incapable de faire face aux dépenses militaires et qu'une partie
de celles-ci durent être comblées par les recettes du budget

local. De 1887 à 1891, le budget local du Tonkin préleva sur ses recettes propres une somme de 29,700,000 francs pour faire face aux excédents des dépenses militaires. Chaque année, la métropole diminuait sa subvention, sans réduire d'une façon proportionnelle les troupes, ni sans apporter aucune restriction dans les envois du personnel civil qui était alors à la nomination du sous-secrétaire d'Etat. Aussi écrivais-je, dans un rapport officiel, le 1ᵉʳ octobre 1891 : « Le Tonkin a été le premier à souffrir du régime budgétaire qui lui était imposé. Le gouverneur général ne disposant ni du personnel civil dont le nombre s'accroissait sans cesse sous la pression des députés et des sénateurs qui avaient des candidats à placer, ni des effectifs militaires dont la réduction était repoussée par le ministre compétent, le gouverneur général, dis-je, n'avait à sa disposition qu'une source d'économies assurée : les travaux publics. Ce sont donc les crédits affectés à ces travaux que l'on rognait, chaque année, pour arriver à l'équilibre du budget. Il en est résulté que le Tonkin n'a vu se faire ni les travaux indispensables au développement de son commerce et de son agriculture, tels que routes, canaux, chemins de fer, ports, etc., ni même ceux qu'exige le plus impérieusement la santé des troupes et du personnel civil. » Je concluais à ce que le budget militaire fût, à partir de 1892, séparé du budget local, la métropole faisant face, comme dans toutes les autres colonies, à toutes les dépenses militaires. Le gouvernement accepta ma proposition ; à partir du 1ᵉʳ janvier 1892 les deux budgets furent entièrement séparés. Je suis d'avis que cette séparation doit être maintenue, mais j'estime aussi, comme je l'ai dit plus haut, qu'il importe, dans l'intérêt de la métropole, aussi bien que dans celui des colonies, d'attribuer aux gouverneurs une autorité plus grande dans la fixation des effectifs militaires et, par suite, dans l'établissement du budget militaire.

Du budget local. — En ce qui concerne le budget local, l'autorité des gouverneurs doit être plus grande encore, car eux seuls, assistés des chefs de service et des conseils qui les entourent, ont une connaissance exacte des divers besoins des colonies et des ressources qu'elles offrent pour y faire face. A ce point de vue, les administrations métropolitaines sont encore imbues d'idées et de préjugés auxquels il est indispensable de renoncer.

Sous l'influence des campagnes systématiques d'opposition dirigées par la presse contre les colonies et leurs administrations, il s'est répandu dans le public, dans les Chambres et jusque dans les ministères, cette idée fausse que les finances des colonies sont mal gérées, qu'il s'y commet des abus inconnus en France et qu'il est indispensable que la métropole intervienne dans cette gestion, non seulement pour la contrôler, comme il lui appartient légitimement, mais encore pour la diriger jusque dans ses détails. Un grand nombre de faits démontrent de la façon la plus absolue qu'au lieu de produire les résultats salutaires qu'on en attend, l'intervention de la métropole dans la gestion financière des colonies est presque toujours nuisible.

Voici un fait tellement significatif qu'il me dispensera d'en ajouter d'autres : en Indo-Chine, comme dans tout l'Extrême-Orient, la seule monnaie circulante est la piastre mexicaine. C'est en piastres que se font tous les achats, c'est en piastres que les administrations publiques paient leur personnel et leurs fournitures. Le Trésor est alimenté en piastres de deux manières : par les impôts et par les achats de cette monnaie qui peuvent être faits soit en Europe, soit en Indo-Chine même. La métropole, d'autre part, vote chaque année les crédits destinés à faire face à toutes les dépenses militaires et le gouvernement métropolitain délègue au gouvernement de l'Indo-Chine les crédits qui seront dépensés dans la colonie même, c'est-à-dire ceux qui se rapportent à la solde des troupes et au paiement des fournitures achetées dans le pays. Les paiements ne pouvant être faits là-bas qu'en piastres, il faut transformer en piastres toute la partie des crédits destinée à être dépensée en Indo-Chine. Dès les premiers temps de la conquête, le ministère des finances prit l'habitude de faire acheter ces piastres sur les places de Paris ou de Londres et de les expédier lui-même à ses trésoriers. Il en résulta de grandes pertes pour le trésor du Tonkin. Voici pourquoi : la piastre n'a pas, comme notre pièce de 5 francs, une valeur fixe ; elle varie de valeur à chaque instant, comme une simple marchandise. Dans la même journée, la même banque indo-chinoise prendra une piastre pour 3 francs, je suppose, et la remettra pour 3 fr. 05 ou pour 2 fr. 95. Il y a vingt ans, la piastre mexicaine valait, dans l'Indo-Chine française, plus de 5 francs ; elle vaut, depuis trois ans, moins de 3 francs. D'un mois à l'autre, sa valeur peut s'élever ou s'abaisser de 20, 30, 40 et 50 centimes ou même davantage. Comme il faut plus d'un mois pour que les piastres achetées à Paris soient rendues à Hanoï, il arrive souvent qu'au moment où le trésorier de Hanoï les encaisse, elles valent 20, 30, 40 ou 50 centimes de moins qu'au moment de l'achat.

Il serait naturel que la métropole prît à sa charge la perte que subissent les piastres achetées par elle et destinées à faire face aux dépenses qui lui incombent ; elle n'a jamais voulu s'y résigner. Ne pouvant pas la faire revenir sur cette façon de procéder, je résolus, en 1891, de faire faire les achats de piastres en Indo-Chine même. Chaque mois, le trésorier fit appel au public pour les quelques centaines de milliers de piastres dont il avait besoin. Comme l'achat coïncidait avec l'emploi, les pertes du Trésor étaient considérablement réduites. Il résulte des chiffres officiels que, pendant l'année 1892, leur moyenne fut seulement de 0,98 p. 100, tandis qu'en 1890 et 1891, alors que les piastres étaient achetées à Paris, la moyenne des pertes avait été de 4,30 p. 100. Je me félicitais donc beaucoup de la mesure que j'avais prise, mais le ministre des finances intervint; il se plaignait de ce que l'opération avait lieu en dehors de lui et il fit si bien que l'administration des colonies me contraignit de revenir au système de l'achat en France. Le résultat fut qu'en 1893, la moyenne des pertes du Trésor remontait à 2,25 p. 100. Sur certains envois, la perte s'élevait à 0 fr. 50 par piastre. Je signalai ces résultats à l'administration coloniale, je les indiquai aussi au ministre des finances; ce fut inutile. Le ministère des finances tient à intervenir dans l'approvisionnement en piastres de l'Indo-Chine, et comme c'est la colonie qui paie les frais de cette intervention, elle ne trouve qu'un appui tout à fait insignifiant auprès du ministre des Colonies.

Du Contrôle financier des colonies. — Le ministère qui rédigea le décret du 21 avril 1891 avait eu la pensée d'attribuer au gouverneur général de l'Indo-Chine des pouvoirs financiers très considérables et il avait, dans ce but, institué auprès de lui un directeur qui devait être, dans sa pensée comme dans la mienne, un véritable ministre des finances de l'Indo-Chine. D'après l'article 8 du décret du 21 avril 1891 : « Le directeur du contrôle financier est chargé, sous l'autorité immédiate et exclusive du gouverneur général, de la surveillance des services financiers, y compris le service du trésorier payeur, de la vérification et de la centralisation de la comptabilité tenue par les différents services. Il peut être chargé par le gouverneur général de procéder à toutes vérifications dans les différents services financiers du Tonkin, de l'Annam, de la Cochinchine et du Cambodge. »

L'administration centrale des colonies et le ministre des finances ne trouvaient pas leur compte en cette organisation. L'article 8 faisait de la décentralisation ; il était condamné d'avance. Dès la fin de l'année 1891, l'administration coloniale rétablissait l'inspection mobile qui n'avait pas fonctionné en Indo-Chine depuis plusieurs années, et elle envoyait trois inspecteurs pour contrôler le directeur du contrôle financier.

Cette inspection mobile des colonies mérite de retenir un instant notre attention. Elle est composée d'agents pseudo-militaires, assimilés aux inspecteurs du ministère de la marine d'où ils viennent en majeure partie. Ces agents sont envoyés, chaque année, par le ministère des colonies, en inspection dans nos établissements d'outre-mer. Ils ont le droit de pénétrer directement dans tous les services, de se faire présenter tous les documents et pièces des administrations et ils rédigent sur les renseignements pris de la sorte, en dehors du gouverneur de la colonie, des rapports sur toutes les questions imaginables. Ces rapports ne sont communiqués au chef de la colonie ni par eux-mêmes ni par le ministre. Ils peuvent ainsi, soit par négligence, soit par erreur et avec la meilleure foi du monde, soit par malveillance, mettre sous les yeux du ministre des faits et des jugements faux, sans que les intéressés en aient la moindre connaissance.

Exercée dans ces conditions, l'inspection mobile est incapable de rendre des services sérieux, mais elle est, en revanche, pleine de dangers, car elle livre les colonies, leur administration et leurs gouverneurs à la fantaisie, parfois à la méchanceté d'un agent d'autant plus redoutable que ses rapports restent secrets. L'administration coloniale a raison de vouloir se faire renseigner par des agents ne dépendant que d'elle-même, sur ce qui se passe dans les colonies, mais pour que les renseignements qui lui sont fournis soient sérieux et dignes de confiance, il faut qu'ils aient été soumis à ceux qu'ils visent et qui pourraient y relever des erreurs ou des fausses interprétations ; il faut que les rapports des inspecteurs ne soient mis sous les yeux du ministre qu'accompagnés des observations des chefs de service et des gouverneurs des colonies dont les actes sont appréciés et jugés. Dans les conditions toutes différentes où elle fonctionne aujourd'hui, l'inspection coloniale ne remplit aucune des conditions que comporte un contrôle public et l'on est étonné que des hommes aussi distingués que le sont la plupart des inspecteurs coloniaux consentent à jouer le rôle qui leur est attribué.

Cette institution a été inspirée par la méfiance instinctive et la jalousie à peine dissimulée qui anime l'administration centrale des colonies à l'égard des gouverneurs. Il semble que tout ce qui se fait dans les colonies, en dehors des bureaux et sans eux, ne peut être que détestable et leur tendance est de ne rien laisser faire en dehors d'eux.

Depuis quelques années, des sentiments analogues existent, au ministère des finances, à l'égard du ministère des colonies. Le premier ne manque pas une occasion de faire sentir au second qu'il n'a aucune confiance ni dans ses chefs de bureau, ni dans ses gouverneurs, ni même dans son inspection. A chaque instant, le ministre des finances désigne des inspecteurs de son département pour vérifier les actes financiers du ministère des colonies. Il a même tenté, en 1895, de se substituer à celui-ci dans le contrôle des finances de l'Indo-Chine. Par un décret du 26 juin 1895, pris sur la proposition du ministre des finances, l'article 8 du décret du 21 avril 1891, cité plus haut, était abrogé ; le directeur du contrôle était remplacé par un contrôleur financier échappant de la manière la plus absolue à l'autorité du gouverneur général et même à celle du ministre des colonies ; il était nommé par décret sur la proposition du ministre des finances, celui des colonies n'étant que consulté pour avis. Il correspondait directement avec le ministre des finances, n'était responsable que devant lui et n'était tenu envers le ministre des colonies qu'à lui adresser une copie de ses rapports. Le gouverneur général n'avait aucune communication de ces documents. Toutes les décisions intéressant, en recettes ou en dépenses, les finances de l'Indo-Chine, devaient être, avant l'exécution, communiquées au contrôleur financier et visées par lui. Mille entraves pouvaient ainsi être mises à l'action du gouverneur général et des rapports plus ou moins erronés ou passionnés pouvaient être dressés contre son administration sans qu'il en eût connaissance. C'était l'anarchie et le conflit introduits dans le gouvernement de l'Indo-Chine.

Mon successeur considéra le décret du 26 juin 1895 comme lettre morte et il obtint plus tard de le faire modifier, mais en y laissant le meilleur de son autorité. Par le décret du 14 mars 1896, le directeur du contrôle financier est replacé sous les ordres immédiats du gouverneur général, mais il n'est plus son ministre des finances ; il est le contrôleur de tous ses actes ; il sera son ennemi et l'agent de sa chute le jour où quelque intérêt l'y poussera. Le gouverneur général peut encore se croire et se dire « le dépositaire des pouvoirs de la République française en Indo-Chine », mais il doit, en même temps, s'avouer que ce dépositaire est tenu en suspicion par ceux mêmes qui lui ont confié le dépôt et que, par conséquent, il n'a plus, à leurs yeux ni à ceux du public, aucune autorité morale. En agissant de la sorte le gouvernement métropolitain commet une faute grave et dont la colonie ne peut manquer de souffrir dans ses intérêts les plus précieux. Il organise le conflit et supprime le sentiment des responsabilités, pour y substituer celui de la défiance et la tentation de la trahison.

§ 3. — DES POUVOIRS DES GOUVERNEURS EN MATIÈRE DE TRAVAUX
PUBLICS ET D'EMPRUNTS

Aux pouvoirs budgétaires des gouverneurs que je considère

comme devant être très étendus se rattachent ceux qui leur doivent revenir dans le domaine des travaux publics et des ressources propres à y faire face. Le gouvernement métropolitain semble, depuis quelque temps, tendre de plus en plus, en cette matière, vers la centralisation. J'estime qu'il est dans une voie mauvaise, même à son point de vue. Plus il fera de centralisation, plus il augmentera ses responsabilités et, par conséquent, la surface qu'il présente aux attaques de l'opposition.

Travaux militaires. — Parmi les travaux exécutés dans nos colonies, ceux qui ont pour objet de faire face aux besoins des services militaires ont, de tout temps et dans toutes les colonies, été dirigés par l'artillerie de marine, et sont payés, sauf de rares exceptions, à l'aide des crédits accordés par la métropole. En vertu de la législation en vigueur, tous ces travaux sont soumis aux formalités suivantes : les plans et devis sont dressés dans la colonie par les soins de l'artillerie ; ils sont approuvés par les autorités coloniales, puis envoyés au ministre de la marine qui les soumet à l'appréciation du comité des travaux de l'artillerie. Celui-ci remanie plus ou moins les plans, les devis, etc. ; puis, s'il juge qu'il y a lieu de procéder à l'exécution, le ministre demande les crédits nécessaires. Ceux-ci sont examinés par la commission du budget, par la Chambre et le Sénat, et, s'il n'y a d'opposition nulle part, ils sont mis à la disposition du service de l'artillerie de la colonie, qui fait procéder à l'exécution. La législation veut que chaque année l'état-major de l'artillerie de chaque colonie dresse les projets de tous les travaux qui lui paraissent utiles pour les divers services militaires : forts et fortifications, casernes, hôpitaux, magasins administratifs, etc., sans se préoccuper de savoir si la métropole pourra disposer des crédits nécessaires à leur exécution. Il n'est pas exagéré de dire que l'on dresse des projets dans le simple but de prouver que l'artillerie travaille et presque toujours sans vue d'ensemble, ni sans se préoccuper de ce que sera, dans un nombre déterminé d'années, la colonie pour laquelle on « projette ». Il résulte de cette façon de procéder, les erreurs les plus singulières et les dépenses les plus folles. Au Tonkin et dans l'Annam, on a dépensé, pendant les sept ou huit premières années, des sommes considérables, en travaux qui ne sont plus aujourd'hui d'aucune utilité. A Hué, on peut voir, dans un coin de l'immense citadelle annamite, des casernes superbes, presque entièrement inoccupées et qui ne devraient pas l'être du tout, car elles sont situées au milieu de marécages insalubres et à une telle distance de la résidence que, pour protéger cette dernière, on a dû en construire d'autres auprès d'elle. Plusieurs millions ont été dépensés en bâtiments que le général commandant en chef, en 1891, me demandait d'abandonner entièrement, pour transporter les troupes en dehors de la citadelle et sur l'autre rive du fleuve.

Au Tonkin, des erreurs semblbles ont été commises en plusieurs localités. A Nam-dinh d'abord, puis à Ninh-binh, on a construit d'immenses casernes ayant coûté plusieurs millions, entièrement abandonnées. Des sommes très considérables ont été dépensées à Yen-bay pour la construction de fortifications que tout le monde aujourd'hui considère comme inutiles et de casernes qui sont en partie évacuées, le siège du quatrième territoire ayant été rationnellement transporté près de la frontière du Yun-nan, à Laokay.

En 1891, le commandement militaire et l'artillerie réclamaient, comme très urgente, la construction, autour de Hanoï, de postes fortifiés et de batteries d'artillerie; le manque d'argent empêcha, fort heureusement, d'exécuter ces travaux, car un an plus tard tout le monde les jugeait inutiles. Pendant qu'on se livrait à la construction si coûteuse des casernes, aujourd'hui évacuées, de Nam-dinh, de Ninh-binh, de Yen-bay, etc., au sujet desquelles la direction métropolitaine de l'artillerie n'avait fait aucune objection, cette même direction empêchait la construction, absolument indispensable, d'un hôpital à Hanoï. Le service de l'artillerie voulait placer cet hôpital dans la citadelle, auprès des casernes, « afin qu'il fût protégé contre les attaques des Annamites »; le service de santé, se préoccupant avant tout du bien-être des malades, condamnait l'emplacement de la citadelle comme trop marécageux, trop éloigné du fleuve et des courants d'air qui suivent son cours, et il demandait que l'hôpital fut placé en aval de la ville de Hanoï, sur les bords du fleuve Rouge. Pendant cinq ans la querelle se prolongea : chaque année le gouvernement local, après avoir subi l'assaut des deux parties, transmettait le dossier au sous-secrétaire d'Etat des colonies, celui-ci le soumettait, d'une part, au ministre de la marine pour avis de la direction de l'artillerie et, d'autre part, à son propre service médical. Les artilleurs de Paris se prononçaient comme ceux de Hanoï pour la construction dans la citadelle; le service médical de Paris appuyait celui du Tonkin pour la construction sur les bords du fleuve Rouge; et le sous-secrétaire d'Etat, ne sachant à qui donner raison, n'ayant d'ailleurs pas d'argent, remettait la solution à l'année prochaine. Pendant ce temps, les malades étaient accumulés dans de vieux magasins à riz, insalubres, délabrés, laissant passer le soleil par les fentes de leurs toitures et recevant les miasmes paludéens par toutes leurs ouvertures, et ils mouraient en masse, autant des maladies contractées dans l'hôpital que de celles dont ils étaient atteints en y entrant. La situation serait probablement encore la même si, en 1891, usant des droits que me donnait le décret du 21 avril, je n'avais pas décidé que l'hôpital serait bâti sur le bord du fleuve, comme le demandaient fort justement les médecins. L'artillerie ne désarma pas : l'hôpital était achevé que la direction de Paris plaidait encore en faveur de la construction dans la citadelle. Celle-ci est aujourd'hui démolie et avec elle ont disparu les arguments de l'artillerie, mais j'ai ouï dire qu'afin de n'y point paraître renoncer tout à fait, elle a construit une batterie en aval de l'hôpital qu'elle tient à croire en danger.

Il me serait facile d'emprunter à la plupart de nos colonies des faits analogues à ceux qui précèdent et témoignant de l'erreur que l'on commet, en imposant aux colonies la nécessité de faire approuver par la direction de l'artillerie du ministère de la marine les travaux qu'elles ont à faire exécuter pour les services militaires ; mais il me semble que le simple bon sens suffit pour faire apprécier cette erreur. Comment admettre que des officiers résidant à Paris, n'ayant peut-être jamais vu la colonie où doivent être exécutés les travaux soumis à leur appréciation, seront plus compétents, pour juger de leur utilité et des conditions dans lesquelles ils devront être faits, que les officiers, d'une égale compétence technique, résidant en cette colonie ? La centralisation, dans ce cas, ne peut manquer de produire, comme premier résultat, des retards préjudiciables. Elle en a un second, qui consiste à imposer aux colonies des travaux souvent très peu adaptés à leurs besoins. C'est ainsi que l'on a construit à Tuyen-quan, dans un endroit où il serait impossible à une armée chinoise de conduire un seul canon et où elle ne pourrait descendre autrement qu'à l'état de bandes irrégulières, des casernes casematées comme celles de nos frontières. Tous les officiers qui les visitent en plaisantent, mais il est probable que la direction de l'artillerie de marine est extrêmement fière d'avoir fait preuve, en la circonstance, de connaissances égales à celles de l'artillerie et du génie de la guerre.

Une seconde question se pose aussitôt : par qui est-il le plus avantageux de faire exécuter les travaux militaires ? Dans l'état actuel de la législation, c'est l'artillerie de marine qui, dans toutes nos colonies, fait procéder, en régie ou après adjudication, à l'exécution de tous les travaux militaires neufs et à l'entretien de tous les bâtiments militaires. Il en résulte la nécessité d'avoir, dans chaque colonie, un état-major d'artillerie beaucoup plus important que ne le comportent les besoins réels.

On comprend sans peine que la législation oblige les gouvernements coloniaux à demander l'avis des services militaires et en particulier celui de l'artillerie pour tous les travaux militaires ; il est rationnel même que les projets de certains de ces travaux, tels que les batteries, les forts, etc., soient dressés par l'artillerie, mais il ne serait pas moins rationnel et il y aurait économie à confier l'exécution au service des travaux publics de la colonie. Cela permettrait de réduire considérablement les dépenses que fait la métropole pour l'entretien des gros états-majors de l'artillerie de marine.

Il y a, en réalité, à l'heure actuelle, dans chacune de nos colonies, deux services de travaux publics : celui de l'artillerie et celui du gouvernement colonial. L'expérience m'a prouvé que rien n'est plus facile que de diminuer l'importance du premier et qu'il en résulterait non seulement une économie sur son personnel, mais encore une réduction considérable dans le prix des travaux. Lorsque j'arrivai au Tonkin, en 1891, les troupes étaient presque partout logées et hospitalisées dans de méchantes paillottes aussi insalubres que peu dignes de notre pays. Dans le rapport officiel du 1er octobre 1891, déjà cité plus haut, j'écrivais au sous-secrétaire d'Etat des colonies : « Parlerai-je des casernes, des hôpitaux, des bâtiments nécessaires aux administrations civiles ? Ceux qui ont visité les postes du Tonkin peuvent seuls se faire une idée des conditions misérables dans lesquelles vivent, presque partout, nos soldats et nos administrateurs. Mal logés, parfois non moins mal nourris, les malheureux Européens sont incapables de résister au climat. Un tiers environ de nos soldats est à l'hôpital ou à l'infirmerie. La maladie en fait disparaître environ 50 par mois ou plus de 600 chaque année, sur un effectif de moins de 8.000 hommes, sans compter ceux qui succombent après leur rentrée en France. La moyenne de ceux qui sont renvoyés par le conseil de santé est d'environ 200 par mois ou 2.400 par an, près du tiers de l'effectif. Or, à part certaines régions, l'insalubrité du Tonkin ne saurait expliquer ni un aussi grand nombre de malades ni une pareille mortalité. C'est surtout à la mauvaise installation des troupes qu'il faut les attribuer. Sur un certain nombre de points, les hôpitaux ne sont pas moins défectueux. Les 300 malades de celui de Hanoï sont logés dans un coin marécageux de la citadelle, sous de vieux magasins à riz, où la température est souvent intolérable. Il en est de même pour les 100 ou 200 malades qui habitent sous les pagodes sans air de l'hôpital de Ti-cau. Il est impossible que nous laissions subsister un état de choses aussi nuisible à notre prestige national qu'à la santé de nos hommes. Nous avons encore l'air de n'être ici que d'une manière provisoire et en camp volant. Il est temps que nous y prenions une autre attitude. La vie de nos soldats et le respect que nous nous devons à nous-mêmes l'exigent impérieusement. Or cela ne sera possible qu'à la condition de renoncer aux errements budgétaires suivis jusqu'à ce jour. »

Il me paraissait impossible de laisser une pareille situation se prolonger. Il fallait donner, tout de suite, à nos hommes des logements, des infirmeries et des hôpitaux ; mais pour cela, beaucoup d'argent était nécessaire, et la métropole refusait de la manière la plus formelle de m'en accorder. Au moment même où j'envoyais en France le rapport cité plus haut, je demandais au gouvernement deux millions pour les constructions les plus urgentes ; le gouvernement me les refusait et il ne pouvait faire autrement, car toute demande de crédits pour le Tonkin était alors l'occasion de discussions où l'existence de notre colonie était en jeu. J'étais donc obligé de recourir à des expédients. M'étant mis à la recherche de ressources financières, je constatai, non sans étonnement, que chaque année le service de l'artillerie dépensait plus de 200.000 francs pour réparer les misérables paillottes sous lesquelles nos soldats mouraient de la fièvre et des insolations. La dépense occasionnée par ces réparations était évidemment mal placée et il y avait mieux à faire de l'argent qu'on y consacrait, d'autant que la majeure partie passait en paiement de main-d'œuvre. Je m'avisai que si les commandants des postes pouvaient trouver celle-ci parmi leurs hommes, et faire fabriquer sur place les briques, poutres, chevrons et planches qu'il était souvent impossible de faire venir du Delta, à cause de l'absence des voies de communication, on pourrait, avec une dépense en argent relativement minime, remplacer les paillottes par des bâtiments en maçonnerie. Le commandement militaire s'étant prêté à cette combinaison, nous entrâmes dans la voie de l'exécution. Je prélevai sur le budget militaire les quelques crédits disponibles, j'en pris d'autres plus considérables dans le budget local et dans un accord avec l'entreprise du chemin de fer de Langson ; grâce à l'intelligence et au zèle que quelques officiers déployèrent, particulièrement le colonel Galliéni, il ne fallut pas plus de dix-huit mois pour remplacer, dans le premier et le deuxième territoires militaires, la plupart des logements en paillottes des soldats européens par de bonnes et saines constructions en maçonnerie. Encouragé par ces premiers résultats, je pris, en 1893, une mesure dont j'ai déjà parlé plus haut : je décidai la création, pour les troupes européennes, d'une masse de casernement déterminée à raison de 30 francs par homme et 50 francs par officier et mise directement à la disposition des chefs de corps, pour la construction de leurs postes. Les résultats furent excellents, mais, ainsi que je l'ai dit, la mesure provoqua dans le service de l'artillerie un tel mécontentement qu'aussitôt après mon départ elle fut rapportée par mon successeur.

Les conséquences de la création de la masse de casernement n'avaient pas échappé à l'état-major de l'artillerie. En atténuant son rôle, elle rendait possible la diminution de ses nombreux et coûteux effectifs. L'intérêt particulier s'est mis en travers de l'intérêt général et, comme il arrive d'ordinaire, c'est ce dernier qui a été sacrifié. Il l'a été d'autant plus facilement que les états-majors coloniaux sont toujours soutenus énergiquement par ceux de la métropole, tandis que les gouverneurs trouvent rarement un appui auprès du ministre des colonies; celui-ci, en effet, est non seulement dominé par le désir de ne pas se mettre en conflit avec son collègue, mais encore poussé dans la même direction que ce dernier, par ses conseillers militaires. La plupart des gouverneurs sachant cela, font comme mon successeur : ils cèdent à l'artillerie, afin de se préserver des ennuis que leur occasionnerait une lutte contre les intérêts particuliers de ce corps.

Cependant, si nous voulons mettre dans notre organisation coloniale quelque logique et y réaliser des économies, il est indispensable de renoncer, en ce qui concerne les travaux militaires, aux errements consacrés par la législation actuelle. Il faut d'abord supprimer la centralisation relative aux travaux militaires et faire régler sur place les questions qui s'y rapportent ; puis réduire, dans les colonies elles-mêmes, le rôle de l'artillerie au contrôle des travaux militaires, en faisant exécuter ces derniers soit par les troupes, quand la chose est possible, comme je l'ai dit plus haut, soit par le service des travaux publics. De l'application de ces deux principes, découlera une plus grande rapidité dans l'exécution des travaux et une double économie, celle résultant de la réduction des effectifs de l'artillerie et celle qu'on trouvera dans la diminution du prix des travaux.

Des Travaux civils. — En ce qui concerne les travaux civils, la situation faite actuellement aux gouvernements de nos colonies est aussi défavorable que possible aux intérêts de ces dernières. La tutelle étroite où l'administration métropolitaine tient nos colonies, l'obligation qu'elle leur impose de lui soumettre tous les projets de grands travaux et l'impossibilité où elles sont de se procurer par elles-mêmes les ressources financières qu'ils exigent, semblent avoir ôté aux gouvernements coloniaux jusqu'à l'idée même de les entreprendre et les avoir poussés dans la voie étroite où ils sont tous. Leur unique préoccupation paraît être d'améliorer le sort du personnel administratif, de

lui créer de grosses soldes, de le bien loger et d'en augmenter
le nombre autant que les ressources budgétaires le peuvent
permettre.

La façon dont les conseils coloniaux élus sont constitués
contribue puissamment à pousser les colonies dans cette voie.
Il en est, comme la Cochinchine, le Sénégal, la Guyane, où les
fonctionnaires constituent la presque totalité du corps électoral,
et où, par suite, les conseillers coloniaux sont portés à tout
sacrifier aux intérêts particuliers des fonctionnaires. On ne songe
ni à creuser des ports ou des canaux, ni à faire des routes ou
des chemins de fer, ni à quoi que ce soit en dehors de ce qui
peut être directement utile aux fonctionnaires électeurs.

Les conseils privés, qui assistent plus directement les gouverneurs et dont l'avis est exigé pour toutes les questions importantes, ne peuvent qu'être imbus du même esprit, car ils sont
composés à peu près exclusivement de fonctionnaires.

Les chambres de commerce et les conseils municipaux pourraient réagir, mais ils sont, en majorité, formés de petits
commerçants, de marchands de comestibles, d'effets d'habille-
ments ou d'objets de toilette, de liqueurs et vins, etc., c'est-à-
dire de gens qui vivent des fonctionnaires et qui ont tout intérêt
à en voir grossir le nombre et les traitements.

Malgré cette organisation vicieuse, les administrations coloniales et les colons tourneraient probablement, assez volontiers,
leurs regards vers les grands travaux publics, si les colonies
jouissaient de quelque indépendance. L'intérêt y pousserait les
premiers, car ils verraient dans les vastes entreprises le moyen
de gagner de l'argent ; les seconds marcheraient à leur suite
par le désir de voir les conditions de leur existence s'améliorer
avec la facilité des déplacements, des voyages et du transport
plus facile des choses utiles ou agréables à la vie. On s'habi-
tuerait à envisager le budget non plus comme un simple aliment
du fonctionnarisme, mais comme la source de jouissances et
de bénéfices à rechercher dans l'exécution des voies de communication, routes et chemins de fer, des canaux, ports, etc. En
dépit de l'espèce d'engourdissement où sont tombés la plupart
des habitants de la Cochinchine, il me paraît douteux qu'ils ne
prissent pas quelque plaisir à visiter les sites ravissants de
l'Annam et du Tonkin et à jouir des fraîcheurs hivernales de ce
dernier, s'ils y étaient transportés rapidement et commodément,
dans de bons compartiments de chemins de fer. Si le désir ne
leur vient pour ainsi dire pas de réclamer la construction des
voies ferrées, c'est qu'ils savent qu'entre la demande et la réalisation, il surgira tant de difficultés et il s'écoulera tant d'années,
qu'aucun de ceux ayant fait la demande ne sera dans la colonie

quand elle aura reçu satisfaction. La vie, dans les climats tropicaux, est très dure ; rares sont ceux qui la peuvent supporter pendant de longues années ; beaucoup disparaissent au bout de cinq, dix et quinze ans, soit que la mort les emporte, soit que la maladie les oblige à quitter la colonie, soit que la réalisation de la fortune les ramène dans la mère patrie. On ne plante que peu d'arbres à fruits ; on mange les asperges dès la première année ; on ne pense pas aux chemins de fer, parce que l'on ne croit pas à la possibilité d'en jouir. Il en serait autrement si la centralisation à outrance à laquelle on soumet les colonies ne leur faisait pas envisager l'exécution de ces travaux comme une sorte d'insoluble problème.

Avec la législation qui régit actuellement nos colonies, aucun travail de quelque importance ne peut être entrepris qu'après avoir été approuvé par le comité des travaux qui siège à Paris. Le décret du 22 novembre 1895, qui a réorganisé ce comité, établit qu'il est « chargé de donner son avis sur les affaires concernant les travaux des colonies et notamment sur les projets de constructions et de concessions intéressant les chemins de fer, les travaux à la mer et en rivières, la navigation et les constructions navales, les mines et les bâtiments civils ». Pour qu'aucune sorte de travail n'échappe à ces formalités, le décret prévoit que « des sous-comités, institués par arrêtés ministériels, peuvent être chargés d'émettre, aux lieu et place du comité, un avis sur les affaires de moindre importance ».

Quant aux moyens financiers, s'ils sortent des conditions banales du budget annuel, ils doivent être soumis à l'approbation du ministre des colonies. S'il s'agit d'un emprunt, il faut une loi. Comme, au lieu de s'affaiblir, l'esprit de centralisation du ministère des colonies va sans cesse en s'aiguisant, par la crainte qu'inspirent les députés, on en arrive à ne pouvoir plus rien faire, dans aucune colonie, sans l'autorisation du ministre qui, lui-même, d'ordinaire, recule devant la responsabilité à laquelle l'expose la moindre signature.

La presse coloniale racontait récemment quelques faits bien caractéristiques et où éclatent en pleine lumière les effets de cette centralisation. La colonie du Dahomey avait concédé à un particulier très qualifié, honorable, officier supérieur de la marine en retraite, le droit d'établir un warff à Grand-Popo, en lui accordant une garantie d'intérêts. L'acte dut être soumis à l'approbation du ministre qui l'a refusée. Il existe à Cotonou un autre warff, construit dans les mêmes conditions financières et qui donne assez de bénéfices aux concessionnaires pour qu'on n'ait pas besoin de recourir à la garantie. Pour celui-ci, on n'avait pas demandé l'approbation ; il est construit et rend des

services. Pour le premier, on a dû demander l'approbation, il
ne sera peut-être jamais construit. Pourquoi cette différence?
Tout simplement parce que les différents ministres des colou 'es
ne pensent pas de la même manière sur les mêmes questions,
et que la centralisation devient chaque jour plus grande.

Ressources financières pour travaux publics et emprunts. —
Lorsque le ministère présidé par M. de Freycinet, en 1891, me
sollicita d'accepter le gouvernement général de l'Indo-Chine,
il savait que les travaux publics seraient un puissant instrument
de pacification, mais il considérait comme dangereux de demander aux Chambres les plus minimes crédits en vue de leur exécution. J'ai rappelé plus haut qu'il me refusa une couple de
millions pour loger et hospitaliser nos troupes. Ne pouvant pas
me donner d'argent, il voulut m'attribuer des pouvoirs assez
étendus pour qu'il me fut possible de m'en procurer directement
et sous la seule responsabilité du Protectorat.

Il introduisit à cet effet, dans le décret du 21 avril, un article 9
où il est dit : « Il (le gouverneur général) soumet à la ratification
du gouvernement tous projets de travaux, contrats, concessions et entreprises de toute nature qui *excéderont les ressources
du Protectorat,* » et d'où il résultait que le gouverneur général
pouvait traiter directement pour tous les travaux n'excédant pas
les ressources du Protectorat. La formule avait été, intentionnel-
lement, faite assez vague pour qu'elle fût très élastique. Grâce à
ces pouvoirs exceptionnels, je pus trouver des entrepreneurs
qui, ayant confiance dans le Protectorat, consentirent à lui
avancer les capitaux exigés par les travaux et se contentèrent de
remboursements par annuités. Des casernes, des postes, des
blockaus en maçonnerie furent construits par ces moyens, sur
les frontières du Quang-si et le long du chemin de fer de Langson,
de manière à arrêter la circulation des malfaiteurs ; des quais et
appontements furent faits à Haïphong ; des travaux pour l'amélioration du haut fleuve Rouge et le creusement du canal du
Lach-Tray furent entrepris : de l'eau potable fut donnée à Hanoï
et à Haïphong ; un phare fut construit sur les iles Norway, le
chemin de fer de Phu-lang-thuong à Langson fut achevé, etc.
Les annuités nécessaires au remboursement des avances très
considérables faites au Protectorat par les entrepreneurs chargés
de l'exécution de tous ces travaux, avaient été calculées de façon
à ce qu'il fût facile au budget local d'y faire face avec ses
recettes annuelles normales. Les limites prévues par l'article 9
du décret du 21 avril 1891 n'étaient pas dépassées, puisqu'il
n'y avait pas excédent des ressources du Protectorat.

A la fin de 1893, presque tous les travaux de grande utilité
publique étaient faits ou en voie d'exécution. Pour les chemins

de fer eux-mêmes, j'avais trouvé des entrepreneurs ayant une telle confiance dans le Protectorat qu'ils s'engageaient à lui faire toutes les avances de construction et de matériel, à des conditions de remboursement par annuités telles qu'on aurait pu ouvrir tout de suite les chantiers, non seulement sur la ligne de Hanoï à Na-cham, mais encore sur celles de Hanoï à Vinh et de Saïgon à Hué. Malheureusement, il fallait l'approbation du gouvernement et des Chambres. Le gouvernement, toujours apeuré, n'osa même pas examiner les contrats provisoires; encore moins se serait-il décidé à les soumettre au Parlement. Il craignait la critique, la défiance, le soupçon qui, depuis quelques années, hantent la cervelle des parlementaires et rendent impossible toute entreprise de quelque envergure.

Aussitôt après mon départ de l'Indo-Chine, les pouvoirs inscrits dans le décret du 21 avril 1891 avaient été supprimés : le gouverneur général était non seulement soumis à un contrôle financier autonome, mais encore il perdait toute autorité en matière de travaux. Un décret du 14 mars 1896 transforme, en effet, de la manière suivante, l'article 9 du décret du 21 avril 1891 cité plus haut : « Le gouverneur général soumet à la ratification du gouvernement tous projets de travaux, contrats, concessions et entreprises de toute nature qui excèdent les ressources annuelles du Protectorat. » Une clause semblable a été insérée dans le décret du 11 décembre 1895 relatif aux pouvoirs du résident général de Madagascar. Ces deux grandes colonies sont, d'ailleurs, soumises aux prescriptions du décret du 22 novembre 1895 sur le Comité des travaux.

Les chefs de nos deux plus grandes colonies se trouvent par ces décrets placés, au point de vue de leurs pouvoirs en matière de travaux, dans une situation inférieure à celle dont jouirent de tout temps, même sous l'Empire, les gouverneurs de la Cochinchine, de la Guyane ou de Terre-Neuve. Ils ne pourront plus ni signer un contrat pour la navigation fluviale ou maritime des colonies, ni engager des travaux payables en plusieurs annuités, comme ceux des dragages de la Cochinchine, etc., sans les soumettre à l'approbation du ministre des Colonies et à l'avis de son comité des travaux. Leurs pouvoirs seront inférieurs même à ceux exercés de tout temps par les administrateurs de la Cochinchine que l'on autorise à faire des travaux de routes et de ponts payables par annuités sur les ressources de l'arrondissement.

Il me paraît inutile d'insister sur les inconvénients d'un pareil système. Ce seront des retards sans fin dans l'exécution des travaux, des échanges de correspondances pendant des mois et des années, si le comité des travaux et le ministre veulent, avant d'apporter une modification quelconque dans les projets établis par les services techniques des colonies, contrôler sur place l'avis de ces services, ou bien des barbarismes de toutes sortes introduits dans les devis et les plans, si les pouvoirs métropolitains modifient ces derniers de leur propre autorité. On verra des discussions interminables se produire sur le meilleur emplacement des constructions, sur le tracé des routes et des chemins de fer, sur la profondeur et la largeur des canaux, ainsi qu'on l'a vu pour l'hôpital de Hanoï dont l'histoire a été contée plus haut et pour le warf de Grand-Popo dont l'inexécution menace d'assurer aux Allemands le monopole du trafic de cette région. On discutera non seulement les plans et les devis, mais encore et surtout les moyens financiers, et l'on aboutira d'autant moins à prendre une résolution que les ministres redoutent par-dessus tout les responsabilités dans les « questions d'affaires » et se succèdent avec tant de rapidité au pavillon de Flore que chacun est certain de pouvoir, à l'aide d'un léger ajournement, léguer à son successeur toutes les « affaires » susceptibles de lui créer un embarras quelconque.

N'est-ce pas ainsi que l'on a procédé pour le chemin de fer de Langson? Au mois de janvier 1894, le sous secrétaire d'Etat des colonies décide de ne plus exécuter les contrats de ses prédécesseurs et ne plus signer aucun des « certificats » que le gouvernement remettait comme titres aux entrepreneurs pour les travaux exécutés et payés par eux. Comme conséquence de cette mesure, on était obligé de payer les travaux au comptant; pour cela il fallait beaucoup d'argent, et comme le Protectorat n'en avait pas, force était d'en demander aux Chambres. Le sous-secrétaire d'Etat auquel je fais allusion déposa donc une demande de crédits de 8 millions et demi de francs, afin de faire face aux premières nécessités. Il n'en fallut pas davantage pour mettre en mouvement les adversaires du cabinet et les députés en quête de portefeuilles ministériels. A peine déposé, le projet du gouvernement devint un véritable instrument de guerre : à propos de ces quelques millions, on allait pouvoir remettre sur le tapis toute la question du Tonkin, discuter les actes des sous-secrétaires d'Etat et des ministres depuis sept ou huit ans, enfin — but suprême — renverser le cabinet et satisfaire quelques ambitions pressées. Le gouvernement vit le danger ; il s'arrangea de manière à se débarrasser de celui de ses membres qui avait engagé cette affaire malencontreuse ; puis, lorsqu'on l'eut remplacé par un ministre des colonies, celui-ci me pria de rechercher un moyen qui permît de retirer la demande de crédits. Il n'y en avait qu'un : obtenir que des établissements financiers honorables et solides fissent au Protectorat, sous sa seule responsabilité, les avances dont il avait besoin. Nos démarches réussirent au delà de nos espérances : quatre des plus grands établissements financiers de Paris mirent à la disposition du Protectorat une première somme de 6 millions, remboursable à raison de 2 millions par an, et ils s'engageaient à lui faire, toujours avec sa seule garantie, toutes les avances de capitaux dont il aurait besoin ultérieurement, soit pour le paiement des travaux déjà faits, soit pour celui des lignes nouvelles de chemins de fer qu'il voudrait construire.

En s'ajoutant aux contrats préliminaires de travaux dont j'ai parlé plus haut, le concours des établissements financiers de Paris créait d'une manière définitive, et sur des bases extrêmement solides, le crédit du Tonkin. C'était l'avenir entièrement assuré ; c'était la construction des grandes lignes ferrées que j'avais projetées entre Haïphong, Hanoï et Laokay d'une part ; entre Hanoï, Bac-ninh, Phu-lang-thuong, Langson et Nacham d'autre part ; entre Hanoï, Nam-dinh, Vinh et Hué en troisième lieu, et en quatrième lieu entre Saïgon et Hué par le Mékong, rendue possible dans un avenir rapproché. Et pour cela que fallait-il ? Simplement que le gouvernement demandât aux Chambres et obtînt d'elles l'autorisation pour l'Indo-Chine de faire ses affaires elle-même, de travailler et de contracter des emprunts *sous sa seule garantie*, comme le font les départements et les communes de France. Le ministre des Colonies d'alors paraissait être décidé à entrer dans cette voie ; des concours divers m'avaient été promis dans le Parlement et je repartis, à la fin de septembre 1894, pour l'Indo-Chine, avec l'illusion très vive — j'en fais le naïf aveu — que tous les grands travaux rêvés par moi, dans l'intérêt de notre belle colonie pourraient être mis en train à bref délai. J'avais d'autant mieux le droit de me bercer de cette illusion que le gouvernement m'avait assuré de son entière confiance et que, d'accord avec le ministre des Colonies, je laissais à Paris, pour terminer les conventions du Protectorat avec les industriels et les financiers, le directeur du contrôle financier de l'Indo-Chine et un ingénieur en chef des ponts et chaussées du plus haut mérite, nommé par décret du ministre des Colonies lui-même.

Cependant, aussitôt après mon départ, le ministre paraissait changer d'avis ; les choses traînaient en longueur, et lorsque je fus si brusquement remplacé, à la fin de décembre 1894, tout était à peu près dans le même état qu'au jour de mon embarquement. Le gouvernement hésitait, craignant la résistance de la Chambre ; l'opposition commençait à lui reprocher d'avoir approuvé les avances faites au Protectorat par les établissements de crédit de Paris, en dehors du Parlement ; on menaçait le ministre des Colonies de le renverser au moment de la discussion du budget, etc. Mon remplacement enterra la question pour quelques mois ; mais elle ne pouvait pas être ajournée indéfiniment et le gouvernement dut se rallier au projet d'emprunt de mon successeur.

Celui-ci demandait 100 millions ; on lui en accorda seulement 80 et on lui imposa de payer au comptant tous les travaux que j'avais fait faire, qui devaient être payés seulement par annuités et dont la valeur atteignait une quarantaine de millions.

Le Protectorat gagnait à ce paiement immédiat, puisque j'avais traité avec des intérêts à 5 p. 100, tandis qu'il empruntait à 3 p. 100 ; mais il voyait disparaître tout de suite la moitié de l'emprunt dans des travaux déjà faits et dont le pays n'avait plus à tirer aucun avantage. Mieux aurait valu, sans aucun doute, ne payer les travaux que par annuités, en continuant à payer 5 p. 100 d'intérêt, et conserver les 80 millions de l'emprunt pour des travaux nouveaux. Cela eût été d'autant plus avantageux pour le Protectorat qu'en définitive ce sont les indigènes qui paient les intérêts et le capital des emprunts faits par les colonies, tandis que ce sont nos compatriotes qui en bénéficient. Les Anglais, qui savent cela et qui sont des maitres calculateurs, font leurs emprunts coloniaux à des taux d'intérêt toujours assez élevés ; ils intéressent ainsi les capitalistes à l'avenir des colonies anglaises et ils assurent à celles-ci une popularité que les nôtres n'auront pas tant qu'on persistera dans les errements de nos administrations.

Quoi qu'il en soit, le Protectorat a dû prélever sur l'emprunt de 80 millions que les pouvoirs publics l'ont autorisé à faire, non seulement une quarantaine de millions pour le paiement des travaux exécutés sous mon gouvernement, mais encore plusieurs millions pour les dépenses de l'expédition du Siam qui, en toute justice, devaient incomber entièrement à l'État, une couple de millions pour le renouvellement très inutile de l'armement des tirailleurs qui devrait être mis au compte du budget militaire et plusieurs millions pour couvrir les déficits des budgets de 1895 et 1896. Quand toutes ces sommes auront été prélevées, il ne restera pas 30 millions à dépenser en travaux neufs et il est douteux que les Chambres consentent un nouvel emprunt.

D'après ces données, il est facile d'apprécier la valeur comparative des deux systèmes appliqués en Indo-Chine. De 1891 à 1894, tant que le Protectorat a été doté d'un gouvernement ayant des pouvoirs suffisants pour agir spontanément, des travaux considérables ont été exécutés, sans que rien fût demandé à la France, ni argent, ni garantie. Pendant ces trois années, il fut fait pour plus de 50 millions de travaux et le crédit du Protectorat fut fondé, au point que des industriels et des financiers de premier ordre mettaient à sa disposition tous les millions dont il pouvait avoir besoin pour un réseau complet de chemins de fer. Sans doute, l'intérêt de 5 p. 100 payé pour les premières sommes avancées était élevé comparativement à celui des rentes françaises, mais il ne faut pas oublier qu'en Extrême-Orient l'argent vaut 10 et 12 p. 100 et que les premiers fonds mis à la disposition du Protectorat l'ont été par des colons du Tonkin; ensuite qu'il en est des gouvernements comme des particuliers, moins il ont de crédit et plus ils sont obligés de payer cher l'argent qu'ils empruntent. Or, en 1891, le crédi du Tonkin était nul; il ne lui eût pas été possible de trouver sur la place de Paris un million avec sa seule garantie; la banque de l'Indo-Chine elle-même refusait des fonds aux entrepreneurs de l'hôpital de Hanoï qui s'étaient d'abord engagés à n'exiger le paiement des travaux que par annuités; elle ne voulait prêter au Protectorat qu'avec la garantie du gouvernement qui, de son côté, ne m'avait donné de grands pouvoirs que pour éviter de faire intervenir les Chambres dans les affaires du Protectorat. Personne alors n'avait confiance dans ce dernier, personne ne lui voulait faire crédit. Deux ans plus tard, il trouvait sur place tout celui dont il avait besoin et les établissements de Paris se mettaient à sa disposition avec une telle libéralité que dans la dernière réunion que j'eus, à la fin de septembre 1894, avec les représentants des maisons de crédit, ils se plaignaient de la trop grande rapidité avec laquelle le Protectorat tenait à les rembourser et ils consentaient d'avance à ce qu'il fût fait, ultérieurement, un emprunt de conversion qui nous aurait permis de diminuer notablement le taux de l'intérêt.

En somme, du début de 1892 à la fin de 1894, en trois ans, le Protectorat avait exécuté ou engagé pour plus de 50 millions de travaux d'utilité publique, sans rien demander à la métropole et il avait un crédit assuré pour des capitaux très supérieurs. Voilà le résultat du premier système, celui de l'indépendance inscrite dans le décret du 21 avril 1891.

Voyons les résultats du système inauguré après mon départ et dont le trait caractéristique est le retour à la centralisation. D'abord, on donne l'ordre d'arrêter tous les travaux en cours, si bien que du 1er janvier 1895 aux derniers mois de 1896, il n'a été presque rien fait; on attendait l'emprunt demandé au gouvernement par mon successeur. Pour cet emprunt, le crédit du Protectorat a si bien disparu, qu'il faut la garantie de la métropole. A peine est-il voté que 50 millions sur 80 sont absorbés par un emploi dont la colonie ne tirera aucun profit. Mon suc-

cesseur, appuyé par la garantie de la métropole et l'autorité
entière du gouvernement qui dirige et contrôle tous ses actes,
ne dispose que d'un capital inférieur de moitié à celui que je
m'étais procuré avec le seul crédit du Protectorat. Et lorsque
ces 30 millions auront été dépensés, il n'aura plus à sa disposition ni le crédit du Protectorat que des discussions stériles et
des enquêtes retentissantes ont ruiné, ni la bonne volonté de la
métropole, épuisée par l'énorme effort que le gouvernement dut
faire pour obtenir l'emprunt des 80 millions.

Il me paraît inutile d'insister et je conclus en posant ce principe, que pour avoir des colonies prospères, il faut que leurs
gouvernements jouissent de pouvoirs très étendus, non seulement sur le personnel, mais encore en matière de finances et de
travaux publics.

On objectera, non sans raison, qu'avec des pouvoirs aussi
étendus les gouverneurs jouiraient d'une véritable dictature et
que les abus susceptibles de découler d'un pareil régime sont
trop grands pour que la métropole consente à l'instituer :
quoique pendant près de quatre ans j'aie moi-même exercé en
Indo-Chine une véritable dictature et que ce régime ait produit
des résultats tels que huit ministres successivement l'ont main-
tenu, j'estime que le régime dictatorial ne peut avoir d'effets
utiles que dans les périodes de trouble profond, comme celui
où se trouvait l'Indo-Chine en 1891, et qu'il doit faire place,
dans les situations normales, à une organisation moins personnelle mais non moins indépendante et forte.

§ 4. — CONSEILS DE GOUVERNEMENT ET CONSEILS ÉLECTIFS DES COLONIES

C'est avec cette conviction que le 1er mars 1894 je proposais moi-même au gouvernement la création d'un Conseil de
Protectorat auquel le gouverneur général serait tenu de soumettre tous les actes importants de l'administration. « En fait,
disais-je, toutes les décisions prises par moi dans les questions
financières ou administratives que j'ai eu à résoudre depuis
mon arrivée en Indo-Chine ont été préparées et prises avec le
concours et l'adhésion des chefs de service compétents et même
des corps élus..... Mais l'état du pays et de l'administration ne
se serait pas prêté plus tôt à une réglementation absolue qui
n'est possible qu'avec un organisme politique et administratif à
l'abri de toute secousse. A l'heure actuelle, la pacification est
complète, les services publics sont solidement constitués. Le
moment me semble donc venu de sanctionner définitivement la

pratique que je me suis toujours appliqué à suivre, en la revêtant d'une forme légale. »

D'après mon projet, que le gouvernement a consacré en 1894 « le conseil du Protectorat donne nécessairement son avis : 1° sur le budget local et sur le budget des services maritimes et militaires du Protectorat. Ces budgets sont arrêtés par le gouverneur général en conseil de Protectorat ; il arrête aussi en conseil les comptes provisoires et les comptes définitifs de chaque exercice ; 2° sur le mode d'assiette, les règles de perception et les tarifs des contributions et taxes du budget du Protectorat ; 3° sur les concessions à des particuliers ou à des associations et compagnies, de monopoles, de travaux publics, de subventions ou d'avantages de toute nature, engageant les finances du Protectorat ; 4° sur les projets, plans et devis des travaux publics exécutés sur les fonds du Protectorat ; 5° sur les modifications à apporter au régime douanier de l'Annam-Tonkin ; 6° sur les mesures financières et d'administration générale ; 7° le conseil de Protectorat réuni sous la présidence du Résident supérieur du Tonkin connaît des affaires du contentieux administratif. »

Pour la composition de ce conseil, je me montrais beaucoup plus large que le gouvernement ne l'a été, car j'y introduisais des représentants de tous les corps élus, désignés par ces corps.

Afin de ne pas trouver de résistance de la part du gouvernement, je m'étais réglé sur nos habitudes ; mais j'estime que dans une refonte complète de notre organisation coloniale, c'est à un point de vue tout autre qu'il faudrait se placer pour constituer le « conseil de gouvernement » de chacune de nos colonies.

J'ai dit plus haut les vices que présentent les conseils privés actuels ; il faudrait, dans la constitution des conseils de gouvernement, éviter ces vices. On trouverait dans l'Inde anglaise un modèle assez parfait et qu'il suffirait d'adapter à nos idées, à notre régime politique et aux besoins particuliers de chacune de nos colonies, car c'est surtout en matière coloniale que toute uniformité systématique doit être écartée. Le lecteur comprendra que je ne puisse ni ne veuille entrer dans tous les détails que comporte une telle question ; je me borne à déduire des considérations ci-dessus que si les pouvoirs des gouverneurs doivent être très étendus, il faut que l'exercice de ces pouvoirs soit entouré de toutes les garanties : ce ne sont pas, en réalité, les gouverneurs qui doivent être très puissants, ce sont les gouvernements coloniaux.

Pour n'être point illusoires, les pouvoirs considérables dont je voudrais revêtir les gouverneurs et les gouvernements coloniaux exigent diverses conditions. Il faut d'abord que les gouverneurs et les membres des conseils de gouvernement séjournent dans une même colonie aussi longtemps que possible. Il faut ensuite que les gouverneurs soient choisis parmi des hommes ayant une autorité personnelle proportionnée à l'importance de la colonie. Il faut enfin que les pouvoirs des gouverneurs et des conseils de gouvernement soient institués non par des décrets, mais par des lois.

L'expérience de ces dernières années établit d'une manière irréfutable que dans notre pays, avec les fluctuations incessantes de l'opinion publique et du Parlement, et la précarité des ministères, il est impossible de fonder aucune œuvre sérieuse sur des décrets.

C'est donc *par des lois* que doit être établie l'organisation de nos colonies, c'est à des lois qu'il faut demander la consécration des principes de colonisation que l'histoire et l'expérience nous enseignent et que je me suis efforcé d'exposer dans ce livre, en toute indépendance d'esprit et sans autre préoccupation que d'apporter ma pierre au monument colonial élevé par la France dans le but, éminemment louable, d'étendre son commerce, d'ouvrir de nouveaux débouchés à son agriculture et à son industrie, et d'affirmer sa puissance en étendant son autorité dans le monde

TABLE DES MATIÈRES

CHAPITRE VIII

DÉFENSE MARITIME DES COLONIES

CHAPITRE IX

DE LA POLICE DES COLONIES

CHAPITRE X

DES POUVOIRS COLONIAUX ET DE L'ÉTENDUE
DE LEUR AUTORITÉ

ÉVREUX, IMPRIMERIE DE CHARLES HÉRISSEY

OUVRAGES SCIENTIFIQUES

DE

M. J.-L. DE LANESSAN

www.ingramcontent.com/pod-product-compliance
Lightning Source LLC
Chambersburg PA
CBHW070748270326
41927CB00010B/2104